U0741948

朱子語類彙校

修訂本

柒

〔宋〕黄士毅 編
徐時儀 楊艷 彙校

上海古籍出版社

晦庵先生朱文公語類卷第九十五

程子之書一 凡係[一]入近思録者皆依次第類爲此卷。

問：「伊川言：『「喜怒哀樂未發謂之中」，中也者，「寂然不動」是也。』南軒言：『伊川說[二]此處有小差。所謂喜怒哀樂之中，言衆人之常性；「寂然不動」者，聖人之道心。』又，南軒辨吕與叔論中書說亦如此。今載近思録如何？」曰：「前輩多如此說，不但欽夫，自五峰發此論，某自是曉不得。今湖南學者往往守此說，牢不可破。某看來，『寂然不動』，衆人皆有是心；至『感而遂通』，惟聖人能之，衆人却不然。蓋衆人雖具此心，未發時已自汩亂了，思慮紛擾，夢寐顛倒，曾無操存之道，至感發處如何得會如聖人中節！」寓。以下第一卷。[三]

「心一也，有指體而言者，有指用而言者」，伊川此語與横渠「心統性情」相似。淳。

「近編近思録中一段云『心一也，有指體而言者』。注云『「寂然不動」是也』。『有指用而言者』，注云『「感而遂通天下之故」是也』。夫『寂然不動』是性，『感而遂通』是情，横渠所謂『心包性情者也』。此說最爲穩當。明道云『感爲情，動爲心』，感與動如何分得？若伊川云『自性有形者謂之心』，皆是門人記録之誤。孟子所謂才止是指本性而言。性之發用無有不善處，如人之有才，事事做得出來。一性之中萬化完備，發將出來便是才也。」又云：「惻隱、羞惡者，才也。如伊川論才却有此意。如書『惟人萬物之靈，亶聰明，作元后』與夫『天乃錫王勇智』之説，皆有意也。所謂『性相近也，習相遠也』，孟子云告子『生之謂性』，亦是説氣質之性。近世被濂溪拈掇出來，而横渠、二程始有『氣質之性』之説。此伊川論才所以云有善不善者，蓋主此而言也。如韓愈所引越椒等事，若不着個氣質説，後如何説得通也！韓愈論性比之荀、楊儘好。將性分三品，此亦是論氣質之性，但欠一個『氣』字。」問：「既是孟子指本性而言，則孟子謂才無不善乃爲至論，而伊川却云未暇一一與辨者，何也？」曰：「此伊川被他問一時逼着，且如此説了。伊川如此等處亦多，不必泥也。」人傑。[四]

先生問道夫曰[五]：「公[六]别看甚文字？」曰：「只看近思録。今日問個，明日復將來温尋，子細熟看。」曰：「如適間所説元亨利貞是一個道理之大綱目，須當時復將來子細研究。如濂溪通書只是反復説這一個道理，蓋那裏雖千變萬化，一[七]條萬緒，只是這一個做將去。」道夫。[八]

「仁之包四德猶冢宰之統六官。」又曰：[九]「得此生意以有生，然後有義禮智。[一〇]以先後言之則仁在[一一]先，以小大[一二]言之則仁爲大。」處謙。[一三]

節[一四]問：「仁既偏言則一事，如何又可包四者？」答[一五]曰：「偏言之仁便是包四者底，包四者底便是偏言之仁。」節。

郭兄問「偏言則一事，專言則包四者」。曰：「以專言言之，則一者包四者；以偏言言之，則四者不離一者也。」卓。僩録同。[一六]

節[一七]問：「論語中所[一八]言仁處皆是包四者？」曰：「有是包四者底，有是偏言底。如『克己復禮爲仁』、『巧言令色鮮矣仁』，便是包四者。」節。

專言仁則包三者，言仁義則又管攝禮智者[一九]，如「智之實，知斯二者；禮之實，節文斯二者」也。德明。[二〇]

直卿問：「仁包四德，如『元者善之長』。從四時生物意思觀之，則陰陽都偏了。」曰：「如此則秋冬都無生物氣象，但生生之意至此退了，到得退未盡處則陽氣依舊在。且如陰陽，其初亦只是一個，進便唤做陽，退便做陰。」道夫。

問：「仁包四者只就生意上看否？」曰：「統是一個生意。如四時，只初生底便是春；夏天長亦只是長這生底；秋天成亦只是遂這生底，若割斷便死了，不能成遂矣；冬天堅實亦只是實這生底。如穀九分熟，一分未熟，若割斷亦死了。到十分熟方割來，這生意又藏在裏，而[二一]明年種[二二]亦只是這個生。如惻隱、羞惡、辭遜、是非都是一個生意。當惻隱若無生意，這裏便死了，亦不解惻隱；當羞惡若無生意，這裏便死了，亦不解羞惡；這裏無生意，亦不解辭遜，亦不解是非，心都無活底意思。仁，渾淪言則渾淪都是一個，義禮知都是仁；對言則仁義與禮智一般。」淳。[二三]

道夫[二四]問：「曩者論仁包四者，蒙教以初底意思看仁。昨觀孟子『四端』處似頗認得意[二五]。」曰：「如何？」道夫[二六]曰：「蓋[二七]仁者生之理而動之機也。惟其運轉流通無所間斷，故謂之心，故能貫通四者。」曰：「這自是難說，自[二八]活。今若恁地看得來只見得一邊，只見得他用處，不見他體了。」又[二九]問：「生之理便是體否？」曰：「公[三〇]若要見得分明，只看程先生說『心譬如穀種，生之性便是仁』便分明。若更要真實識得仁之體，只看夫子所謂『克己復禮』，克去己私如何便喚得做仁。」曰：「若如此看，則程子所謂『公』字愈覺親切。」曰：「公也只是仁底殼子，盡他未得在，畢竟裏面是個甚物事？『生之性』也只是狀得仁之體。」道夫。

問：「仁何以能包四者？」曰：「人只是這一個心，就這[三一]裏面分爲四者。且以惻隱論之：本只是這惻隱，遇當辭遜[三二]，不安處便爲羞惡，分別處便爲是非。若無一個動底醒底在裏面，便也不知羞惡，不知辭遜，不知是非。譬如天地只是一個春氣[三三]發生之心[三四]，春[三五]氣發生得過[三六]便爲夏，收斂便爲秋，消縮盡便爲冬，明年又從春處起[三七]，渾然只是一個發生之意[三八]。」節。按，李方子録同。[三九]

時舉[四〇]問：「惻隱之心如何包得四端？」曰：「惻隱便是初動時，羞惡、是非、恭敬，亦須是這個先動一動了方會恁地，只於動處便見。譬如四時，若不是有春生之氣，夏來長個甚麼？秋時又把甚收？冬時把甚藏？」時舉。[四一]

味道問：「仁包義禮智，惻隱包羞惡、辭遜、是非，元包亨利貞，春包夏秋冬。以五行言之，不知木如何包得火金水？」曰：「木是生氣。有生氣然後物可得而生，若無生氣則火金水皆無自而能生矣，故木能包此三者。仁義禮智，性也。性無形影可以摸索，只是有這理耳。惟情乃可得而見，惻隱、羞惡、辭遜、是非是也。故孟子言性曰『乃若其情則可以爲善矣』，蓋性無形影，惟情可見，觀其發處既善，則知其性之本善必矣。」時舉。[四二]

吉甫問：「仁義禮智立名還有意義否？」曰：「説仁便有慈愛底意思，説義便有剛果底意思，聲音氣象自然如此。」直卿曰：「經[四三]中專言仁者，包四端者[四四]也。言仁義而不言禮智[四五]，仁包禮，義包智。」方子。[四六]

或問前日仁説未達[四七]。曰：「公[四八]且就氣上看，如春夏秋冬須是看他四時界限，又却看[四九]如何包得三時。四時之氣温凉寒熱，凉與寒既不能生物，夏氣又熱，亦非生物之時。惟春氣温厚，乃天地生物之心。到夏是生氣之長，秋是生氣之斂，冬是生氣之藏。若春無生物之意，後面三時都無了。此仁所以包得義禮智也。[五〇]今先是講明得個仁義，[五一]若理會得後，在心術上看是[五二]此理，在事物上看亦[五三]是此理。若不見得[五四]，則心術上言仁與事物上言仁，判然不同[五五]。」

問：「仁包四者，然惻隱之端如何貫得是非、羞惡、辭遜之類？」曰：「惻隱只是動處。接事物時皆是此心先擁出來，其間却自有羞惡、是非之別，所以惻隱又貫四端。如春和則發生，夏則長茂，以至秋冬皆是一氣，只是這個生意。」「『偏[五六]言則[五七]「愛之理」，專言則曰「心之德」』，如何？」曰：「偏言是指其一端，因惻隱之發而知其有是愛之理；專言則五性之理兼舉而言之，而仁則包乎四者是也。」謨。

問：「仁可見[五八]義智禮。惻隱如何包羞惡三[五九]端？」曰：「但看羞惡時自有一般惻怛底意思，便可見。」曰：「仁包三者，何以見？」曰：「但以春言，春本主生，夏秋冬亦只是此生氣，或長養或斂藏有間耳。」可學。

唐傑問：「近思録既載『鬼神者造化之跡』，又載『鬼神者二氣之良能』，似乎重了。」曰：「造化之跡是日月、星辰、風雨之屬，二氣良能是屈伸往來之理。」蓋卿。

問「在物爲理，處物爲義」。曰：「且如這卓子是物，於理可以安頓物事。我把他如此用便是義。」友仁。

「動静無端，陰陽無始」，説道有，有無底在前；説道無，有有底在前，是循環物事。

敬仲。[六〇]

「動静無端，陰陽無始」，今以太極觀之，雖曰「動而生陽」，畢竟未動之前須静，静之前又須[六一]動。推而上之，何自而見其端與始！道夫。[六二]

義剛[六三]問「動静無端，陰陽無始」。曰：「這不可説道有個始。他那有始之前畢竟是個甚麽？他自是做一番天地了。壞了後又恁地做起來，那個有甚窮盡！某自五六歲便煩惱道：『天地四邊之外是個[六四]什麽物事？』見人説四方無邊，某思量也須有個盡處。如這壁相似，壁後也須有個[六五]什麽物事。其時思量得幾乎成病，到而今也未知那壁後[六六]是何物。」或舉天地相依之物[六七]云：「是[六八]氣。」先生曰：「亦是古如此説了。素問中説：『黄帝曰：「地有憑乎？」岐伯對[六九]曰：「大氣乘之。」』是説那氣浮得那地起來，[七〇]這也説得好。」義剛。夔孫録同而略，但作「問太極」，今別見朱子爲學工夫。[七一]

「忠信所以進德」至「君子當終日對越在天也」，這個只是解一個「終日乾乾」。「忠信進德，修辭立誠」，便無間斷，便是「終日乾乾」，不必更説「終日對越在天」。下面説「上天之載，無聲無臭」云云，便是説許多事都只是一個天。賀孫。

道夫[七二]問「忠信所以進德，終日乾乾，君子當終日對越在天也」[七三]。曰：「此一段只是解個『終日乾乾』。在天之剛健者便是天之乾，在人之剛健者便是人之乾。其體則謂之易，這[七四]便是横渠所謂『坱然太虛，升降飛揚，未嘗止息』者。自此而下雖有許多般，要之，『形而上者謂之道，形而下者謂之器』，皆是實理。以時節分段言之便有古今，以血氣支體言之便有人己，理却只是一個理也。」道夫。

寓[七五]問：「近思録伊川言『忠信所以進德，終日乾乾，君子當終日對越在天』[七六]一段，自『浩然之氣』以上自是説道，下面説神『如在其上，如在其左右』，不知如何？」曰：「一段皆是明道體無乎不在。名雖不同，只是一理發出，是個無始無終底意。」林易簡問：「此[七七]莫是『動靜無端，陰陽無始』底道理否？」曰：「不可如此類泥着，但見有相[七八]梗礙耳。某舊見伊川説仁，令將聖賢所言仁處類聚看，看來恐如此不得。古人言語各隨所説見意，那邊自如彼説，這裏自如此説。要一一來比並，不得。」又曰：「文字且子細逐件理會，待看得多自有個見處。」林曰：「某且要知[七九]許多疑了，方可下手做去[八〇]。」曰：「若要知了，如何便知得了？不如且就知得處逐旋做去，知得一件做一件，知得兩件做兩件。貪多不濟事，如此用工夫恐怕輕費了時月。某謂少看有功却多，泛泛然多看全然無益。今人大抵有貪多之病，初來只是一個小没理會，下梢成一個大没理會。」寓。

賀孫[八一]問：「夜來問『忠信所以進德，終日乾乾，君子當終日對越在天』，[八二]詳此一段意只是體當這個實理。雖説出有許多般，其實一理也。」曰：「此只是解『終日乾乾』，故説此一段。

從『上天之載，無聲無臭』説起。雖是『無聲無臭』，其闔闢變化之體則謂之易，然所以能闔闢變化之理則謂之道，其功用著見處則謂之神，此皆就天上説。及説到其〔八三〕『命于人則謂之性，率性則謂之道，修道則謂之教』，此〔八四〕是就人身上説。上下説得如此子細，都説了，可謂盡矣。『故説神「如在其上，如在其左右」』，此〔八五〕又皆是此理顯著之跡。看甚大事小事都離〔八六〕這個物事不得，上而天地鬼神離這個不得，下而萬事萬物都不出此，故曰『徹上徹下，不過如此』。形而上者，無形無影是此理；形而下者，有情有狀是此器。然有此器則有此理，有此理則有此器，未嘗相離，却不是於形器之外別有所謂理。亘古亘今，萬事萬物皆只是這個，所以説道〔八七〕『但得道在，不係今與後、己與人』。」叔蒙問：「不出這體用。其體則謂之性，其用則謂之道？」曰：「道只是統言此理，不可便以道爲用。仁義禮智信是理，道便是統言此理。」直卿云：「『道』字看來亦兼體用，如説『其理則謂之道』是指體言，又説『率性則謂之道』是指用言。」曰：「此語上是就天上説，下是就人身上説。」直卿又云：「只是德亦〔八八〕自兼體、用言。如通書云『動而正曰道，用而和曰德』。」先生曰：「『正』是理，雖動而得其正理便是道，若動而不正則不是道。『和』亦只是順理，用而和順便是得此理於身，若用而不和順則此理不得於身。故下云『匪仁、匪義、匪禮、匪智、匪信，悉邪也』，只是此理，故又云『君子慎動』。」直卿問：「太極圖中〔八九〕只説『動而生陽，靜而生陰』，通書又説個『幾』，此是動靜之間又有此一項。」又問：

「『智』字自與知識之『知』不同。智是具是非之理，知識便是察識得這個物事好惡。」又問：「神是氣[九〇]之至妙處，所以管攝動靜。十年前曾聞先生說，神亦只是形而下者。」賀孫問：「神既是管攝此身，則心又安在？」曰：「神即是心之至妙處，衮在氣裏說又只是氣，然神又是氣之精妙處，到得氣又是粗了。精又粗，形又粗，至於說魂、說魄，皆是說到精[九一]粗處。」賀孫。[九二]

程子曰「上天之載，無聲無臭，[九三]其體則謂之易，其理則謂之道，其用則謂之神」。人傑謂：「陰陽闔闢，屈伸往來，則謂之易；皆是自然，皆有定理，則謂之道；造化功用不可測度，則謂之神。」程子又曰「其命於人則謂之性，率性則謂之道，修道則謂之教，只是就人道上說」。人傑謂：「中庸大旨，則『天命之謂性，率性之謂道』，是通人物而言；『修道之謂教』，則聖賢所以扶世立教，垂法後世者皆是也。」先生云：「就人一身言之，易猶心也，道猶性也，神猶情也。」翌日再問，云：「既就人身言之，却以就人身者就天地言之，可乎？」先生曰：「天命流行，所以主宰管攝是理者即其心也，而有是理者即其性也。如所以爲春夏、所以爲秋冬之理是也。至於[九四]發育萬物者，即其情也。」人傑。[九五]

又曰：[九六]「『其體則謂之易，其理則謂之道，其用則謂之神』，此三句是說自然底。下面云『其命於人則謂之性』，此是就人上說。『命[九七]於人』，這『人』字便是『心』字。」賜。[九八]

「其體則謂之易，其理則謂之道，其用則謂之神。」以人言之，其體謂之心，其理謂之性，其用

謂之情。「體」非體用之謂。賀孫。〔九九〕

「以其體謂之易，以其理謂之道」，這正如心、性、情相似。易便是心，道便是性。易，變易也，如弈棋相似。寒了暑，暑了寒，日往而月來，春夏爲陽，秋冬爲陰，一陰一陽只管恁地相易。賀孫。

「其體則謂之易」，在人則心也；「其理則謂之道」，在人則性也；「其用則謂之神」，在人則情也。〔一〇〇〕公謹。〔一〇一〕

問「其理謂之道，其體謂之易，其用謂之神」。先生曰：「理是性，體是心，用是情。」賜。〔一〇二〕

孟子說「性善」，是就用處發明人性之善；程子謂「乃極本窮原之性」，却就用處發明本理。人傑。〔一〇三〕

「人生氣禀，理有善惡」，此「理」字不是說實理，猶云理當如此。僩。

木之問：〔一〇四〕「程子生之謂性章說〔一〇五〕『善固性也，然惡亦不可不謂之性也』，疑與孟子說〔一〇六〕牴牾。」曰：「這般所在難說，卒乍理會未得。某舊時初看亦自疑，但看來看去自是分明，今定是不錯，不相誤。只着工夫子細看，莫據己見便說前輩說得不是。」又問：「草木與人物之性一乎？」曰：「須知其異而不害其爲同，知其同而不害其爲異方得。」木之。

問：「『惡亦不可不謂之性』，先生舊做明道論性説云：『氣之惡者，其性亦無不善，故惡亦不可不謂之性。』明道又云：『善惡皆天理。謂之惡者本非惡，但或過或不及便如此。蓋天下無性外之物，本皆善而流於惡耳。』如此則惡專是氣禀，不干性事，如何説惡亦不可不謂之性？」曰：「既是氣禀惡，便已[一〇七]牽引得那性不好。蓋性只是搭附在氣禀上，既是氣禀不好，便和那性壞了。所以説濁亦不可不謂之水。水本是清，却因人撓之，故濁也。」又問：「先生嘗云『性不可以物譬』，明道以水喻性，還有病否？」曰：「若比來比去也終有病，只是不以這個比又不能得分曉。」僩。

問：「遺書[一〇八]『生之謂性』一段難看，自起頭至『惡亦不可不謂之性也』成兩三截。」曰：「此一段極難看，但細尋語脈却亦可曉。上云『不是兩物相對而生』，蓋言性善也。」曰：「既言性善，下却言『善惡[一〇九]性也，然惡亦不可不謂之性』，却是言氣禀之性，似與上文不相接。」曰：「不是言氣禀之性。蓋言性本善，而今乃惡，亦是此性爲惡所汩，正如水爲泥沙所混，不成不喚做水。」曰：「適所問乃南軒之論。」曰：「敬夫議論出得太早，多有差舛。此間有渠論孟解，士大夫多求之者，又難爲拒之。」又問：「『人生而静』當作斷句。」曰：「只是連下文而『不容説』作句。性自禀賦而言，『人生而静以上』，未有形氣，理未有所受，安得謂之性！」又問「纔説性時便已不是性」。此處先生所答記得不切，不敢録。次夜再問，別録在後。又問：「『凡人説性只是説繼之者善也』，『繼之者善』如何便指作性？」曰：「吾友疑得極是。此却是就人身上説『繼之者善』。若就向上説則天理方流出，亦不可謂之性。」曰：「『生之謂性』，性即氣，氣即性。此言人生性與氣混合者。」曰：「有此氣爲人，則理具於身方可謂之性。」又問：「向在書堂[一一〇]，滕德粹問『生之謂性』，先生曰『且從程先生之説，亦好』。當時再三請益，先生不答。後來子細看，此蓋告子之言。若果如程先生之説亦無害，而渠意直是指氣爲性，與程先生之意不同。」曰：「程先生之言亦是認告子語脈不著[一一一]。果如此説，則孟子何必排之？則知其發端固非矣。大抵諸儒説性多就[一一二]著氣。如佛氏亦只是認知覺作用爲性。」又問孟注云：「『近世蘇氏、胡氏之説近此』，某[一一三]觀二家之説，似亦不執著氣。」曰：「其流必至此。」又問：「胡氏説『性不可以善惡名』，似只要形容得性如此之大。」曰：「不是要形容，只是見不明，若見得明則自不如此。敬夫向亦執此説。嘗語之云：『凡物皆有對，今乃欲作尖邪物，何故？』程先生論性，只云『性即理也』，豈不是見得明？是真有功於聖門。」又問：「『繼之者善也，成之者性也』至程先生始分明。」曰：「以前無人如此説。若不是見得，安能及此？」可學。[一一四]

第二夜復問：「昨夜問『生之謂性』一段，意有未盡。不知『纔説性便不是性』，此是就性未稟時説，已稟時説？」曰：「就已稟時説。性者，渾然天理而已，纔説性時則已帶氣矣。所謂『離了陰陽更無道』，此中最宜分別。」又問：「『水流而就下』以後，此是説氣稟否？若説氣稟，則生下已定，安得有遠近之別？」曰：「此是夾習說。」〔一一五〕可學。

或問：「說『人生而靜以上不容說』，爲天命之不已；感物而動，酬酢萬殊，爲天命之流行。不〔一一六〕知上一截如何下語？」曰：「『人生而靜以上不容說』，乃天命之本體也。」人傑。

「人生而靜」已是夾形氣，專說性不得。此處宜體認。文蔚。〔一一七〕

「人生而靜以上〔一一八〕說」，此只是理；「纔說性時便已不是性」，此是氣質。要之，假合而後成。文蔚。

曾問「人生而靜以上不容說性〔一一九〕」。先生曰：「此是未有人生之時，但有天理，更不可言性。人生而後方是有這氣稟，有這物欲，方可言性。」卓。

問「人生而靜以上」一段。曰：「有兩個『性』〔一二〇〕，有所謂『氣質之性』〔一二一〕，有所謂『理性』〔一二二〕。下一『性』字便〔一二三〕是理。『人生而靜』，這『生』字自已〔一二四〕帶氣質了。『生而靜以上』便只是理，不容說；『纔說性時』便只說得氣質，不是理也。」淳。

「纔說性，便已不是性也」，蓋纔說性時便是兼氣稟〔一二五〕而言矣。「人生而靜以上不容說」，〔一二六〕蓋性須是個氣質方說得個「性」字，若「人生而靜以上」只說得個天道，下「性」字不得。所以子貢曰「夫子之言性與天道，不可得而聞也」，便是如此。所謂「天命之謂性」者，是就人身中指出這個是天命之性，不雜氣稟者而言爾。若純〔一二七〕說性時則便是夾氣稟而言，所以說時已〔一二八〕不是性也。濂溪說「性者，剛柔善惡中而已矣」，濂溪說性只是此五者，他又自有說仁義禮智底性時，若論氣禀之性則不出此五者。然氣禀底性便是那四端底性，非別有一種性也。然所謂「剛柔善惡中」者，天下之性固不出此五者。然細推之，極多般樣，千般百種，不可窮究，但不離此五者爾。僩。

問「人生而静以上」一段。曰：「程先生說性有本然之性，有氣質之性。人具此形體便是氣質之性。纔說性，此『性』字是雜氣質與本來性說，便已不是性。這『性』字却是本然性，纔說氣質底便不是本然底也。『人生而静』以下方有形體可說，以上是未有形體，如何說？」賀孫。

問：「近思録中說性似有兩種，何也？」曰：「此說往往人都錯看了，纔說性便有不是。人性本善而已，纔墮入氣質中便薰染得不好了。雖薰染得不好，然本性却依舊在此，全在學者着力。今人却言有本性又有氣質之性，此大害理。」謨。去僞録同。〔一二九〕

問：「『凡人說性只是說「繼之者善也」』，這『繼』者〔一三〇〕莫是主於接續承受底意思否？」曰：「主於人之發用處言之。」道夫。

問：「明道言：『今人說性多是說「繼之者善」，如孟子言「性善」是也。』此莫是說性之本體不可言，凡言性者只是說性之流出處，如孟子言『乃若其情則可以爲善矣』之類否？」先生點頭。後江西一學者問此，先生答書云：「易大傳言『繼善』是指未生之前，孟子言『性善』是指已生之後。」是夕，復語文蔚曰：「今日答書覺得未是。」文蔚曰：「莫是易言『繼善』是説天道流行處，孟子言『性善』是説人性流出處。易與孟子就天人分上各以流出處言，明道則假彼以明此耳，非如先生『未生』、『已生』之云？」曰：「然。」文蔚。

問伊川云「萬物之生意最可觀」。先生曰：「物之初生，其本未遠，固好看。及幹成葉茂便不好看。如赤子入井時惻隱、怵惕之心，只些子仁，見得時却好看。到得發政施仁，其仁固廣，便看不得[一三一]何處是仁。」賜。

道夫[一三二]問：「『萬物之生意最可觀，此「元者善之長也」，斯所謂仁也』，此也[一三三]只是先生向所謂『初』之意否？」曰：「萬物之生，天命流行，自始至終，無非此理，但初生之際淳粹未散，尤易見爾。如只元亨利貞皆是善，而元則爲善之長，亨利貞皆是那裏來。仁義禮智亦皆善也，而仁則爲萬善之首，義禮智皆從這裏出爾。」道夫。

問：「『天地萬物之理無獨必有對』，對是物也，理安得有對？」曰：「如高下、小大、清濁之類皆是。」曰：「高下、小大、清濁只[一三四]是物也，如何？」曰：「有高必有下，有大必有小，皆是理必當恁地[一三五]。如天之生物不能獨陰，必有陽；不能獨陽，必有陰。皆是對。這對處不是理對，其所以有對者是理合當恁地。」淳。

又問：「陰陽晝夜，善惡是非，君臣上下，此天地萬物無獨必有對之意否？」曰：「這也只如喜怒哀樂之中，便有個既發而中節之和在裏相似。」道夫。

道夫問「亭亭當當」之説。曰：「此俗語也，蓋不偏不倚、直上直下之意也。」問：「敬固非中，惟『敬而無失』乃所以爲中否？」曰：「只是常敬便是『喜怒哀樂未發之中』也。」道夫。

近思録首卷所論誠、中、仁三者，發明義理，固是有許多名，只是一理，但須隨事别之。如説誠便只是實然底道理，譬如天地之於萬物，陰便實然是陰，陽便實然是陽，初[一三六]無一毫不真實處。中只是喜怒哀樂未發之理。仁便如天地發育萬物，人無私意便與天地相似，但天地無一息間斷，「聖希天」處正在此。仁義禮智便如四柱，仁又包括四者，如易之「元亨利貞」必統於元，如時之春秋冬夏皆本於春。析而言之，各有所指而已。謨。

無妄自是我無妄，故誠；不欺者，對物而言之，故次之。祖道。

味道問「無妄之謂誠，不欺其次也」。曰：「非無妄故能誠，無妄便是誠。無妄是八方四面[一三七]都去得，不欺猶是兩個物事相對。」寓。

道夫[一三八]問：「『無妄，誠之道。不欺則所以求誠否？』」曰：「『無妄者，聖人也。謂聖人爲無妄則可，謂聖人爲不欺則不可。』」又問：「『此正所謂「誠者天之道，思誠者人之道」否？』」曰：「然。無妄是自然之誠，不欺是着力去做底。」道夫。

子升兄[一三九]問「冲漠無朕」一段。曰：「未有事物之時此理已具，少間應處只是此理。所謂塗轍即是所由之路，如父之慈、子之孝，只是一條路從源頭下來。」木之。

問：「程先生云：『沖漠無朕，萬象森然已具，未應不是先，已應不是後。如百尺之木自根本至枝葉皆是一貫，不可道上面一段事無形無兆，却待人旋安排引入來教入塗轍。既是塗轍，却只是一個塗轍。』〔一四〇〕他所謂塗轍者莫只是以人所當行者言之？凡所當行之事皆是先有此理，却不是臨行事時旋去尋討道理。」曰：「此言未有這個事先有這個〔一四一〕理。如未有君臣已先有君臣之理，未有父子已先有父子之理。不成元無此理，直待有君臣父子却旋將道理入在裏面？」又問：「『既是塗轍，却只是一個塗轍』，是如何？」曰：「是這一個事便只是這一個道理，精粗一貫，元無兩樣。今人只見前面一段事無形無兆，將謂是空蕩蕩，却不知道『沖漠無朕，萬象森然已具』。如釋氏便只是説『空』，老氏便只是説『無』，却不知道莫實於理。」曰：「『未應不是先，已應不是後』，『應』字是應務之『應』否？」曰：「未應是未應此事，已應是已應此事。未應固是先，却只是後來事；已應固是後，却只是未應時理。」文蔚。

或問近思録〔一四二〕「未應不是先」一條。曰：「未應如未有此物而此理已具，到有此物亦只是這個道理。塗轍是車行處，且如未有塗轍而車行必有塗轍之理。」賀孫。

「未應不是先，已應不是後」，如未有君臣已先有君臣之理在這裏，不是其先本無却待安排也。「既是塗轍，却只是一個塗轍」，如既有君君臣臣底塗轍，却是元有君臣之理也。升卿。

問「沖漠無朕」一段。曰：「此只是説『無極而太極』。」又問：「下文『既是塗轍，却只是一個塗轍』，此[一四三]是如何？」曰：「恐是記者欠了字，亦曉不得。」又曰：「某前日説，只從陰陽處看，則所謂太極者便只是在陰陽裏，所謂陰陽者便只是在太極裏。而今人説陰陽上面別有一個無形無影底物是太極，非也。」夔孫。[一四四]

道夫[一四五]問：「『近取諸身，百理皆具』，且是言一人之身[一四六]與天地相爲流通，無一之不相似。至下面[一四七]言『屈伸往來之義只於鼻息之間見之』，却只是説上意一脚否？」曰：「然。」又問：「屈伸往來只是理自如此，亦猶一闔一闢，闔固爲闢之基，而闢亦爲闔之基否？」曰：「氣雖有屈伸，要之方伸之氣自非既屈之氣，雖[一四八]屈而物亦自一面生出，此所謂『生生之理』自然不息也。」道夫。

問：「屈伸往來，氣也。程子云『只是理』，何也？」曰：「其所以屈伸往來者是理必如此。『一陰一陽之謂道』，陰陽氣也，其所以一陰一陽循環而不已者乃道也。」淳。

問明道云[一四九]「天下只有個感應」。先生曰：「事事物物皆有感應，寤寐、語默、動静亦然。譬如氣聚則風起，風止則氣復來[一五〇]聚。」賜。

「心性以穀種論，則包裹底是心；有秫種，有粳種，隨那種發出不同，這便是性。心是個發出底，[一五一]他只會生。譬[一五二]如服藥，喫了會治病，此是藥力；或温或凉，便是藥性；至於喫了有温證，有凉證，這便是情。」問情、意之別。曰：「情便是做底，意自是百般計較去做底。因是有情而後用其意。」〔一五三〕夔孫。

伊川「性即理也」四字攧撲不破，實自己上見得出來。其後諸公只聽得便説將去，實不曾就己上見得，故多有差處。道夫。〔一五四〕

伊川「性即理也」，自孔孟後無人見得到此，亦是從古無人敢如此道。道夫。〔一五五〕

春秋傳言「元者仁也，仁人心也」，固有此理，然不知仁如何却喚做「元」？如程〔一五六〕曰「天下之理原其所自未有不善」，易傳曰「成而後有敗，敗非先成者也；得而後有失，非得何以有失也」，便説得有根源。閎祖。〔一五七〕

履之問：「伊川云〔一五八〕『心本善，發於思慮則有善不善』章，如何？」曰：「疑此段微有未穩處。蓋凡事莫非心之所爲，雖放僻邪侈亦是心之爲也。善惡但如反覆手耳，翻一轉便是惡，止安頓不着也便是不善。如當惻隱而羞惡，當羞惡而惻隱，便不是。」又問：「心之用雖有不善，亦不可謂之非心否？」曰：「然。」伯羽。

問：「『心有善惡』，程先生曰〔一五九〕『既〔一六〇〕發則可謂之情，不可謂之心』，如何？」曰：「心是貫徹上下，不可只於一處看。」〔一六一〕

程子曰〔一六二〕「既發則可謂之情，不可謂之心」，此句亦未穩。淳。

「『心，生道也。人有是心，斯具是形以生。惻隱之心，生道也』，如何？」曰：「天地生物之心是仁，人之稟賦接得此天地之心方能有生。故惻隱之心在人，亦爲生道也。」謨。

「心，生道也」，心乃生之道。「惻隱之心，人之生道也」，乃是得天之心以生。生物便是天之心。可學。

伊川文字多有句相倚處，如顏子好學論。可學。〔一六三〕

氣散則不生，惟能住便能〔一六四〕生。消息，是消住了息便生。因説「天地儲精」及此。士毅。〔一六五〕

「『得五行之秀者爲人』，只説五行而不言陰陽者，蓋做這人須是五行方做得成。然陰陽便在五行中，所以周子云『五行一陰陽也』，舍五行無別討陰陽處。如甲乙屬木，甲便是陽，乙便是陰；丙丁屬火，丙便是陽，丁便是陰。不須更説陰陽而陰陽在其中矣。」或曰：「如言四時而不言寒暑耳。」曰：「然。」僩。〔一六六〕

「其本也真而靜，其未發也五性具焉」，五性便是真，未發時便是靜，只是疊説。僩。〔一六七〕

敬子解「不求諸心而求諸迹，以博聞强記巧文麗詞爲工」，以爲「人不知性，敬〔一六八〕怠於爲希聖之學，而樂於爲希名慕利之學」。曰：「不是他樂於爲希名慕利之學，是他不知聖之可學，別無可做了〔一六九〕，只得向那裏去。若知得有個道理可以學做聖人，他豈不願爲？緣他不知聖人之可學，『飽食終日，無所用心』，不成空過，須討個業次弄，或爲詩，或作文。是他没著這渾身處了[一七〇]，只得向那裏去，俗語所謂『無圖之輩』是也。」因曰：「世上萬般皆下品，若見得這道理高，見世間萬般皆低。故這一段緊要處，只在『先明諸心』上。蓋『先明諸心』了方知得聖之可學，有下手處，方就這裏做工夫。若不就此，如何地做？」僩。[一七一]

周舜弼名謨。[一七二]問：「定性書也難理會。」曰：「也不難。『定性』字說得也詫異，此『性』字是個『心』字意。明道言語甚圓轉，初讀未曉得，都没理會，子細看却成段相應。此書在鄠[一七三]時作，年甚少。」淳。

「明道定性書自胸中瀉出，如有物在後面逼逐他相似，皆寫不辦。」直卿曰：「此正所謂『有造道之言』。」先生曰：「然。只是一篇之中都不見一個下手處。」蜚卿曰：「『擴然而大公，物來而順應』，這莫是下工處否？」曰：「這是說已成處。且如今人私欲萬端，紛紛擾擾，無可奈何，如何得他大公？所見與理皆是背馳，如何便得他順應？」道夫曰：「這便是先生前日所謂『也須存得這個在』。」曰：「也不由你存。此心紛擾，看着甚方法也不能得他住。這須是見得，須是知得天下之理都着一毫私意不得方是，所謂『知止而後有定』也。不然，只見得他如生龍活虎相似，更把捉不得。」道夫。

問明道先生答橫渠[一七四]定性書云「大率患在於自私而用智。自私則不能以有爲爲應迹，用智則不能以明覺爲自然」。曰：「此一書首尾只此兩項。伊川文字段數分明，明道先生多只恁地成片説將去，初看却[一七五]似無統，待[一七六]子細理會，中間自有路脈貫串將去。『君子之學莫若擴然而大公，物來而順應』，自後許多説話都只是此二句意。『艮其背，不獲其身；行其庭，不見其人』，此是説『擴然而大公』。孟子曰『所惡於智者，爲其鑿也』，此是説『物來而順應』。『第能於怒時遽忘其怒而觀理之是非』，『遽忘其怒』是應『廓然而大公』，『而觀理之是非』是應『物來而順應』。這須子細去看方始得。」賀孫。

問：「明道[一七七]定性書，此[一七八]是正心誠意功夫否？」曰：「正心誠意以後事。」寓。

問：「聖人『動亦定，静亦定』，所謂定者是體否？」曰：「是。」曰：「此是惡物來感時定，善物來感時定？[一七九]」曰：「惡物來不[一八〇]感，這裏自不接。」曰：「善物則如何？」曰：「當應便應，有許多分數來便有許多分數應，這裏自定。」曰：「『子哭之慟』時[一八一]何以見其爲定？」曰：「此是當應也。須用[一八二]『廓然而大公，物來而順應』。」再三誦此語。[一八三]淳。

問：「聖人定處未詳。」曰：「『知止而後有定』，只看此一句便了得萬物各有當止之所。知得則此心自不爲物動。」曰：「『舜『號泣于旻天』，『象憂亦憂，象喜亦喜』，當此時何以見其爲定？」曰：「此是當應而應，當應而應便是定。若不當應而應便是亂了，當應而不應則又是死了。」淳。

道夫[一八四]問：「『天地之常，以其心普萬物而無心；聖人之常，以其情順萬事而無情。故君子之學莫若擴然而大公，物來而順應』，學者卒未到此，奈何？」曰：「雖未到此，規模也是恁地。『擴然大公』只是除去〔一八五〕却私意，事物之來則〔一八六〕順他道理應之。且如有一事，自家見得道理是恁地，却有個偏曲底意思要爲那人，便是不公，便逆了這道理，便〔一八七〕不能順應。聖人自有聖人大公，賢人自有賢人大公，學者自有學者大公。」又問：「聖賢大公固未敢請，學者之心當如何？」曰：「也只要存得這個去〔一八八〕克去私意。這兩句是有頭有尾説話。大公是包説，順應是就裏面細説。公是忠，便是『維天之命，於穆不已』，順應便是『乾道變化，各正性命』。」〔一八九〕

「擴然而大公」是「寂然不動」，「物來而順應」是「感而遂通」。〔一九〇〕

問：「昨日因説程子謂釋氏自私，味道舉明道答横渠書中語，先生曰『此却是舉常人自私處言之』。若據自私而用智與後面治怒之説，則似乎説得淺。若看得説那『自私則不能以有爲爲應迹，用智則不能以明覺爲自然』，則所指亦大闊矣。」先生曰：「固然。但明道指〔一九一〕人之私意言耳。」味道又舉「反鑑索照」與夫「惡外物」之説。先生曰：「此亦是私意。蓋自常人之私意與佛之自私，皆一私也，但非是專指佛之自私言耳。」又曰：「此是程子因横渠病處箴之。然有一般人其中空疏不能應物，又有一般人溺於空虚不肯應物，皆是自私。若能『豁然而大公』，則上不陷於空寂，下不累於物欲，自能『物來而順應』。」廣。按賀孫録少異，今附，云：〔一九二〕「漢卿問[一九三]：『前日説「佛氏自私」，味道舉明道「自私用智」之語亦是此意。先生答以此自私説較粗，是常人之自私。某細思之，如「自私則不能以有爲爲應迹，用智則不能以明覺爲自然」，亦是説得煞細，恐只是佛氏之自私。』先生曰：『此説得較闊，兼兩意。也是見横渠説得有這病，故如此説。』賀孫云：『「今以惡外物之心求照無物之地，猶反鑑而索照也」，亦是説絶外物而求定之意。』曰：『然。但所謂「自私而用智」，如世人一等嗜慾也是不能「以有爲爲應迹」，如異端絶滅外物也是不能「以有爲爲應迹」。若「廓然大公，物來順應」便都不如此，上不淪於空寂，下不累於物欲。』」

問：「定性書所論固是不可有意於除外誘，然此地位高者之事，在初學恐亦不得不然否？」曰：「初學也不解如此，外誘如何除得？有當應者亦只得順他，更[一九四]看理如何，理當應便應，不當應便不應。此篇大綱只在『擴然而大公，物來而順應』兩句，其他引易、孟子皆是如此。末謂『第能於怒時遽忘其怒而觀理之是非』，一篇着力緊要只在此一句。『遽忘其怒』便是『擴然大公』，『觀理之是非』便是『物來順應』。明道言語渾淪，子細看，節節有條理。」曰：「『内外兩忘』是内不自私，外應不鑿否？」曰：「是。大抵不可以在内者爲是而在外者爲非，只得隨理順應。」淳。

人情易發而難制。明道云：「人能於怒時遽忘其怒，亦可見外誘之不足畏，而於道亦思過半矣。」此語可見。然有一説，若知其理之曲直，不必校却好，若見其直而又怒則愈甚。大抵理只是此理，不在外求。若於外復有一理時却難，爲只有此理[一九五]。可學。

「惟思爲能窒欲，如何？」曰：「思與觀同。如言『第能於怒時遽忘其怒而觀理之是非』。蓋是非既見，自然欲不能行。」升卿。〔一九六〕

問：「聖人恐無怒容否？」曰：「怎生無怒容？合當怒時必亦形於色。如要去治那人之罪，自爲笑容則不可。」曰：「如此則恐涉忿厲〔一九七〕之氣否？」曰：「天之怒，雷霆亦震。舜誅四凶，當其時亦須怒。但當怒而怒，便中節，事過便消了，更不積。」淳。

先生以伊川答方道輔書示學者，曰：「他只恁平鋪，無緊要説出來。只是要移易他一兩字也不得，要改動他一句也不得。」道夫。

問：「蘇季明以治經爲傳道居業之實〔一九八〕，居常講習只是空言無益，質之兩先生。何如？」曰：「季明是横渠門人，祖横渠『修辭』之説，以立言傳後爲修辭，是爲居業。明道與説易上『修辭』不恁地。修辭只是如『非禮勿言』。若修其言辭正爲立己之誠意，乃是體當自家『敬以直内，義以方外』之實事，便是理會敬義之實事，便是表裏相應。『敬以直内，義以方外』，便是立誠。道之浩浩，何處下手？惟立誠纔有可居之處，有可居之處則可以修業。業便是逐日底事業，恰似日課一般。『忠信所以進德』爲實下手處。如是心中實見得理之不妄，『如惡惡臭，如好好色』，常常恁地，則德不期而進矣。誠便即是忠信，修省言辭便是要立得這忠信。若口不擇言，只管逢事便説，則忠信亦被汩没動蕩，立不住了。明道便只辨〔一九九〕他『修辭』二字，便只理會其大規模。伊川却與辦〔二〇〇〕治經，便理會細密，都無縫罅。」又曰：「伊川也辨他不盡。如講習不止只是治經，若平日所以講習，父慈、子孝、兄友、弟恭與應事接物，有合講者，或更切於治經，亦不爲無益。此更是一個大病痛。」賀孫。

伊川曰：「孟子才高，學之無可依據。學者須學顔子，入聖人爲近，有用力處。」又曰：「學者要學得不錯須是學顔子。」〔二〇一〕孟子説得粗，不甚子細，只是他才高，自至那地位。若學者學他或會錯認了他意思，若顔子説話便可下手做，孟子底更須解説方得。」賀孫。

蔡問：「『孟子無可依據，學者當學顔子』，如養氣處豈得謂〔二〇二〕無可依據？」曰：「孟子皆是要用。顔子曾〔二〇三〕就己做工夫，所以學顔子則不錯。」淳。

道夫〔二〇四〕問：「『且省外事，但明乎善，唯進誠心』，這固〔二〇五〕只是教人『鞭辟近裏』。然〔二〇六〕切謂明善是致知，誠心即〔二〇七〕是誠意否？」曰：「知至即便意誠，善纔明，誠心便進。」又問：「『其文章雖不中，不遠矣』，便是應那『省外事』一句否？」曰：「然。外事所可省者即省之，所不可省者亦强省不得。善只是那每事之至理，文章是威儀制度。『所守不約，泛濫無功』，説得極切。這般處只管將來玩味，則道理自然都見。」又曰：「這般次第是與〔二〇八〕吕與叔自關中來初見二程時説話。蓋横渠多教人禮文制度之事，他學者只〔二〇九〕管用心，不近裏，故以此説教之。然只可施之與叔諸人，若與龜山言便不着地頭了。公今看了近思録，看別經書須將遺書兼看。蓋他一人是一個病痛，故程先生說得各各自有精采。」道夫。「且省外事，但明乎善，惟進誠心」，是且理會自家切己處，明善了又更須看自家進誠心與未。心只是放寬平便大，不要先有一私意隔礙便大。心大則自然不急迫。如有禍患之來亦未須驚恐，或有所獲亦未要便歡喜在，少間亦未必禍更轉爲福，福更轉爲禍。荀子言「君子大心則天而道，小心則畏義而節」，蓋君子心大則是天心，心小則文王之翼翼，皆爲好也。小人心大則放肆，心小則是偏隘私吝，皆不好也。賀孫。〔二一〇〕

問：「近思録中〔二一一〕明道說『學者識得仁體，實有諸己，只要義理栽培』一段，只緣他源頭是個不忍之心，生生不窮，故人得以生者，其流動發生之機亦未嘗息。故推其愛，則視夫天地萬物均受此氣、均得此理，則無所不當愛。」曰：「這道理只熟看，久之自見如此，硬椿定說不得。如云『從他源頭上便有個不忍之心，生生不窮』，此語有病。他源頭上未有物可不忍在，未說到不忍在。只有個陰陽五行，有闔闢，有動靜。自是用生，不是要生，到得說生物時又是流行已後。既是此氣流行不息，自是生物，自是愛。假使天地之間淨盡無一物，只留得這一個物事，他也自愛。如云『均受此氣、均得此理，所以須用愛』，也未說到〔二一二〕這裏在，此又是說後來事。此理之愛如春之溫，天生自然如此。如火相似，炙着底自然熱，不是使他熱也。」因舉：「東見録中明道曰『學者須先識仁。仁者，渾然與物同體，義禮智信皆仁也』，云云。極好，當添入近思録中。」僩。

節[二一三]問：「周子令程子尋顏子所樂何事，而周子程子終不言。不審先生以爲所樂何事？」曰：「人之所以不樂者，有私意耳。克己之私則樂矣。」節。[二一四]

明道以上蔡記誦爲玩物喪志，蓋爲其意不是理會道理，只是誇多鬭美[二一五]爲能。若明道看史不蹉一字，則意思自別，此正爲己爲人之分。賀孫。

問：「『禮樂只在進反之間，便得性情之正』，何謂也？」曰：「記謂『禮減而進，以進爲文；樂盈而反，以反爲文』。禮如凡事儉約，如收斂恭敬，便是減。須當着力向前去做，便是進，故以進爲文。樂如歌詠和樂，便是盈。須當有個節制，和而不流，便是反，故以反爲文。禮減而卻進前去，樂盈而卻反退來，便是得性情之正。」淳。

道夫[二一六]問「禮樂進反」之說。曰：「『禮主其減，樂主其盈。禮減而進，以進爲文；樂盈而反，以反爲文。』禮以謙遜退貶爲尚，故主減。然非人之所樂，故須勉強做將去方得。樂以發揚蹈厲爲尚，故主盈。然樂只管充滿而不反，則又也無收殺，故須反方得。故云『禮減而不進則銷，樂盈而不反則放』，故禮有報而樂有反，所以程子謂『只在進反之間，便得性情之正』。」道夫。

「禮主其減」者，禮主於撙節、退遜、檢束。然其[二一七]難行，故須勇猛力進始得，故以進爲文。「樂主其盈」者，樂主於舒暢發越。然一向如此必至於流蕩，故以反爲文。禮之進，樂之反，便得情性之正。又曰：「主減者當進，須力行將去；主盈者當反，須回顧身心。」賀孫。

「天分」即天理也。父安其父之分，子安其子之分，君安其君之分，臣安其臣之分，則安得私！故雖「行一不義，殺一不辜，而得天下」，有所不爲。賀孫。

問「論性不論氣，不備；論氣不論性，不明。〔二一八〕二之則不是」。曰：「不可分作兩段說，性自是性，氣自是氣。如何不可分作兩段說？他所以說不備、不明，須是兩邊都說，理方明備，故云『二之則不是』。二之者，正指上兩句也。」〔二一九〕或問：「明道說『生之謂性』，云『性即氣，氣即性』，便是不可分兩段說。」曰：「那個又是說性便在氣稟上。稟得此氣，理便搭附在上面，故云『性即氣，氣即性』。若只管說氣便是性，性便是氣，更没分曉矣。」僩。〔二二〇〕

道夫〔二二一〕問：「氣者性之所寄，故『論性不論氣則不備』；性者氣之所成，故『論氣不論性則不明』。」曰：「如孟子說性善，是『論性不論氣』也。但只認說性善，雖說得好，終是欠了下面一截。自荀楊而下便祇『論氣不論性』了。」道夫曰：「子雲之說雖兼善惡，終只論得氣。」曰：「他不曾說着性。」道夫。〔二二二〕

「『論性不論氣，不備；論氣不論性，不明』，孟子終是未備，所以不能杜絶荀楊之口。」厚之問：「氣稟如何？」曰：「稟得木氣多則少剛强，稟得金氣多則少慈祥，推之皆然。」可學。〔二二三〕

「論氣不論性」，荀子言性惡、楊子言善惡混是也。「論性不論氣」，孟子言性善是也。性只是善，氣有善不善。韓愈説生而便知其惡者，皆是合下稟得這惡氣。有氣便有性，有性便有氣。節。［二二四］

問：「程子『論性不論氣，不備；論氣不論性，不明。二之則不是』之説如孟子，是論性不論氣；荀楊等是論氣不論性。」答曰：「程子初無指孟子之意，然孟子却是論氣。」此句有誤字：非「孟」字，是「孔」字；則「却」字是「也」字。更思之。過。［二二五］

「『論學便要明理，論治便須識體』，這『體』字是事理合當做處。凡事皆有個體，皆有個當然處。」問：「是體段之『體』否？」曰：「也是如此。」又問：「如爲朝廷有朝廷之體，爲一國有一國之體，爲州縣有州縣之體否？」曰：「然。是個大體有格局當做處。如作州縣，便合治告訐，除盜賊，勸農桑，抑末作；如朝廷，便須開言路，通下情，消朋黨；如爲大吏，便須求賢才，去贓吏，除暴斂，均力役。這個都是定底格局，合當如此做。」或問云云。曰：「不消如此説，只怕人傷了那大體。如大事不曾做得，却以小事爲當急，便害了那大體。如爲天子近臣合當謇諤正直，又却恬退寡默；及至處鄉里合當閉門自守，躬廉退之節，又却向前要做事。這個便都傷了那大體。如今人議論都是如此，合當舉賢才而不舉，而曰我遠權勢；合當去姦惡而不去，而曰不爲已甚。且如國家遭汴都之禍，國於東南，所謂大體者正在於復中原，雪讐恥，却曰休兵息民，兼愛南北。正使真個能如此猶不是，况爲此説者其實只是懶計而已！」僩。

「根本須是先培壅」，涵養持敬便是栽培。賀孫。

仲思問「敬義夾持直上，達天德自此」。曰：「最是他下得『夾持』兩字好。敬主乎中，義防於外，二者相夾持。要放下霎時也不得，只得直上去，故便達天德。」伯羽。

「『敬義夾持直上，達天德自此』，表裏夾持，更無東西走作去處，上面只更有個天德。『忠信所以進德，修辭立其誠所以居業』者，乾道也；『敬以直內，義以方外』者，坤道也，只是健順。」又曰：「『非禮勿視聽言動』者，乾道；『出門如見大賓，使民如承大祭』者，坤道。」又曰：「公但看進德、立誠是甚麼樣强健！」賀孫。

問：「『正其義不謀其利，明其道不計其功』，道、義如何分別？」曰：「道、義是個體、用。道是大綱説，義是就一事上説。義是道中之細分別，功是就道[二二六]做得功效出來。」寓。淳録同。[二二七]

問：「『正其義』者，凡處此一事但當處置使合宜，而不可有謀利占便宜之心；『明其道』則處此事使[二二八]合義，是乃所以爲明其道，而不可有計後日功效之心。『正義不謀利』在處事之先，『明道不計功』在處事之後。如此否？」[二二九]曰：「恁地説也得。他本是合掌説，看來也須微有先後之序。」僩。[二三〇]

董仲舒曰[二三一]「正其義不謀其利，明其道不計其功」，或曰「事成之謂利，所以有義；功成則是道」，便不是。「惠迪吉，從逆凶」，然惠迪亦未必皆吉。可學。

楊問：「『膽欲大而心欲小』，如何？」曰：「膽大是『千萬人吾往』處，天下萬物『不足以動其心』，『貧賤不能移，威武不能屈』，皆是膽大。小心只[二三二]是畏敬之謂，如[二三三]文王『小心翼翼』、曾子『戰戰兢兢，臨深履薄』是也。」問：「橫渠言『心大則百物皆通，心小則百物皆病』，何如？」曰：「此心小是卑陋狹隘，事物來都没奈何，打不去，只管見礙，皆是病。如要敬則礙和，要仁則礙義，要剛則礙柔。這裏只着得一個，更着兩個不得。爲敬便一向拘拘，爲和便一向放肆，没理會。仁便煦煦姑息，義便粗暴决裂。心大便能容天下萬物，有這物則有這理，有那物即有那道理，『並行而不相悖，並育而不相害』。」寓。陳淳録同。[二三四]

「膽欲大而心欲小」，「戰戰兢兢，如臨深淵」，方能爲「赳赳武夫，公侯干城」之事。德明。

蜚卿云：「『智欲圓而行欲方，膽欲大而心欲小』，妄意四者缺一不可。」曰：「圓而不方則譎詐，方而不圓則執而不通。志不大則卑陋，心不小則狂妄。江西諸人便是志大而心不小者也。」道夫。

問程子曰[二三五]「學不言而自得者，乃自得也……終不足以入道[二三六]」。曰：「道理本自廣大，只是潛心積慮，緩緩養將去，自然透熟。若急迫求之，則是起意去趕趁他，只是私意而已，安足以入道？」僩。

道夫〔二三七〕問：「視聽、思慮、動作皆天之所爲，及發而不中節則是妄，故學者須要識別之。」曰：「妄是私意，不是不中節。」道夫曰：「這正是顏子之所謂『非禮』者。」曰：「非禮處便是私意。」道夫。

至之問：「『學要鞭辟近裏』，『鞭辟』如何？」曰：「此是洛中語，一處説作『鞭約』，大抵是要鞭督向裏去。今人皆不是鞭督向裏，心都向外。明道〔二三八〕此段下云『切問近思』、『言忠信，行篤敬』云云，何嘗有一句説做外面去。學要博，志須要篤。志篤，問便切，思便近，只就身上理會。伊川言『「仁在其中」，即此是學』，元不曾在外，這個便是『近裏着己』。今人皆就外面做工夫，恰似一隻船覆在水中，須是去翻將轉來便好，便得使。吾輩須勇猛着力翻〔二三九〕將轉。」先生轉身而言曰：「須是翻將轉來始得。」寓。〔二四〇〕

楊問：「程子言〔二四一〕『學要鞭辟近裏』，何謂『鞭辟』？」曰：「辟如驅辟一般。」又問：「『質美者明得盡，查滓便渾化，與天地同體』，是如何？」曰：「明得透徹，查滓自然渾化。」又問：「查滓是甚麽？」曰：「查滓是私意人欲。天地同體處是義理之精英，查滓是私意人欲之未消者。人與天地本一體，只緣查滓未去所以有間隔，若無查滓便與天地同體。『克己復禮爲仁』，己是查滓，復禮便是天地同體處。『有不善未嘗不知』，不善處是查滓。顏子『三月不違仁』，既有限，此外便未可知。如曾子『爲人謀而不忠，與朋友交而不信，傳而不習』，是曾子查滓處。漆雕開言『吾斯之未能信』，皆是有些查滓處。只是質美者也見得透徹，那查滓處都盡化了。若未到此，須當莊敬持養，旋旋磨擦去教盡。」寓。[二四二]

文蔚[二四三]問：「明道嘗曰[二四四]『學要鞭辟近裏』至『莊敬持養』。文蔚[二四五]切謂如顏子『克己復禮』，天理人欲便截然兩斷，此所謂『明得盡，查滓便渾化』。如仲弓『出門如見大賓，使民如承大祭』，便是[二四六]『莊敬持養』。」答[二四七]曰：「然。顏子『克己復禮』不是盲然做，却是他先見得分曉了。便是聖人説話渾然，今『克己復禮』一句，近下人亦用得。不成自家未見得分曉便不克己，只得克將去。只是顏子事與此別。」又曰：「知得後只是一件事。如適間説『博學篤志，切問近思』，亦只是本體上事。又如『博我以文，約我以禮』，亦是本體上事。只緣其初未得，須用如此做功夫，及其既得，又只便是這個。」文蔚曰：「且如『博學於文』，人心自合要無所不知，只爲而今未能如此，須用博之以文。」曰：「人心固是無所不知，若未能如此，却只是想象。且如釋氏説心，亦自謂無所不知。他大故將做一個光明瑩徹底物事看，及其問他，他便有不知處。如程先生説窮理，却謂『不必盡窮天下之理，只是理會得多後自然貫通去』。某嘗因當官見兩家爭產，各將文字出拖照。其間亦有失却一兩紙文字，只將他見在文字推究，便自互換見得出。若是都無文字，只臆度説，兩家所競須有一曲一直，便不得。元不曾窮理，想象説我這心也

自無所不知，便是如此。」文蔚。〔二四八〕

程子曰〔二四九〕「學要鞭辟近裏」一〔二五〇〕段。明得盡者一見便都明了，更無查滓。其次惟是莊敬持養以消去其查滓而已。所謂持養亦非是作意去穿鑿以求其明，但只此心常敬則久久自明矣。廣。〔二五一〕

因歐兄問「質美者明得盡，查滓便渾化」，某〔二五二〕曰：「尹和靖以『查滓』二字不當有，如何？」先生曰：「和靖議論每如此。所謂查滓者，私意也。質美者明得盡，所以查滓一齊渾化無了。」洽。〔二五三〕

役智力於農圃，內不足以成己，外不足以治人，是濟甚事！賀孫。

近思録云「仁之道，要之，只消道一『公』字。『公』只是仁之理，不可將『公』便喚做『仁』。公而以人體之，故爲仁」。〔二五四〕問：「公只是仁底道理，仁却是個流動發生底道理。故『公而以人體之』方謂之仁否？」曰：「此便是難說。『公而以人體之』，此一句本微有病。然若真個曉得，方知這一句說得好，所以程先生又曰『公近仁』。蓋這個仁在〔二五五〕這『人』字上，你元自有這個〔二五六〕仁，合下便帶得來。只爲不公，所以蔽塞了不出來；若能公，仁便流行。譬如溝中水被沙土罨靸壅塞了，故水不流；若能擔去了〔二五七〕沙土罨靸，那〔二五八〕水便流矣。又非是去外面別擔水來放溝中，是溝中元有此水，只是被物事壅遏了，去其壅塞，水便流行。如『克己復禮爲仁』，所謂『克己復禮』者，去其私而已矣。能去其私則天理便自流行，不是克己了又別討個天理來放在裏面也。故曰『公近仁』。」又問：「『公，所以能恕，所以能愛。恕則仁之施，愛則仁之用。』愛是仁之發處，恕是推其愛之之心以及物否？」曰：「如公所言亦非不是，只是自是湊合不著，都無滋味。若道理只是如此看，又更做甚麽？所以只見不長進，正緣看那物事没滋味。」又問：「莫是帶那上文『公』字説否？」曰：「然。恕與愛本皆出於仁，然非公則安能恕，安能愛？」又問：「愛只是合下發處便愛，未有以及物在，恕則方能推己以及物否？」曰：「仁之發處自是愛，恕是推那愛底，愛是恕之所推者。若不是恕去推那愛[二五九]，那愛也不能及物，也不能親親仁民愛物，只是自愛而已。若裏面元無那愛，只[二六〇]推個甚麽？如開溝相似，是裏面元有這水，所以開著便有水來。若裏面元無此水，如何會開著便有水？若不是去開溝，縱有此水也如何得他流出來？愛，水也；開之者，恕也。」又問：「若不是推其愛以及物，縱有此愛也無可得及物否？」曰：「不是無可得及物，若不能推則不能及物。此等處容易曉，如何恁地難看！」僩。

問：「仁便是公做去否？[二六一]」曰：「非公便是仁，盡得公道所以爲仁耳。求仁處，聖人説了『克己復禮爲仁』，須是克盡己私以復乎禮方是公，公所以能仁。」問：「吕與叔[二六二]克己銘『痒痾疾痛，舉切吾身』，不知是這道理者[二六三]否？」曰：「某見前輩一項議論説忒高了，不只就身上理會，便説要與天地同其體，同其大，安有此理！克己銘[二六四]『初無吝驕，作我蟊賊』云云，只説得克己一邊，却不到[二六五]復禮處，須先克己私以復于禮則爲仁。且仁譬之水，公則譬之溝渠一般[二六六]，要流通此水須開浚溝渠，然後水方流行也。」寓。[二六七]

「公而以人體之爲仁」，仁是人心所固有之理，公則仁，私則不仁。未可便以公爲仁，須是體之以人方是仁。公、恕、愛皆所以言仁者也。公在仁之前，恕與愛在仁之後。公則能仁，仁則能愛、能恕故也。謨。

公所以爲仁，故伊川云「非是以公便爲仁，公而以人體之」。仁譬如水泉，私譬如沙石，能壅却泉，公乃所以決去沙石者也。沙石去而水泉出，私出[二六八]而仁復也。德明。

林問：「以『公』解『仁』，如何？」曰：「『公』未能盡『仁』。」淳。[二六九]

公却是仁發處，無公則仁行不得。可學。[二七〇]

謂仁只是公固若未盡，謂公近仁耳又似太疏。伊川先生曰「只是一個『公』字」，學者問仁則常教他將「公」字思量。此是先生晚年語，平淡中有意味。顯道記憶語及入關語録亦有數段，更宜參之。鎬。升卿録同而略。今附，云：「伊川曰『仁只是一個「公」字』，學者問仁則常教他將『公』字思量。此是先生晚年語，平淡中有意味。」[二七一]

李問：「仁，欲以公、愛、恕三者合而觀之，如何？」曰：「公在仁之先，愛、恕在仁之後。」又問「公而以人體之」一句。曰：「緊要在『人』字上。仁只是個人。」淳。

或問：「『力行』如何是『淺近語』？」曰：「不明道理，只是硬行。」又問：「何以爲『淺近』？」曰：「他只是見聖賢所爲，心下愛，硬依他行。這是私意，不是當行。若見得道理時皆是當恁地行。」又問：「『這一點意氣能得幾時子〔二七二〕』，是如何？」曰：「久時，相〔二七三〕次只是恁地休了。」節。

「涵養須用敬，進學則在致知。」無事時且存養在這裏，提撕警覺，不要放肆。到〔二七四〕講習應接時便當思量義理。淳。

楊子順問：「『涵養須用敬』，涵養甚難，心中一起一滅如何得主一？」曰：「人心如何教他不思？如『周公思兼三王，以施四事』，豈是無思？但不出於私則可。」曰：「某多被思慮紛擾，思這一事又牽去〔二七五〕那事去，雖知得亦自難止。」曰：「既知得不是，便當絶斷了。」淳。

涵養此心須用敬。譬之養赤子，方血氣未壯實之時，且須時其起居飲食，養之於屋室之中而謹顧守之，則有向成之期。纔方乳保却每日暴露於風日之中，偃然不顧，豈不致疾而害其生耶！大雅。

問：「伊川謂『敬是涵養一事』，敬不足以盡涵養否？」曰：「五色養其目，聲音養其耳，義理養其心，皆是養也。」賀孫。

用之問：「學者忌[二七六]先立標準，如何？」曰：「如『必有事焉而勿正』之謂。而今雖道是要學聖人，亦且從下頭做將去。若日日恁地比較也不得，雖則是曰『舜何人也？予何人也』，若只管將來比較，不去做工夫，又何益！」賀孫。

問：「明道先生曰『學者忌先立標準，若循循不已自有所至矣』，[二七七]學者做工夫須以聖人爲標準，如何却説不得立標準？」曰：「學者固當以聖人爲師，然亦何消[二七八]得先立標準？纔立標準，心裏便計較思量幾時得到聖人處，聖人田地又如何。便有個先獲底心。顏淵曰『舜何人也？予何人也？有爲者亦若是』，也只是如此平説，教人須以聖賢自期，又何須先立標準？只恁[二七九]下著頭做，少間自有所至。」僩。

道夫[二八〇]問：「『尹彦明見程子後，半年方得大學西銘看』，此意如何？」曰：「也是教他自就切己處思量，自看平時個是不是，未欲便把那書與之讀爾[二八一]。」道夫[二八二]曰：「如此則末後以此二書併授之，還是以尹子已得此意，還是以二書互相發故？」曰：「他好把西銘與學者看。他也是要教他知，天地間有個道理恁地開闊。」道夫。

「昨夜説『尹彦明見伊川後，半年方得大學西銘看』。此意思也好，也有病。蓋且養他氣質，淘潠去了那許多不好底意思，如學記所謂『未卜禘，不視學，游其志也』之意。此意思固好，然也有病者，蓋天下有多少書，若半年間都不教他看一字，幾時讀得天下許多書！所以尹彦明終竟後來工夫少了。易曰『盛德大業，至矣哉』，『富有之謂大業』，須是如此方得。天下事無所不當理會者，纔工夫不到，業無由得大，少間措諸事業便有欠缺，此便是病。」或曰：「想得當時大學亦未成倫緒，難看在。」曰：「然。尹彥明看得好，想見煞著日月看。臨了連格物也看錯了，所以深不信伊川『今日格一件，明日格一件』之説，是看個甚麽？」或曰：「和靖才力極短，當初做經筵不見得。若使[二八三]當難劇，想見做不去。」曰：「只他做經筵也不奈何，説得話都不痛快，所以難。能解經而通世務者，無如胡文定公[二八四]。然教他做經筵官[二八五]又却[二八六]不肯，一向辭去，要做春秋解，不知是甚意思。蓋他有退而著書立言以垂後世底意思在[二八七]，無那措諸事業底心。縱使你做得了將上去，知得人君是看不看？若朝夕在左右説，豈不大有益？是合下不合有這著書垂世底意思故也。人説話也難。有説得響感動得人者，如明道先生會説。所以上蔡説，纔到明道處聽得他説話，意思便不同。蓋他説得響，自是感發人。伊川便不似他。伊川説話方，終是難感動人。」或曰：「如與東坡門説話，固是他門不是，然終是伊川説話有不相乳入處。」曰：「便是説話難。只是這一樣説話，只經一人口説便自不同，有説得感動人者，有説得不愛聽者。近世所見會説話、説得響，令人感動者，無如陸子靜。可惜如伯恭都不會説話，更不可曉，只通寒暄也聽不得。自是他聲音難曉，子約尤甚。」僩。

問：「謝氏説『何思何慮』處，程子道『恰好着工夫』，此是着何工夫？」曰：「人所患者不能見得大體[二八八]處，只是下學之功夫却欠。程子道『恰好着工夫』，便是[二八九]着下學底工夫。」淳。

【校勘記】

［一］係　成化本無。

［二］説　成化本無。

［三］以下第一卷　成化本無。

［四］此條人傑録成化本以部分内容爲注，附於成化本卷五十七載謨録後，參該卷謨録「金問公都子問性……但欠一個氣字耳」條。

［五］道夫曰　成化本無。

［六］公　成化本無。

［七］一　成化本作「千」。

［八］道夫　成化本無，且此條載於卷一百十五。

［九］仁之包四德猶冢宰之統六官又曰　成化本無。

[一〇] 義禮智　成化本爲「禮智義信」。
[一一] 在　成化本作「爲」。
[一二] 小大　成化本爲「大小」。
[一三] 此條處謙録成化本載於卷六，注爲閎祖録，而底本卷五十三另載閎祖録，可參。
[一四] 節　成化本無。
[一五] 答　成化本無。
[一六] 僩録同　成化本無。
[一七] 節　成化本無。
[一八] 所　成化本無。
[一九] 者　成化本爲「二者」。
[二〇] 此條德明録成化本載於卷五十六。
[二一] 而　成化本作「面」，屬上讀。
[二二] 種　成化本作「熟」。
[二三] 成化本此下附有寓録。底本寓録另作一條，載於卷二十，參該卷「安卿問仁包四者就初意上看……隨地施爲」條。又，此條淳録成化本載於卷二十。
[二四] 道夫　成化本無。

［二五］意　成化本爲「此意」。
［二六］道夫　成化本無。
［二七］蓋　成化本無。
［二八］自　成化本此上有「他」。
［二九］又　成化本無。
［三〇］公　成化本無。
［三一］這　成化本無。
［三二］遜　成化本此下有「則爲辭遜」。
［三三］氣　成化本此下注曰：「振録作『春生之氣』。」
［三四］心　成化本作「初」。
［三五］春　成化本此上有「爲」。
［三六］過　成化本此下注曰：「李録云：『長得過。』」
［三七］復從春處起　成化本爲「從春起」。
［三八］意　成化本作「氣」。
［三九］按李方子録同　成化本爲「方子振同」。
［四〇］時舉　成化本無。

［四一］此條時舉録成化本載於卷五十三。
［四二］此條時舉録成化本載於卷六。
［四三］經　成化本爲「六經」。
［四四］者　成化本無。
［四五］智　成化本此下有「者」。
［四六］成化本此下有「節同，佐同」，且此條方子録載於卷六。
［四七］前日仁説未達　成化本爲「仁者心之德愛之理」。
［四八］公　成化本此上有「『愛之理』便是『心之德』」。
［四九］看　成化本此下有「春」。
［五〇］也　成化本此下有「明道所以言義禮智皆仁也。今且粗譬喻，福州知州便是福建路安撫使，更無一個小底做知州，大底做安撫也」。
［五一］今先是講明得個仁義　成化本爲「今學者須是先自講明得一個仁」。
［五二］是　成化本爲「也是」。
［五三］亦　成化本作「也」。
［五四］見得　成化本爲「先見得此仁」。
［五五］同　成化本此下有「『了。』又言：『學者「克己復禮」上做工夫，到私欲盡後便粹然是天地生物之心，

須常要有那温厚底意思方好』」。且此條載於卷二十，注爲時舉録。

〔五六〕偏　成化本此上有「問」。

〔五七〕則　成化本爲「則曰」。

〔五八〕見　成化本作「包」。

〔五九〕三　成化本作「二」。

〔六〇〕此條敬仲録成化本載於卷九十四。

〔六一〕須　成化本爲「須是」。

〔六二〕此條道夫録成化本載於卷九十四。

〔六三〕義剛　成化本無。

〔六四〕個　成化本無。

〔六五〕個　成化本無。

〔六六〕壁後　成化本此下注曰：「池本作『天外』。夔孫録作『四邊』。」

〔六七〕物　成化本作「説」。

〔六八〕是　成化本作「只是」。

〔六九〕對　成化本無。

〔七〇〕來　成化本此下注曰：「夔孫録云：『謂地浮在氣上。』」

［七一］夔孫録同而略……朱子爲學工夫　成化本爲「夔孫録略」，且此條義剛録載於卷九十四。又，夔孫所録可參底本卷一百四「問説太極……謂地浮在氣上也」。

［七二］道夫　成化本無。

［七三］忠信所以進德……對越在天也　成化本爲「忠信所以進德至對越在天也」。

［七四］這　成化本無。

［七五］寓　成化本無。

［七六］近思録伊川言……終日對越在天　成化本作「此」。

［七七］此　成化本無。

［七八］有相　成化本無。

［七九］知　成化本爲「知盡」。

［八〇］去　成化本無。

［八一］賀孫　成化本無。

［八二］夜來問……終日對越在天　成化本無。

［八三］其　成化本無。

［八四］此　成化本無。

［八五］此　成化本無。

〔八六〕離　朱本爲「離了」。
〔八七〕道　成化本無。
〔八八〕亦　成化本作「又」。
〔八九〕中　成化本無。
〔九〇〕氣　朱本作「心」。
〔九一〕精　成化本無。
〔九二〕成化本此下注曰：「寓録云：『直卿云：「看來『神』字本不專説氣，也可就理上説。先生只就形而下者説。」先生曰：「所以某就形而下説，畢竟就氣處多，發出光彩便是神。」味道問：「神如此説，心又在那裏？」曰：「神便在心裏，凝在裏面爲精，發出光彩爲神。精屬陰，神屬陽。説到魂魄鬼神，又是説到大段粗處。」』」
〔九三〕程子曰上天之載無聲無臭　成化本無。
〔九四〕於　成化本無。
〔九五〕成化本此下注曰：「營録別出。」且成化本下條爲營録，參成化本卷九十五營録「正淳問其體則謂之易……爲他元没這光底道理」條。
〔九六〕又曰　成化本無。
〔九七〕命　成化本此上有「謂之」。

［九八］賜　成化本爲「夔孫」。

［九九］此條賀孫録成化本以部分内容爲注，夾於端蒙録中，參成化本卷九十五端蒙録「其體則謂之易……亦是意也」條。

［一〇〇］也　成化本此下有「所謂易者，變化錯綜，如陰陽晝夜、雷風水火，反復流轉、縱横經緯而不已也。人心則語默動静，變化不測者是也。體是形體也，賀孫録云：「體非體用之謂。」言體則亦是形而下者，其理則形而上者也。故程子曰『易中只是言反復往來上下』，亦是意也」。

［一〇一］公謹　成化本爲「端蒙」。

［一〇二］此條賜録成化本無。

［一〇三］此條人傑録成化本載於卷九十七。

［一〇四］木之問　成化本無。

［一〇五］程子生之謂性章説　成化本無。

［一〇六］説　成化本無。

［一〇七］已　成化本作「也」。

［一〇八］遺書　成化本無。

［一〇九］惡　成化本作「固」。

［一一〇］在書堂　成化本無。

〔一一一〕著　朱本作「差」。

〔一一二〕就　成化本作「説」。

〔一一三〕某　成化本作「甚」，屬上讀。

〔一一四〕此條可學録與下條，成化本合爲一條。

〔一一五〕説　成化本此下注曰：「饒本云：『此是説氣。』」

〔一一六〕不　成化本此上有「不已便是流行」。

〔一一七〕文蔚　成化本爲「可學」。

〔一一八〕上　成化本此下有「不容」。

〔一一九〕性　成化本無。

〔一二〇〕性　成化本此下有「字」。

〔一二一〕氣質之性　成化本爲「理之性」。

〔一二二〕理性　成化本爲「氣質之性」。

〔一二三〕便　成化本無。

〔一二四〕自已　成化本爲「已自」。

〔一二五〕禀　朱本作「質」。

〔一二六〕説　成化本此下有「『人生而静以上』只説得個『人生而静』，上而不通説」。

〔一二七〕純　成化本作「纔」。
〔一二八〕已　成化本爲「便已」。
〔一二九〕謨去僞録同　成化本爲「去僞」。
〔一三〇〕者　成化本作「字」。
〔一三一〕得　成化本爲「見得」。
〔一三二〕道夫　成化本無。
〔一三三〕也　成化本無。
〔一三四〕只　成化本作「又」。
〔一三五〕恁地　成化本爲「如此」。
〔一三六〕初　成化本無。
〔一三七〕八方四面　成化本爲「四面八方」。
〔一三八〕道夫　成化本無。
〔一三九〕子升兄　成化本爲「子升」。
〔一四〇〕程先生云……却只是一個塗轍　成化本爲「冲漠無朕至教入塗轍」。
〔一四一〕個　成化本無。
〔一四二〕近思録　成化本無。

〔一四三〕此　成化本無。

〔一四四〕成化本此下注曰：「他本小異。」

〔一四五〕道夫　成化本無。

〔一四六〕一人之身　成化本爲「人之一身」。

〔一四七〕面　成化本無。

〔一四八〕雖　成化本此上有「氣」。

〔一四九〕明道云　成化本無。

〔一五〇〕來　成化本無。

〔一五一〕底　成化本此下注曰：「池本作『心似個没思量底』。」

〔一五二〕譬　成化本作「又」。

〔一五三〕問情意之别……而後用其意　成化本無。

〔一五四〕此條道夫録成化本載於卷五十九。

〔一五五〕道夫　成化本爲「驤集注」，且此條載於卷五十九。

〔一五六〕程　成化本爲「程子」。

〔一五七〕此條閎祖録成化本載於卷八十三。

〔一五八〕伊川云　成化本無。

［一五九］心有善惡程先生曰　成化本無。
［一六〇］既　成化本此上有「心」。
［一六一］成化本此下注有「可學」。
［一六二］程子曰　成化本無。
［一六三］此條可學録成化本載於卷三十。
［一六四］能　成化本無。
［一六五］此條士毅録成化本載於卷三十。
［一六六］此條僩録成化本載於卷三十。
［一六七］此條僩録成化本載於卷三十。
［一六八］敬　成化本作「故」。
［一六九］了　成化本無。
［一七〇］這渾身處了　成化本爲「渾身處」。
［一七一］成化本此下注曰：「以下第二卷。好學論入集注者已附本章。」
［一七二］周舜弼名謨　成化本爲「舜弼」。
［一七三］扂　成化本作「鄠」。
［一七四］明道先生答横渠　成化本無。

〔一七五〕却　成化本無。

〔一七六〕待　成化本無。

〔一七七〕明道　成化本無。

〔一七八〕此　成化本無。

〔一七九〕善物來感時定　成化本爲「抑善惡來皆定」。

〔一八〇〕不　此字原缺，據成化本補。

〔一八一〕時　成化本作「而」。

〔一八二〕用　成化本作「是」。

〔一八三〕語　成化本此下有「以爲説得圓」。

〔一八四〕道夫　成化本無。

〔一八五〕去　成化本無。

〔一八六〕則　成化本無。

〔一八七〕便　成化本無。

〔一八八〕去　成化本作「在」。

〔一八九〕成化本此下注有「道夫」。

〔一九〇〕成化本此下注有「僩」。

［一九一］指　成化本作「揔」。

［一九二］按賀孫録少異今附云　成化本爲「賀孫録云」。

［一九三］問　成化本無。

［一九四］更　成化本作「便」。

［一九五］理　成化本此下有「故」。

［一九六］此條升卿録成化本載於卷九十七。

［一九七］厲　朱本作「怒」。

［一九八］實　朱本作「事」。

［一九九］辦　成化本作「辨」。

［二〇〇］辦　成化本作「辨」。

［二〇一］孟子才高……須是學顔子　成化本爲「學者須是學顔子」。

［二〇二］謂　朱本作「爲」。

［二〇三］曾　朱本作「須」。

［二〇四］道夫　成化本無。

［二〇五］這固　成化本無。

［二〇六］然　成化本無。

［二〇七］即　成化本無。
［二〇八］與　成化本無。
［二〇九］只　朱本作「自」。
［二一〇］此條賀孫録成化本分爲兩條，其中「且省外事……自家進誠心與未」爲一條，「心只是放寬平……皆不好也」爲一條。
［二一一］近思録中　成化本無。
［二一二］到　朱本作「得」。
［二一三］節　成化本無。
［二一四］此條節録成化本載於卷三十一。
［二一五］美　成化本作「靡」。
［二一六］道夫　成化本無。
［二一七］其　成化本爲「以其」。
［二一八］論性不論氣不備論氣不論性不明　成化本無。
［二一九］也　成化本此下注曰：「嘗録云：『「論性不論氣，論氣不論性」便是二之。』」
［二二〇］此條僩録成化本載於卷五十九。
［二二一］道夫　成化本無。

[一二二]此條道夫録成化本載於卷五十九。

[一二三]此條可學録成化本載於卷五十九。

[一二四]此條節録成化本載於卷五十九。

[一二五]此條過録成化本載於卷五十九，但與成化本所載有差異，成化本載爲：「程子『論性不論氣，不備；論氣不論性，不明』如孟子『性善』，是論性不論氣；荀楊異説是論氣，則昧了性。」曰：「程子只是立説，未指孟子。然孟子之言却是專論性。」

[一二六]道　成化本爲「道中」。

[一二七]淳録同　成化本無。

[一二八]使　成化本作「便」。

[一二九]如此否　成化本爲「如此看可否」。

[一三〇]成化本此下注曰：「子蒙録云：『或問：「正義在先，明道在後」。曰：「未有先後。此只是合掌底意思。」』」

[一三一]董仲舒曰　成化本無。

[一三二]只　成化本無。

[一三三]如　成化本無。

[一三四]陳淳録同　成化本無。

〔二三五〕程子曰　成化本無。
〔二三六〕終不足以入道　成化本無。
〔二三七〕道夫　成化本無。
〔二三八〕明道　「明」字原脱，據成化本補。
〔二三九〕翻　成化本作「覆」。
〔二四〇〕成化本此下注有「集注」。且此條寓録載於卷四十五。
〔二四一〕程子言　成化本無。
〔二四二〕此條寓録成化本載於卷四十五。
〔二四三〕文蔚　成化本無。
〔二四四〕明道嘗曰　成化本無。
〔二四五〕文蔚　成化本無。
〔二四六〕是　成化本爲「且是」。
〔二四七〕答　成化本無。
〔二四八〕此條文蔚録成化本載於卷四十五。
〔二四九〕程子曰　成化本無。
〔二五〇〕一　此字原缺，據成化本補。

〔二五一〕此條廣録成化本載於卷四十五。

〔二五二〕某　成化本作「洽」。

〔二五三〕此條洽録成化本載於卷四十五。

〔二五四〕近思録云……故爲仁　成化本無。

〔二五五〕在　成化本爲「便在」。

〔二五六〕個　成化本無。

〔二五七〕了　成化本無。

〔二五八〕那　成化本無。

〔二五九〕那愛　成化本無。

〔二六〇〕只　成化本爲「又只」。

〔二六一〕仁便是公做去否　成化本爲「公便是仁否」。

〔二六二〕吕與叔　成化本無。

〔二六三〕者　成化本無。

〔二六四〕克己銘　成化本作「如」。

〔二六五〕到　成化本爲「説到」。

〔二六六〕一般　成化本無。

〔二六七〕此條寓録成化本載於卷四十一。

〔二六八〕出　成化本作「去」。

〔二六九〕此條淳録成化本無。

〔二七〇〕此條可學録成化本載於卷六。

〔二七一〕升卿録同而略……平淡中有意味　成化本無。

〔二七二〕子　朱本作「了」。

〔二七三〕相　成化本作「將」。

〔二七四〕到　朱本作「則」。

〔二七五〕去　成化本作「走」。

〔二七六〕忌　朱本作「思」。

〔二七七〕明道先生曰……自有所至矣　成化本無。

〔二七八〕消　成化本作「須」。

〔二七九〕恁　成化本作「認」。

〔二八〇〕道夫　成化本無。

〔二八一〕爾　成化本無。

〔二八二〕道夫　成化本無。

〔二八三〕使　朱本作「便」。

〔二八四〕胡文定公　成化本爲「胡文定」。

〔二八五〕官　成化本無。

〔二八六〕却　朱本作「都」。

〔二八七〕在　成化本無。

〔二八八〕人所患者不能見得大體　此句下成化本有「謝氏合下便見得大體」。

〔二八九〕是　成化本此下有「教他」。

晦庵先生朱文公語類卷第九十六

程子之書二 同上[一]

伊川云「學者要自得。[二]六經浩渺，乍來[三]難盡曉。且見得路逕後各自立得一個門庭，歸而求之，可矣[四]」。問：「如何是門庭？」曰：「是讀書之法，如讀此一書便[五]須知此書當如何讀。如[六]伊川教人看易，以王輔嗣、胡翼之、王介父三人易解看，此便是讀書之門庭。緣當時諸經都未有成說，所以[七]學者乍難捉摸，故教人如此。」或問：「如詩是吟詠情性，讀詩者便當以此求之否？」曰：「然。」僩。以下第三卷。[八]

問：「春秋傳序引夫子答顏子爲邦之語，爲顏子嘗聞春秋大說[九]，何也？」曰：「此不是孔子將春秋大法向顏子說。蓋三代制作極備矣，孔子更不可復作，故告以四代禮樂，只是集百王不易之大法。其作春秋，善者則取之，惡者則誅之，意亦只是如此，故伊川引以爲據耳。」淳。[一〇]

明道先生曰[一一]「學者全體此心。學雖未盡，若事物之來不可不應，但隨其分限應之，雖不中，不遠矣[一二]」。此亦只是言其大概。且存得此心在這裏，「若事物之來不可不應，且隨自家力量應之，雖不中，不遠矣」，更須下工夫方到得細密的當，至於至善處。此亦且是爲初學言。如龜山却是恁地，初間只管道是且隨力量恁地，更不理會細密處，下梢都衰塌了。賀孫。以下第四卷。[一三]

「毋不敬」、「思無邪」二句[一四]，「毋不敬」是渾然底，思是已萌，此處只争些。可學。[一五]

問：「『思無邪』、『毋不敬』是一意否？」曰：「『思無邪』有辨別，『毋不敬』却是渾然底[一六]意思。大凡持敬，程子所謂敬如有個宅舍，講學如遊騎，不可便相離遠去。須是於知處求行，行處求知，斯可矣。」謨。[一七]

「明道先生曰『雖則心「操之則存，捨之則亡」，然而持之太甚便是必有事焉而正之也，亦須且恁去』。其説蓋曰雖是『必有事焉而勿正』，亦須且恁地把捉操持，不可便放下了。『「敬而勿失」即所以中也』，『敬而無失』本不是中，只是『敬而無失』便是[一八]得中底象[一九]。此如公不是仁，然公而無私則仁。又曰『中是本來底，須是做工夫，此理方着。司馬子微坐忘論，是所謂坐馳也』，他只是要得恁地虛静都無事，但只管要得忘，便不忘，是馳也。明道先生説：『張天祺不思量事後，須强把他這心來制縛，亦須寄寓在一個形象，皆非自然。君實又只管念個「中」字，此又爲「中」所制縛。且「中」字亦何形象？』他是不思量事，又思量個不思量底，寄寓一個形象在這裏。如釋氏教人便有些是這個道理，如曰『如何是佛』云云，胡亂掉[二〇]一語，教人只管去思量。又不是道理，又別無可思量，心只管在這上行思坐想，久後忽然有悟。『中』字亦有何形象？又去那處討得個『中』？心本來是錯亂了，又添這一個物事在裏面，這頭討『中』又不得，那頭又討不得，如何會討得？天祺雖是硬捉，又且把定得一個物事在這裏。温公只管念個『中』字，又更生出頭緒多，他所以説終夜睡不得。」又曰：「天祺是硬截。温公是死守，旋旋去尋討個『中』。伊川即曰『持其志』，所以教人且就裏面理會。譬如人有個家，不自作主，却倩別人來作主。」賀孫。

「喜怒哀樂未發謂之中。」程子云：「敬不可謂之中，敬而無失即所以中也。」未説到義理涵養處。大抵未發、已發只是一項工夫，未發固要存養，已發亦要審察。遇事時時復提起，不可自怠，生放過底心。無時不存養，無事不省察。人傑。〔二二〕

問：「『聖人不記事，所以常記得；今人忘事，以其記事』，何也？」曰：「聖人之心虚明，便能如此。常人記事、忘事，只是着意之故。」淳。

李德之問：「明道因修橋尋長梁，後每見林木之佳者必起計度之心，因語學者『心不可有一事』。某切謂凡事須思而後通，安可謂『心不可有一事』？」曰：「事如何不思？但事過則不留於心可也。明道肚裏有一條梁，不知今人有幾條梁柱在肚裏。佛家有『流注想』。水本流將去，有些滲漏處便留滯。」蓋卿。

「心要在腔殼子裏」，心要有主宰。繼自今便截胸中膠擾，敬以窮理。德明。

問：「『心要在腔子裏』，若慮事應物時心當如何？」曰：「思慮應接亦不可廢，但身在此則心合在此。」曰：「然則方其應接時則心在事上，事去則此心亦合[二二]管着。」曰：「固是要如此。」德明。

或問「心要在腔子裏」。曰：「人一個心終日放在那裏去，得幾時在這裏？孟子所以只管教人『求放心』。今人終日放去，一個身恰似個無梢工底船流東流西，船上人皆不知。某嘗謂人未讀書，且先收斂得身心在這裏，然後可以讀書求得義理。而今只[二三]硬捉在這裏讀書，心飛揚那裏去，如何得會長進！」賀孫。

或問：「『心要在腔子裏』，如何得在腔子裏？」曰：「敬，便在腔子裏。」又問：「如何得會敬？」曰：「只管恁地衮做甚麼？纔說到敬便是更無可說。」賀孫。

問：「『人心要活則周流無窮而不滯於一隅』，如何是活？」曰：「心無私便可推行。活者，不死之謂。」可學。

李丈問：「程子曰[二四]『「天地設位而易行乎其中」，只是敬』，如何？」曰：「易是自然造化。聖人本意只說自然造化流行，程子是將來就人身上說。敬則這道理流行，[二五]不敬便間斷了。前輩引經文多是借來說己意。如『必有事焉而勿正，心勿忘，勿助長』，孟子意是說做工夫處，程子却引來『鳶飛魚躍』處説自然道理，若知得『鳶飛魚躍』便了此一語。又如『必有事焉』，程子謂有事於敬，此處那有敬意？亦是借來假[二六]自己説。孟子所謂『有事』只是集義，『勿正』是勿望[二七]氣之生，『義集』則氣自然生。我只是[二八]集義，不要等待氣之生，若等待便辛苦，便去助氣使他長了。氣未至於浩然便作起令張旺，謂己剛毅無所屈撓，便要發揮去做事，便是助長。」淳。

問：「遺書云[二九]『「天地設位而易行乎其中」，只是敬，敬則無間斷』。不知易何以言敬？」曰：「伊川門説得闊，使人難曉。」曰：「下面云『誠，敬而已矣』，恐是説天地間一個實理如此。」曰：「就天地之間言之是實理；就人身上言之，惟敬然後見得心之實處流行不息。敬纔間斷便不誠，不誠便無物，是息也。」德明。

問：「『「天地設位而易行乎其中」，只是敬也，敬則無間斷』。天地人只是一個道理，天地設位而變易之理不窮，所以天地生生不息。人亦全得此理，只是氣稟物欲所昏，故須持敬治之，則本然之理自無間斷。」曰：「也是如此。天地也似有個主宰，方始恁地變易，便是天地底敬。天理只是直上去，更無四邊滲漏，更無走作。」賀孫。

又[三〇]問：「程子曰『「敬以直內，義以方外」，仁也』，如何以此便謂之仁？」曰：「亦是仁也。若能到私欲浄盡、天理流行處，皆可謂之仁。如『博學篤志，切問近思』，能如是則仁亦在其中。「則仁」以下，徐作「便可爲仁」。〔三一〕如『克己復禮』亦是仁，『出門如見大賓，使民如承大祭』亦是仁，『居處恭，執事敬，與人忠』亦是仁。看從那路入，但從一路入，做到極處，皆是仁。」淳。寓録〔三二〕同。

問「『不有躬，無攸利。』不立己後，雖向好事，猶爲化物。不得以天下萬物撓己，己立後自能了當得天下萬物」。曰：「下面是伊川解易上句。後一句又是覆解此意，在乎以立己爲先，應事爲後。而今人平日講究所以治國、平天下之道，而自家身己全未曾理會得。若能理會自家身己，雖與外事若茫然不相接，然明〔三三〕在這裏了，新民只見成推將去。」賀孫。

問：「『不立己後，雖向好事，猶爲化物』，何也？」曰：「己不立則在我無主宰矣，雖向好事，亦只是見那事物好，隨那事物去，此〔三四〕便是爲物所化。」淳。

蜚卿問：「『主一』如何用工？」曰：「不當恁地問。主一只是主一，不必更於主一上問道理。如人喫飯，喫了便飽，却問人如何是喫飯。先賢説得甚分明，也只得恁地説，在人自體認取。主一只是專一。」道夫。〔三五〕

節〔三六〕問「主一」。曰：「做這一事且做一事，做了這一事却做這〔三七〕一事。今人做這一事時〔三八〕未了，又要做那一事，心下千頭萬緒。」節。

厚之問：「或人專守主一。」曰：「主一亦是。然程子論主一却不然，又須〔三九〕要有用，豈是守塊然之主一？呂與叔問主一，程子云『只是專一』。今欲主一而於事乃處置不下，則與程子所言自不同。」可學。

「伊川云『主一之謂敬，無適之謂一』，又曰『人心常要活，則周流無窮而不滯於一隅』，或者疑主一則滯，滯則不能周流無窮矣。道夫切謂主一則此心便存，心存則物來順應，何有乎滯？」曰：「固是。然所謂主一者，何嘗滯於一事？不主一，則方理會此事而心留於彼，這却是滯於一隅。」又問：「以大綱言之，有一人焉，方應此事未畢而復有一事至，則常[四〇]何如？」曰：「也須是做一件了又理會一件，亦無雜然而應之理，但甚不得已，則權其輕重可也。」道夫。

「主一之謂敬，無適之謂一」，敬主於一，做這件事，更不做別事。無適是不走作。泳。

「無適之謂一」，無適是個不走作。且如在這裏坐只在這裏坐，莫思量出門前去；在門前立，莫思量別處去。聖人説「不有博弈者乎？爲之猶賢乎已」，博弈豈是好事？與其營營膠擾，不若但將此心殺在博弈上。道夫。[四一]

「『閑[四二]邪』、『主一』，如何？」曰：「主一似『持其志』，閑邪似『無暴其氣』。閑邪只是要邪氣不得入，主一則守之於内。二者不可有偏，此内外交相養之道也。」謨。去僞録同。[四三]

問「閑邪則固一矣，主一則更不消言閑邪」。曰：「只是覺見邪在這裏要去閑他，則這心便一了，所以説道『閑邪則固一矣』；既一則邪便自不能入，便更不消説又去閑邪。恰如知得外面有賊，今夜用須防他，則便惺了，不[四四]須更説防賊。」賀孫。

用之問「近思録一條[四五]有言『未感時，知何所寓』，曰『操則存，舍則亡，出入無時，莫知其鄉』，更怎生尋所寓？只是有操而已。」曰：「這處難説，只争一毫子。只是看來看去，待自見得。若未感時又更操這所寓，便是有兩個物事。所以道『只有操而已』，只操便是主宰在這裏。如『克己復禮』，不是『克己復禮』三四個字排在這裏。『克』、『復』二字只是拖帶下面二字，要挑撥出天理人欲。『非禮勿視聽言動』，不是『非禮』是一個物事，『禮』又是一個物事，『勿』又是一個物事。只是『勿』便是個主宰，若恁地持守勿令走作也由他，若不收斂一向放倒去也由他。釋氏這處便説得驚天動地，聖人只渾淪説在這裏，教人自去看。」賀孫。

劉[四六]問：「伊川先生言[四七]『有主則實』，又曰『有主則虛』，於此二者[四八]如何分別？」曰：「這個[四九]只是有主於中，外邪不能入。自其有主於中言之則謂之『實』，自其外邪不入言之則謂之『虛』。」又曰：「若無主於中，則目之欲也從這裏入，耳之欲也從這裏入，鼻之欲也從這裏入。大凡有所欲皆入這裏，便滿了，如何得虛？」[五〇]先生[五一]因舉林擇之作主一銘云「『有主則虛』，神守其都；『無主則實』，鬼闞其室」。又曰：「『有主則實』，既言『有主』便已是實了，却似多了一『實』字，看來這個『實』字謂中有主則外物不能入矣。」又曰：「程子既言『有主則實』，又言『有主則虛』，此不可泥看，須看大意各有不同始得。凡讀書且看他上下意思[五二]如何，不可泥着一字。如揚子言『其[五三]於仁也柔，於義也剛』，到易中言，剛却是仁，柔却是義。又論語『學不厭，知也；教不倦，仁也』，到中庸又謂『成己，仁也；成物，知也』。各隨本文意看，自不相礙。」寓。陳淳録止「鬼闞其室」而少異，今附，云：「劉履之問：『「有主則虚」，「有主則實」，何以別？』曰：『只是有主於中，外邪不能入。自其有主於中者言之則謂之「實」，自其外邪不能入者言之則謂之「虚」。』又曰：『若無主於中，則目之欲亦入這裏來，耳之欲亦入這裏來，口鼻四肢之欲亦入這裏來，凡百所欲皆入這裏來。這裏面便滿了。』以手指心：『如何虚得？』因舉林擇之主一銘曰『「有主則虚」，神守其都；「無主則實」，鬼闞其室』。」[五四]

問：「程子謂『有主則虚』，又謂『有主則實』。」曰：「有主於中，外邪不能入，外邪不入[五五]便是虚；有主於中，理義甚實，便是實。」淳。

「外患不能入是『有主則實』也，外邪不能入是『有主則虚』也。自家心裏只有這個爲主，別無物事，外邪從何處入？豈不謂之虚乎？然他説『有主則虚』者，『實』事[五六]便已在『有主』上了。」又曰：「『有主則實』者，自家心裏有主，外患所不能入，此非實而何？『無主則實』者，自家心裏既無以爲之主，則外邪却入來實其中，此又安得不謂之實乎！」道夫。

方次雲云：「『有主則虚』，神守其都；『無主則實』，鬼瞰其室。」[五七]

問：「伊川答蘇季明云『求中於喜怒哀樂，却是已發』，某觀延平先生亦謂『驗喜怒哀樂未發之前爲如何』，此説又似與季明同。」曰：「但欲見其如此耳。然亦有病，若不得其道則流於空，故程先生[五八]云『今只道敬』。」又問：「既發、未發不合分作兩處，故不許。如中庸說，固無害。」曰：「然。」可學。

問：「舊看程先生所答蘇季明喜怒哀樂未發、耳無聞目無見之說，亦不甚曉。昨見先生答呂子約書，以爲目之有見、耳之有聞、心之有知未發與目之有視、耳之有聽、心之有思已發不同，方曉然無疑。不知足之履、手之持，亦可分未發、已發否？」曰：「便是書不如此讀。聖人只教你去喜怒哀樂上討未發、已發，却何嘗教你去手持、足履上分未發、已發？都不干事。且如眼見一個物事，心裏愛便是已發，便屬喜；見個物事惡之，便屬怒。若見個物事心裏不喜不怒，有何干涉？」此四字又云[五九]「一似閑，如何謂之已發」。僩。

淳[六〇]問：「蘇季明問靜坐時乃說未發之前，伊川以祭祀『前旒』、『黈纊』答之。據祭祀時恭敬之心向於神明，此是已略發，還只是未發？」曰：「只是如此恭敬，未有喜怒哀樂，亦未有思，喚做已發不得。然前旒、黈纊非謂全不見聞，若全不見聞則薦奠有時而不知，拜伏有時而不能起矣。」淳。義。[六一]

正淳問靜中有知覺。曰：「此是坤中不能無陽，到動處却是復。只將十二卦排便見。」方子。

問：「未發之前當戒謹恐懼，提撕警覺，則亦是知覺矣[六二]。而伊川謂『既有知覺却是動』，何也？」曰：「未發之前須常惺地醒，不是瞑然不省，若瞑然不省則道理何在？成甚麼『大本』？」曰：「常醒便是知覺否？」曰：「固是知覺。」曰：「知覺便是動否？」曰：「固是動。」曰：「何以謂之未發？」曰：「未發之前不是瞑然不省，怎生說做靜得？然知覺雖是動，不害其爲未動。若喜怒哀樂則又別也。」曰：「恐這[六三]處知覺雖是動，而喜怒哀樂却未發不[六四]？」先生首肯，曰：「是。下面說『復見天地之心』說得好。復一陽生，豈不是動？」曰：「一陽雖動，然未發生萬物便是喜怒哀樂未發否？」曰：「是。」淳。

問：「前日論『既有知覺，却是動也』，某彼時一向泥言句了。及退而思，大抵心本是個活物，無間於已發未發，常恁地活。伊川所謂『動』字只似『活』字，其曰『怎生言靜』而以復說證之，只是明靜中不是寂然不省故爾。不審是否？」曰：「說得已是了，但『寂』字未是。『寂』含活意，感則便動，只可云[六五]『不是昏然不省也』。」淳。

問：「伊川言『喜怒哀樂未發之前，下「靜」字亦可，然靜中須有物始得[六六]』，此物云何？」曰：「只太極也。」洽。

問：「蘇季明問伊川[六七]：『喜怒哀樂未發之前，下「動」字，下「靜」字？』伊川答之[六八]曰：『謂之靜則可，靜[六九]須有物始得。』所謂『靜中有物』者，莫是喜怒哀樂雖未形而含喜怒哀樂之理否？」曰：「喜怒哀樂乃是感物而有，猶鏡中之影。鏡未照物，安得有影？」文蔚[七〇]曰：「然則『靜中有物』乃鏡中之光明？」曰：「此却說得近似，但只是比類。所謂『靜中有物』

者，只是知覺便是。」文蔚[七一]曰：「伊川却云『纔説知覺便是動』。」曰：「此恐伊川説得太過。若云知個甚底，覺個甚底，如知得寒、覺得暖，便是知覺一個物事。今未曾知覺甚事，但有知覺在，何妨其爲静？不成静坐便只是瞌睡！」文蔚。

「『静中有物』如何？」曰：「有聞見之理在即是『静中有物』。」「敬莫是静否？」曰：「敬則自然静，不可將静來唤做敬。」謨。去僞録同。[七二]

用之問「蘇季明問伊川[七三]喜怒哀樂未發之前求中」一條。曰：「此條記得極好。只中間説『謂之無物則不可，然静中須有個覺處』，此二句似反説，『無物』字恐當作『有物』字。涵養於喜怒哀樂未發之前，只是『戒慎乎其所不睹，恐懼乎其所不聞』，全未有一個動綻，大綱且約住執持在這裏，到謹獨處便是發了。『莫見乎隱，莫顯乎微』，雖未大段發出，便已有一毫一分見了，便就這處分别從善去惡。『雖耳無聞，目無見，然見聞之理在始得』，雖是耳無聞，目無見，然須是常有個主宰執持底在這裏始得，不是一向放倒，又不是一向空寂了。」問：「『非禮勿視聽言動』是此意否？」曰：「此亦是有意了，便是已發。只是『敬而無失』，所以爲中。大綱且執持在這裏。下面説復卦便是説静中有動，不是如瞌睡底静，中間常自有個主宰執持。後又説艮卦，又是説動中要静。復卦便是一個大翻轉底艮卦，艮卦便是兩個翻轉底復卦。復是五陰下一陽，艮是二陰上一陽。陽是動底物事，陰是静底物事。凡陽在下便是震動意思；在中便是陷在二陰之中，如人陷在窟裏相似；在上則没去處了，只得止，故曰『艮其止』。陰是柔媚底物事，在下則巽順陰柔，不能自立，須附於陽；在中則是附麗之象；在上則説，蓋柔媚之物在上則歡悦。」賀孫。

「遺書中説[七四]蘇季明嘗患思慮不定，或思一事未了，他事如麻又生。伊川曰：『不可。此不誠之本也。須是習，習[七五]能專一時便好，不拘思慮與應事皆要專一。』而今學問只是要一個專一。若參禪修養，亦皆是專一方有功。修養家，無底物[七六]事他硬想成有；釋氏，有底硬想成無。只是專一。然他底却難。自家道理本來却是有，只是[七七]要人去理會得，[七八]却甚易。」

或問：「專一可以至誠敬否？」曰：「誠與敬不同。誠是實理，是人前背後都恁地。做一件事直是做到十分便是誠，若只做得兩三分，説道今且謾恁地做，恁地也得，不恁地也得，便是不誠。敬是戒謹恐懼意。」又問：「恭與敬如何？」曰：「恭是主容貌而言，「貌曰恭」，「手容恭」。敬是主事而言。」「執事敬」，「事思敬」。又問：「敬如何是主事而言？」曰：「而今做一件事，須是專心在上面方得。不道是不好事，而今若讀論語，心又在孟子上，如何理會得？若做這一件事，心又在那事，永做不得。」又曰：「敬是畏底意思。」又曰：「敬是就心上説，恭是對人而言。」又曰：「若有事時則此心便即專在這一事上，無事則此心湛然。」又曰：「恭是謹，敬是畏，莊是嚴。『嚴威儼恪，非所以事親』，是莊於這處使不得。若以臨下，則須是莊，『臨之以莊則敬』，『不莊以涖之則民不敬』。」賀孫。

安卿問：「伊川言『目畏尖物，此理須是[七九]去。室中率置尖物，必不刺人』。此是如何？」曰：「疑病每如此。尖物元不曾刺人，他眼病只管見尖物來刺人耳。伊川又一處説此稍詳。有人眼病，嘗見獅子。伊川教他見獅子則捉來。其人一面去捉，捉來捉去捉不着，遂不見獅子了。」寓。陳淳録同。以下第五卷。[八〇]

或問：「程子有言『「舍己從人」，舜禹[八一]難事。己者，我之所有，雖痛舍之，猶懼守己者固，而從人者輕也』，此説發明得好。」曰：「此程子爲學者言之。若聖人分上則不如此也，『無適也，無莫也，義之與比』。曰『痛舍』則大段費力矣。」廣。

問：「『飢食渴飲，冬裘夏葛』，何以謂之『天職』？」曰：「這是天教我如此。飢便食，渴便飲，只得順他。窮口腹之欲便不是，蓋天只教我飢則食，渴則飲，何曾教我窮口腹之欲？」淳。

伊川曰：「人能克己，則仰不愧，俯不怍，心廣體胖，其樂可知。有息則餒矣。」此説極有味。閎祖。[八二]

程子曰：「人能克己，則仰不愧，俯不怍，心廣體胖，其樂可知。有息則餒矣。」如今見得直如此説得好。儒用。[八三]

或問：「伊川[八四]云正家之道在於『正倫理，篤恩義』，今欲正倫理則有傷恩義，若欲篤恩義

又有乖於倫理。如何？」曰：「須是於正倫理處篤恩義，而[八五]不失於倫理方可。」柄。[八六]以下第六卷。[八七]

問：「取甥女歸嫁一段與前孤孀不可再嫁相反，何也？」曰：「大綱恁地，但人亦有不能盡者。」淳。[八八]

問：「程子曰『義安處便爲利』，只是當然而然便安否？」曰：「是。也只萬物各得其分便是利，君得其爲君，臣得其爲臣，父得其爲父，子得其爲子，何利如之！此『利』字即易所謂『利者義之和』處。[八九]然那句解得不似，此語却親切，正好去解那句。義初似不和而却和，截然不可犯似不和，分别後萬物各得其所便是和。不和生於不義，義則和而無不利矣。」淳。[九〇]第七卷。

程子曰：「爲政須要有綱紀文章，謹權審量，讀法平價，皆不可闕。」所謂文章者，便是文飾那謹權審量、讀法平價之類耳。僩。以下[九一]第八卷。

問：「『必有關雎麟趾之意，然後可以行周官之法度』，何也？[九二]只是要得誠意素孚否？」曰：「須是自閨門衽席之微積累到薰蒸洋溢，天下無一民一物不被其化，然後可以行周官之法度。不然則爲王莽矣！揚雄不[九三]説到此。後世論治皆欠這一意也。」淳。

「律是八分書」，言八分方是。方子。以下第九卷。[九四]

問：「『介甫言律』一條何意也？」曰：「伯恭以凡事皆具，惟律不説，偶有此條，遂謾載

之。」淳。[九五]

厚之問：「『感慨殺身者易，從容就義爲難』，如何是從容就義？」曰：「從容謂徐徐，但義理不精則思之再三，或汨於利害，却悔了，此所以爲難。」曰：[九六]「管仲自是不死，不問子糾正不正。」可學。以下第十卷。[九七]

厚之問：「伊川不答温公給事中事，如何？」曰：「自是不容預。如兩人有公事在官，爲守令者來問，自不當答。問者已是失。」曰：「此莫是避嫌否？」曰：「不然。本原已不是，與避嫌異。」可學。

近思録[九八]「不安今之法令」，謂在下位者。閎祖。[九九]

「遊定夫編明道語録[一〇〇]，言釋氏『有「敬以直内」，無「義以方外」』。呂與叔編則曰『有「敬以直内」，無「義以方外」，則與直内底也不是』。」又曰：「『敬以直内』，所以『義以方外』也。」又曰：「遊定夫晚年亦學禪。」節。第十三卷。

問「顏子春生，孟子并秋殺盡見」。曰：「仲尼無不包。顏子方露出春生之意，如『無伐善，無施勞』是也，使此更不露便是孔子。孟子便如秋殺，都發出來，露其才。如所謂英氣，是發用處都見也。」又曰：「明道下二句便是解上三句，獨『時焉而已』難曉。」伯羽。以下[一〇一]第十四卷。

問「孟子則露其才，蓋以時焉而已」。黄直卿云：「或曰非常[一〇二]如此，蓋時出之耳；或曰戰國之習俗如此；或曰世衰道微，孟子不得已焉耳。三者孰是？」曰：「恐只是習俗之説較穩。大抵自堯、舜以來至於本朝，一代各自是一樣，氣象不同。」伯羽。

問：「『孟子則露其才，蓋亦時然而已』，豈孟子亦有戰國之習否？」曰：「亦是戰國之習。如三代人物自是一般氣象，左傳所載春秋人物又是一般氣象，戰國人物又是一般氣象。」淳。

問：「『諸葛亮有儒者氣象』，如何？」曰：「孔明學不甚正，但資質好，有正大氣象。」問：「取劉璋一事如何？」曰：「此却不是。」又問：「孔明何故不能一天下？」曰：「人謂曹氏[一〇三]父子爲漢賊，以某觀之，孫權真漢賊耳。先主、孔明正做得好時，被孫權來戰兩陣，到這裏便難向前了。權又結托曹氏父子。權之爲人，正如偷去劉氏一物，如[一〇四]劉氏之興，必來取此物，不若結托曹氏，以賊托賊。使曹氏勝，我不害守得一隅；曹氏亡，則吾亦初無利害。」晦夫。

「遺書第一卷言韓愈近世豪傑，揚子雲豈得如愈？第六卷則曰『揚子之學實，韓子之學華，華則涉道淺』。二説取予似相牴牾。」先生曰：「只以言性論之，則揚子『善惡混』之説所見僅足以比告子爾。若退之見得到處却甚峻絶，「性分三品」正是説氣質之性。至程門説破『氣』字方有去着，此退之所以不易及，而第二説未得其實也。」謨。

自古罕有人説得端的，惟退之原道庶幾近之，却説見大體。程子謂「能作許大識見尋求」，真個如此。他資才甚高，然那時更無人制服他，便做大了，謂「世無孔子，不當在弟子之列」。文中子不曾有説見道體處，只就外面硬生許多話，硬將古今事變來壓衲〔一〇五〕説或笑，似太公家法〔一〇六〕。淳。

明道行狀説孝弟禮樂處，上兩句説心，下兩句説用。古不必驗，今因横渠欲置田驗井田，故云爾。横渠説話多有如此處。〔一〇七〕可學。

安卿問「周子不除窗前草」。曰：「難言，須是自家到那地位方看得，要須見得那草與自家意思一般處。」道夫。〔一〇八〕

問：「周子窗前草不除去，云『與自家意思一般』。此是取其生生自得之意邪，抑於生物中欲觀天理流行處邪？」曰：「此不要解，到那田地自理會得，須看自家意思與那草底意思如何是一般。」淳。〔一〇九〕

伯豐〔一一〇〕曰：「『子厚聞皇子生，喜甚；見餓〔一一一〕殍，食便不美。』昔正淳嘗云『與人同休戚』，陸子壽曰『此主張題目耳』。」先生問：「曾致思否？」對曰：「皆是均氣同體，惟在我者至公無私，故能無間斷而與之同休戚也。」先生曰：「固是如此，然亦只説得一截。如此説得〔一一二〕真是主張題目，實不曾識得。今土木何嘗有私？然與他物不相管。人則元有此心，故至公無私便都管攝之無間斷也。」伯豐。〔一一三〕

【校勘記】

〔一〕同上　成化本無。

〔二〕伊川云學者要自得　成化本無。

〔三〕來　成化本無。

〔四〕歸而求之可矣　成化本無。

〔五〕便　成化本無。

〔六〕如　成化本無。

〔七〕所以　成化本無。

〔八〕以下第三卷　成化本無。

〔九〕説　成化本作「法」。

〔一〇〕此條淳録成化本載於卷八十三。

〔一一〕明道先生曰　成化本無。

〔一二〕但隨其分限應之雖不中不遠矣　成化本無。

〔一三〕以下第四卷　成化本無。

〔一四〕句　成化本無。

〔一五〕此條可學録成化本載於卷二十三。

〔一六〕底　成化本此上有「好」。

〔一七〕此條謨録成化本載於卷二十三。

〔一八〕是　成化本作「見」。

〔一九〕象　成化本作「氣象」。

〔二〇〕掉　此字原缺，據成化本補。

〔二一〕此條人傑録成化本載於卷六十二。

〔二二〕合　王本作「不」。

〔二三〕只　成化本無。

〔二四〕程子曰　成化本無。

〔二五〕行　成化本此下注曰：「礐録云：『敬便易行也。』」

〔二六〕假　成化本作「做」。

〔二七〕望　此字原缺，據成化本補。

〔二八〕是　成化本無。

〔二九〕遺書云　成化本無。

〔三〇〕又　成化本無。

〔三一〕則仁以下徐作便可爲仁　成化本爲「寓録作便可爲仁」。

〔三二〕録　成化本無。

〔三三〕明　成化本爲「明德」。

〔三四〕此　成化本無。

〔三五〕道夫　成化本作「驤」。

〔三六〕節　成化本無。

〔三七〕這　朱本、王本作「那」。

〔三八〕時　成化本無。

〔三九〕須　成化本無。

〔四〇〕常　成化本作「當」。

〔四一〕道夫　成化本作「驤」。

〔四二〕閑　成化本此上有「或問」。

〔四三〕謨去僞録同　成化本爲「去僞」。

〔四四〕不　成化本此上有「既惺了」。

〔四五〕近思録一條　成化本無。

〔四六〕劉　成化本無。

〔四七〕伊川先生言　成化本無。
〔四八〕於此二者　成化本無。
〔四九〕這個　成化本無。
〔五〇〕虚　成化本此下注曰：「淳録云：『「皆入這裏來，這裏面便滿了。」以手指心曰：「如何得虚？」』」
〔五一〕先生　成化本無。
〔五二〕思　成化本作「是」。
〔五三〕其　成化本無。
〔五四〕陳淳録止……鬼闞其室　成化本無。
〔五五〕外邪不入　成化本無。
〔五六〕事　成化本作「字」。
〔五七〕此條成化本無。
〔五八〕程先生　成化本爲「程子」。
〔五九〕此四字又云　成化本爲「或作」。
〔六〇〕淳　成化本無。
〔六一〕義　成化本爲「義剛同」。
〔六二〕矣　成化本無。

〔六三〕這　成化本作「此」。
〔六四〕不　成化本作「否」。
〔六五〕只可云　成化本無。
〔六六〕喜怒哀樂未發之前下静字亦可然静中須有物始得　成化本爲「静中須有物始得」。
〔六七〕伊川　成化本無。
〔六八〕答之　成化本無。
〔六九〕静　成化本爲「静中」。
〔七〇〕文蔚　成化本無。
〔七一〕文蔚　成化本無。
〔七二〕謨去僞録同　成化本爲「去僞」。
〔七三〕伊川　成化本無。
〔七四〕遺書中説　成化本無。
〔七五〕習習　朱本爲「事事」。
〔七六〕物　成化本無。
〔七七〕是　成化本無。
〔七八〕得　成化本此下有「却甚順」。

〔七九〕是　成化本作「克」。

〔八〇〕陳淳録同以下第五卷　成化本爲「第五卷」。

〔八一〕舜禹　成化本爲「最爲」。

〔八二〕此條閎祖録成化本以部分内容爲注，附於卷四十一儒用録後，參下條。

〔八三〕成化本此下注曰：「閎祖録云：『此説極有味。』集義。」且此條儒用録載於卷四十一。

〔八四〕伊川　成化本爲「易傳」。

〔八五〕而　成化本此上有「篤恩義」。

〔八六〕此條柄録成化本載於卷七十二。

〔八七〕以下第六卷　成化本無。

〔八八〕成化本此下注有「第六卷」。

〔八九〕處　成化本此上有「利便是義之和」。

〔九〇〕成化本此下注曰：「寓録云：『義則無不和，和則無不利矣。』」又，底本卷六十八所載他録與此條文字略有差異，參該卷「問程子曰義安處便爲利……和則無不利矣」條。

〔九一〕以下　成化本無。

〔九二〕何也　成化本無。

〔九三〕不　成化本爲「不曾」。

［九四］以下第九卷　成化本無。

［九五］成化本此下注有「第九卷」。

［九六］曰　成化本此上有「曰：『管仲如何。』」

［九七］以下第十卷　成化本無。

［九八］近思録　成化本無。

［九九］成化本此下注有「第十卷」。

［一〇〇］録　成化本無。

［一〇一］以下　成化本無。

［一〇二］常　朱本作「當」。

［一〇三］曹氏　成化本爲「曹操」。

［一〇四］如　成化本作「知」。

［一〇五］衲　成化本作「捺」。

［一〇六］法　成化本作「教」。

［一〇七］古不必驗……多有如此處　成化本無。

［一〇八］此條道夫録成化本以部分内容爲注，附於淳録後，參下條。

［一〇九］成化本此下注曰：「道夫録云：『難言。須是自家到那地位方看得。要須見得那草與自家意思一

般處。』」

〔一一〇〕伯豐　成化本爲「必大」。

〔一一一〕餓　朱本作「飢」。

〔一一二〕得　成化本作「時」。

〔一一三〕伯豐　成化本爲「必大」。

晦庵先生朱文公語類卷第九十七

程子之書三 此卷係遺書中非入近思與四書等注者，以類而從，別爲一卷。文集附。

伊川見朱光庭所編語録，云「某在，何必讀此」。若伊川不在，則何可不讀！蓋卿。以下論語録。[一]

或問：「尹和靖言看語録，伊川云『某在，何必看此』。此語如何？」曰：「伊川在便不必看，伊川不在了，如何不看？[二]只是門人所編各隨所見淺深，却要自家分別他是非。前輩有言，不必觀語録，只看易傳等書自好。天下亦無恁地道理，如此則只當讀六經，不當看論孟矣。天下事無高無下，無小無大，若切己下功夫，件件是自家底；若不下工夫，揀[三]書來看亦無益。」先生又言：「語録是雜載。只如閑説一件話，偶然引上經史上便把來編了，明日人又隨上面去看。直是有學力方能分曉。」謙。[四]

問：「遺書中有十餘段説佛處，似皆云形上、直内與聖人同，却有一兩處云『要之，其直内者亦自不是』，此語見得甚分明。不知其他所載莫是傳録之差？」曰：「固是。纔經李端伯、吕與叔、劉質夫記便真，至游定夫便錯。可惜端伯、與叔、質夫早喪，使此三人者在，於程門之道必有發明。」某[五]謂：「此事所係非輕，先生盍作一段文字爲辨明之？」先生曰：「須待爲之。」因説芮國器嘗云「天下無二道，聖人無兩心，如何要排佛」。曰：「只爲無二道，故着不得他。佛法只是作一無頭話相欺誑，故且恁地過，若分明説出便窮。」可學。

記録言語難，故程子謂「若不得某之心，則是記得他底意思」。今遺書，某所以各存所記人之姓名者，蓋欲人辨識得耳。今觀上蔡所記則十分中自有三分以上是上蔡意思了，故其所記多有激揚發越之意；游氏所説則有温純不决之意；李端伯所記則平正；質夫所記雖簡約，然甚明切。看得來劉質夫那人煞高，惜乎其[六]不壽。廣。

坐客有問侯先生語録異同者。曰：「侯氏之説多未通。胡先生嘗薦之羅先生[七]。後延平先生與相會，頗謂胡先生稱之過當。因言其人輕躁不定，羅先生雖以凜然嚴毅之容與相待，度其頗難之。但云其游程門之久，甚能言程門之事。然於道理未有所見，故其説前後相反没理會。有與龜山一書。」賀孫。

張思叔語録多作文，故有失其本意處，不若只録語録爲善。方子。

楊志仁問明道説話。曰：「最難看。須是輕輕地挨傍他，描摸他意思方得。若將來解，解不得。須是看得道理大段熟，方可看。」節。

明道説話渾淪，煞高，學者難看。淳。〔八〕

説：「明道言語儘寬平。伊川言語初難看，細讀有滋味。」又云：「某説大處自與伊川合，小處却時〔九〕有意見不同。」説：「南軒見處高，如架屋相似，大間架已就，只中間少裝折。」寓。〔一〇〕

先生問義剛〔一一〕：「近來全無所問，是在此做甚工夫？」義剛對曰〔一二〕：「數日偶看遺書數版入心，遂乘興看數日。」先生曰：「遺書録明道語，多有只載古人全句不添一字底。如曰『思無邪』，如曰『聖人以此齊戒，以神明其德夫』，皆是。亦有重出者，是當時舉此句教人去思量。」先生語至此，整容而誦「聖人以此齊戒，以神明其德夫」，曰：「便是聖人也要神明。這個本是一個靈聖底物事，自家齊戒便會靈聖，不齊戒便不靈聖。古人所以七日戒，三日齊。」胡叔器曰：「齊戒只是敬。」先生曰：「固是敬，但齊較謹於戒。湛然純一之謂齊，肅然警惕之謂戒。到湛然純一時，那肅然警惕也無了。」義剛。按陳淳録同而略，今附，云：「遺書録明道語，多有只載古人全句，不添一句。如曰『思無邪』，曰『齊戒以神明其德』之類。亦有重出者，是當時舉此數句教人思量。今觀『齊戒以神明其德』，這個本是一個靈聖底物。自家齊戒便會靈聖，不齊戒便不靈聖。古人所以七日戒，三日齊。湛然純一之謂齊，肅然警惕之謂戒。到齊時又不用那肅然警惕底意了。」〔一三〕

「改文字自是難。有時意或不好，便把來改，待得再看又反不如前底。是以此見皆在此心如何，纔昏便不得。或有所遷徙〔一四〕，或有所回避，或先有所主張，隨其意之所重，義理便差了。」器之問程子語可〔一五〕疑處。先生曰：「此語怕〔一六〕録得差，或恐是一時有個意思説出，或是未定之論。今最〔一七〕怕把人未定之論便喚做是，也是切害。如今言語最是難得一一恰好。或有一時意思見得是如此，他日所見或未必然。惟聖人説出句句字字都恰好，這只是這個心，只是聖人之心平一。」賀孫。

記録言語有不同處。如伊川江行事有二處載，一本云：「伊川自涪陵舟行遇風，舟人皆懼，惟伊川不動。岸上有負薪者，遥謂之曰：『達後如此，捨後如此？』伊川欲答之而舟去已遠矣。」一本謂：「既至岸，或問其故。伊川曰：『心存誠敬爾。』或曰：『心存誠敬，曷若無心？』伊川欲與之言，已忽不見矣。」某嘗謂前説不然。蓋風濤洶湧之際，負薪者何以見其不懼？而語〔一八〕又何以相聞邪？「孰若無心」之説，謂隱者言〔一九〕則趨而辟之可也，謂其忽然不見則若鬼物然，必不然矣。又況達之與捨只是一事，安得有分別邪？人傑。

問：「陰陽氣也，何以謂形而下者？」曰：「既曰氣便是有個物事，此謂形而下者。」又問：「『繼之者善，成之者性』，何以分繼善、成性爲四截？」曰：「繼、成屬氣，善、性屬理。性已兼理、氣，善則專指理。」又曰：「理受於太極，氣受於二氣、五行。」植。〔二〇〕以下天地性理。〔二一〕

「論日之行，『到寅，寅上光；到卯，卯上光』，『電是陰陽相軋，如以石相磨而火生』，『長安西風而雨』，『因食韭，言天地間寒暖有先後』，『或傳京師少雷，恐是地有高下』，『霹靂震死，是惡氣相擊搏』，凡此數條者果皆有此理否？」曰：「此皆一時談論所及，學者記録如此。要之，天地陰陽變化之機，日月星辰運行之度，各有成説而未可以立談判也。康節先生詩有『思入風雲變化中』之語。前輩窮理，何事不極其至？今所疑數條，其間必自有説。且『洊雷震，君子以恐懼修省』，聖人垂訓如此，則霹靂震死等事，理之所有，不可以爲無也。」謨。[二二]

先生曰：[二三]「今[二四]程氏遺書一段説日月處，諸本皆云『不如三焦説周回而行』，竟[二五]不曉其義。又見一本云『不如舊説周回而行』，乃傳寫之誤。」雉。

「十五卷『必有無種之人生於海島』，十八卷『太昊[二六]之時人有牛首蛇身』、『金山得龍卵[二七]，龍湧水入寺，取卵而去』、『涪州見村民化虎』，此數條皆記録者之誕。」先生曰：「以太極之旨而論氣化之事，則厥初生民何種之有？此言海島無人之處必有無種之人，不足多怪也。龍亦是天地間所有之物，有此物則有此理，取卵而去，容或有之。村民化虎，其説可疑，或恐此人氣惡如虎，他有所感召，未足深較也。」謨。

問：「遺書中有數段皆云人與物共有此理，只是氣昏推不得，此莫只是大綱言其本同出，若論其得此理莫已不同？」曰：「同。」曰：「既同，則所以分人物之性者却是於通塞上别。如人雖氣禀異而終可同，物則終不可同。然則謂之理同則可，謂之性同則不可。」曰：「固然，但隨其光明發見處可見，如螻蟻君臣之類。但其禀形既别，則無復與人通之理。如獮猴形與人略似，則便有能解；野狐能人立，故能爲怪；如豬則極昏。如草木之類，荔枝、牡丹乃發出許多精英，此最難曉。」可學。

伊川説海漚一段，與横渠冰[二八]水説不争多。可學。

問：「程先生説性一條，云『學者須要識得仁體，若知見得，便須立誠敬以存之』，是如何？」曰：「公看此段要緊是那句？」曰：「是『誠敬』二字上。」先生曰：「便是公不會看文字。他説要識仁，要知見得，方説到誠敬。末云『吾之心即天地之心，吾之理即萬物之理，一日之運即一歲之運』，這幾句説得甚好。人也會解得，只是未必實見得。向編近思録，欲收此段，伯恭以爲怕人曉不得錯認了。程先生又説『性即理也』，更説得親切。」曰：「佛氏所以得罪於聖人，止緣他只知有一身而不知有天地萬物。」曰：「如今人又慝[二九]煞不就自身己理會。」又問：「『性即理』何如？」曰：「物物皆有性，便皆有其理。」曰：「枯槁之物亦有理乎？」曰：「不論枯槁，他本來都有道理。」因指案上花瓶云：「花瓶便有花瓶底道理，書燈便有書燈底道理。水之潤下，火之炎上，金之從革，木之曲直，土之稼穡，一一都有性，都有理。人若用之又着順他理始得，若把金來削做木用，把木來鎔做金用，便無此理。」曰：「『西銘之意，與物同體』，體莫是仁否？」曰：「固是如此，然怎生見得意思是如此？『與物同體』固是仁，只便把『與物同體』做仁不得，恁地只説得個仁之軀殼，須實見得方説得親切。如一椀燈，初不識之，只見人説如何是燈光，只恁地摶摸，只是不親切，只是便把光做燈不得。」賀孫。

明道言「學者須先識仁」一段説話極好，只是説得太廣，學者難入。人傑。

問：「一段説性命，下却云『見於事業之謂理』。『理』字不甚切。」曰：「意謂理有善有惡，但不甚安。」良久，又曰：「上兩句正是『天命之謂性』，下一句是『率性之謂道』。中庸是就天性上言，此是就事物上言，亦無害。」可學。

問：「吕與叔有養氣之説，伊川有數處皆不予之。養氣莫亦不妨，只便[三〇]認此爲道却不是。」曰：「然。」又問：「一處説及平日思慮，如何？」「此[三一]處正是微涉於道，故正之。」可學。

「遺書論命處，注云『聖人非不知命，然於人事不得不盡』，如何？」曰：「人固有命，只是不可不『順受其正』，如『知命者不立乎巖墻之下』是也。若謂其有命却去巖墻之下立，萬一到[三二]覆壓處，却是專言命不得。人事盡處便是命。」謨。去僞録同。[三三]

問：「『觀鷄鶵，此可觀仁』，何也？」曰：「凡物皆可觀，此偶見鷄鶵而言耳。小小之物，生理具悉。」伯豐。

道夫[三四]問：「遺書謂切脈可以體仁，莫是心誠求之之意否？」曰：「還是切脈底是仁，那脈是仁？」曰：「切脈是仁。」曰：「若如此，則當切脈時又用着個意思去體仁。」復問蜚卿曰：「仲思所説如何？」曰：「以伯羽觀之，恐是觀鷄鶵之意。」曰：「如何？」「鷄[三五]鶵是[三六]仁也。」曰：「切脈體仁又如何？」曰：「脈是那血氣周流，切脈則便可以見仁。」曰：「然，恐只是恁地。脈理貫通乎一身，仁之理亦是恁地。」又問：「雞雛如何是仁？」道夫曰：「先生嘗謂初與嫩底便是。」曰：「如此看較分明。蓋當是時飲啄自如，未有所謂爭鬭侵陵之患者，只此便是仁也。」道夫。

致道問：「『仁則一，不仁則二』，如何？」曰：「仁則公，公則通，天下只是一個道理。不仁則是私意，故變詐百出而不一也。」時舉。

問：「和靖語録中有兩段言仁。一云：『某謂仁者公而已。伊川曰：「何謂也？」曰：「能好人，能惡人。」伊川曰：「善涵養。」』又云：『「某以仁，惟公可盡之。」伊川曰：「思而至此，學者所難及也。天心所以至仁者惟公耳，人能至公便是仁。」』」先生曰：「『人能至公便是仁』，此句未安。然和靖言仁所見如此。」問：「伊川何不以一二語告之？」曰：「未知其如何。」可學。

伊川言「一心之謂誠，盡心之謂忠」，某看忠有些子是誠之用。「如惡惡臭，好[三七]好色」，十分真實恁地便是誠。若有八九分恁地，有一分不恁地，便是夾雜些虛僞在內，便是不誠。忠便是盡心，盡心亦是恁地，便有些子是誠之用。賀孫。

曰：[三八]「『誠然後能敬。未知誠，須敬然後誠。敬小誠大。』如何說？」曰：「必有[三九]此實理方能敬。只是此一『敬』字，聖人與學者深淺自異。」可學。

問：「程子曰『天下善惡皆天理』。」曰：「惻隱是善，於不當惻隱處惻隱即是惡；剛斷是善，於不當剛斷處剛斷即是惡。雖是惡，然原頭若無這物事却如何做得？本皆天理，只是被人欲反了，「反」字平聲。〔四〇〕故用之不善而爲惡耳。」伯豐。

文蔚〔四一〕問：「程氏〔四二〕『善惡皆天理』如何？」曰：「此只是指其過處言。如『惻隱之心，仁之端』，本是善，纔過便至於姑息；『羞惡之心，義之端』，本是善，纔過便至於殘忍。故他下面亦自云『謂之惡者本非惡，但或過或不及便如此』。」文蔚。

問：「『天下善惡皆天理。』楊、墨之類只是過、不及，皆出於仁義，謂之天理則可。如世之大惡，謂之天理可乎？」先生曰：「本是天理，只是番了便如此。如人之殘忍便是番了惻隱。如放火殺人可謂至惡，若把那去炊飯，殺其人之所當殺，豈不是天理？只緣番了。道理有背有面，順之則是，背之則非。緣有此理方有此惡。如溝渠至濁，當初若無清泠底水何緣有此？」辛。〔四三〕

或問：「程子云『善惡皆天理也』，是如何？〔四四〕若是過與不及，些小惡事，固可說天理；如世間大罪惡，如何亦是天理？」曰：「初來本心都自好，少間多被利害遮蔽。如殘賊之事自反了惻隱之心，是自反其天理。」賀孫問：「既是反了天理，如何又說『皆天理』也？莫是殘賊底惡初從羞惡上發，淫溺貪欲底惡初從惻隱上發，後來多過差了，原其初發都是天理？」曰：「如此說亦好，但所謂反者亦是四端中自有相反處。如羞惡自與惻隱相反，是非自與辭遜相反。如公說也是好意思，因而看得舊一句不通處出。如『用人之智去其詐，用人之勇去其暴』，這兩句意分曉，惟是『用人之仁去其貪』一句没分曉，今公説貪是愛上發來也是。思之，是淳善底人易得含胡苟且，姑息貪戀。」賀孫。

問遺書首卷「體道」之説。曰：「『體』猶體當、體究之『體』，言以自家身己去體那道。蓋聖賢所説無非道者，只要自家以此身去體他，令此道爲我之有也。如克己便是體道工夫。」僩。以下爲學工夫。

蔡問程子曰「要息思慮便是不息思慮」。曰：「思慮息不得，只敬便都没了。」淳。

上床斷不可思慮事爲，思慮了，没頓放處。如思慮處事，思慮了又便做未得。如思量作文，思量了又寫未得，遂且作〔四五〕輾轉思量起來，便儘思量，不過如此。某舊來緣此不能寐，寧可呼燈來隨手寫了，方睡得着。程子贈温公數珠，只是令他數數而已，如道家數息是也。𧍒。

「謝氏記明道語『既得後，須放開』，此處恐不然。當初必是説得〔四六〕後自然從容不迫，他記得意錯了。謝氏後來便是放開，周恭叔只〔四七〕是放倒。」因舉：「『伊川謂『持之太甚便是助長，亦須且恁去』。助長固是不好，然一〔四八〕下未能到從容處，亦須且恁去，猶愈於不能執捉者。」淳。

論遺書中説「放開」二字。先生曰：「且理會收斂。」問：「昨日論横渠言『得尺守尺，得寸守寸』，先生却云『須放寬地步』，如何？」曰：「只是且放寬看將去，不要守殺了他〔四九〕。横渠

說自好，但如今日所論，却是太局促了。」[五〇]

先生問某[五一]：「遺書中『欲夾持這天理則在德』一段，看得如何？」某[五二]對曰：「中庸所謂『苟不至德，至道不凝焉』。」先生默然久之。某復問[五三]曰：「如何？」曰：「此亦說得，然只是引證。畢竟如何是德？」某[五四]曰：「只是此道[五五]，因講習躬行後見得是我之所固有，故守而勿失耳。」曰：「尋常看『據於德』，如何說？」某[五六]以橫渠「得寸守寸，得尺守尺」對。曰：「須先得了方可守。如此說時，依舊認『德』字未着。今且說只是這道理，然須長長提撕，令在己者決定是做得。如今如方獨處默坐，未曾事君親、接朋友，然在我者已渾全是一個孝弟忠信底人。以此做出事來，事親則必孝，事君則必忠，與朋友交則必信，不待旋安排。蓋存於中之謂德，見於事之謂行。易曰『君子以成德爲行』，正謂以此德而見諸事耳。德成於我者，若有一個人在內必定孝弟忠信，斷不肯爲不孝、不弟、不忠、不義[五七]底事，與道家所謂『養成個嬰兒在內』相似。凡人欲邊事，這個人斷定不肯教自家做，故曰『默而成之，不言而信，成乎德行』，謂雖不[五八]曾說出來時，成乎中者[五九]已斷是如此了，然後用得戒謹恐懼存養工夫。所以用必[六〇]如此存養者，猶恐其或有時間斷故耳。程子曰[六一]所謂『須有不言而信者』，謂未言動時已渾全是個如此人，然却未有迹之可言，故曰『言難爲形狀』。又言『學者須學文，知道者進德而已，有德則「不習無不利」』，自初學者言之，既[六二]未知此道德，則教他認何爲德？故必先令其學文，既學文後知得此道理了，方可教其進德。聖人教人，既不令其躐等級做進德工夫，不令其止於學文而已。德既在此〔六三〕，則以此行之耳，不待外面勉强旋做，故曰『有德則「不習無不利」』。凡此工夫全在收斂近裏而已。中庸末章發明此章〔六四〕至爲深切，自『衣錦尚絅』以下皆是，只暗暗地做工夫去。然此理自掩蔽不得，故曰『闇然而日章』。小人不曾做時已報得滿地人知，然實不曾做得，故曰『的然而日亡』。『淡而不厭，簡而文，溫而理』，皆是收斂近裏。『知遠之近，知風之自，知微之顯』，一句緊一句。」先生再三誦此六言，方曰：「此工大似淡而無味，然做時却自有可樂，故不厭；似乎簡略，然大小精粗秩然有序，則又不止於簡而已；謂〔六五〕『溫而理』，溫厚似不可曉，而條目不可亂，是於有序中更有分別。如此入細做工夫，故能『知遠之近，知風之自，知微之顯』。夫見於遠者皆本於吾心，可謂至近矣，然猶以己對物言之。『知風之自』，凡〔六六〕見於視聽舉動者，其是非得失必有所從來，此則皆本於一身而言矣。至於『知微之顯』則又說得愈密，夫一心至微也，然〔六七〕其極分明顯著。學者工夫能如此收斂來方可言德，然亦未可便謂之德，但如此則可以入德矣。其下方言『尚不愧於屋漏』，蓋已能如此做入細工夫，知得分明了，方能以〔六八〕謹獨涵養。其曰『不動而敬，不言而信』，蓋不動不言時已是個敬信底人〔六九〕。又引詩『不顯維德』、『予懷明德』、『德輶如毛』言，云〔七〇〕一章之中皆是發明個『德』字。然所謂德者實無形狀，故以『無聲臭』終之。」伯豐。

問：「『從善如登』是進向上底意，抑難底意？」曰：「從善積累之難，從惡淪胥之易。從善却好，然却難。從惡便陷[七一]易了。」淳。

問蘇季明「治經、傳道」一段。曰：「明道只在居業上說。忠信便是誠。」曰：「『誠』字說來大，如何執捉以進德？」曰：「由致知格物以至誠意處則誠矣。」曰：「此是聖人事，學者如何用功？」曰：「此非說聖人，乃是言聖人之學如此。若學者則又有說話。乾言聖人之學，故曰『忠信所以進德，修辭立其誠所以居業』。坤言賢人之學，故曰『敬以直內，義以方外』。忠信便是在內，修辭是在外。」問：「何不說事，却說辭？」曰：「事尚可欺人，辭不可揜，故曰『言顧行，行顧言』。」曰：「既分聖賢之學，其歸如何？」曰：「歸無異，但看[七二]乾所言便有自然底意思，坤所言只是作得持守，終無自然底氣象。正如孔子告顏淵以克己，而告仲弓以敬恕。」曰：「伊川云『敬則無己可克』，則又與顏淵無異矣。」曰：「不必如此看，且各就門户做。若到彼處自入得，尤好。只是其分界自如此。」可學。

問：「伊川語龜山『勿好著書，著書則多言，多言則害道』，如何？」曰：「怕分却心，自是於道有害。」大雅。

居甫問：「伊川云『隨時變易，乃能常久』，不知既變易，何以反能久？」曰：「一出一入乃能常。如春夏秋冬乃天道[七三]之常久。使寒而不暑，暑而不寒，安能常久？」可學。

楊尹叔問：「『嚴威儼恪，非所以事親也』，注『恪』爲『恭敬』，如何？」曰：「恭敬較寬，便都包許多，解『恪』字亦未盡，恪是恭敬中朴實緊切處，今且恁地解。若就恭敬説，則恭敬又別。恭主容，敬主事，如『居處恭，執事敬』之類。」安卿問：「恪非所以事親，只是有嚴意否？」曰：「太莊、太嚴厲了。」寓。[七四]

呂舍人記伊川先生説「人有三不幸」，以爲有高才能文章亦謂之不幸。便是這事乖，少間盡被這些子能解擔閣了一生，更無暇子細理會義理。只從外面見得些皮膚便説我已會得，筆下便寫得去，自然無暇去講究那精微。被人扛得來大，又被人以先生長者目我，更不肯去下問，少間傳得滿鄉滿保都是這般種子。横渠有一段説「人多爲人以前輩見處，每事不肯下問，壞了一生，我寧終是不知」，此段最好看。僩。

「自家既有此身，必有主宰，理會得主宰，然後隨自家力量窮理格物，而合做底事不可放過些子。」因引程子言「如行兵，當先做活計」。節。

問：「遺書云『堯舜幾千年，其心至今在』，何謂也？」曰：「是這[七五]心之理，今則分明昭昭，具在面前。」淳。以下堯舜。[七六]

銖[七七]問伊川言「『象憂亦憂，象喜亦喜』，與孔子『微服而過宋』相類」。曰：「舜知象之將殺己，而象憂則亦憂，象喜則亦喜。孔子知桓魋必不能害，而又微服過宋。此兩事若相拗，然皆是『道並行而不相悖』，故云相類。非謂舜與孔子事一一相類也。」銖。按甘節録同而略，今附於下，云：［七八］「舜知象欲殺己而不防，夫子知桓魋不能殺己而微服，此兩事甚相物［七九］，故伊川曰『相類』。」

問：「伊川曰『聖人與理爲一，無過不及，中而已』，敢問顔子擇乎中庸，未見其止，歎夫子瞻前忽後，則過不及雖不形［八〇］於言行而亦嘗動乎［八一］心矣。此亦是失否？」答云：［八二］「此一段説得好。聖人只是一個忠底道理。」謨。人傑、去僞録同。［八三］

周茂叔納拜已受去，如何還？可學。以下周子、謝、尹。［八四］

蓋卿［八五］問：「謝顯道初見明道先生，自負該博，史書盡卷不遺一字。明道曰：『賢却記得許多，可謂玩物喪志。』謝聞此言汗流浹背，面發赤。明道曰：『即此是「惻隱之心」。』夫爲師門［八六］所折難而愧形於顔色，與惻隱之心不［八七］相屬，明道乃云爾者，何也？」先生曰：「此問却要商量，且何不曰『羞惡之心』而謂之『惻隱之心』？」諸公誠［八八］各以己意言之。」黎季成對曰：「此恐是識痛癢底道理。」先生未以爲然。蓋卿因復請曰：「先生高見如何？」曰：「待更思之，來日方説。」［八九］次日早［九〇］，蓋卿同饒廷老、曼亞夫别先生，［九一］就復以此請問焉。［九二］先生曰：「只是謝顯道聞明道之言動一動，爲他聞言而動便是好處，却不可言學者必欲其動。且如惻隱、羞惡、辭遜、是非，不是四件物合下都有。『專［九三］言則一事，總言則包四者』，觸其一則心皆隨之，言『惻隱之心』，則羞惡、辭遜、是非在其中矣。」又曰：「此心之初發處乃是惻隱，如有春方有夏，有惻隱方有羞惡也，如根蔕相連。」蓋卿。

伊川問和靖：「近日看大學功夫如何？」和靖曰：「只看得『心廣體胖』處意思好。」伊川曰：「如何見得好？」尹但長吟「心廣體胖」一句而已。看他一似瞞人，然和靖不是瞞人底人。公等讀書都不見這般意思。僩。

問：「遺書中說孔孟一段，看見不甚有異，南軒好提出。」曰：「明道云『我自做天裏』，此句只是帶過，後來却說是以天自處，便錯了。要之，此句亦是明道一時之意思如此。今必欲執以爲定說，却向空去了。」可學。以下二程子，附年譜、行狀。[九四]

問：「明道行狀謂未及著書，而今有了翁所跋中庸，何如？」曰：「了翁初得此書亦疑行狀所未嘗載，後乃謂非明道不能爲此者。時[九五]了翁之姪幾叟，龜山之婿也，翁移書曰：『近得一異書，吾姪不可不見。』幾叟至，次日，翁冠帶出此書。幾叟心知其書非是，未敢言。翁問曰：『何疑？』曰：『以某聞之龜山，乃與叔初年本也。』翁始覺，遂不復出。近日陸子静力主以爲真明道之書。某云：『却不要與某争。某所聞甚的，自有源流，非强談[九六]也。』兼了翁所舉知仁勇之類却是道得着，至子静所舉没意味也。」道夫。

又[九七]問：「伊川於陳乞封父祖[九八]之問，云『待别時說』。過謂此自出朝廷合行之禮，當令有司檢舉行下，亦不必俟陳乞也。」答云：「如此，名義却正。」過。

「伊川前後進講未嘗不齊戒，潛思存誠。如此則未進講已前還有間斷[九九]。」曰：「不然。尋常未嘗不誠，只是臨見君時又加意爾，如孔子沐浴而告哀公是也。」謨。去僞録同。[一〇〇]

問「古不必驗」一段。曰：「此是説井田。伊川高明，必見得是無不可行。然不如横渠更驗過，則行去[一〇一]無窒礙。」伯豐。

程先生幼年屢説須要井田封建，到晚年又説難行，見於暢潛道録。想是他經歷世故之多，見得事勢不可行。淳。

問：「伊川臨終時，或曰：『平生學底正要今日用。』伊川開目曰：『説要用便不是。』此是如何？」曰：「説要用便是兩心。」僩。

又舉程子之言，謂陳平「知宰相之體」，曰「上佐天子理陰陽，順四時，下遂萬物之宜，外鎮撫四夷，内親附百姓」。[一〇二]答曰：[一〇三]「如何是『理陰陽』？」過未對。答云：[一〇四]「下面三語便是『理陰陽』。」過。以下雜類。

魯叔問：「温公薨背，程子以郊禮成，賀而不弔，[一〇五]而國家事體又重，則不弔似無可疑。」曰：「便是不恁地，所以東坡謂『子於是日哭則不歌』，即不聞歌則不哭。蓋由哀而樂則難，由樂而哀則甚易。且如早作樂而暮聞親屬緦麻之戚，不成道既歌則不哭！這個是一脚長，一脚短，不解得平。如所謂『三揖而進，一辭而退』，不成道辭亦當三！這所在以某觀之，也是伊川有些過處。」道夫問：「這事且看温公諱日與禮成日同則弔之可也，或已在先則更差一日，亦莫未有害否？」曰：「似乎在先，但勢不恁地，自是合如此。只如『進以禮，退以義』，『罪疑惟輕，功疑惟重』，天下事自是恁地秤停不得。」道夫。

問：「王祥孝感事，伊川説如何？」曰：「程先生多有此處，是要説物我一同。然孝是王祥，魚是水中物，不可不別。如説感應，亦只言己感，不須言物。」可學。

淳[一〇六]問：「伊川『奪嫡』之説不合禮經，是當時有遺命，抑後人爲之邪？」先生曰：「亦不見得如何，只俟師聖如此説。」問：「此[一〇七]是否？」曰：「亦不見得是如何。」淳。

「世間有鬼神馮依言語者，蓋屢見之，未可全不信，本卷何以曰『師巫降言無此理』？又好談鬼神者，假使實有聞見，亦未足信，或是心病，或是目病，外書却言『不信神怪不可，被猛撞出來後如何處置』。」先生曰：「神怪之説，若猶未能自明，鮮有不惑者。學者惟當以正自守而窮其[一〇八]理之有無，久久當自見得。讀書講明義理，到此等處雖有不同，姑闕其疑以俟他日，未晚也。」謨。

「程先生謂『莊生形容道體之語儘有好處。老氏「谷神不死」一章最佳』，『莊子云「嗜慾深者天機淺」，此言最善』，又曰『謹禮不透者深看[一〇九]』。莊[一一〇]老之學未可以爲異端而不講之耶？」曰：「『君子不以人廢言』，言有可取安得而不取之？如所謂『嗜慾深者天機淺』，此語甚的當，不可盡以爲虛無之論而妄訾之也。」某〔一一一〕曰：「平時慮爲異教所汨，未嘗讀莊老等書，今欲讀之，如何？」曰：「有〔一一二〕所主則讀之何害？要在識其意所以異於聖人者如何爾。」謨。以下異端。

遺書說「老子言雜，陰符經却不雜，然皆窺測天道而未盡者也」，程先生可謂言約而理盡，括盡二書曲折。〔一一三〕

「持國曰『道家有三住：心住則氣住，氣住則神住。此所謂「存二〔一一四〕守一」』，伯淳曰：『此三住者，人終食之頃未有不離者，其要只在收放心』，此則明道先生以持國之言爲然，而道家『三住』之說爲可取也。至第二卷，何以有曰『若言神住氣住，則浮屠入定之法。雖言養氣，亦是第二節事』，若是則持國當日之論容有未盡者，或所記未詳，如何？」先生曰：「二程夫子之爲教，各因其人而隨事發明之，故言之抑揚亦或不同。學者於此等處必求其所以爲立言之意，儻自爲窒塞，則觸處有礙矣。與持國所言自是於持國分上當如此說，然猶卒歸於收放心。至闢之以爲浮屠入定之說者，是必嚴其辭以啓迪後進，使先入之初不惑乎異端之說云爾。」謨。

「外書錄伊川語『今僧家讀一卷經便要一卷經中道理受用。儒者讀書却只閑了，都無用處』。又，明道先生嘗至禪房，方飯，見其趍進揖遜之盛，歎曰『三代威儀盡在是矣』。二說如何？」先生曰：「此皆歎辭也。前說歎後之學者不能着實做工夫，所以都無用處；後說歎吾儒禮儀反爲異端所竊取。但其間記録未精，故語意不圓，所以爲可疑耳。」謨。

「李端伯所記第一條，力闢釋氏説出山河大地等語，歷舉而言之。至論聖人之道，則以爲明如日星。及其終也，以爲會得此『便是會禪』。至與侯世興講孟子『浩然之氣』，則舉禪語爲況云『事則不無，擬心則差』。十五卷論中庸言『無聲無臭』勝如釋氏言『非黄非白』，似又以中庸之言下與釋氏較勝負。至如所謂灑掃應對與佛家默然處合，與陳瑩中論『天在山中，大畜』是『芥子納須彌』，所引釋氏語不一而足。如其闢異端之嚴，而記者多録此，何耶？」先生曰：「韓持國本好佛學，明道與語而有『便是會禪』之説者，蓋就其素所講明者因以入之。今人多説闢異端，往往於其教中茫然不知其説，馮虚妄言，宜不足以服之。如明道諸先生實[一一五]深究其説，盡得其所以爲虚誕怪僻之要領。故因言所及，各有其旨，未可以爲苟徇其説也。」謨。

問：「遺書首篇明道與韓持國論禪一段，看來韓持國只是曉得那低底禪。嘗見范蜀公與温公書，説韓持國爲禪作祟，要想得山河大地無寸土，不知還能無寸土否？可將大樂與喚醒歸這邊來。今觀明道答他『至如山河大地之説，是他山河大地，又干你何事』，想是持國曾發此問來，故明道如此説。不知當初韓持國合下被甚人教得個矮底禪如此。然范蜀公欲以大樂喚醒，不知怎生喚得他醒？他方欲盡掃世間之物歸于至静，而彼欲以鬧底物引之，亦拙矣。況范蜀公之樂也可可地。」用之問：「此等説如何是矮底禪？豈解更有一般高底禪？」曰：「不然。他説世問萬法皆是虛妄，然又都是真實。你攻得他前面一項破，他又有後面一項，攻他不破。如明道云『若説幻爲不好底性，則請別尋一個好底性來換了此不好底性』，此語也攻他不破。他元不曾説這個不是性，他也説『直指人心，見性成佛』，何嘗説這個不是性？你説『性外無道，道外無性』，他又何嘗説『性外有道，道外有性』來？他之説有十分與吾儒相似處，只終不是。若見得吾儒之説，則他之説不攻自破，所以孟子説『遁辭知其所窮』。它到説窮〔一一六〕處便又有一樣説話，如云世間萬法都是虛妄，然又都是真實。此又是如何？今不須窮他，窮得他一邊，他又有一邊，都莫問他，只看得自家『天命之謂性，率性之謂道』分曉了，却略將他説看過，便見他底不是。所以明道引孔子『「予欲無言」，子貢曰：「子如不言，則小子何述焉？」子曰：「天何言哉？四時行焉，百物生焉，天何言哉。」』只看這數句，幾多分曉！也不待解説，只玩味久之便見。『天高地下，萬物散殊，而禮制行矣；流而不息，合同而化，而樂興焉』，『天有四時，春秋冬夏，風雨霜露，無非教也；地載神氣，神氣風霆，風霆流形，庶物露生，無非教也』，多少分曉！只是人自昏了，所以道理也要個聰明底人看，一看便見，也是快活人。而今如此費人口頰，猶自不曉。」又曰：「釋迦佛初間入山修行，他也只是厭惡世諦，爲一身之計。觀他修行大故用功，未有後來許多禪底説話。後來相傳，一向説開了。」僩。

問：「昨日先生説佛氏『但願空諸所有』，此固不是。然明道先生嘗説胸中不可有一事，如在試院推算康節數，明日問之便已忘了。此意恐亦是『空諸所有』底意。」曰：「此出上蔡語録中，只是録得他自意，無這般條貫。顏子『得一善則拳拳服膺而不失』，孟子『必有事焉而勿忘』，何嘗要人如此？若是個道理須着存取。只如易繫説『過此以往，未之或知』，亦只是『雖欲從之，末由也已』之意。在他門説，便如鬼神變怪，有許多不可知底事。」德明。以下論記録之差[一一七]。

伊川曰「實理者，實見得是，實見得非」，實理與實見不同，今合説必記録有誤。蓋有那實理，人須是實見得。見得恁地確定，便有實見得，又都閑了。淳。

問：「不審[一一八]『以體會爲非心』是如何？」曰：「此句曉未得。他本是闢横渠『心小性大』之説。心性則一，豈有小大？横渠却自説『心統性[一一九]』，不知怎生却恁地説？」

問：「游定夫所記，如云『一息不存，非中也』，又曰『君子之道，無道[一二〇]不中，故其心與中庸合』，此處必是記録時失正意。」曰：「不知所記如何，其語極難曉。」可學。

「物各付物，不役其知，便是致知，然最難。」此語未敢信，恐記者之誤。人傑。

問：「遺書有一段云『「致知在格物」，物來則知起。物各付物，不役其知，則意自誠』，比其他説不同，却不曾下格物工夫。」曰：「不知此一段如何。」又問：「『物來則知起』似無害，但以下不是。」曰：「亦須格方得。」可學。

問「用方知，不用則不知」。曰：「這説也是理會不得，怕只是如道家通得未來底事。某向見一術者，與對坐，即云：〔一一一〕『當有某姓人送簡至。』坐〔一一二〕久之，果然。扣之，則云：『某心先動了，故知。』所謂用與不用怕如此。恐伊川那時自因問答去，今不可曉。要附在『至誠之道可以前知』解中，只攬得鶻突，没理會。」賀孫。

問：「遺書中云『聖人於易言「無思無爲」，此戒夫作爲』。此句須有錯。」曰：「疑當作『此非戒夫作爲』。」可學。

節〔一二三〕問「思入風雲變態中」。曰：「言窮理精深，雖風雲變態之理，思亦到。」節。以下文集。

明道詩云「旁人不識予心樂，將爲偷閑學少年」。此是後生時氣象眩露，無含蓄。正叔。〔一二四〕

問：「呂與叔問中處，『中者道之所從出』，某看呂氏意如曰『性者，道之所從出云爾』，『中即性也』亦是此意。只是名義未善，大意却不在此。如程先生云『中即道也』，若不論其意，亦未安。」曰：「『中即道也』未安。謂道所從出，却是就人爲是〔一二五〕説，已陷了。」云：〔一二六〕「『中即道也』却亦不妨。」又問：〔一二七〕「程先生語似相矛盾。」曰：「大本達道，性道雖同出，要須於『中』識所以異。」又問：「『中之爲義，自過不及而立名』，此段説『中』與平日異。只爲呂氏形容『中』太過，故就其既發告之。」曰：「然。」又問「若只」以下至「近之」。〔一二八〕曰：「此語不可曉。當時解，意亦自窘束。〔一二九〕」又問：「『不倚之謂中，不雜之謂和』，如何？」曰：「有物方倚得，中未有物，如何倚？」曰：「若是，當倒說，中則不倚。」曰：「亦未是。不如不偏好。」又問：「中發出則自不雜，是要見工夫處，故以爲未安。」曰：「不雜訓和不得，可以訓不純。游定夫云『不乖之謂和』却好。」又問：「『赤子之心』處，此是一篇大節目。程先生云『毫釐有異，得爲大本乎』，看呂氏此處不特毫釐差，乃大段差。然毫釐差亦不得。聖人之心如明鏡止水，赤子之心如何比得？」曰：「未論聖人，與叔之失却是認赤子之已發者皆爲未發。」曰：「固是如此。然若論未發時，衆人心亦不可與聖人同。」曰：「如何不同？若如此說，却是天理別在一處去了。」曰：「如此說即中庸所謂未發之中，如何？」曰：「此却是要存其心，又是一段事。今人未發時必[一三〇]多擾擾，然亦有不擾擾時。當於此看。大抵此事[一三一]答辭亦有反爲所窘處。當初不若只與論聖人之心如此，赤子之心如彼，則自分明。」又問：「引孟子『心爲甚』如何？」曰：「孟子乃是論心自度，非是心度物。」又問：「引『允執厥中』如何？」曰：「他把做已發言，故如此說。」曰：「『聖人智周』以下終未深達。又云『言未有異』，又終未覺。又云『固未嘗以已發不同處指爲大本』，雖如此說，然所指又別。」曰：「然。」曰：「南軒云『心體昭昭』處分作兩段。」曰：「不是如此。此說極好。敬夫初唱道時好如此說話。」又問：「此一篇前項只是名義失，最失處在赤子之心。」曰：「然。」可學。以下論中書。[一三二]

鄭氏[一三三]問呂氏與伊川論中[一三四]。先生曰：「只[一三五]說大概亦是，只不合將『赤子之心』句[一三六]插在那裏，便做病。赤子飢便啼，寒便哭，把做未發不得。如大人心千重百折，赤子之心無恁勞攘，只不過飢便啼、寒便哭而已，未有所謂喜，所謂怒，所謂哀，所謂樂，其與聖人不同者只些子。」問：「南軒辨『心體昭昭』爲已發如何？」曰：「不消如此。伊川只是攻[一三七]他赤子未發，南軒又要去討他病。」淳。

施問「赤子之心」。曰：「程子道是已發而未遠，如赤子飢則啼、渴則飲，便是已發。」寓。陳淳録同。[一三八][一三九]

今人呼墓地前爲「明堂」。嘗見伊川集中書爲「券臺」，不曉所以。南軒欲改之。某云不可，且留著。後見唐人文字中言某朝詔改爲「券臺」。僩。

【校勘記】

[一]　此條蓋卿録成化本以部分内容爲注，夾於謙録中，參下條。

[二]　看　成化本此下注曰：「蓋卿録云：『若伊川不在，則何可不讀。』」

[三]　揀　朱本作「擇」。

[四]　成化本此下注曰：「以下論語録。」

［五］某　成化本爲「可學」。

［六］其　成化本無。

［七］羅先生　成化本作「羅」，且此下又注曰：「池録作『楊』。」

［八］成化本此下注有「程子」。且此條淳録載於卷九十三。

［九］時　成化本作「持」。

［一〇］此條寓録成化本載於卷九十三。

［一一］義剛　成化本無。

［一二］曰　成化本無。

［一三］按陳淳録同而略……肅然警惕底意了　成化本無。

［一四］徙　成化本作「就」。

［一五］可　成化本爲「有何」。

［一六］此語怕　成化本爲「此等恐」。

［一七］最　朱本作「且」。

［一八］語　成化本爲「語言」。

［一九］言　成化本爲「既言」。

［二〇］此條植録成化本載於卷九十四。

〔二一〕以下天地性理　成化本無。
〔二二〕成化本此下注曰：「以下天地性理。」
〔二三〕先生曰　成化本無。
〔二四〕今　成化本無。
〔二五〕竟　成化本無。
〔二六〕太昊　成化本爲「太古」。
〔二七〕龍卵　此二字原脱，據上下文及成化本補。
〔二八〕冰　成化本作「水」。
〔二九〕慝　成化本作「忒」。
〔三〇〕便　成化本作「是」。
〔三一〕此　成化本此上有「曰」。
〔三二〕到　朱本作「倒」。
〔三三〕謨去僞録同　成化本爲「去僞」。
〔三四〕道夫　成化本無。
〔三五〕鷄　成化本此上有「曰」。
〔三六〕是　成化本爲「便是」。

〔三七〕好　成化本此上有「如」。

〔三八〕曰　成化本作「問」。

〔三九〕有　成化本作「存」。

〔四〇〕反字平聲　成化本作「平」，且置於「被人欲反」之「反」字下。

〔四一〕文蔚　成化本無。

〔四二〕程氏　成化本無。

〔四三〕辛　成化本無。

〔四四〕程子云善惡皆天理也是如何　成化本爲「善惡皆天理也」。

〔四五〕且作　成化本爲「只管」。

〔四六〕得　成化本爲「既得」。

〔四七〕只　成化本作「又」。

〔四八〕一　成化本作「合」。

〔四九〕他　成化本無。

〔五〇〕成化本此下注有「德明」。

〔五一〕某　成化本無。

〔五二〕某　成化本爲「必大」。

[五三] 某復問　成化本爲「必大問」。
[五四] 某　成化本無。
[五五] 道　成化本爲「道理」。
[五六] 某　成化本爲「必大」。
[五七] 義　成化本作「信」。
[五八] 不　成化本作「未」。
[五九] 成乎中者　成化本爲「存於□心中者」，「心」上有一字缺。
[六〇] 用必　成化本爲「必用」。
[六一] 曰　成化本無。
[六二] 既　成化本此上有「它」。
[六三] 此　成化本作「己」。
[六四] 章　成化本作「意」。
[六五] 謂　成化本無。
[六六] 凡　成化本此上有「則知」。
[六七] 然　成化本此下有「知」。
[六八] 以　成化本無。

〔六九〕人　成化本此下有「了」。
〔七〇〕云　成化本作「之」，屬上讀。
〔七一〕陷　成化本爲「陷得」。
〔七二〕看　成化本作「着」。
〔七三〕道　成化本作「地」。
〔七四〕此條寓録成化本載於卷一百五。
〔七五〕是這　成化本爲「此是」。
〔七六〕以下堯舜　成化本爲「以下聖賢及先儒」。
〔七七〕銖　成化本無。
〔七八〕甘節録同而略今附於下云　成化本爲「節録云」。
〔七九〕物　成化本作「拗」。
〔八〇〕形　成化本作「見」。
〔八一〕乎　成化本作「於」。
〔八二〕答云　成化本作「曰」。
〔八三〕謨人傑去僞録同　成化本爲「去僞」。
〔八四〕以下周子謝尹　成化本無。

［八五］蓋卿　成化本無。

［八六］門　成化本作「問」。

［八七］不　成化本爲「似不」。

［八八］誠　成化本作「試」。

［八九］蓋卿因復請……來日方説　成化本無。

［九〇］早　成化本無。

［九一］蓋卿同饒廷老㬅亞夫别先生　成化本無。

［九二］就復以此請問焉　成化本爲「復以此請問」。

［九三］專　成化本作「偏」。

［九四］以下二程子附年譜行狀　成化本無。

［九五］者時　成化本無。

［九六］談　成化本作「説」。

［九七］又　成化本無。

［九八］祖　成化本作「母」。

［九九］斷　成化本此下有「否」。

［一〇〇］謨去僞録同　成化本爲「去僞」。

〔一〇一〕去　成化本爲「出去」。

〔一〇二〕曰上佐天子理陰陽順四時……内親附百姓　成化本無。

〔一〇三〕答曰　成化本爲「先生問」。

〔一〇四〕答云　成化本作「曰」。

〔一〇五〕弔　成化本此下有「『如何？』曰：『這也可疑。』或問：『賀則不弔』」。

〔一〇六〕淳　成化本無。

〔一〇七〕此　成化本爲「此説」。

〔一〇八〕其　成化本無。

〔一〇九〕看　成化本此下有「莊子」。

〔一一〇〕莊　成化本此上有「然則」。

〔一一一〕某　成化本作「謨」。

〔一一二〕有　成化本此上有「自」。

〔一一三〕成化本此下注有「友仁」。

〔一一四〕二　成化本作「存」。

〔一一五〕實　成化本此下有「嘗」。

〔一一六〕它到説窮　此四字原脱，據上下文及成化本補。

〔一一七〕差　成化本作「疑」。

〔一一八〕審　王本作「當」。

〔一一九〕性　成化本此下有「情」。

〔一二〇〕道　成化本作「適」。

〔一二一〕某向見一術者與對坐即云　成化本爲「某向與一術者對坐忽然云」。

〔一二二〕坐　成化本作「矣」，屬上讀。

〔一二三〕節　成化本無。

〔一二四〕正叔　成化本無。

〔一二五〕是　成化本作「上」。

〔一二六〕云　成化本爲「又云」。

〔一二七〕問　成化本此下有「『若謂性與道，大本與達道，可混爲一，即未安』以下云云，至『安得不爲二乎』」。

〔一二八〕若只以下至近之　成化本爲「若只以中爲性以下云云至却爲近之」。

〔一二九〕當時解意亦自窘束　成化本爲「當時問時辭意亦自窘束」。

〔一三〇〕必　王本作「心」。

〔一三一〕事　王本作「書」。

〔一三二〕以下論中書　成化本無。

〔一三三〕鄭氏　成化本作「鄭」。

〔一三四〕中　成化本爲「中書」。

〔一三五〕只　成化本作「吕」。

〔一三六〕句　成化本爲「一句」。

〔一三七〕百　朱本作「萬」。

〔一三八〕攻　成化本作「改」。

〔一三九〕陳淳録同　成化本無。

晦庵先生朱文公語類卷第九十八

張子之書一 凡入近思者，依卷數次第别[一]爲此卷。

道夫[二]問「氣坱然太虚，升降飛揚，未嘗止息」。曰：「此張子所謂『虚空即氣』也。蓋天在四畔，地居其中，減得一尺地，遂有一尺氣，但人不見耳。此是未成形者。」問：「虚實以陰陽言否？」曰：「以有無言。及至『浮而上，降而下』則已成形者，若所謂『山川之融結，糟粕煨燼』，即是氣之查滓。要之，皆是示人以理。」道夫。以下[三]第一卷。

升降飛揚，所以生人物者未嘗止息，但人不見耳。如望氣者，凡氣之災祥皆能見之，如龍成五色之類。又如昔人有以五色綫令人暗中學辨，三年而後辨得。[四]德明。

問：「『游氣紛擾合而成質者，生人物之萬殊；其陰陽兩端循環不已者，立天地之大義。』舊聞履之記先生語云『游氣紛擾當横看，陰陽兩端當直看，方見得』，是否？」曰：「也似如此。只是晝夜運而無息者便是陰陽之兩端，其四邊散出紛擾者便是游氣，以生人物之萬殊。某常言正如麵磨相似，其四邊只管層層撒出。正如天地之氣運轉無已，只管層層生出人物。其中有粗有細，故人物有偏有正，有精有粗。」又問：「橫渠云[五]『氣坱然太虛，升降飛揚，未嘗止息』，此是言一氣混沌之初，天地未判之時，爲復亘古今如此？」曰：「只是統說。只今便如此。」問：「升降者是陰陽之兩端，飛揚者是游氣之紛擾否？」曰：「此只是說陰陽之兩端。下文『此虛實動靜之機，陰陽剛柔之始』，此正是說陰陽之兩端。到得『其感遇聚結，爲雨露，爲霜雪，萬品之流形，山川之融結』以下，却正是說游氣之紛擾者也。」問：「『虛實動靜之機，陰陽剛柔之始』兩句，欲云『虛實動靜乘此氣以爲機，陰陽剛柔資此氣以爲始』，可否？」曰：「此兩句只一般。實與動便是陽，虛與靜便是陰，但虛實動靜是言其用，陰陽剛柔是言其體而已。」問：「『始』字之義如何？」曰：「只是說如個生物底母子相似，萬物都從這裏生出去。上文說『升降飛揚』，便含這虛實動靜兩句在裏面了，所以虛實動靜陰陽剛柔者，便是這升降飛揚者爲之，非兩般也。至『浮而上者陽之清，降而下者陰之濁』，此兩句便是例。」疑是說生物底「則例」字。問：「『無非教也』都是道理在上面發見？」曰：「然。」因引禮記中「天道至教，聖人至德」一段與孔子「予欲無言」一段：「天地與聖人都一般，精底都從那粗底上發見，道理都從氣上流行。雖至粗底物，無非是道理發見，天地與聖人皆然。」僩。

問「游氣」、「陰陽」。曰：「游氣是出而成質。」曰：「只是陰陽氣？」曰：「然。使[六]當初不道『合而成質』，却似有兩般。」可學。

問「陰陽」、「游氣」之辨。先生曰：「游氣是生物底。陰陽譬如扇子，扇出風便是游氣。」[七]

「循環不已」者，「乾道變化」也；「合而成質」者，「各正性命」也。譬之樹木，其根本猶大義，散而生[八]花結實，一向發生去，是人物之萬殊。賀孫。

陰陽循環如磨，游氣紛擾如磨中出者。易曰「陰陽相摩，八卦相盪，鼓之以雷霆，潤之以風雨，日月運行，一寒一暑」，此陰陽之循環也；「乾道成男，坤道成女」，此游氣之紛擾也。閎祖。

道夫[九]問「游氣」、「陰陽」。曰：「游是散殊，此[一〇]如一個水車一上一下，兩邊只管衮轉，這便是『循環不已，立天地之大義』底；一上一下只管衮轉，中間帶得水灌溉得所在，便是『生人物之萬殊』。天地之間二氣只管運轉，不知不覺生出一個人，不知不覺又生出一個物。即他這個斡轉，便是生物時節。」道夫。

「游氣」、「陰陽」。陰陽即氣也，豈陰陽之外又復有游氣耶？所謂游氣者，指其所以賦與萬物。一物各得一個性命，便有一個形質，皆此氣合而成之也。雖是如此，而所謂「陰陽兩端」成片段衮將出來者，固自若也。亦猶論太極，物物皆有之，而太極之體未嘗不存也。謨。

橫渠謂「天體物而不遺，猶仁體事而無不在」，此數句是從赤心片片說出來，荀、楊豈能到？士毅。

道夫[一一]問「仁體事而無不在」。曰：「只是未理會得『仁』字。若理會得這一字了，則到處都理會得。今未理會得時，只是於他處上下文有些相貫底便理會得，到別處上下文隔遠處便難理會。今且須記取做個話頭，葉本自「今且」以下至「話頭」，作「又曰：千萬記取，此是個話頭。」[一二]久後自然曉得。或於字上見得，或看讀別文義自[一三]知得。」道夫。按葉賀孫録同而少異。[一四]

趙共父問「天體物而不遺，猶仁體事而無不在」。先生曰：「體物猶言爲物之體也，蓋物物有個天理；體事謂事事是仁做出來。如『禮儀三百，威儀三千』，須是仁做始得。凡言體便是做它那骨子。」時舉。

趙恭父[一五]問：「『天體物而不遺，猶仁體事而無不在也』，以見物物各有天理，事事皆有仁？」曰：「然。天體在物上，仁體在事上，猶言天體於物，仁體於事。本是言物以天爲體，事以仁爲體。緣須着從上説，故如此下語。」致道問：「與『體物而不可遺』一般否？」曰：「然。」曰：「先生易解將『幹事』説。」曰：「幹事[一六]猶言爲事之幹，體物猶言爲物之體。」恭甫[一七]問：「下文云『「禮儀三百，威儀三千」，無一物而非仁也』。」曰：「『禮儀三百，威儀三千』，然須得仁以爲骨子。」賀孫。

「『昊天曰明，及爾出王；昊天曰旦，及爾游衍。』這個豈是人自如此？皆有來處。既有來處，則纔有少肆意他便見。」又曰：「這裏若有些違他理，便恰似天知得一般。所以説『日監在兹』，又説『敬天之怒，毋敢戲豫。敬天之渝，無敢馳驅』。」仲思問：「『渝』是如何？」曰：「『渝』，變也，如『迅雷風烈必變』之『變』。『渝』未至於怒，亦大概相似。」賀孫。〔一八〕按楊道夫録同而少異，今附，云：或録云：「『昊天曰明，及爾出王；　昊天曰旦，及爾游衍』，且與明祇一意。這個豈是人自如此？皆有來處。纔有些放肆則他便知，〔一九〕所以曰『日監在兹』，又曰『敬天之怒，無敢戲豫。敬天之渝，無敢馳驅』。」道夫〔二〇〕問：「『渝』字如何？」曰：「變也。如『迅雷風烈必變』之『變』，但未至怒耳。」

道夫言：「昨來所論『昊天曰明，及爾出王；　昊天曰旦，及爾游衍〔二一〕』，此意莫祇是言人之所以爲人者，皆天之所爲，故雖起居動作之頃，而所謂天者未嘗不在也？」曰：「公説『天體物不遺』，既説得是，則所謂『仁體事而無不在』者亦不過如此。今所以理會不透，祇是以天與仁爲有二也。今須將聖賢言仁處就自家身上思量，久之自見。」記曰：『兩君相見，揖讓而入門，入門而縣興；　揖遜〔二二〕而升堂，升堂而樂闋。下管象武，夏籥序興，陳其薦俎，序其禮樂，備其百官，如此而後君子知仁焉。』又曰：『賓入大門而奏肆夏，示易以敬也。卒爵而樂闋，孔子屢歎之。』」道夫曰：「如此則是合正理而不紊其序，便是仁。」曰：「恁地猜終是血脈不貫，且反復熟看。」道夫。〔二三〕

閭丘次孟云：「諸先生説話皆不及小程先生，雖大程亦不及。」先生曰：「不然。明道説話儘高，邵、張説得端的處儘好。且如伊川説『仁者天下之公，善之本也』，大段寬而不切。如横渠説『心統性情』，這般所在説得的當。又如伊川謂『鬼神者造化之迹』，却不如横渠所謂『二氣之良能也』。」直卿曰：「如何？」曰：「程子之説固好，但只渾淪在這裏。張子之説分明便見有個陰陽在。」曰：「如所謂『功用則謂之鬼神』也與張子意同。」曰：「只爲他渾淪在那裏。」閭丘曰：「明則有禮樂，幽則有鬼神。」曰：「只這數句便要理會。明便如何説禮樂？幽便如何説鬼神？須知樂便屬神，禮便屬鬼。他此語落着，主在鬼神。」因指甘蔗曰：「其香氣便唤做神，其漿汁便唤做鬼。」直卿曰：「向讀中庸所謂『誠之不可揜』處，切疑謂鬼神爲陰陽屈伸則是形而下者，若中庸之言，則是形而上者矣。」曰：「今也且只就形而下者説來，但只是他皆是實理處發見，故未有此氣便有此理，既有此理必有此氣。」道夫。[二四]

閭丘主簿進黄帝陰符經傳。先生説：「握奇經等文字恐非黄帝作，[二五]唐李筌爲之。聖賢言語自平正，却無蹺欹如許[二六]。」因舉：「遺書云『前輩説處或有未到，[二七]不可一概定』，横渠尋常有太深言語，如言『鬼神二氣之良能』，説得好。伊川言『鬼神造化之迹』，却未甚明白。」問「良能」之義。曰：「只是二氣之自然者耳。」因舉：「『明則有禮樂，幽則有鬼神』，鬼自是屬禮，從陰；神自是屬樂，從陽。[二八]易言『精氣爲物，游魂爲變』，此却是知鬼神之情狀。『魂氣升於天，體魄歸於地』，是神氣上升，鬼魄在下[二九]。不特人也，凡物之枯敗也，其香氣騰於上，其物腐於下，此可類推。」寓。[三〇]

道夫[三一]問：「『物之初生，氣日至而滋息』，只[三二]是生息之『息』，非止息之『息』否？」曰：「然。嘗看孟子言『日夜之所息』，程子謂『息』字有二義。某後來看只是生息。」道夫。

用之問「性爲萬物之一源」。曰：「所謂性者，人物之所同得。非惟己有是，而人亦有是；非惟人有是，而物亦有是。」道夫。

橫渠云：「一故神。譬之人身，四體皆一物，故觸之而無不覺，不待心使至此而後覺也。此所謂『感而遂通』，『不行而至，不疾而速』也。」發於心，達於氣，天地與吾身共只是一團物事。所謂鬼神者只是自家氣，自家心下思慮纔動，這氣即敷於外，自然有所感通。賀孫。

或問「一故神」。曰：「是[三三]一個道理却有兩端處[三四]不同。譬如陰陽：陰中有陽，陽中有陰；陽極生陰，陰極生陽。所以神化無窮。」人傑。按周謨、金去僞録並同。[三五]

問：[三六]「『一故神，兩故化』，此理如何？」曰：「兩所以推行乎一也。張子言『一故神，兩在故不測』；『兩化故，推行於一』，此兩在故一存也。『兩不立則一不可見，一不可見則兩之用或幾乎息矣』，亦此意也。如事有先後，纔有先則便有思量到末後一段，此便是兩。如寒則暑便在其中，便有一寓焉。」寓。

問「一故神」。曰：「橫渠說得極好，須當子細看，但近思録所載與本書不同。當時緣伯恭不肯全載，故後來不曾與他添得。『一故神』，橫渠却[三七]親注云『兩在故不測』，只是這一物，却周行乎事物之間。如所謂陰陽、屈伸、往來、上下，以至於行乎什伯千萬之中，無非這一個物事，所以謂『兩在故不測』。『兩故化』，注云『推行乎一』。凡天下之事，一不能化，而[三八]惟兩而後能化，且如一陰一陽始能化生萬物。雖是兩個，要之亦是推行乎此一爾。此說得極精，須當與他子細看。」道夫。

伊川「性即理也」、橫渠「心統性情」二句，顛撲不破。砥。[三九]

「惟心無對」，「心統性情」。二程却無一句似此切。公謹。

「心統性情」，統猶兼也。升卿。

性對情言，心對性情言。合如此是性，動處是情，主宰是心。橫渠云「心統性情者也」，此語極佳。[四〇]大抵心與性情[四一]似一而二，似二而一，此處最當體認。可學。[四二]

「心統性情者也」，寂然不動而仁義禮智之理具焉，動處便是情。有言靜處便是性，動處是心，如此則是將一物分作兩處了。心與性不可以動靜言。凡物有心而其中必虛，如飲食中雞心、猪心之屬，切開可見。人心亦然。只這些虛處便包藏許多道理，彌綸天地，該括古今。推廣得來，蓋天蓋地莫不由此，此所以爲人心之妙歟！理在人心，是之謂性。性如心之田地，充此中虛莫非是理而已。心是神明之舍，爲一身之主宰。性便是許多道理，得之於天而具於心者。發於智識念慮處皆是情。故曰「心統性情」也。謨。

「性、情、心，惟孟子、横渠説得好。仁是性，惻隱是情，須從心上發出來。横渠曰〔四三〕『心統性情者也』，性只是合如此底。」又曰：〔四四〕「性〔四五〕只是理，非是有這個物事。〔四六〕若性〔四七〕是有底物事，則既有善亦必有惡。惟其無此物，只是理，故無不善。」蓋卿。〔四八〕

「心統性情」，性情皆因心而後見。心是體，發於外謂之用。孟子曰「仁，人心也」，又曰「惻隱之心」，性情上都下個「心」字。「仁，人心也」是説體，「惻隱之心」是説用，必有體而後有用，可見「心統性情」之義。僩。

問「心統性情」。先生云：「性者，理也。性是體，情是用。性情皆出於心，故心能統之。『統』如統兵之『統』，言有以主之也。且如仁義禮智是性也，孟子曰『仁義禮智根於心』。惻隱、羞惡、辭遜、是非，本是情也，孟子曰『惻隱之心，羞惡之心，辭遜之心，是非之心』。以此言之，則見得心可以統性情。一心之中自有動静，静者性也，動者情也。」卓。

問：「『心統性情』，『統』如何？」曰：「『統』是主宰，如統百萬軍。心是渾然底物，性是有此理，情是動處。」又曰：「人受天地之中，只有個心性安然不動，情則因物而感。性是理，情是用，性静而情動。且如仁義禮智信是性，然又有説『仁心』、『義心』，這是性亦與心通説；惻隱、羞惡、辭遜、是非是情，然又説道『惻隱之心，羞惡之心，是非之心』，這是情亦與心通説。這是情性皆主於心，故恁地通説。」問：「意者心之所發，與情性如何？」曰：「意也與情相近。」問：

「志如何？」曰：「志也與性[四九]相近。只是心寂然不動，方發出便喚做意。横渠云『志公而意私』，看這自説得好。志便清，意便濁；志便剛，意便柔；志便有立作意思，意便有潛竊意思。公自子細看，自見得。意多是説私意，志便説『匹夫不可奪志』。」賀孫。

横渠云「心統性情」，蓋好善而惡惡，情也；而其所以好善而惡惡，性之節也。且如見惡而怒，見善而喜，這便是情之所發。至於喜其所當喜而喜不過，謂如人有三分合喜底事，我却喜至七[五〇]分，便不是。怒其所當怒而怒不遷，謂如人有一分合怒底事，我却怒至三四分，便不是。以至哀樂愛惡欲皆能中節而無過，這便是性。道夫。

先生取近思録，指横渠「心統性情」之語以示學者。力行問曰：「心之未發則屬乎性，既發則情也。」先生曰：「是此意。」因再指伊川之言曰：「心一也，有指體而言者，有指用而言者。」力行。

或問：「通蔽開塞，張横渠、吕芸閣説，孰爲親切？」先生曰：「與叔倒分明似横渠之説。看來塞中也有通處，如猿狙之性即靈，猪則全然蠢了，便是通蔽不同處。『本乎天者親上，本乎地者親下』，如人頭向上，所以最靈；草木頭向下，所以最無知；禽獸之頭横了，所以無知；猿狙稍靈，爲他頭有時也似人，故稍向得上。」履孫。

横渠先生曰：「凡物莫不有是性，由通蔽開塞所以有人物之別，由蔽有厚薄故有智愚之別。

塞者牢不可開，厚者可以開而開之也難，薄者開之也易，開則達於天道與聖人一。」先生曰：「此段不如呂與叔分別得分曉。呂曰『蔽有淺深故爲昏明，蔽有開塞故爲人物』云云。」「程子曰：『「人生而靜」以上不容說，纔說性時便已不是性也。凡人說性只是說「繼之者善也」，孟子言「人性善」是也。［五一］夫所謂「繼之者善也」者，猶水流而就下也。』云云。」［五二］先生曰：［五三］「此『繼之者善也』指發處而言之也。性之在人猶水之在山，其清不可得而見也，流出而見其清然後知其本清也。所以孟子只就『見孺子入井皆有怵惕、惻隱之心』處指以示人，使知性之本善者也。易所謂『繼之者善也』在性之先，此所引『繼之者善也』在性之後。蓋易以天道之流行者言，此以人性之發見者言。唯天道流行如此，所以人性發見亦如此。如後段所謂『其體則謂之易，其理則謂之道，其用則謂之神』，某嘗謂易在人便是心，道在人便是性，神在人便是情。緣他本原如此，所以生出來個個亦如此，一本故也。」閎祖。［五四］

問橫渠說［五五］「精義入神」一條。曰：「入神是入至於微妙處。此却似向內做工夫，非是作用於外，然乃所以致用於外也。故某［五六］嘗謂門人曰：『吾學既得於心，則修其辭；命辭無差，然後斷事；斷事無失，吾乃沛然。「精義入神」者，豫而已。』橫渠可謂『精義入神』。橫渠云『陰陽二氣推行以漸謂化，闔闢不測謂神』，伊川先生說『神』、『化』等却不似橫渠較說得分明。」賀孫。以下第二卷。［五七］

敬子問：「橫渠[五八]『「精義入神」，事豫吾内，求利吾外也』，『求』字似有病，便有個先獲底心。『精義入神』自然是能利吾外，何待於求？」曰：「然。當云『所以利吾外也』。」李又曰：「繫辭此已上四節都是説咸卦。蓋咸只是自家感之它便應，非是有心於求人之應也。如上文『往來屈伸』皆是此意。」僩。[五九]

問：「橫渠言『氣質之性』，去僞終未曉。」曰：「性是天賦與人，只一同。氣質所稟却有厚薄。人只是一般人，厚於仁而薄於義，有餘於禮而不足於智，便自氣質上來。」去僞。[六〇]

橫渠曰「形而後有氣質之性，善反之則天地之性存焉」，如稟得氣清明者，這道理只在裏面；稟得氣昏濁者，這道理亦只在裏面，只被這昏濁遮蔽了。譬之水，清底裏面纖微皆可見，渾底裏面便見不得。孟子説性善只見得大本處，未説到氣質之性細碎處。程子謂「論性不論氣，不備；論氣不論性，不明。二之則不是」。孟子只論性，不知論氣，便不全備。若三子雖論性，却不論得性，都只論得氣，性之本領處又不透徹。荀子只見得不好人底性，便説做惡；楊子只見得半善半惡人底性，便説做善惡混；韓子見得天下有許多般人，故立爲三品，説得較近。其言曰「仁義禮智信，性也；喜怒哀樂愛惡欲，情也」，似又知得性善，荀、楊皆不及，只是過接處少一個「氣」字。淳。[六一]

用之問：「『德不勝氣，性命於氣；德勝於氣，性命於德。窮理盡性則性天德，命天理[六二]。』前日見先生説，以『性命』之『命』爲『聽命』之『命』。適見先生舊答潘恭叔書，以『性命於德』、『性命於氣』之[六三]『命』與『性』字只一般，如言性與命也，所以後面分言『性天德，命天理』。不知如何？」曰：「也是如此，但『命』字較輕得些。」僩問：「若將『性命』作兩字看，則『於氣』、『於德』字如何地說得來？則當云『性命皆由於氣，由於德』始得。」曰：「橫渠文字自是如此。」僩。

道夫[六四]問「德不勝氣，性命於氣；德勝其氣，性命於德[六五]」一章。先生曰：「橫渠[六六]只是說性與氣皆從上面流下來，自家之德若不能有以勝其氣，則祇是承當得他那所賦之氣。若是德有以勝其氣，則我之所以受其賦予者皆是德，故窮理盡性，則我之受[六七]皆天之德，其所以賦予我者皆天之理。氣之不可變者惟死生修夭而已，蓋死生修夭、富貴貧賤，這却還他氣。至『義之於君臣，仁之於父子』，所謂『命也[六八]』，這個却須由我，不由他了。」道夫。

問：「橫渠說[六九]『窮理盡性則性天德，命天理』，這處性命如何分別？」曰：「性是以其定者而言，命是以其流行者而言。命便是水恁地流底，性便是將椀盛得來。大椀盛得多，小椀盛得少，淨潔椀盛得清，污漫椀盛得濁。」又曰：[七〇]「近思錄論[七一]『生之謂性』一條難說，須子細看。此一條伊川說得亦未甚盡。『生之謂性』是生下來喚做性底，便有氣稟夾雜，便不是理底性了。前輩說甚『性惡』、『善惡混』，都是不曾識性，到伊川說『性即理也』，無人道得到這處。理便即[七二]是天理，又那得有惡？孟子說『性善』，便都是說理善，雖是就發處說，然亦就理之發處說。

如曰『乃若其情』，曰『非才之罪』，[七三]又曰『生之謂性』，如椀盛水後，人便以椀爲水，水却本清，椀却有浄有不浄。」問：「雖是氣稟，亦尚可變得否？」曰：「然最難，須是『人一能之，己百之；人十能之，己千之』方得。若只恁地待他自變，他也未與你卒乍變得在。這道理無他巧，只是熟，只是專一。」賀孫。[七四]

「横渠言『形而後有氣質之性[七五]』，又曰『德不勝氣，性命於氣；德勝其氣，性命於德』。『善反之則天地之性存焉』，[七六]又曰『性天德，命天理』。蓋人生氣稟自然不同，天非有殊，人自異稟。有學問之功則性命於德，不能學問然後此性[七七]惟其氣稟耳。」力行[七八]曰：「從前看『性命於德』一句，意謂此性由其德之所命。今如此云，則是『性命』二字皆是德也。」先生曰：「然。」力行。

横渠云「所不可變者惟壽夭耳」。要之，此亦可變，但大概如此。力行。

道夫[七九]問：「『莫非天也』是兼統善惡而言否？」曰：「然。正所謂『善固性也，然惡亦不可不謂之性』，二者皆出於天也。陽是善，陰是惡；陽是强，陰是弱；陽便清明，陰便昏濁。大抵陰陽有主對待而言之者。如陽是仁、陰是義之類，這又别是一樣，是專就善上説，未有那惡時底説話。」頃之，復曰：「程先生云『視聽思慮動作，皆天也。人但於其中要識得真與妄爾』。」道夫。

陽明勝則德性用，陰濁勝則物欲行。只將自家意思體驗便見得。人心虛静，自然清明。纔爲物欲所蔽便陰陰地黑暗了，此陰濁所以勝也。謨。

木之[八〇]問：「橫渠説[八一]『物有未體則心爲有外』，『體』之義如何？」曰：「此是置心在物中究見此[八二]理，如格物、致知之意[八三]，與『體物[八四]』之『體』不同。」木之。問：「『物有未體則心爲有外』，此『體』字是體察之『體』否？」曰：「須認得如何喚做體察。今官司文書行移，所謂體量、體究，是這樣『體』字。」或曰：「是將自家這身入那事物裏面去體認否？」曰：「然。猶云『體群臣』也。伊川曰『「天理」二字却是自家體貼出來』，是這樣『體』字。」僩。

橫渠云「物有未體則心爲有外」，又曰「有外之心不足以合天心」。蓋天大無外，物無不包，物理所在一有所遺則吾心爲有外，便與天心不相似。道夫。

「『大其心則能體天下之物。』『世人之心止於見聞之狹』，故不能體天下之物。『唯聖人盡性，故不以所見所聞梏其心，故大而無外，其視天下無一物非我』，他只是説一個大與小。『孟子謂「盡心則知性、知天」以此。』蓋盡心則是[八五]極其大，則[八六]知性知天，而無有外之心矣。」道夫問：「今未到聖人盡心處，則亦莫當推去否？」曰：「未到那裏，也須知説聞見之外猶有我不聞不見底道理在[八七]，若不知聞見之外[八八]猶有道理，則亦如何推得？要之，此亦是橫渠意，然孟子之意則未必然。」道夫曰：「孟子本意當以大學或問所引爲正。」曰：「然。孟子之意只是説，窮理之至則心自然極其全體而無餘，非是要大其心而後知性、知天也。」道夫曰：「只如横渠所説，亦自難下手。」曰：「便是横渠有時自要恁地説，似乎只是懸空想象而心自然大。這般處元只是格物多後自然豁然有個貫通處，這便是『下學而上達』也。孟子之意只是如此。」道夫。

或問：「如何是『有外之心』？」曰：「只是有私意便内外扞格，只見得自家身己，凡物皆不與己相關，便是『有外之心』。横渠此説固好，然只管如此説如此説〔八九〕相將便無規矩，無歸着，入於邪遁之説。且如夫子爲萬世道德之宗，都説得語意平易，從得夫子之言便是無外之實。若便要説天大無外，則此心便瞥入虚空裏去了。」學蒙。

「『求之於喜、怒、哀、樂未發之前，而體之於意、必、固、我既亡之後』，如此説者〔九〇〕便害義理。此二句不可相對説。喜、怒、哀、樂未發之前固無可求，及其既發，亦有中節、不中節之異，發若中節者有何不可？至如意、必、固、我則斷不可有，二者烏得而對語哉！横渠謂『意、必、固、我，自始學至成德，竭兩端之教』者，謂夫子教人絶此四者，故皆以『毋』字爲禁止之辭。」或謂「意、必、固、我既亡之後，必有事焉」。曰：「意、必、固、我既亡，便是天理流行，鳶飛魚躍，何必更任私意也！」謨。〔九一〕

問〔九二〕德粹：「夜間在庵中作何工夫？」德粹云云。先生曰：「横渠云『言有教，動有法，晝有爲，宵有得，息有養，瞬有存』，此語極好。君子『終日乾乾』，不可食息閑，亦不必終日讀書，或静坐存養亦是。天地之生物以四時運動，春生夏長固是不息，及至秋冬彫落亦只藏於其中，故明年復生。若使至秋冬已絶，則來春無緣復有生意。學者常喚令此心不死，則日有進。」可學。[九三]

西銘説是形化底道理，此萬物一源之性。太極者，自外面推入去，到此極盡，更没去處，所以謂之太極。謨。

問：「原道上數句如何？」曰：「首句極不是。『定名』、『虚位』却不妨。有仁之道，義之道，仁之德，義之德，故曰『虚位』。大要未説到頂上頭，故伊川云『西銘，原道之宗祖』。」可學。[九四]

節問：「西銘言理一而分殊。言理一處，節頗見之；言分殊處，節却未見。」[九五]先生曰：「有父，有母，有宗子，有家相，此即分殊也。」節。

問西銘。曰：「更須子細看他説理一而分殊。而今道天地不是父母，父母不是天地，不得，分明是一理。『乾道成男，坤道成女』，則凡天下之男皆乾之氣，凡天下之女皆坤之氣，從這裏便徹上徹下都即是一個氣，都透過了。」又曰：「『繼之者善』便是公共底，『成之者性』便是自家得底。只是一個道理，不道是這個是，那個不是。如水中魚，肚中水便只是外面水。」賀孫。

西銘要句句見「理一而分殊」。文蔚。

西銘大綱是理一而分自爾殊。然有二説：自天地言之，其中固自有分別；自萬殊觀之，其中又自有分別。不可認是一理了只衮做一看，這裏各自有等級差別。且如人之一家自有等級之別。所以乾則稱父，坤則稱母，不可棄了自家父母，却把乾坤做自家父母看。且如「民吾同胞」，與自家兄弟同胞又自別。龜山疑其兼愛，想亦未深曉西銘之意。西銘一篇正在「天地之塞吾其體，天地之帥吾其性」兩句[九六]。敬仲。

道夫言：「看西銘，覺得句句是『理一分殊』。」曰：「合下便有一個『理一分殊』，從頭至尾又有一個『理一分殊』，是逐句恁地。」又曰：「合下一個『理一分殊』，截作兩段，只是一個天人。」道夫曰：「他説『乾稱父，坤稱母，予茲藐焉，乃混然中處』，如此則是三個。」曰：「『混然中處』則便是一個。許多物事都在我身中，更那裏去討一個乾坤？」問「塞」之與「帥」二字。曰：「『塞』便是『充塞天地』之『塞』，『帥』便是『志者氣之帥』之『帥』。」問：「『物吾與也』，莫是『黨與』之『與』否？」曰：「然。」道夫。

西銘一篇，始末皆是「理一分殊」。以乾爲父，坤爲母，便是理一而分殊；「予茲藐焉，混然中處」，便是分殊而理一。「天地之塞吾其體，天地之帥吾其性」，分殊而理一；「民吾同胞，物吾與也」，理一而分殊。逐句推之，莫不皆然。某於篇末亦嘗發此意。乾父，坤母，皆是以天地之大喻一家之小。乾坤是天地之大，父母是一家之小。大君大臣是大，宗子家相是小。類皆如此推之。舊嘗看此，寫作旁通圖子，分爲二[九七]截，上下排布，亦甚分明。謨。

問：「西銘『理一而分殊』，『分殊』莫是『民吾同胞，物吾與也』之意否？」曰：「民物固是分殊，須是就民物中又知得分殊。不是伊川説破，也難理會，然看久自覺裏面有分則[九八]。」

一之問西銘「理一而分殊」。先生曰：「西銘自首至末皆是『理一而分殊』。乾父、坤母固是一理，分而言之便見乾坤自乾坤，父母自父母，惟『稱』字便見異也。」又問：「自『惡旨酒』至『勇於從而順令』，此六聖賢事可見理一分殊乎？」曰：「『惡旨酒』、『育英才』是事天，『顧養』及『錫類』則是事親，每一句皆存兩義，推類可見。」問：「『天地之塞』，如何是『塞』？」先生曰：「『塞』與『帥』字皆張子用字之妙處。『塞』乃孟子『塞天地之間』，『體』乃孟子『氣體之充』者，有一毫不滿不足之處則非塞矣。『帥』即『志，氣之帥』，而有主宰之意。此西銘借用孟子論『浩然之氣』處。若不是此二句爲之關紐，則下文言『同胞』、言『兄弟』等句，在他人中物皆與我初何干涉！其謂之『兄弟』、『同胞』，乃是此一理與我相爲貫通，故上説『父母』，下説『兄弟』，皆是其血脈過度處。西銘解二字只説大概，若要説盡，須因起疏注可也。」寓。

用之問：「西銘所以『理一分殊』，如民物則分『同胞』、『吾與』，大君家相，長幼殘疾，皆自有等差。又如所以事天，所以長長幼幼，皆是推事親從兄之心以及之，此皆是分殊處否？」曰：

「也是如此，但這有兩種看，這是一直看下，更須橫截看。若只恁地看怕淺了。『民吾同胞』，『同胞』裏面便有理一分殊底意；『物吾與也』，『吾與』裏面便有理一分殊底意。『乾稱父，坤稱母』，道是父母，固是天氣而地質，然與自家父母自是有個親疏，從這處便『理一分殊』了。看見伊川説這意較多。龜山便正是疑『同胞』、『吾與』爲近於墨氏，不知他『同胞』、『吾與』裏面便自分『理一分殊』了。如公所説恁地分別分殊，殊得也不大段。這處若不子細分別，直是與墨氏兼愛一般。」賀孫。按黄卓録同而少略，今附，云：[九九]「劉用之問：『西銘「理一而分殊」。若大君宗子、大臣家相與夫民物等，皆是「理一分殊」否？』先生云：『如此看亦是，但未深，當截看。如西銘劈頭來便是「理一而分殊」。且「乾稱父，坤稱母」，雖以乾、坤爲父母，然自家父母自有個親疏，這是「理一而分殊」。等而下之，以至爲大君，爲宗子，爲大臣家相，若理則一，其分未嘗不殊。民吾同胞，物吾黨與，皆是如此。楊龜山[一〇〇]正疑此一，若[一〇一]便以「民吾同胞，物吾黨與」爲近于墨氏之兼愛，不知他「同胞」、「同與」裏面自[一〇二]有個「理一分殊」。若如公所説恁地分別，恐勝得他也不多。這處若不分別，直是與墨子兼愛一般。』」

問：「西銘句句是『理一分殊』，亦只就事天、事親處分否？」曰：「是。『乾稱父，坤稱母』，只下『稱』字便別。這個有直説底意思，有横説底意思。『理一而分殊』，龜山説得又別。他只以『民吾同胞，物吾與』及『長長幼幼』爲理一分殊。」曰：「龜山是直説底意思否？」曰：「是。然龜山只説得頭一小截。伊川意則闊大，統一篇言之。」曰：「何謂横説底意思？」曰：「『乾稱父，坤稱母』便是[一〇三]。這個[一〇四]不是即那事親底便是事天底。」曰：「橫渠只是借那事親底來形容那[一〇五]事天底，做個樣子否？」曰：「是。」淳。

西銘有個劈下來底道理，有個橫截斷底道理。直卿疑之。竊意當時語意似謂每句直下而觀之，理皆在焉；全篇中斷而觀之，則上專是事天，下專是事親，各有攸屬。方子。

文蔚[一〇六]問：「向日曾以西銘仁孝之理請問，先生令截斷橫看。文蔚後來見得孝是發見之先，仁是天德之全。事親如事天即是孝，自此推之，事天如事親即仁矣。『老吾老，幼吾幼』，自老老幼幼之心推之，至於疲癃殘疾，皆如吾兄弟顛連而無告，方始盡。故以敬親之心，不欺闇室，不愧屋漏，以敬其天；以愛親之心，樂天循理，無所不順，以安其天，方始盡性。竊意橫渠大意只是如此，不知是否？」曰：「他不是說孝，是將孝來形容這仁，事親底道理便是事天底樣子。人且逐日自把身心來體察一遍，便見得吾身便是天地之塞，吾性便是天地之帥。許多人物生於天地之間，同此一氣，同此一性，便是吾兄弟黨與；大小等級之不同，便是親疏遠近之分。故敬天當如敬親，[一〇七]無所不順。天之生我，安頓得好，令我富貴崇高，便如父母愛我，當喜而不忘；安頓得不好，令我貧賤憂戚，便如父母欲成就我，當勞而不怨。」徐子融曰：「先生謂事親是事天底樣子，只此一句，說盡西銘之意矣。」文蔚。

「乾稱父，坤稱母。」厲聲言「稱」字。又曰：「以主上爲我家裏兄子，得乎？」節。

問西銘之義。曰：「緊要血脈盡在『天地之塞吾其體，天地之帥吾其性』兩句上。上面『乾稱父』至『混然中處』是頭，下面『民吾同胞，物吾與也』便是個項。下面便撒開說，說許多。『大君者吾父母宗子』云云，盡是從『民吾同胞，物吾與也』說來。到得『知化則善述其事，窮神則善繼其志』，這志便只是那『天地之帥吾其性』底志。爲人子便要述得父之事，繼得父之志，如此方是事親如事天； 便要述得天之事，繼得天之志，方是事天。若是違了此道理便是天之悖德之子，若害了這仁便是天之賊子，若是濟惡不悛便是天之不才之子，若能踐形便是天地克肖之子。這意思血脈都是從『天地之塞吾其體，天地之帥吾其性』說。緊要都是這兩句，若不是此兩句，則天自是天，我自是我，有何干涉！」或問：「此兩句便是理一處否？」曰：「然。」僩。

西銘大要在「天地之塞吾其體，天地之帥吾其性」兩句。塞是說氣，孟子所謂「以直養而無害則塞乎天地之間」，即用這個「塞」字。張子此篇大抵皆古人說話集來。要知道理只有一個，道理中間句句段段只說事親事天。自一家言之，父母是一家之父母；自天下言之，天地是天下之父母。通是一氣，初無間隔。「民吾同胞，物吾與也」，萬物雖皆天地所生，而人獨得天地之正氣，故人爲最靈，故民同胞，物則亦我之儕輩。孟子所謂「親親而仁民，仁民而愛物」，其等差自然如此，大抵即事親以明事天。賀孫。

西銘說[一〇八]「天地之塞吾其體，天地之帥吾其性」。「塞」如孟子說「塞乎天地之間」，塞只是氣。吾之體即天地之氣。帥是主宰，乃天地之常理也。吾之性即天地之理。賀孫。

西銘[一〇九]「吾其體，吾其性」，有我去承當之理[一一〇]。謨。

或問：「『天地之帥吾其性』，先生解以『乾健、坤順爲天地之志』。天地安得有志？」先生云：「『復其見天地之心』，『天地之情可見』，安得謂天地無心、情乎！」或曰：「福善禍淫，天之志否？」先生云：「程先生說『天地以生物爲心』最好，此乃是無心之心也。」人傑。

問：「西銘說『潁封人之錫類』，『申生其恭』。二子皆不能無失處，豈能盡得孝道？」先生曰：「西銘本不是說孝，只是說事天，但推事親之心以事天耳。二子就此處論之，誠是如此。蓋事親却未免有正有不正處，若天道純然，則無正不正之處，只是推此心以奉事之耳。」寓。

問：「西銘『無所逃而待烹』，申生未盡子道，何故取之？」先生曰：「天不到得似獻公也。人有妄，天則無妄。若教自家死，便是理合如此，只得聽受之。」夔孫。

伯奇，尹吉甫之子。人傑。[一一一]

林聞一問：「西銘只是言仁、孝、繼志、述事。」曰：「是以父母比乾坤。主意不是說孝，只是以人所易曉者明其所難曉者耳。」木之。

「謝艮齋說西銘『理一分殊』，在上之人當理會『理一』，在下之人當理會『分殊』。如此，是分西銘做兩節了。艮齋看得西銘錯。」先生以爲然。[一一二]

問東銘。曰：「此正如今法書所謂『故失』兩字。」因令道夫寫作圖子看。今具於左：〔一一三〕

戲言出於思也，發於聲；戲動作於謀也，見乎四支。謂非己心，不明也；欲人無己疑，不能也。過言非心也，失於聲；過動非誠也，謬迷其四體。謂己當然，自誣也；欲他人己從，誣人也。

或者謂出于心者，歸咎爲己戲；失于思者，自誣爲己誠。不知戒其出汝者，歸咎其不出汝者，長遂且傲非，不智孰甚焉！

蜚卿〔一一四〕問：「近思録〔一一五〕横渠語范巽之一段如何？」先生曰：「惟是今人不能『脱然如大寐之得醒』，只是捉道理說。要之，也說得去，只是不透徹。」又曰：「正要常存意使不忘，他釋氏只是如此，然他逼拶得又緊。」直卿曰：「張子語比釋氏更有窮理工夫在。」曰：「工夫固自在，也須用存意。」問直卿：「如何說『存意不忘』？」曰：「只是常存不及古人意。」曰：「設此語者，只不要放倒此意爾。」道夫。

道夫〔一一六〕問「未知立心，惡思多之致疑；既知所〔一一七〕立，惡講治之不精」一章。先生曰：「未知立心則或善或惡，故胡亂思量，惹得許多疑起；既知所立，則是此心已立於善而無惡了〔一一八〕，便又惡講治之不精，又却用思。講治之思莫非在我這道理之内，如此則『雖勤而何厭』。『所以急於可欲者』，蓋急於可欲之善則便是無善惡之雜，便是『立吾心於不疑之地』。人之所以有疑而不果於爲善也〔一一九〕，以有善惡之雜，今既有善而無惡則『若決江河以利吾往』矣。

『遜此志，務時敏』，須[一二〇]是低下着這心以順他道理，又却抖擻起那精神，敏速以求之，則『厥修乃來』矣。這下面云云，只是説一『敏』字。」道夫。

徐居甫[一二一]問：「横渠云[一二二]『心小則百物皆病』，如何是小？」曰：「此言狹隘則事有窒礙不行。如仁則流於姑息，義則入於殘暴，皆見此不見彼。」可學。

問：「横渠『物怪神姦』書，先生提出『守之不失』一句。」曰：「且要守那定底。如『精氣爲物，游魂爲變』，此是鬼神定説。又如孔子説『非其鬼而祭之，諂也』、『敬鬼神而遠之』等語，皆是定底。其他變處如未曉得，且當守此定底。如前晚説怪，便是變處。」淳。以下[一二三]第三卷。

横渠所謂「物怪神姦」不必辨，且只「守之不失」。如「精氣爲物，游魂爲變」，此是理之常也。「守之勿失」者以此爲正，且恁地去，他日當自見也。若「要[一二四]之無窮，求[一二五]之不可知」，此又溺於茫昧，不能以常理爲主者也。伯有爲厲别是一種道理，此言其變，如世之妖妄者也。謨。

問：「顔子心粗之説恐太過否？」曰：「顔子比之衆人純粹，比之孔子便粗。如『有不善未嘗不知，知之未嘗復行』，是他細膩如此，然猶有這不善，便是粗。伊川説『未能「不勉而中，不思而得」，便是過』一段，説得好。」淳。

「博學於文」又要得「習坎心亨」，如應事接物之類皆是文，但以事理切磋講究自是心亨。且如讀書，每思索不通處則翻來覆去，倒橫直豎，處處窒塞，然其間須有一路可通。只此便是許多艱難險阻，習之可以求通，通處便是亨也。謨。〔一二六〕

「橫渠〔一二七〕謂『「博學於文」只要得「習坎心亨」』，何也？」曰：「見得這事理透了，處斷了便無疑，〔一二八〕行之又果決，便是『習坎心亨』。凡事皆如此，且以看文字一節論之。如到那一處〔一二九〕見這說又〔一三〇〕好，見那說又是〔一三一〕，如此方〔一三二〕有礙，如彼又不通，〔一三三〕便是險阻處。到這裏須討一路去方透，便是『習坎心亨』。」淳。〔一三四〕

「博學於文」者〔一三五〕，只是要得〔一三六〕「習坎心亨」。不特看〔一三七〕文義，且如學這一件物事，未學時心裏不曉，既學得了心下便通曉得這一事。若這一事曉不得，於這一事上心便黑暗。僩。〔一三八〕

橫渠云「讀書須是成誦」，今人所以不如古人處只爭這些子。古人記得，故曉得；今人鹵莽，記不得，故曉不得。不論緊要處、慢處皆須成誦，少間不知不覺自然相觸發，曉得義理。蓋這一段文義橫在心下，自是放不得，必曉得而後已。今所以記不得，說不去，心若存若亡，皆不精不熟之患也。僩。〔一三九〕

「橫渠〔一四〇〕說做工夫處更精切似二程。」蓋程先生〔一四一〕資禀高，潔浄，不大段用工夫，只恁地後可到。〔一四二〕若〔一四三〕橫渠資禀則〔一四四〕有偏駁夾雜處，他大段用工夫來。觀其言曰『心清時

少，亂時多。其清時視明聽聰，四體不待羈束而自然恭謹。其亂時反是』，説得大段精切。」人傑。以下第四卷。〔一四五〕

問「横渠説『客慮多而常心少，習俗之心勝而實心未完』，所謂客慮與習俗之心，有分別否」？曰：「也有分別。客慮是泛泛底思慮，習俗之心便是從來習染偏勝底心，實心是義理底心。」僩。〔一四六〕

問横渠説〔一四七〕「敦篤虚静者仁之本」。曰：「敦篤虚静是爲仁之本。」僩。

問「湛一氣之本，攻取氣之欲」。曰：「湛一是未感物之時湛然純一，此是氣之本。攻取如目之欲色，耳之欲聲，便是氣之欲。」曰：「攻取是攻取那物否？」曰：「是。」淳。第五卷。

問：「横渠謂：『井田〔一四八〕之病難行者，以亟奪富人之田爲辭。然處之有術，期以十〔一四九〕數年，不刑一人而可復。』不審井議之行於今果如何？」曰：「講學時且恁講，若欲行之，須有機會。經大亂之後，天下無人，田盡歸官，方可給與民。如唐口分世業，是從魏〔一五〇〕及北齊後周，乘此機方做得。荀悦漢紀一段正説此意，甚好。若平世則誠爲難行。」黄丈問：「東坡破此論，只行限田之法，如何？」曰：「都是胡説。作事初如雷霆霹靂，五年後猶放緩了。況限田之法雖舉於今，明年便淡得〔一五一〕今年，後年又淡得〔一五二〕明年，一年淡一年，便寢矣。若欲行之須是行井田，若不能行則且如今之俗，必欲舉限田之法，此之謂戲論。且役法猶行不得，往年貴賤通差，縣吏呈單子，首曰『第一都保正蔣芾』，因此不便，竟罷。況於田，如何限得？林勳本政書一生留意此事，後在廣中作守，畫作數井。然廣中無人煙，可以如此。」淳。〔一五三〕第九卷。

問横渠云「言有無，諸子之陋也」。曰：「無者無物，却有此理，有此理則有矣。老氏乃云『物生於有，有生於無』，和理也無，便錯了。」可學。第十三卷。

賓問：「横渠觀驢鳴如何？」先生笑曰：「不知它抵死着許多氣力鳴做甚。」賓本學禪，故戲作此答。良久復云：「也只是天理流行，不能自已。」德明。〔一五四〕

【校勘記】

〔一〕依卷數次第别　成化本無。

〔二〕道夫　成化本無。

〔三〕以下　成化本無。

〔四〕成化本此下注曰：「因論精專讀書及此。」

〔五〕横渠云　成化本無。

〔六〕使　成化本作「便」。

［七］成化本此下注有「義剛」。

［八］生　朱本作「成」。

［九］道夫　成化本無。

［一〇］此　成化本作「比」。

［一一］道夫　成化本無。

［一二］葉本自今且以下……此是個話頭　成化本爲「賀孫録云：『千萬記取此是個話頭。』」

［一三］自　成化本此上有「却」。

［一四］按葉賀孫録同而少異　成化本爲「賀孫同」。

［一五］趙恭父　成化本爲「趙共父」。

［一六］説曰幹事　此四字原脱，據上下文及成化本補。

［一七］恭甫　成化本爲「共父」。

［一八］此條賀孫録成化本以部分内容爲注，附於卷八十一道夫録中，參此下所附道夫録。

［一九］知　成化本此下注曰：「賀孫録云：『這裏若有些違理，恰似天知得一般。』」

［二〇］道夫　成化本無。

［二一］昊天曰明……及爾游衍　成化本爲「昊天曰明云云至游衍」。

［二二］遜　成化本作「讓」。

〔二三〕此條道夫録成化本載於卷八十一。

〔二四〕此條道夫録成化本載於卷九十三。

〔二五〕作　成化本此下注曰：「池本作『因問丘問握奇經引程子説，先生曰』云云。」

〔二六〕蹺欹如許　成化本爲「許多嶢崎」，且此下注曰：「池本此下云：『又，詩序是衛宏作，好事者附會以爲出聖人。其詩章多是牽合，須細考可也。』」

〔二七〕到　成化本此下注曰：「池本作『有到，有不到處。』」

〔二八〕陽　成化本此下注曰：「池本云：『「鬼神即禮樂」，又云：「前輩之説如此。當知幽與明之實如何。鬼自從陰，屬禮；神自從陽，屬樂。」因舉「樂者敦和，率神而從天；禮者別宜，歸鬼而從地」云云。』」

〔二九〕在下　成化本爲「下降」。

〔三〇〕此條寓録成化本載於卷一百二十五。

〔三一〕道夫　成化本無。

〔三二〕只　成化本此上有「此『息』」。

〔三三〕是　成化本此上有「一」。

〔三四〕處　成化本此上有「用」。

〔三五〕人傑按周謨金去僞録並同　成化本爲「去僞」。

〔三六〕問　成化本爲「林問」。

〔三七〕却　成化本無。

〔三八〕而　成化本無。

〔三九〕此條砥録成化本載於卷五。

〔四〇〕横渠云心統性情者也此語極佳　成化本無。

〔四一〕情　成化本無。

〔四二〕此條可學録成化本載於卷五。

〔四三〕横渠曰　成化本無。

〔四四〕又曰　成化本無。

〔四五〕性　成化本無。

〔四六〕非是有這個物事　成化本爲「非有個物事」。

〔四七〕性　成化本無。

〔四八〕此條蓋卿録成化本載於卷五。

〔四九〕性　成化本作「情」。

〔五〇〕七　成化本爲「七八」。

〔五一〕横渠先生曰……孟子言人性善是也　成化本無。

〔五二〕云云　成化本無。

[五三] 先生曰　成化本無。
[五四] 此條閎祖録成化本載於卷九十五。
[五五] 横渠説　成化本無。
[五六] 某　成化本無。
[五七] 以下第二卷　成化本無。
[五八] 横渠　成化本無。
[五九] 成化本此下注有「第二卷」。
[六〇] 此條去僞録成化本載於卷五十九。
[六一] 此條淳録成化本載於卷五十九。
[六二] 窮理盡性則性天德命天理　成化本無。
[六三] 性命於德性命於氣之　成化本無。
[六四] 道夫　成化本無。
[六五] 性命於氣……性命於德　成化本無。
[六六] 横渠　成化本爲「張子」。
[六七] 受　成化本爲「所受」。
[六八] 也　成化本此下有「有性焉，君子不謂命也」。

〔六九〕横渠説　成化本無。

〔七〇〕又曰　成化本無。

〔七一〕近思録論　成化本無。

〔七二〕即　成化本無。

〔七三〕如曰乃若其情曰非才之罪　此十一字成化本皆爲小字。

〔七四〕此條賀孫録成化本分爲兩條，其中「問窮理盡性……污漫椀盛得濁」爲一條，載於卷九十八；「生之謂性一條難説……只是專一」爲一條，載於卷九十五。

〔七五〕性　成化本此下有「善反之則天地之性存焉」，而此十字底本置於「性命於德」下。

〔七六〕善反之則天地之性存焉　此十字成化本置於「形而後有氣質之性」下。

〔七七〕此性　成化本爲「性命」。

〔七八〕力行　成化本無。

〔七九〕道夫　成化本無。

〔八〇〕木之　成化本無。

〔八一〕横渠説　成化本無。

〔八二〕此　成化本作「其」。

〔八三〕意　朱本作「義」。

〔八四〕物　成化本作「用」。

〔八五〕是　成化本爲「只是」。

〔八六〕則　成化本此上有「心極其大」。

〔八七〕猶有我不聞不見底道理在　此十一字原脱，據上下文及成化本補。

〔八八〕若不知聞見之外　此七字原脱，據上下文及成化本補。

〔八九〕如此説　成化本無。

〔九〇〕者　成化本作「著」。

〔九一〕此條謨録成化本載於卷三十六。

〔九二〕問　成化本爲「先生問」。

〔九三〕此條可學録作爲注，附於成化本卷一百十八「問璘昨日卧雲菴中何所爲……不然兀兀而已」條録末，可參。

〔九四〕此條可學録成化本載於卷一百三十七。

〔九五〕節問西銘言理一而分殊……節却未見　成化本爲「問西銘分殊處」。

〔九六〕句　成化本此下有「上」。

〔九七〕二　成化本作「一」。

〔九八〕則　成化本作「别」。

〔九九〕黄卓録同而少略今附云　成化本爲「卓録云」。

［一〇〇］楊龜山　成化本爲「龜山」。

［一〇一］若　成化本作「着」。

［一〇二］自　朱本作「便」。

［一〇三］便是　成化本爲「是也」。

［一〇四］個　成化本無。

［一〇五］那　成化本無。

［一〇六］文蔚　成化本無。

［一〇七］親　成化本此下有「戰戰兢兢，無所不至。愛天當如愛親」。

［一〇八］西銘説　成化本無。

［一〇九］西銘　成化本無。

［一一〇］理　成化本作「意」。

［一一一］此條人傑録成化本無。

［一一二］成化本此下注有「泳」。

［一一三］今具於左　成化本無。

［一一四］蜚卿　成化本無。

［一一五］近思録　成化本無。

〔一一六〕道夫　成化本無。
〔一一七〕所　朱本爲「所以」。
〔一一八〕了　成化本無。
〔一一九〕也　成化本作「者」。
〔一二〇〕須　朱本作「雖」。
〔一二一〕徐居甫　成化本爲「居甫」。
〔一二二〕横渠云　成化本無。
〔一二三〕以下　成化本無。
〔一二四〕要　王本作「委」。
〔一二五〕求　王本作「付」。
〔一二六〕此條謨録成化本載於卷三十三。
〔一二七〕横渠　成化本此上有「問」。
〔一二八〕見得這事理透了處斷了便無疑　成化本爲「難處見得事理透便處斷無疑」。
〔一二九〕如到那一處　成化本無。
〔一三〇〕又　成化本無。
〔一三一〕是　成化本作「好」。

〔一三二〕方　成化本作「説」。

〔一三三〕如彼又不通　成化本爲「如彼説又有礙」。

〔一三四〕此條淳録成化本載於卷三十三。

〔一三五〕者　成化本無。

〔一三六〕得　成化本無。

〔一三七〕看　成化本作「有」。

〔一三八〕此條僩録成化本載於卷三十三。

〔一三九〕此條僩録成化本無。但成化本卷一百二十一載卓録與此相似，參成化本該卷卓録「讀書須是成誦方精熟……别無方法也」條。

〔一四〇〕横渠　成化本此上有「先生諭廣曰：『今講學也須如此，更須於主一上做工夫。若無主一工夫則所講底義理無安着處，都不是自家物事；若有主一工夫，則外面許多義理方始爲我有，却是自家物事。工夫到時，纔主一便覺意思好，卓然精明。不然，便緩散消索了，没意思。』廣云：『到此侍教誨三月，雖昏愚，然亦自覺得與前日不同，方始有個進修底田地，歸去當閉户自做工夫。』曰：『也不問在這裏不在這裏，也不説要如何頓段做工夫，只自脚下便做將去。固不免有散緩時，但纔覺便收斂將來，漸漸做去。但得收斂時節多，散緩之時少，便是長進處。故孟子説「學問之道無他，求其放心而已」。所謂「求放心」者，非是别去求個心來存着，只纔覺放，心便在此。孟子又曰「雞犬放則知求之，心放則不知求」，某常謂，雞犬猶是外物，纔放了，須去外面捉將來； 若是自家心，便不用別求，纔覺便在這裏。雞犬放猶有求不得時，自家心則無求不得之理。』因言」。

［一四一］ 蓋程先生 成化本爲「二程」。

［一四二］ 只恁地後可到 成化本無。

［一四三］ 若 成化本無。

［一四四］ 則 成化本無。

［一四五］ 人傑以下第四卷 成化本無，且此條載於卷一百十三。

［一四六］ 成化本此下注有「第四卷」。

［一四七］ 横渠説 成化本無。

［一四八］ 井田 成化本作「世」。

［一四九］ 十 成化本無。

［一五〇］ 魏 成化本此下有「晉積亂之極至元魏」。

［一五一］ 得 成化本作「似」。

［一五二］ 得 成化本作「似」。

［一五三］ 成化本此下注曰：「義剛録别出。」

［一五四］ 此條德明録成化本無。

晦庵先生朱文公語類卷第九十九

張子之書二非類入近思者别爲此卷。

正蒙有差，分曉底看。節。

或問：「正蒙中説得有病處，還是他命辭不出有差，還是見得差？」曰：「他是見得差。如曰『繼之者善也，方是善惡混』云云。『成之者性』，是到得聖人處方是成得性，所以説『知禮成性而道義出』。似這處都見得差了。」賀孫。

問：「横渠〔一〕正蒙説道體處，如『太和』、『太虚』、『虚空』者〔二〕止是説氣。説聚散處，其流乃是個大輪迴。蓋其思慮考索所至，非性分自然之知。若語道理，惟是周子説『無極而太極』最好。如『由太虚有天之名，由氣化有道之名，合虚與氣有性之名，合性與知覺有心之名』，亦説得有理。『由氣化有道之名』，如所謂『率性之謂道』是也。然使明道形容此理，必不如此説。伊川所謂『横渠之言誠有過者，乃在正蒙』，『以清虚一大爲萬物之原，有未安』等語，概可見矣。」人傑。

問：「横渠説『太和所謂道』一段考索許多亦好，其後乃云『不如野馬絪緼，不足謂之太和』，却説倒了。」先生云：「彼以太和狀道體，與發而中節之和何異！」人傑。

問太和篇[三]「太虛不能無氣」一段。曰：「此難理會。若看，又走作去裏。」[四]

問：「横渠云『太虛即氣』，太虛何所指？」曰：「它亦指理，但説得不分曉。」曰：「太和如何？」曰：「亦指氣。」曰：「他又云『由昧者指虛空爲性而不本天道』，如何？」曰：「既曰道，則不是無，釋氏便直指空了。大要渠當初説出此道理多誤。」可學。

問：「『氣聚則離明得施而有形，氣不聚則離明不得施而無形』，『離明』何謂也？」答[五]曰：「此説似難曉。有作日光説，有作目説。看來只是目，有聚處，目則得而見，[六]不聚則不得而見，易所謂『離爲目』是也。」先生因舉：「正蒙[七]『方其形也，有以知幽之因；方其不形也，有以知明之故』，合當言『其形也，有以知明之故；其不形也，有以知幽之因』方是。如何[八]却反説，何也？蓋以形之時此幽之因已在此，不形之際其明也[九]之故已在此。聚者散之因，散者聚之故。」一之。按徐寓録同，而自「爲目是也」處分作一條。[一〇]

横渠云「天左旋，處其中者順之，少遲則反右矣」，此説好。閎祖。

横渠云「陽爲陰累，則相持爲雨而降」，陽氣正升，忽遇陰氣，則相持而下爲雨。蓋陽氣輕，陰氣重，故陽氣爲陰氣壓墜而下也。「陰爲陽得，則飄揚爲雲而升」，陰氣正升，忽遇陽氣，則助之飛騰而上爲雲也。「陰氣凝聚，陽在内者不得出，則奮擊而爲雷霆」，陽氣伏於陰氣之内不得出，故爆開而爲雷也。「陽在外者不得入，則周旋不舍而爲風」，陰氣凝結於内，陽氣欲入不得，故旋繞其外不已而爲風，至吹散陰氣盡乃已也。「和而散則爲霜雪雨露，不和而散則爲戾氣曀霾」，戾氣，飛雹之類；曀霾，黄霧之類，皆陰陽邪惡不正之氣，所以雹水穢濁，或青黑色。僩。按楊至録略，今附，云：「凡陰氣凝結，陽在内不得出，則奮擊而爲雷霆；陽在外不得入，則周旋不捨而爲風。和散則爲雨，不和散則爲雹。」〔一一〕

「天氣降而地氣不接則爲霧，地氣升而天氣不接則爲雺。」見禮運注。「聲者，氣形相軋而成。兩氣，風雷之類；兩形，桴鼓之類。氣軋形如笙簧之類，形軋氣如羽扇敲矢之類。是皆物感之良能，人習之而不察耳。」至。〔一二〕

問：〔一三〕「正蒙『形而上者，得辭斯得象矣。〔一四〕神爲不測，故緩辭不足以盡神；化爲難知，故急辭不足以體化』，如何是緩辭、急辭？」答〔一五〕曰：「神自是急底物事，緩辭如何形容之？如『陰陽不測之謂神』，『神無方，易無體』，皆是急辭。化是漸漸而化，若急辭以形容之則不可。」一之。按徐寓録同。〔一六〕

問横渠言「帝天之命，主於民心」。曰：「皆此理也。民心之所向，即天心之所存也。」〔一七〕

「或者别立一天」，疑即是横渠。可學。

「清虚一大」，形容道體如此。道兼虚實言，虚只説得一邊。閎祖。

横渠「清虛一大」却是偏。他後來又要兼清濁虛實言，然皆是形而下。蓋有此理則清濁、虛實皆在其中。可學。

陳後之問：「横渠『清虛一大』恐入空去否？」曰：「也不是入空，他都向一邊了。這道理本平正，清也有是理，濁也有是理，虛也有是理，實也有是理，皆此[一八]之所爲也。他説成這一邊有，那一邊無，要將這一邊去管那一邊。」淳。

問：「横渠有『清虛一大』之説，又要兼清濁虛實。」曰：「渠初云『清虛一大』，爲伊川詰難，乃云『清兼濁，虛兼實，一兼二，大兼小』。渠本要説形而上，反成形而下，最是於此處不分明。如叁兩云，以叁爲陽，兩爲陰，陽有太極，陰無太極。他要强索精思，必得於己，而其差如此。」又問：「横渠云『太虛即氣』乃是指理爲虛，似非形而下。」曰：「縱指理爲虛，亦如何夾氣作一處？」問：「西銘所見又的當，何故却於此差？」曰：「伊川云『譬如以管窺天，四旁雖不見，而其見處甚分明』。渠它處見錯，獨於西銘見得好。」可學。

先生云：[一九]「横渠説道止於形器中揀個好底説耳。謂清爲道，則濁之中果非道乎？『客感客形』與『無感無形』，未免有兩截之病。聖人不如此説。如曰『形而上者謂之道』，又曰『一陰一陽之謂道』。」人傑。

問：「横渠説『天性在人猶水性之在冰，凝釋雖異，爲理一也』，又言『未嘗無之謂體，體之謂性』，先生皆以其言爲近釋氏。冰水之喻有還元反本之病，云近釋氏則可。『未嘗無之謂體，體之謂性』，蓋謂性之爲體本虚，而理未嘗不實，若與釋氏不同。」先生曰：「他意不是如此，亦謂死而不亡耳。」文蔚。[二〇]

問：「張子冰水之説何謂近釋氏？」曰：「水性在冰只是凍，凝成個冰有甚造化？及其釋則這冰復歸於水，便有迹了，與天性在人自不同。」曰：「程子『器受日光』之説便是否？」曰：「是。除了器，日光便不見，却無形了。」淳。

問：「横渠謂『所不能無感者謂性』，性只是理，安能感？恐此言只可名『心』否？」曰：「横渠此言雖未親切，然亦有個模樣。蓋感固是心，然所以感者亦是這[二一]心中有這[二二]理方能感。理便是性，但將此句要來解性，便未端的。如伊川説仁曰[二三]『仁者，天下之正理』，又曰『仁者，天下之公，善之本也』。將這[二四]語來贊詠仁則可，要來正解仁則未親切。如義，豈不是天下之正理！」淳。

「心妙性情之德」，妙是主宰運用之意。升卿。[二五]

問「心包誠」一段。曰：「是横渠説話，正如『心小性大』之意。」道夫。

横渠云「以誠包心，不若以心包誠」，是他看得忒重，故他有「心小性大」之説。道夫。

問：「『不當以體會爲非心，故有「心小性大」之説』，如何是體會？」曰：「此必是横渠有此語，今其書中失之矣。橫渠云『心禦見聞，不弘於性』，却做兩般說。渠說『人能弘道，非道弘人』處，云『心能檢其性，人能弘道也；性不知檢其心，非道弘人也』，此意却好。又不知它當初把此心、性作如何分？橫渠説話有差處多如此。」可學。〔二六〕

道夫問：「張子云『以心克己即是復性，復性便是行仁義』，切謂克己便是克去私心，却云『以心克己』，莫剩却『以心』兩字否？」曰：「克己便是此心克之。公但看『爲仁由己，而由人乎哉』，非心而何？『言忠信，行篤敬，立則見其參於前，在輿則見其倚於衡』，這不是心是甚麽？凡此等皆心所爲，但不必更着『心』字。所以夫子不言心，但只説在裏教人做。如喫飯須是口，寫字須是手，更不用説口喫手寫。」又問：「『復性便是行仁義』，復是方復得此性，如何便説行得？」曰：「既復得此性便恁地行，纔去得不仁不義則所行便是仁義，那得一個在不仁不義與仁義之中底物事？不是人欲便是天理，不是天理便是人欲，所以謂『欲知舜與蹠之分者，無他，利與善之間也』。所隔甚不多，但聖賢把得這界定爾。」道夫。

問橫渠「耳目知，德性知」。曰：「便是差了。雖在聞見，亦同此理。不知它資質如此，何故如此差？」某云：「吕與叔難曉處似橫渠，好處却多。」曰：「他又曾見伊川。」某云：「他更在得一二十年，須傳得伊川之學。」曰：「渠集中有與蘇季明一書，可疑，恐曾學佛。」可學。

問橫渠説「以道體身」等處。曰：「只是有義理，直把自家作無物看。伊川亦云『除却身只是理』，懸空只是個義理。」人傑。

橫渠云「學者識得仁體後，如讀書講明義理，皆是培壅」，且只於仁體上求得一個真實，却儘有下功夫處也。謨。

橫渠「修辭」一段未是。程子云子厚却如此不熟，安得許多樽節。可學。〔二七〕

魏問：「橫渠言『十五年學「恭而安」不成』，明道曰『可知是學不成，有多少病在』，莫是如伊川説『若不知得，只是覷却堯，學他行事，無堯許多聰明睿知，怎生得似他動容周旋中禮』？」曰：「也是如此，更有多少病〔二八〕。」良久，曰：「人便是被一個〔二九〕氣質局定。變得些子了又更有些子，變得些子〔三〇〕又更有些子。」又云：「聖人『發憤忘食，樂以忘憂』〔三一〕，發憤便忘食，樂便忘憂，直是一刀兩段，千了百當。聖人固不在説，但顔子得聖人説一句，直是傾腸倒肚便都了，更無許多廉纖纏繞〔三二〕，絲來綫去。」問：「橫渠只是硬把捉，故不安否？」曰：「他只是學個恭，自驗見不曾熟。不是學個恭，又學個安。」〔三三〕

問橫渠説「遇」。曰：「他便説命，就理説。」曰：「此遇乃是命。」曰：「然。命有二：有理，有氣。」曰：「子思『天命之謂性』是理，孟子是帶氣〔三四〕。」曰：「然。」可學。〔三五〕

「橫渠言『遇』，命是天命，遇是人事，但説得亦不甚好，不如孟子。」某又問。曰：「但不知他説命如何。」可學。

賀孫再問前夜所説横渠「聖人不教人避凶處吉，亦以正信勝之」之語。伯謨云：「此可以破世俗利害之説。合理者無不吉，悖理者無不凶。然其閒未免有相反者，未有久而不定也。」先生因云：「諸葛誠之却道呂不韋春秋好，道他措置得事好，却道董子『正其義不謀其利，明其道不計其功』説不是。他便説，若是利成則義自在其中，功成則道自在其中。」賀孫。〔三六〕

【校勘記】

〔一〕横渠　成化本無。

〔二〕者　成化本此上有「云」。

〔三〕太和篇　成化本無。

〔四〕成化本此下注有「去僞」。

〔五〕答　成化本無。

〔六〕看來只是目有聚處目則得而見　成化本爲「看來只是氣聚則目得而見」。

〔七〕正蒙　成化本無。

〔八〕如何　成化本無。

〔九〕也　成化本無。

〔一〇〕按徐寓録同……分作一條　成化本爲「寓同」。

〔一一〕按楊至録略……不和散則爲雹　成化本無。

〔一二〕成化本此下注有「動物篇」。

〔一三〕問　成化本爲「林問」。

〔一四〕正蒙形而上者得辭斯得象矣　成化本無。

〔一五〕答　成化本無。

〔一六〕一之按徐寓録同　成化本無。

〔一七〕成化本此下注曰：「人傑。天道篇。」

〔一八〕此　成化本爲「此理」。

〔一九〕先生云　成化本無。

〔二〇〕成化本此下注有「誠明篇」。

〔二一〕這　成化本作「此」。

〔二二〕這　成化本作「此」。

〔二三〕仁曰　成化本無。

〔二四〕這　成化本作「此」。

〔二五〕此條升卿録成化本載於卷一百一。
〔二六〕此條可學録成化本載於卷九十七。
〔二七〕此條可學録成化本無。
〔二八〕病　成化本此下有「在」。
〔二九〕一個　成化本無。
〔三〇〕子　成化本此下有「了」。
〔三一〕發憤忘食樂以忘憂　成化本無。
〔三二〕繞　成化本作「擾」。
〔三三〕成化本此下注有「賀孫」，且此條載於卷三十四。
〔三四〕氣　成化本此下有「説」。
〔三五〕成化本此下注有「乾稱篇」。
〔三六〕成化本此下注有「大易篇」。

晦庵先生朱文公語類卷第一百

邵子之書

「周子看得這理熟，縱横妙用，只是這數個字都括盡了。周子從理處看，邵子從數處看，都只是這理。」砥曰：「畢竟理較精粹。」曰：「從理上看則看[一]處大，數自是細碎。」砥。[二]

「伊川之學於大體上瑩徹，於小小節目上猶有疏處。康節却[三]能盡得事物之變，却於大體上有未瑩處。」用之云：「康節善談易，[四]見得透徹。」曰：「然。伊川又輕之，嘗有簡與横渠云『堯夫説易好聽，今夜試來聽它説看』。某嘗説，此便是伊川不及孔子處，只觀孔子便不如此。」僩。[五]

邵堯夫「空中樓閣」言看得四通八達。方子。[六]

或言：「康節心胸如此快活廣[七]大，安得如之？」[八]曰：「它是甚麽様[九]工夫！」僩。

問：「近日學者有厭拘檢，樂舒放，惡精詳，喜簡便者，皆有[一〇]欲慕邵堯夫之爲人。」答[一一]曰：「邵子這道理豈易及哉！他腹裏有這個學，能包括宇宙，終始古今，如何不做得大？

放得下？今人却恃個甚後敢如此！」因誦其詩云：「『日月星辰高照耀，皇王帝伯大鋪舒』，可謂人豪矣！」大雅。

厚之問：「康節只推到數？」曰：「然。」某問：「渠[一二]須亦窺見理？」曰：「雖窺見理，却不介意了。」可學。

又言：[一三]「邵康節，看這人須極會處置事。被他神閑氣定，不動聲氣，須處置得精明。他氣質本來清明，又養得來純厚，又不曾枉用了心。他用那心時，都在緊要上用。被他靜極了，看得天下之事理精明。嘗於百原深山中闢書齋獨處其中，王勝之常乘月訪之，必見其燈下正襟危坐，雖夜深亦如之。若不是養得至靜之極，如何見[一四]道理如此精明？只是他做得出來須差七亞反。[一五]異。季通嘗云『康節若做，定四□、八、十六、三十二、六十四大□，[一六]都是加倍法』，想得是如此。想見他看見天下之事，纔上手來便成四截了，其先後緩急莫不有定，動中機會，事到面前，便處置得下矣。康節甚喜張子房，以爲子房善藏其用。以老子爲得易之體，以孟子爲得易之用，合二者而用之，想見善處事。」問：「不知真個用時如何？」曰：「先時說了，須差異，須有些機權術數也。」僩。

直卿問：「康節詩嘗有莊老之說，如何？」曰：「便是他有些子這個。」曰：「如此，莫於道理有異否？」曰：「他常說『老子得易之體，孟子得易之用』，體、用自分作兩截。」曰：「他又說經綸，如何？」曰：「看他只是以術去處得這事却[一七]好無過，如張子房相似，他所以極口稱贊子房也。二程謂其粹而不雜，以今觀之，亦不可謂之不雜。」曰：「他說風花雪月，莫是曾點意思否？」曰：「也是見得眼前這個好。」[一八]曰：「意其有『與自家意思一般』之意。」曰：「也是他有這些子。若不是，却淺陋了。」道夫。

問：「『堯夫之學似揚雄』，如何？」曰：「以數言。」可學。

某看了[一九]康節易了，都看別人底不得。他說那[二〇]「太極生兩儀，兩儀生四象」又都無甚[二一]玄妙，只是從來更無人識。揚子太玄一玄、三方、九州、二十七部、八十一家，亦只是這個，他却識，只是他以三爲數，皆無用了。他也只是見得一個粗底道理，後來便都無人識。老氏「道生一，一生二，二生三」，亦剩說了一個道，便如太極生陽，陽生陰，二[二二]生三，又更都無道理。後來五峰又說一個，云云。便是「太極函三爲一」意思。賀孫。

康節之學似揚子雲。太玄擬易，方、州、部、家皆自三數推之。元爲之首，一以生三爲三方，三生九爲九州，九生二十七爲二十七部，九九乘之，斯爲八十一家。首之以八十一，所以準六十四卦；贊之以七百二十有九，所以準八[二三]十四爻，無非三[二四]數推之。康節之數則是加倍之法。謨。

康節其初想只是看得「太極生兩儀，兩儀生四象」。心只管在那上面轉，久之理透，想得一舉眼便成四片。其法，四之外又有四焉。凡物纔過到二之半時便煩腦〔二五〕了，蓋已漸趨於衰也。謂如見花方蓓蕾則知其將盛，既開則知其將衰，其理不過如此。謂如今日戌時，從此推上去至未有天地之始，從此推下去至人消物盡之時。蓋理在數内，數又在理内。康節是他見得一個盛衰消長之理，故能知之。若只説他知得甚事，如歐陽叔弼定謚之類，此知康節之淺陋者也。程先生有一柬説先天圖甚有理，可試往聽他説看。觀其意，甚不把當事。然自有易以來只有康節説一個物事如此齊整。如揚子雲太玄，便令〔二六〕星補湊得可笑。若不補，又却欠四分之一；補得來，又却多四分之三。如潛虚之數用五，只似如今算位一般。其直一畫則五也，下横一畫則爲六，横二畫則爲七，蓋亦補湊之書也。方子。

或問康節數學。曰：「且未須理會數，自是有此理，有生便有死，有盛必有衰。且如一朵花，含蘂時是將開，略放時是正盛，爛熳時是衰謝。又如看人，即其氣之盛衰便可以知其生死。蓋其學本於明理，故明道謂其『觀天地之運化，然後頽乎其順，浩然其歸』。若曰渠能知未來事，則與世間占覆之術何異？其去道遠矣！其知康節者末矣！蓋他玩得此理熟了，事物到面前便見，更〔二七〕不待思量。」又云：「康節以四起數，疊疊推去，自易以後無人做得一物如此整齊，包括得盡。想他每見一物便成四片了，但纔到二分以上便怕，乾卦方終便知有個姤卦來。蓋緣他於起處推將來，至交接處看得分曉。」廣云：「先生前日説康節之學與周子、程子少異處，莫正在此否？若是聖人，則處乾時自有個處乾底道理，處姤時自有個處姤底道理否？」先生曰：「然。」廣。

問：「前日見[二八]先生説邵堯夫看天下物皆成四片，如此則聖人看天下物皆成兩片也。」先生曰：「也是如此，只是陰陽而已。」廣。

康節只説六卦：乾、坤、坎、離四卦，震、巽含艮、兑了[二九]。説八卦：乾、坤、坎、離、大過、頤、中孚、小過。其餘反對者二十八卦。人傑。[三〇]

皇極經世，以元經會，以會經運，以運經世。閎祖。[三一]

論皇極經世：「乃一元統十二會，十二會統三十運，三十運統十二世，一世統三十年，一年統十二月，一月統三十日[三二]：是十二與三十迭爲用也。」因云：「蔡季通丈[三三]以十二萬九千六百之數爲日分。」植。

問「會元」之期。曰：徐有「語録云」三字。[三四]「元氣會則生聖賢，如曆家推朔旦徐無此三字。[三五]冬至徐作「惟言」。[三六]夜半甲子。所謂『元氣會』亦似此般模樣。」淳。按徐寓録同。[三七]

易是卜筮之書，皇極經世是推步之書。經世以十二辟卦管十二會，綳定時節，却就中推吉凶消長。堯時正是乾卦九五。其書與易自不相干。只是加一倍推將去。方子。

㬊問與[三八]經世書同異。曰：「易是卜筮。經世是推步，是一分爲二，二分爲四，四分爲八，八分爲十六，十六分爲三十二，又從裏面細推去。」節。

又[三九]問：「伯温解經世書如何？」先生曰：「他也只是説將去，那裏面精微曲折[四〇]也未必曉得。當時康節[四一]只説與王某，不曾説與伯温。模樣也知得那伯温不是好人。」義剛。

胡叔器答問[四二]經世書[四三]。「水火土石，雨露風雷，[四四]皆是相配得在[四五]。」又問：「金生水，如石中出水，是否？」先生曰：「那[四六]金是堅凝之物，到這裏堅實後，自拶得水出來。」義剛。[四七]

因論皇極經世。曰：「堯夫以數推，亦是心静知之。如董五經之類皆然。」曰：「程先生云，須是用時知之。」曰：「用則推測。」因舉興化妙應知未來之事。曰：「如此又有術。」可學。

康節漁樵問對無名公序與一兩篇書，次第將來刊成一集。節。

舜弼問「天依地，地依氣」。曰：「恐人道下面有物。天行急，地閣在中。」可學。

「『天何依？』曰：『依乎地。』『地何附？』曰：『附乎天。』『天地何所依附？』曰：『自相依附。』天依形，地依氣。』」所以重複而言不出此意者，唯恐人於天地之外別尋去處故也。天地無外，所謂「其形有涯而其氣無涯」也。爲其氣極緊，故能扛降[四八]得地住，不然則墜矣。外更[四九]須有軀殼，甚厚，所以固此氣也。今之地動只是一處動，動亦不至遠也。謨。

問：「康節云『雨化物之走，風化物之飛，露化物之草，雷化物之木』，此説是否？」曰：「想且是以大小推排匹配去。」問伊川云「露是金之氣」。曰：「露自是有清肅底氣象。古語云『露結爲霜』，今觀之誠然。伊川云不然，不知何故。蓋露與霜之氣不同，露能滋物，霜能殺物也。又雪霜亦有異，霜則殺物，雪不能殺物也。雨與露亦不同，雨氣昏，露氣清。氣蒸而爲雨，如飯甑蓋之，其氣蒸鬱而汗下淋漓；氣蒸而爲霧，如飯甑不蓋，其氣散而不收。霧與露亦微有異，露氣肅而霧氣昏也。」僩。

人身是形耳，所具道理皆是形而上者，蓋「人者天地之心也」，康節所謂「一動一靜之間，天地人之至妙者歟」。人傑。

「先天圖如何移出方圖在下？」先生云：「是某挑出。」泳。[五〇]

無極之前陰含陽也，有象之後陽分陰也，陽占却陰分數。文蔚。

先生舉邵康節語[五一]「性者道之形體，心者性之郛郭，身者心之區宇，物者身之舟車」，曰：[五二]「此語好[五三]。雖說得粗，畢竟大概好。」文蔚。按閎祖録同而略，今附，云：「擊壤集序云『性者』至『身之舟車』也說得好。」[五四]

先生舉邵子言「性者」至「舟車」，問：「性如何是『道之形體』？」陳曰：「道是性中之理。」先生曰：「道統言，性是以己言之。」劉曰：「性，物我皆有。恐不可分別在己在物否？」曰：「須就己驗之。若不驗之己，如何知得有父子之親，有君臣之義？『天叙有典』，典是天底，須是自我驗之，方知得『五典五惇』。『天秩有禮』，這禮都是天底，自我驗之，方知得『五禮有庸』。」又曰：「邵子說這處較之橫渠『心統性情』說得又密，真不易之論。孟子之後並不見人說得依希似此，惟韓退之庶幾近之。伊川謂『能將許大見識尋求』，真個如此。王文中硬將古今事變來壓捺恁地說，於道體元不曾見得。在漢只有個董仲舒，又說得多而不切。」問：「程子謂董仲舒見道不分明，如何」？曰：「也是鶻突。如云『性者生之質』、『性非教化不成』，似不識性善底性。」寓。〔五五〕按陳淳録同而各有詳略，今附，云：「先生舉邵子曰『性者』至『舟車』問淳：〔五六〕『性如何是道之形體？』淳曰：『道是性中之理。』先生曰：『道是泛言，性是就自家身上說。道在事物之間，如何見得？只就這裏驗之，〔五七〕性之所在則道之所在也。道是在物之理，性是在己之理。然物之理都在我此理之中，道之骨子便是性。』劉問：『性，物我皆有，恐不可分在己在物否？』曰：『道雖無所不在，須是就己驗之而復〔五八〕見。如「父子有親，君臣有義」，若不就己驗之，如何知得是本有？「天敘有典」，是〔五九〕天底，自我驗之，方知得「五典五惇哉」〔六〇〕。「天秩有禮」，禮是天底，自我驗之，方知得「五禮有庸」。』淳問：『心是郛郭，便包了性否？』先生首肯，曰：『是也。如橫渠說〔六一〕「心統性情」之〔六二〕一句，乃不易之論。孟子說心許多，皆未有似此語端的。子細看，便見其他諸子等書皆無依稀似此。』」〔六三〕

邵康節曰：「性者道之形體，其性傷則道亦從之矣；心者性之郛郭，其心傷則性亦從之矣；身者心之區宇，其身傷則心亦從之矣；物者身之舟車，其物傷則身亦從之矣。」至。〔六四〕

正卿問：「邵子所謂『道之形體』如何？」曰：「諸先生說這道理，却不似邵子說得最着實。這個道理纔說出，只是虛空，更無形影。惟是說『性者道之形體』，却見得實有。不須談空說遠，只反諸吾身求之，是實有這個道理，還是無這個道理？故嘗爲之説曰『欲知此道之實有者，當求之吾性分之内』。邵子忽地於擊壤集序裏〔六五〕自説出幾句，云『身者心之區宇也，心者性之郛郭也，性者道之形體也，物者身之舟車也』〔六六〕，最説得好。」賀孫。

或問：「『性者道之形體』，如何？」曰：「天之付與，其理本不可見，其總要却在此。蓋人得之於天，理元無欠闕。只是其理却無形象，不於性上體認，如何知得？程子曰『其體謂之道，其用謂之神，而其理屬之人則謂之性，其體屬之人則謂之心，其用屬之人則謂之情』。」祖道。

「性者道之形體。」今人只泛泛説得道，不曾見得性。文蔚。〔六七〕

問：「論心之理，〔六八〕邵子〔六九〕何以謂『道之形體』？」先生曰：「若只恁説，道則渺茫無據。如父子之仁、君臣之義，自是有個模樣，所以爲形體也。」謨。

「性者道之形體」，此語甚好。道只恁〔七〇〕懸空説，統而言之謂道。節。

「性者道之形體。」性自是體，道是行出見於用處。庚。〔七一〕

陳才卿〔七二〕問「性者道之形體」。先生曰：「道是發用處，見於行者方謂之道。性是那道骨子。性是體，道是用。如云『率性之謂道』亦此意。」僩。

器之問中庸首三句。先生因舉康節「性者道之形體」之語。器之云：「若説『道者性之形體』却分曉。」先生曰：「恁地看倒了。蓋道者事物常行之路，皆出於性，則性是道之原〔七三〕。」木之曰：「莫是性者道之體，道者性之用否？」曰：「模樣是如此。」木之。

方賓王以書問云：「『心者性之郛郭』，當是言存主統攝處。」某[七四]謂：「郛郭是包括，心具此理如郛郭中之有人。」先生曰：「方說句慢。」問：「以窮理爲用心於外，誰[七五]說？」曰：「是江西說。」又問：「『發見』說話未是。如此則全賴此些時節，如何倚靠？」曰：「湖南皆如此說。」曰：「『孟子告齊王乃是欲因而成就之，若只執此便不是。』」曰：「然。」又問：「『穀種之必生如人之必仁』，如此却是以生譬仁。穀種之生乃生之理，乃得此生理以爲仁。」曰：「『必』當爲『有』。」又解南軒「發是心體，無時而不發」，云：「及其既發則當事而存，而爲之宰者也。」某謂：「心豈待發而爲之宰？」曰：「此一段强解。南軒說多差。」又曰：「論胡文定說輒事，極看得好。」[七六]可學。

或誦康節詩云「若論先天一事無，後天方要着工夫」。先生問：「如何是『一事無』？」對[七七]曰：「出於自然，不用安排。」先生默然。廣云：「『一事無』處是太極。」先生曰：「嘗謂太極是個藏頭底物事，重重推將去，更無盡期。有時看得來頭痛。」廣云：「先生所謂『迎之而不見其首，隨之而不見其後』，是也。」廣。

問：「康節所謂『一陽初動後，萬物未生時』，這個時節莫是程子所謂『有善無惡，有是無非，有吉無凶』之時否？」先生良久，曰：「也是如此。是那怵惕、惻隱方動而未發於外之時。」正淳云：「此正康節所謂『一動一静之間』也。」曰：「然。某嘗謂康節之學與周子、程子所説小有不同。康節於那陰陽相接處看得分曉，故多舉此處爲説。不似周子説『無極而太極』與『五行一陰陽，陰陽一太極』，如此周遍。若如周子、程子之説，則康節所説在其中矣。康節是指貞、元之間言之，不似周子、程子説得活，『體用一源，顯微無間』。」廣。[七八]

池陽士人[七九]何巨源以書問：「邵子詩有曰[八〇]『須探月窟方知物，未躡天根豈識人』，又先生贊邵子有曰[八一]『手探月窟，足躡天根』，莫只是陰陽否？」先生答之云：「先天圖自復至乾，陽也；自姤至坤，陰也。陽主人，陰主物。『手探』『足躡』亦無甚意義，但姤在上，復在下。上，故言『手探』；下，故言『足躡』。」廣。

邵子「天地定位，否泰反類」一詩，正是發明先天方圖之義。先天圖傳自希夷，希夷又自有所傳。蓋方士技術用以修煉，參同契所言是也。方子。

「三十六宮都是春」，易中二十八卦翻覆成五十六卦，唯有乾、坤、坎、離、大過、頤、小過、中孚八卦，反覆只是本卦。以二十八卦湊此八卦，故言「三十六」也。寓。

「康節詩儘好看。」道夫問：「舊無垢引心贊云『廓然心境大無倫，盡此規模有幾人。我性即天天即性，莫於微處起經綸』，不知如何？」曰：「是殆非康節之詩也。林少穎云朱内翰作，次第是子發也。」問：「何以辨？」曰：「若是真實見得，必不恁地張皇。」道夫曰：「舊看此意，似與

『性爲萬物之一原，而心不可以爲限量』同。」曰：「固是，但只是摸空說，無着實處也[八二]。如康節云『天向一中分造化，人從心上起經綸』，多少平易！實見得者自別。」又問「一中分造化」。曰：「本是一個，而消息盈虛，便生陰陽。事事物物皆恁地有消便有息，有盈便有虛，有個面便有個背。」道夫[八三]曰：「這便是自然，非人力之所能爲者。」曰：「這便是生兩儀之理。」道夫。又葉賀孫[八四]録云：「『廓然心境大無倫』，此四句詩正如貧子說金，學佛者之論也。」

邵堯夫詩「雪月風花未品題」，此言事物皆有造化。可學。

康節曰「思慮未起，鬼神莫知，不由乎我，更由乎誰」。此間有術者，人來問事，心下默念則他說相應，不念則說不應。[八五]問姓幾畫，口中默數則他說便着，不數者說不着。淳。按黄義剛録同。[八六]

康節詩云「幽暗巖崖生鬼魅，清平郊野見鸞皇[八七]」。聖人道其常，也只是就那光明處理會說與人。那幽暗處知得是[八八]有多少怪異！僩。

先生誦康節詩曰「施爲欲似千鈞弩，磨礪當如百鍊金」。或問：「千鈞弩如何？」曰：「只是不妄發。如子房之在漢，謾說一句，當時承當者便須百碎。」道夫。

康節之學，其骨髓在皇極經世，其花草便是詩。直卿云：「其詩多說閑靜樂底意思，太煞把做事了。」先生曰：「這個未說聖人，只顏子之樂亦不恁地。看他詩篇篇只管說樂，次第樂得來厭了。聖人得底如喫飯相似，只飽而已。他却如喫酒。」又曰：「他都是有個自私自利底意思，所以明道有『要之不可以治天下國家』之説。」道夫。

【校勘記】

［一］看　成化本作「用」。

［二］此條砥録成化本載於卷九十三。

［三］却　成化本無。

［四］易　成化本此下注曰：「一作『説易極好』。」

［五］成化本此下注有「廣同」。

［六］此條方子録成化本以部分内容爲注，夾於佐録中，參成化本卷一百佐録「問程子謂康節空中樓閣……不知是何物攻他心」條。

［七］廣　成化本此上有「如此」。

［八］安得如之　成化本爲「如何得似他」。

［九］樣　成化本此下有「做」。

［一〇］有　成化本無。
［一一］答　成化本無。
［一二］渠　成化本無。
［一三］又言　成化本無。
［一四］見　成化本爲「見得」。
［一五］七亞反　成化本無。
［一六］定四□八十六三十二六十四大□　成化本爲「定是四公八辟十六侯三十二卿六十四大夫」。
［一七］却　成化本作「恰」。
［一八］好　成化本此下注曰：「璘録云：『舜功云：「堯夫似曾點。」曰：「他又有許多骨董。」』」
［一九］了　成化本無。
［二〇］那　成化本無。
［二一］甚　成化本無。
［二二］二　成化本此上有「至」。
［二三］八　成化本此上有「三百」。
［二四］三　成化本此上有「以」。
［二五］腦　成化本作「惱」。

〔二六〕令　王本作「零」。
〔二七〕更　朱本作「便」。
〔二八〕前日見　成化本無。
〔二九〕了　成化本作「又」，屬下讀。
〔三〇〕此條人傑録成化本載於卷六十七。
〔三一〕此條閎祖録成化本無。
〔三二〕日　成化本此下有「一日統十二辰」。
〔三三〕蔡季通丈　成化本爲「季通」。
〔三四〕徐有語録云三字　成化本無。
〔三五〕徐無此三字　成化本無。
〔三六〕徐作惟言　成化本無。
〔三七〕淳按徐寓録同　成化本作「寓」，且此條成化本載於卷九十四。
〔三八〕與　成化本此上有「易」。
〔三九〕又　成化本此上有「叔器問：『經世書「水火土石」，石只是金否？』曰：『它分天地間物事皆是四，如日月星辰，水火土石，雨風露雷，皆是相配。』又問：『金生水如石中出水，是否？』曰：『金是堅凝之物，到這裏堅實後，自拶得水出來。』」此部分内容底本另作一條，參下條。

［四〇］精微曲折　成化本爲「曲折精微」。

［四一］當時康節　成化本爲「康節當時」。

［四二］胡叔器答問　成化本爲「叔器問」。

［四三］成化本此下有「『一水火土石』，石只是金否？』曰：『它分天地間物事皆是四，如日月星辰』」。

［四四］雨露風雷　成化本爲「雨風露雷」。

［四五］得在　成化本無。

［四六］那　成化本無。

［四七］此條義剛録成化本與上條合爲一條，參上條。

［四八］降　成化本無。

［四九］外更　成化本爲「氣外」。

［五〇］此條泳録成化本載於卷六十五。

［五一］先生舉邵康節語　成化本無。

［五二］曰　成化本無。

［五三］好　成化本無。

［五四］按閎祖録同而略……説得好　成化本無。

［五五］此條寓録成化本無。

［五六］先生舉邵子曰性者至舟車問淳　成化本爲「先生問」。
［五七］之　成化本此下注曰：「砥録作『反身而求』。」
［五八］復　成化本作「後」。
［五九］是　成化本此上有「典」。
［六〇］哉　成化本無。
［六一］説　成化本無。
［六二］之　成化本無。
［六三］此條淳録成化本作爲主録，且其後注曰：「寓同，砥同。」
［六四］此條至録成化本無。
［六五］裏　成化本無。
［六六］云身者心之區宇也……物者身之舟車也　成化本無。
［六七］文壽　成化本作「椿」。據朱子語録姓氏：「魏椿，字元壽。」疑「文」爲「元」之誤。
［六八］論心之理　成化本無。
［六九］邵子　成化本作「性」。
［七〇］恁　成化本作「是」。
［七一］庚　成化本無。

[七二] 陳才卿　成化本爲「才卿」。

[七三] 原　成化本爲「原本」。

[七四] 某　成化本爲「可學」。

[七五] 誰　成化本此上有「是」。

[七六] 又曰論胡文定説輒事極看得好　成化本無。

[七七] 對　成化本無。

[七八] 成化本此下注曰：「賀孫録别出。」且此條成化本載於卷七十一。

[七九] 池陽士人　成化本無。

[八〇] 有曰　成化本無。

[八一] 有曰　成化本無。

[八二] 也　成化本無。

[八三] 道夫　成化本無。

[八四] 又葉賀孫　成化本爲「賀孫」。

[八五] 不念則説不應　成化本此上有「有人故意思别事，下念及此則其説便不應」。

[八六] 淳按黄義剛録同　成化本爲「義剛」。

[八七] 皇　成化本作「凰」。

[八八] 是　成化本無。

晦庵先生朱文公語類卷第一百一

程子門人

總論

問："程門誰真得其傳？"曰："也不盡見得。如劉質夫、朱公掞、張思叔輩，又不見他文字。看程門諸公力量見識，比之康節、横渠，皆趕不上。"淳。按：黄義剛録同。〔一〕

吕與叔文集煞有好處。他文字極是實，説得好處如千兵萬馬，飽滿伉壯。上蔡雖有過當處，亦自是説得透。龜山文字却怯弱，似是合下會得易。一本止此。〔二〕某嘗説，看文字須似法家深刻方窮究得盡。某直是摒得下工！閎祖。

問："謝氏説多過，不如楊氏説最實。"答〔三〕曰："尹氏語言最實，亦多是處，但看文字亦不可如此先懷權斷於胸中。且〔四〕如謝氏説，十分雖〔五〕有九分是〔六〕過處，其間亦有一分説得是〔七〕恰好處，豈可先立下〔八〕定説！今且須虚心玩理。"大雅問："理如何玩則是〔九〕？"答〔一〇〕

曰：「今當以小説明之，如〔一一〕一人欲學相氣色，其師與五色綫一串，令入暗室中認之。云：『辨得此五色出，方能相氣色也〔一二〕。』看聖人意旨，亦要如此精專方得之。到自得處，不從説來，雖人言亦不信。蓋開導雖假人言，得處須是自得，人則無如之何也。孔子言語簡，若欲得之，亦非用許多工夫不得。孟子之言多，若欲得之，亦合用許多工夫。孔子言簡，故意廣無失。孟子言多意長，前呼後喚，事理俱明，亦無失。若他人語多則有失。某今接士大夫答問多，轉覺辭多無益。」大雅。〔一三〕

謂思叔持守不及和靖，乃伊川語。非特爲品藻二人，蓋有深意。和靖舉以語人亦非自是，乃欲人識得先生意耳。若以其自是之嫌而不言則大不是，將無處不窒礙矣。鎬。按黄升卿録同而少異，今附，云：「伊川言：『思叔持守不及和靖。』此有深意，和靖舉以語人亦非自是，乃欲人識得先生意耳。若避自是之嫌而不言，則將無處不窒礙耳。」〔一四〕

問尹和靖立朝議論。曰：「和靖不觀他書，只是持守得好。它語録中説涵養持守處分外親切。有些朝廷文字多是吕稽中輩代作。」問：「龜山先生立朝却有許多議論？」曰：「龜山雜博，是讀多少文字。」德明。

問：「郭冲晦何如人？」曰：「西北人，氣質重厚淳固，但見識不及。如兼山易中庸義多不可曉，不知伊川晚年接人是如何。」問：「游楊諸公早見程子，後來語孟中庸説，先生猶或以爲疏略，何也？」曰：「游楊諸公皆才高，又博洽，略去二程先生[一五]參較所疑及病敗處，各能自去求。雖其說有疏略處，然皆通明，不似兼山輩，立論可駭也。」德明。

問：「程門諸公親見二先生，往往多差互。如游定夫之說多入於釋氏。龜山亦有分數。」曰：「定夫極不濟事。以某觀之，二先生衣鉢似無傳之者。」又問：「上蔡議論莫太過？」曰：「上蔡好於事上理會理，却有過處。」又問：「和靖專於主敬，集義處少。」曰：「和靖主敬把得定，亦多近傍理。龜山說話頗淺狹。范淳夫雖平正而亦淺。」又問：「嘗見震澤記善錄，彼親見伊川，何故如此之差？」曰：「彼只見伊川面耳。」曰：「『中無倚著』之語莫亦有所自來？」曰：「却是伊川語。」可學。

「理學最難。可惜許多印行文字，其間無道理底甚多，雖伊洛門人亦不免如此。如解中庸正說得數句好，下面便有數句走作無道理了，不知是如何。舊嘗看欒城集，見他文勢甚好，近日看全無道理。如與劉原父書說藏巧若拙處，前面說得儘好，後面却說怕人來磨我，且恁地鶻突去，要他不來，便不成說話。又如蘇東坡忠厚之至論說『舉而歸之於仁』，便是不奈他何，只恁地做個鶻突了。二蘇說話多是如此。此題目全在『疑』字上。謂如有人似有功又似無功，不分曉，只是從有[一六]功處重之。有人似有罪又似無罪，不分曉，只從無罪[一七]處輕之。若是功罪分明，定是行賞罰不可毫髮輕重，而今說『舉而歸之於仁』，更無理會。」或舉老蘇五經論，先生曰：

「説得聖人都是用術了。」明作。[一八]

「游楊謝諸公當時已與其師不相似，却似別立一家。謝氏發明得較精彩，然多不穩貼。和靖語却實，然意短，不似謝氏發越。龜山語録與自作文又不相似，其文大故照管不到，前面説如此，後面又都反了。緣他只依傍語句去，皆是不透。龜山年高。與叔年四十七，他文字大綱立得脚來健，多有處[一九]説得好，又切，若有壽必煞進。游定夫學無人傳，無語録。他晚年嗜佛，在江湖居，多有尼出入其門。他眼前分曉，信得及底儘踐履得到，其變化出入處看不出，便從釋去，亦是不透。和靖在虎丘，每旦起頂戴[二〇]佛。鄭曰：「亦念金剛經。」他因趙相入侍講[二一]，那時都説不出，都奈何不得。人責他事業，答曰：『每日只講兩行書，如何做得致君澤民事業？』高宗問：『程某道孟子如何？』答曰：『程某不敢疑孟子。』如此則是孟子亦有可疑處，只不敢疑爾。此處更當下兩語，却住了。他也因經[二二]患難後，心神耗了。龜山那時亦不應出。侯師聖太粗疏，李先生甚輕之。其[二三]來延平看親，羅仲素往見之，坐少時不得，只管要行。此亦可見其粗疏處。張思叔敏似和靖，伊川稱其朴茂，然亦狹，無展拓氣象。收得他雜文五六篇，其詩都似禪，緣他初是行者出身。郭沖晦有易文字，説易卦都從變上推，間一二卦推得，豈可却要如此？近多有文字出，無可觀。周恭叔、謝用休、趙彦道、鮑若雨，那時温州多有人，然都無立作。王信伯乖。」鄭問：「它説『中無倚著』，又不取龜山『不偏』説，何也？」先生曰：「他謂中無偏倚，故不取『不偏』說。」鄭曰：「胡文定只上蔡處講得些子來，議論全似上蔡。如「獲麟以天自處」等。曾漸又胡文定處講得些子。」先生曰：「文定愛將聖人道理張大說，都是勉强如此，不是自然流出。曾漸多是禪。」淳。

伊川之門，謝上蔡自禪門來，其說亦有差。張思叔最後進，然深惜其早世，使天予之年，殆不可量。其他門人多出仕宦四方，研磨亦少。楊龜山最老，其所得亦深。謙。

程門弟子親炙伊川，亦自多錯。蓋合下見得不盡，或後來放倒。蓋此理無形體，故易差，有百般滲漏。去僞。

蔡云：「不知伊川門人如此其衆，何故後來更無一人見得親切？」或云：「游楊亦不久親炙。」曰：「也是諸人無頭無尾，不曾盡心在[二四]上面也。各家去奔走仕宦，所以不能理會得透。如邵康節從頭到尾極終身之力而後得之，雖其不能無偏，然就他這道理，所謂『成而安』矣。如茂叔先生資禀便較高，他也去仕宦，只他這所學自是從合下直到後來，所以有成。某看來，這道理若不是拚生盡死去理會，終不解得。書曰『若藥不瞑眩，厥疾不瘳』，須是喫些苦極方始[二五]得。」蔡云：「上蔡也雜佛老。」曰：「只他見識又高。」蔡云：「上蔡老氏之學多，龜山佛氏之說多，游氏只雜佛，吕與叔高於諸公。」曰：「然。這大段有筋骨，惜其早死，若不早死，也須理會得到。」蔡又因說律管，云：「伊川何不理會？想亦不及理會，還無人相共理會？然康節所理會，伊川亦不理會。」曰：「便是伊川不肯理會這般所在。」賀孫。

游、楊、謝三君子初皆學禪。後來餘禪[二六]猶在，故學之者多流於禪。游先生大是禪學。德明。

看道理不可不子細。程門高弟如謝上蔡、游定夫、楊龜山輩，下梢皆入禪學去。必是程先生當初說得高了，他門只睥見上一截，少下面着實工夫，故流弊至此。淳。[二七]

一[二八]日論伊川門人，云：「多流入釋氏。」文蔚曰：「只是游定夫如此，恐龜山輩不如此。」曰：「只論語序便可見。」文蔚。

古之聖賢未嘗說無形影語，近世方有此等議[二九]。蓋見異端好說玄說妙，思有以勝之，故亦去玄妙上尋，不知此正是他病處。如孟子說「反身而誠」，本是平實，伊川亦說得分明，後[三〇]來人說時便如空人打個巾斗[三一]。然方記録伊川[三二]元不錯，及自說出來便如此，必是聞伊川說時實不得其意耳。伯豐。

今之學者往往多歸異教者，何故？蓋爲自家這裏工夫有欠缺處。他緣[三三]奈何這心不下，没理會處。又見自家這裏說得來疏略，無個好藥方治得也没奈何底心。而禪者之說則以爲有個悟門，一朝得入則前後際斷，說得恁地見成捷快，如何不隨他去？此是他實要心性上理會了如此，他却[三四]不知道自家這裏有個道理，不必外求而此心自然各止其所。非獨如今學者，便是程門高弟，看他説那做工夫處往往不精切。人心「操則存，舍則亡」，須是常存得，「造次顛沛必於是」，不可有一息間斷。於未發之前須是得這虛明之本體分曉，及至應事接物時只以此處之，自然有個界限節制，湊[三五]着那天然恰好處。廣。[三六]

吕與叔

先生曰：[三七]「吕與叔惜乎壽不永，如天假之年，必所見又別。程子稱其『深潛縝密』，可見他資質好，又能涵養。某若只如吕年，亦不見得到此田地矣。『五福』説壽爲先者，此也。」[三八]

吕與叔本是個剛底氣質，涵養得到如[三九]此。故聖人以剛之德爲君子，柔爲小人。若有其剛矣，須除去那剛之病，全其爲[四〇]剛之德，相次可以爲學。若不剛，終是不能成。[四一]卓。

吕與叔論顏子等處極好。龜山云云。未是。可學。

吕與叔云「未發之前，心體昭昭具在」，伊川不破此説。德明。[四二]

吕與叔[四三]克己銘不合以己與物對説。謨。[四四]

吕與叔集中有與張天驥書。是天驥得一書與他云：「我心廣大如天地，視其形體之身但如螻蟻。」此也不足辨，但偶然是有此書。張天驥便是東坡與他放鶴亭記者，即雲龍處士，徐州人。心廣大後方能體萬物，蓋心廣大則包得那萬物過，故能體此。「體」乃[四五]「體群臣」之「體」。

義剛。

吕與叔有一段説輪回。可學。

謝顯道

上蔡高邁卓絶，言論宏肆，善開發人。若海。

上蔡語雖不能無過，然都是確實做工夫來。道夫。

道夫[四六]問：「上蔡謂『禮樂之道，異用而同體』，還是同出於情性之正，還是出[四七]於敬？」曰：「禮主於[四八]敬，敬則和，這便是他同體處。」道夫。[四九]

伯羽[五〇]問：「謝氏[五一]『禮樂之道，異用同體』，如何？」曰：「禮主於敬，樂主於和，此異用也；皆本之於一心，是同體也。然敬與和亦只一事。自「皆本」以下至此，劉砥作[五二]「却只是一事，都從這裏發出則其體同矣」。敬則和，和則自然敬。」仲思問：「敬固能和，和如何能敬？」曰：「和是碎底敬，敬是合聚底和。蓋發出來無不中節便是和處。[五三]敬與和猶『小德川流，大德敦化』。」伯羽。[五四]按劉砥録同而少異。[五五]又，陳淳問云[五六]：「先生常云『敬是合聚底和，和是碎底敬』，是以敬對和而言否？」曰：「然。敬只是一個敬，無二個敬，二便不敬矣。和便事都要和，這裏也恰好，那裏也恰好；這處也中節，那處也中節。若一處不和，便不是和矣。敬是『喜怒哀樂未發之中』，和是『發而皆中節之和』，纔敬便自然和。如敬，在這裏坐便自有個氤氳磅

礴氣象。」[五七]

童問：「上蔡云『禮樂異用而同體』，是心爲體，敬和爲用。集注又云敬爲體，和爲用。其不同，何也？」曰：「自心而言，則心爲體，敬和爲用；以敬對和而言，則敬爲體，和爲用。大抵使[五八]用無盡時，只管恁地移將去。如自南而視北，則北爲北，南爲南；移向北立，則北中又自有南北。體用無定，這處則[五九]體用在這裏，那處則[六〇]體用在那裏。這道理儘無窮，四方八面無不是，千頭萬緒相貫串。」以指旋，曰：「分明一層了又一層，橫説也如此，竪説也如此，翻來覆去説都如此。如以兩儀言，則太極是太極，兩儀是用；以四象言，則兩儀是太極，四象是用；以八卦言，則四象又是太極，八卦又是用。」淳。[六一]

問：「禮樂同體，是敬與和同出於一理否？」曰：「敬與和同出於一心。」曰：「謂一理，如何？」曰：「理亦説得，然言心却親切。敬與和皆是心做。」「和[六二]在事是否？」曰：「和亦不是在事，在心而見於事。」方子。[六三]

上蔡曰「人不可無根」，便是難。所謂根者，只管看便是根，不是外面別討個根來。一貫，讀書須是知貫通處，東邊西邊都觸着這關捩子方得。[六四]

上蔡云「釋氏所謂性，猶吾儒所謂心；釋氏所謂心，猶吾儒所謂意」，此説好。閎祖。

問：「人之病痛不一，各隨所偏處去。上蔡才高，所以病痛盡在『矜』字？」答[六五]曰：「此説是。」人傑。

謝氏謂去得「矜」字。後來矜依舊在，説道理愛揚揚地。淳。

上蔡言「無窮者，要當會之以神」，是説得過當。只是於訓詁處尋繹踐履去，自然「下學上達」。賀孫。

上蔡云「誠是實理」，不是專[六六]。後人便只於理上説，不於心上説，未是。可學。

國秀問：「上蔡説横渠以禮教人，其門人下梢頭低，只溺於形名度數之間，行得來困，無所見處。這[六七]如何？」曰：「觀上蔡説得又自偏了。這都看不得禮之大體，所以都易得偏。如上蔡説横渠之非，以爲『欲得正容謹節』，這自是好，如何廢這個得？如專去理會形[六八]名度數固不得，又全廢了這個也不得。如上蔡説，便非曾子『籩豆則有司存』，本末並見之意。後世如有作者，必不專泥於形[六九]名度數，亦只整頓其大體。如孟子在戰國時已自見得許多瑣碎不可行，故説喪服、經界諸處只是理會大體，此便是後來要行古禮之法。」賀孫。

問：「上蔡説佛氏目視耳聽一段，比其它説佛處，此最當。」曰：「固是，但不知渠説本體是何？性若不指理却錯了。」可學。

問上蔡「學佛欲免輪回」一段。曰：「答辭似不甚切。」可學。

上蔡觀復齋記中説道理，皆是禪學底意思。淳。[七〇]

因論上蔡語録中數處。「如云『見此消息，不下工夫』之類，乃是謂佛儒本同，而所以不同但是下截耳。龜山亦如此。」某謂明道云「以吾觀於佛，疑於無異，然而不同」。曰：「上蔡有觀復堂記，云莊列之徒云云，言如此則是聖人與莊列同，只是言有多寡耳。觀它說復又却與伊川異，似以靜處爲復。湖州刻伊川易傳，後有謝跋，云非全書，伊川嘗約門人相聚共改，未及而没。使當初若經他改，豈不錯了？龜山又有一書，亦改刪伊川易。遺書中謝記有一段，下注云『鄭轂親見』。轂嘗云：『曾見上蔡每說話，必覆巾掀髯攘臂。』」〔七一〕某曰：「若他與朱子發說論語，大抵是如此。」曰：「以此語學者，不知使之從何入頭。」可學。

如今人說道愛從高妙處說，便說入禪去，自謝顯道以來已然。向時有一陳司業，名可中，專一好如此說。如說如何是伊尹樂堯、舜之道，他便去下面下一語云「江上一犁春雨」。如此等類煞有，亦煞有人從它。只是不靠實，自是說他一般話。謙。

楊中立

龜山天資高，朴實簡易，然所見一定，更不須窮究。某嘗謂這般人皆是天資出人，非假學力。如龜山極是簡易，衣服也只據見定。終日坐在門限上，人犯之亦不校。其簡易率皆如此。道夫。〔七二〕

喜怒哀樂未發，龜山[七三]「敬而無失」之說甚好。閎祖。[七四]

問：「龜山云『消息盈虛，天且不能暴爲之，去小人亦不可驟』，如何？」曰：「只看時如何，不可執。天亦有迅雷風烈之時。」德明。

又言：[七五]「龜山先生少年未見伊川時，先去看莊列等文字。後來雖見伊川，然而此念熟了，不覺時發出來。游定夫尤甚。羅仲素時復亦有此意。」恪。

「龜山往來太學，過廬山見常總。總亦南劍人也，與龜山論性，謂本然之善不與惡對。後胡文定得其說於龜山，至今諸胡謂本然之善不與惡對，與惡爲對者又別有一善。常總之言初未爲失，若論本然之性，只一味是善，安得惡來？人自去壞了便是惡，既有惡便與善爲對。今他却說有不與惡對底善，又有與惡對底善。如近年郭子和九圖便是如此見識，上面書一圈子寫『性善』字，從此牽下兩邊，有善有惡。」或云：「恐文定當來未甚有差，後來傳襲節次訛舛。」曰：「看他說『善者贊美之詞，不與惡對』，已自差異。」文蔚。

理不外物，若以物便爲道則不可。如龜山云「寒衣飢食、出作入息無非道。『伊尹耕於有莘之野，以樂堯舜之道』，夫堯舜之道豈有物可玩哉？即『耕於有莘之野』是已」，恁地說却有病。物只是物，所以爲物之理乃道也。閎祖。[七六]

龜山言「『天命之謂性』，人欲非性也」。天命之善本是無人欲，不必如此立說。胡子[七七]知言云「天理人欲，同體而異用，同行而異情」，自是它全錯看了。德明。

問：「橫浦語録載張子韶戒殺，不食蟹。高抑崇相對，故食之。龜山云：『子韶不殺，抑崇故殺，不可。』抑崇退，龜山問子韶：『周公何如人？』對曰：『仁人。』曰：『周公驅猛獸，兼夷狄，滅國者五十，何嘗不殺？亦去不仁以行其仁耳。』」先生云：「此特見其非不殺耳，猶有未盡。須知上古聖人制爲罔罟佃漁，食禽獸之肉，但『君子遠庖厨』，不暴殄天物。須如此說方切事情。」德明。

草堂先生及識元城劉器之、[七八]楊龜山[七九]。龜山之出，時已七十歲，却是從蔡攸薦出。他那時却是[八〇]覺得這邊扶持不得，事勢也極，故要附此邊人，所以薦龜山。初緣蔡攸與蔡子應說，令其薦舉人才，答云：「太師用人甚廣，又要討甚麽人？」曰：「緣都是勢利之徒，恐緩急不可用。公知[八一]有山林之人，可見告便[八二]。」他說：「某只知鄉人，鼓山下張觷，字柔直，其人甚好。」蔡攸曰：「家間子姪未有人教，可屈他來否？」此人即以告張，張即從之。及教其子弟，儼然正師、弟子之分，異於前人。得一日，忽開諭其子弟以奔走之事，其子弟駭愕，即告之曰：「若有賊來，先及汝等，汝等能走乎？」子弟益驚駭，謂先生失心，以告老蔡。老蔡因悟曰：「不然，他說得是。」蓋京父子此時要喚許多好人出，已知事變必至，即請張公。叩之，張言：「天下事勢至此已不可救，勢[八三]只得且收舉幾個賢人出，以爲緩急倚仗耳。」即令張公薦人，張公於是薦許多人，龜山在一人之數。今龜山墓誌云「會有人[八四]告大臣以天下將變，宜急舉賢以存國，於是公出」，正謂此。張後爲某州縣丞，到任，即知虜人入寇必有自海道至者，於是買木爲造船之備。踰時果然。虜自海入寇，科州縣造舟，倉卒擾擾，油灰木材莫不踊貴。獨張公素備，不勞而辦。以此見知於帥憲，即辟[八五]知南劍。會葉鐵入寇，民人[八六]大恐。他即告諭安存之，即率城中諸富家令出錢米，沽酒、買肉爲蒸糊之類。遂分民兵作三替，逐替燕犒酒食，授以兵器，先一替出城與賊接戰，即犒第二替出，先替未倦而後替即得助之。民大喜，遂射殺賊首。富民中有識葉鐵者即厚勞之，勿令執兵，只令執長鎗，上懸白旗，令見葉鐵即以白旗指向之。衆人上了弩，即其所指而發，遂中之。後都統任某欲爭功，亦讓與之。其餘諸盜却得都統之力，放賊之叔父以成反間。賀孫。按李儒用録同而各有詳略，今附，云：「問龜山出處之詳。曰：『蔡元長[八七]晚歲漸覺事勢狼狽，亦有隱憂。其從子應之[八八]自興化來，因訪問近日有甚人才。應之愕然，曰：「今天下人才盡在太師陶鑄中，某何人，敢當此問？」元長[八九]曰：「不然。覺得目前盡是面諛脱取官職去做[九〇]底人，恐山林間有人材，欲得知。」應之曰：「太師之問及此，則某不敢不對。福州有張觷，字柔直者，抱負不苟。」觷平日與應之相好，時適赴吏部，應之因舉其人以告之[九一]。元長[九二]遂賓致之爲塾客，然亦未暇與之相接。柔直以師道自尊，待諸子[九三]嚴厲異於他客，諸子已不能堪。一日，呼之來前，曰：「汝曹曾學走乎？」諸子曰：「某尋常聞先生長者之教，但令緩行。」柔直曰：「天下被汝翁作壞了。非晚賊發大[九四]起，首先到汝家。若學得走，緩急可以逃死。」諸子大驚，走告其父，曰：「先生忽心恙」云云如此[九五]。元長[九六]聞之，矍然曰：「此非汝之所得知[九七]也。」即入書院與柔直傾倒，因訪策焉。柔直曰：「今日救時已是遲了，只有收拾人才是第一義。」元長[九八]因叩其所知，遂以龜山爲對。龜山自是始有召命。今龜山墓誌中有「是時天下多故，或説當世貴人以爲事至此必敗，宜引耆德老成置諸左右開道上意」者云[九九]，蓋爲是也。柔直後守南劍，設方略以拒范汝爲，全活一城，甚得百姓心。其去行在所也，買冠梳雜碎之物不可勝數，從者莫測其所以。後過南劍，老稚迎拜者相屬於道。柔直一一拊勞之，具[一〇〇]以所置物分遺。至今廟食郡中。』」[一〇一]

論及龜山先生曰：[一〇二]「龜山彈蔡京，也[一〇三]是，只不迅速。」林擇之[一〇四]曰：「龜山晚出一節亦不是。」先生曰：「也不干晚出事，若出來做得事也無妨。他性慢，看道理也如此。平常處看得好，緊要處却放緩了。做事都渙散無倫理。將樂人性急粗率，龜山却恁寬平。此是間出[一〇五]，然其粗率處依舊有土風在。」義剛。按陳淳録同。[一〇六]

或問：「龜山晚年出處不可曉，其召也以蔡京，然在朝亦無大建明。」曰：「以今觀之，則可以追咎當時無大建明。若自家處之，不知當時所[一〇七]當建明者何事？」或云：「不過擇將相爲急。」曰：「也只好説，不知當時事勢如何[一〇八]。擇將相固是急，然不知當時有甚人可做。當時將只説种師道，相只説李伯紀，然固皆嘗用之矣。又況自家言之，彼亦未便見聽。據當時勢[一〇九]亦無可爲者，不知有大聖賢之才如何爾。」僩。

問：「龜山晚年出得是否？」曰：「出如何不是？只看出得如何。當初若能有所建明而出，則勝於不出。」曰：「渠用蔡攸薦，[一一〇]亦未是。」曰：「亦不妨，但當時事急，且要速得一好人出來救之，只是出得來不濟事耳。觀渠爲諫官，將去猶惓惓於一對，已而不得對。及觀其所言，第一正心、誠意，意欲上推誠待宰執；第二理會東南綱運。當時宰執皆庸繆之流，待亦不可，不待亦不可，不告以窮理而告以正心、誠意。賊在城外，道途正梗，縱有東南綱運，安能達？所謂『雖有粟，安得而食諸』！當危急之時，人所屬望，而著數乃如此。所以使世上一等人笑儒者以爲不足用，正坐此耳。」問：「圍城時李伯紀如何？」曰：「當時不使他更誰使〔一一一〕？士氣至此消索無餘，它人皆不肯向前。惟有渠尚不顧死，且得倚仗之。」問：「姚平仲劫寨事是誰發？」曰：「人皆歸罪伯紀，此乃是平仲之謀。姚、种皆西方將家。師道已立功，平仲耻之，故欲以奇功取勝之〔一一二〕。劫不勝，欽廟親批令伯紀策應。或云當時若再劫可勝，但無人敢主張。」問：「种師中河東之死，或者亦歸罪伯紀。」曰：「不然。嘗親見一將官説師中之敗乃是爲流矢所中，非戰敗，渠親見之，甚可怪。如种師道方爲樞密，朝廷倚重，遽死，此亦是氣數。伯紀初管御營，欽廟授以空名告身，自觀察使以下使之自補。師退，只用一二小使臣誥〔一一三〕。御批云：『大臣作福作威，漸不可長。』及遣救河東，伯紀度勢不可，辭不行，御批云：『身爲大臣，遷延避事。』是時許崧老爲右丞，與伯紀善，書『杜郵』二字與之，伯紀悟，遂行。當危急時反爲姦臣所使，豈能做事？」問：「种師道果可倚仗否？」曰：「師道爲人口訥，語言不能出。上問和親，曰：『臣執干戈以衛社稷，不知其他。』遂去，不能反覆力執。大抵是時在上者無定説，朝變夕改，縱有好人，亦做不得事。」可學。〔一一四〕

道夫[一一五]問：「龜山晚歲一出，爲士詬罵，果有之否？」曰：「他當時一出，追奪荆公王爵，罷配享夫子，且欲毁劈三經板。士子不樂，遂相與聚，問三經有何不可，輒欲毁之？當時龜山亦謹避之。」問：「或者疑龜山此出爲無補於事，徒爾紛紛；或以爲大賢出處不可以此議，如何？」曰：「龜山此行固是有病，但只後人又何曾夢到他地位在。惟胡文定以柳下惠『援而止之而止』比之，極好。」道夫。

龜山之出，人多議之。惟胡文定公[一一六]之言曰「當時若能聽用，決須救得一半」，此語最公。蓋龜山當此時雖負重名，亦無殺活手段。若謂其懷蔡氏汲引之恩，力庇其子，至有「謹勿擊居安」之語，則誣矣。幸而此言出於孫覿，人自不信。儒用。

坐客問龜山先生立朝事。先生曰：「胡文定論得好：『朝廷若委吳元忠輩推行其説，決須救得一半，不至如後來狼狽。』然當時國勢已如此，虜初退後便須急急理會，如救焚拯溺。諸公今日論蔡京，明日論王黼，當時姦黨各已行遣了，只管理會不休，擔閣了日子。如吳元忠、李伯紀向來亦是蔡京引用，免不得略遮庇，只管喫議論。龜山亦被孫覿輩窘擾。」[一一七]

龜山銘誌不載高麗事。他引歐公作梅聖俞墓誌不載希文詩事，辨得甚好。「孰能識車中之狀，意欲施[一一八]事」，見韓詩外傳。道夫。

伯夷微似老子。胡文定作龜山先生墓誌，主張龜山似柳下惠，看來是如此。僩。

游定夫

胡氏記侯師聖語曰「仁如一元之氣，化育流行，無一息間斷」。此説好。閎祖。

游定夫有論語要旨。「天下歸仁」引龐居士，云云。黄簡肅親見其手筆。閎祖。〔一一九〕

尹彦明〔一二〇〕

尹和靖〔一二一〕在程門直是十分鈍底，被他只就一個「敬」字上做工夫，終被他做得成。節。按石餘慶録同。〔一二二〕

尹和靖〔一二三〕守得緊，但不活。蓋卿。

尹和靖才短，説不出，只緊守伊川之説。去僞。

和靖持守有餘而格物未至，故所見不精明，無活法。升卿。

自其上者言之有明未盡處，自其下者言之有明得一半，便謂只是如此。尹氏亦只是明得一半，便謂二程之教止此，孔孟之道亦只是如此。惟是中人之性，常常要着力照管自家這心要常在。須是窮得透徹方是。敬仲。

尹和靖〔一二四〕守得謹，見得不甚透。如俗語説，他只是「抱得一個不哭底孩兒」。義剛。按陳淳

録同。〔一一二五〕

問：「『和靖言「先生教人只是專令用『敬以直内』」』一段，未盡。」曰：「和靖才力短，伊川就上成就它，它亦據其所聞而守之，便以爲是。」可學。

王德修相見。先生問德修：「和靖大概接引學者話頭如何？」德修曰：「先生只云『在力行』。」曰：「力行以前更有甚工夫？」德修曰：「尊其所聞，行其所知。」曰：「須是知得方始行得。」德修曰：「自『吾十有五而志於學』，以至『從心所欲不踰矩』，皆是説行。」曰：「便是先知了，然後志學。」文蔚。

「人之所畏，不得不畏」，此是和靖見未透處，亦是和靖不肯自欺屈强妄作處。鎬。

王德修云：「親聞和靖説『惟送死可以當大事』，曰：『親之生也，好惡取舍得以言焉。及其死也，好惡取舍無得而言。當是時，親之心即子之心，子之心即親之心，故曰「惟送死可以當大事」。』」先生云：「亦説得好。」閎祖。〔一一二六〕

和靖與楊畏答問一段語殊無血脈，謂非本語，極是。龜山説得固佳，然亦出於程子「羈靮以御馬而不以制牛，胡不乘牛而服馬」之説。鎬。

問：「『天地設位，而易行乎其中矣』，和靖言行録云『易行乎其中，聖人純亦不已處』，莫説得太拘？文蔚所見，〔一一二七〕『天地設位，而易行乎其中矣』，如言『天高地下，萬物散殊』，而禮制行乎其中，無適而非也。今只言『聖人純亦不已』，莫太拘了？」曰：「亦不是拘，他説得不是。陰陽升降便是昜。易者，陰陽是也。」文蔚。

王德修言，一日早起見和靖。使人傳語，令且坐，候看經了相見。少頃和靖出。某問曰：「先生看甚經？」曰：「看光明經。」某問：「先生何故看光明經？」曰：「老母臨終時令每日看此經一部，今不敢違老母之命。」先生曰：「此便是平日闕却那『諭父母於道』一節，便致得如此。」文蔚。

李先之[一二八]

李朴先之大概是能尊尚道學，但恐其氣剛，亦未能遜志於學問。道夫。

黄履邢恕[一二九]

問：「黄履、邢恕少居太學，邢固俊拔，黄亦謹厚力學，後來二人却如此狼狽。」曰：「它固會讀書，只是自做人不好。然黄却是個白直底人，只是昏愚無見識，又愛官職，故爲邢所誘壞。邢則有意於爲惡，又濟之以才，故罪過多。」僩。[一三〇]

【校勘記】

〔一〕淳按黄義剛録同　成化本爲「義剛」。

〔二〕一本止此　成化本無。

〔三〕答　成化本無。

〔四〕且　成化本無。

〔五〕雖　成化本無。

〔六〕是　成化本無。

〔七〕是　成化本無。

〔八〕下　成化本無。

〔九〕則是　成化本無。

〔一〇〕答　成化本無。

〔一一〕如　成化本無。

〔一二〕也　成化本無。

〔一三〕此條大雅録成化本載於卷十九。

〔一四〕按黄升卿録同而少異……則將無處不窒礙耳　成化本無。又，「窒」字原缺，據鎬録補。

[一五] 二程先生　成化本爲「二程處」。
[一六] 有　成化本作「其」。
[一七] 只從無罪　成化本爲「只得從其罪」。
[一八] 此條明作録成化本載於卷六十二。
[一九] 多有處　朱本、王本爲「有多處」。
[二〇] 戴　成化本作「禮」。
[二一] 講　成化本爲「講筵」。
[二二] 經　成化本無。
[二三] 其　成化本無。
[二四] 在　成化本作「存」。
[二五] 始　成化本無。
[二六] 禪　成化本作「習」。
[二七] 淳　成化本爲「義剛」。
[二八] 一　此字原缺，據成化本補。
[二九] 議　成化本爲「議論」。
[三〇] 後　成化本此上有「到」。

〔三一〕空人打個巾斗　成化本爲「空中打個筋斗」。

〔三二〕然方記録伊川　成化本爲「然方其記録伊川語」。

〔三三〕他緣　成化本無。

〔三四〕他却　成化本無。

〔三五〕湊　成化本作「揍」。

〔三六〕此條廣録成化本分爲兩條，其中「今之學者往往多歸異教者……往往不精切」爲一條，載於卷一百二十六；「人心操則存……揍着那天然恰好處」爲一條，載於卷五十九。

〔三七〕先生曰　成化本無。

〔三八〕成化本此下注有「友仁」。

〔三九〕如　成化本此上有「所以」。

〔四〇〕爲　成化本作「與」。

〔四一〕成　成化本此下注曰：「有爲而言。」

〔四二〕此條德明録成化本以部分内容爲注，附於卷六十二載淳録後，參底本卷六十二淳録「吕氏未發之前……説得亦好」條。

〔四三〕吕與叔　成化本無。

〔四四〕此條謨録成化本載於卷四十一。

［四五］乃　成化本作「猶」。

［四六］道夫　成化本無。

［四七］出　成化本爲「同出」。

［四八］於　成化本無。

［四九］此條道夫録成化本載於卷二十二。

［五〇］伯羽　成化本無。

［五一］謝氏　成化本無。

［五二］自皆本以下至此劉砥作　成化本爲「砥録云」。

［五三］處　成化本此下注曰：「砥録云：『發出來和，無不中節便是處處敬。』」

［五四］此條伯羽録成化本載於卷二十二。

［五五］按劉砥録同而少異　成化本爲「砥少異」。

［五六］又陳淳問云　成化本爲「陳録云問」。

［五七］成化本此下又有注曰：「寓録云：『「敬只是一個敬，分不得。纔有兩個便不敬矣。和則處處皆和，是事事中節。若這處中節，那處不中節，便非和矣」。又曰：「凡恰好處皆是和。但敬存於此則氤氳磅礴，自然而和。」』」

［五八］使　王本作「體」。

〔五九〕則　成化本無。

〔六〇〕則　成化本無。

〔六一〕成化本此下注曰：「道夫録少異。」且此條淳録載於卷二十二。

〔六二〕和　成化本此上有「曰」。

〔六三〕方子　成化本作「淳」，此條載於卷二十二。

〔六四〕一貫……觸着這關捩子方得　成化本無。

〔六五〕答　成化本無。

〔六六〕專　成化本此下有「説是理」。

〔六七〕這　成化本無。

〔六八〕形　朱本作「刑」。

〔六九〕形　朱本作「刑」。

〔七〇〕淳　成化本爲「義剛」。

〔七一〕臂　成化本此下注曰：「方録云：『鄭轂言：「上蔡平日説話到軒舉處，必反巾揎袖以見精采。」』」

軒　朱本作「掀」。

〔七二〕成化本此下注曰：「榦嘗聞先生云：『坐在門外石坐子上。』今云『門限』，記之誤也。方録云：『龜山有時坐門限上。李先生云：「某即斷不敢。」』」

〔七三〕龜山　成化本爲「程子」。

〔七四〕此條閎祖録成化本載於卷六十二。

〔七五〕又曰　成化本無。

〔七六〕此條閎祖録成化本載於卷五十八。

〔七七〕胡子　成化本無。

〔七八〕劉器之　成化本無。

〔七九〕楊龜山　成化本爲「龜山」。

〔八〇〕却是　成化本無。

〔八一〕公知　成化本無。

〔八二〕便　成化本無。

〔八三〕勢　成化本無。

〔八四〕人　成化本無。

〔八五〕即辟　成化本無。

〔八六〕人　成化本無。

〔八七〕蔡元長　成化本爲「蔡京」。

〔八八〕應之　成化本此下注曰：「文蔚録云：『君謨之孫，與他叙譜。』」

［八九］元長　成化本作「京」。
［九〇］做　成化本無。
［九一］之　成化本無。
［九二］元長　成化本無。
［九三］諸子　成化本作「諸生」，此條下二同。
［九四］大　成化本作「火」。
［九五］如此　成化本無。
［九六］元長　成化本作「京」。
［九七］汝之所得知　成化本爲「汝所知」。
［九八］元長　成化本作「京」。
［九九］者云　成化本爲「云者」。
［一〇〇］具　成化本作「且」。
［一〇一］按李儒用録同而各有詳略……至今廟食郡中　成化本爲「儒用録别出」。且底本所附儒用録，成化本另作一條，置於賀孫録下。又於儒用録末注曰：陳德本云：「柔直與李丞相極厚善。其卒也，丞相以詩哭之云『中原未恢復，天乃喪斯人』。」儒用按，鄉先生羅祕丞日録：「柔直嘗知鼎州。祕丞罷舒州士曹，避地於鄉之石牛寨，與之素昧平生。時方道梗，柔直纔入湖南，乃宛轉寄詩存問，云『曾聞避世門金馬，何

事投身寨石牛。千里重湖方鼎沸，可能同上岳陽樓』。」則其汲汲人物之意亦可見矣。是詩夷堅志亦載，但以爲袁司諫作，非也。又按玉溪文集云「柔直嘗知贛州，招降盜賊」云。

〔一〇二〕論及龜山先生曰　成化本無。

〔一〇三〕也　成化本作「亦」。

〔一〇四〕林擇之　成化本爲「擇之」。

〔一〇五〕出　成化本爲墨丁，朱本作「氣」。

〔一〇六〕按陳淳録同　成化本無。

〔一〇七〕所　朱本爲「所以」。

〔一〇八〕不知當時事勢如何　成化本無。

〔一〇九〕勢　成化本爲「事勢」。

〔一一〇〕薦　成化本此下注曰：「蔡老令攸薦之。」

〔一一一〕誰使　成化本爲「使誰」。

〔一一二〕之　成化本作「及」，屬下讀。

〔一一三〕誥　成化本作「告」。

〔一一四〕此條可學録成化本分爲二條，其中「問龜山晚年出得是否……正坐此耳」爲一條，載於卷一百一；「問圍城時……亦做不得事」爲一條，載於卷一百三十。

〔一一五〕道夫　成化本無。
〔一一六〕胡文定公　成化本爲「胡文定」。
〔一一七〕成化本此下注有「德明」。
〔一一八〕施　成化本此下有「之」。
〔一一九〕此條閎祖録成化本載於卷四十一。
〔一二〇〕尹彦明　成化本此目上有「侯希聖」一目，且其下載兩條語録。分别爲閎祖録「胡氏記侯師聖語……此説好」條，而此條底本載録「游定夫」目下。又有方録「李先生云侯希聖……其飲啗粗疏人也」條，參成化本卷一百一。
〔一二一〕尹和靖　成化本爲「和靖」。
〔一二二〕按石餘慶録同　成化本無。
〔一二三〕尹和靖　成化本爲「和靖」。
〔一二四〕尹和靖　成化本爲「和靖」。
〔一二五〕按陳淳録同　成化本無。
〔一二六〕此條閎祖録成化本載於卷五十七。
〔一二七〕文蔚所見　成化本無。
〔一二八〕李先之　成化本無此目，而自此另設「張思叔」、「郭立之」、「胡康侯」三目。底本無「張思叔」一目，而「郭立之」、「胡康侯」二目載於卷一百三。

［一二九］黄履邢恕　成化本無此目。

［一三〇］此條僩録成化本載於卷一百三十。

晦庵先生朱文公語類卷第一百二

羅胡門人[一]

羅氏門人[二]

李愿中

李先生終日危坐而神彩精明，略無隤墮之氣。升卿。

問延平先生言行。曰：「他却不曾著書，充養得極好。凡爲學也不過是恁地涵養將去，初無異義。只是先生粹[三]面盎背，自然不可及。」道夫。[四]

李延平初間也是豪邁底人，到後來也是磨琢之功。在鄉若不異於常人，鄉曲以上底人只道他是個善人。他也略不與人說，待問了方與說。賀孫。

或問：「近見廖子晦言，今年見先生，問延平先生『静坐』之説，先生頗不以爲然，不知如何？」曰：「這事難説。静坐理會道理自不妨，只是討要静坐則不可。只是[五]理會得道理明透，自然是静。今人都是討静坐以省事，則不可。嘗見李先生説：『舊見羅先生説春秋，頗覺不甚好。不知到羅浮静極後又理會得如何。』是時羅已死。某心常疑之。以今觀之是如此。蓋心下熱鬧，如何看得道理出？須是静，方看得出。所謂静坐，只是打疊得心下無事則道理始出，道理既出則心下愈明静矣。」僩。

行夫問李先生謂「常存此心，勿爲事物所勝」。先生答之云云。頃之，復曰：「李先生涵養得自是别，真所謂不爲事物所勝者。古人云，終日無疾言遽色，他真個是如此。如尋常人去近處必徐行，出遠處行必稍急。先生出近處也如此，出遠處亦只如此。尋常人叫一人，叫之一二聲不至則聲必厲，先生叫之不至，聲不加於前也。又如坐處壁間有字，某每常亦須起頭一看。若先生則不然，方其坐時固不看也，若是欲看，則必起就壁下視之。其不爲事物所勝大率若此。常聞先生後生時極豪邁，一飲必數十盃。醉則好馳馬，一驟三二十里不回。後來却收[六]得恁地醇[七]粹，所以難及。」道夫。

問：「先生所作李先生行狀云『終日危坐以驗夫喜怒哀樂之前氣象爲如何，而求所謂中者』，與伊川之説若不相似。」曰：「這處是舊日下得語太重，今以伊川之語格之，則其下工夫處亦是有些子偏。只是被李先生静得極了，便自見得是有個覺處，不似别人。今終日危坐只是且收斂在此，勝如奔馳。若一向如此，又似坐禪入定。」賀孫。

淳[八]問：「延平欲於未發之前觀其氣象，此與楊氏體[九]於未發之前者異同如何？」曰：「這個亦有些病。那『體驗』字是有個思量了，便是已發。若觀時恁著意看，便也是已發。」問：「此體驗是著意觀？只恁平常否？」曰：「此亦是以不觀觀之。」淳。

或問：「延平先生何故驗於喜怒哀樂未發之前而求所謂中？」曰：「只是要見氣象。」淳。[一〇]

後之[一一]曰：「持守良久亦可見未發氣象。」曰：「延平即是此意。若一向這裏又差從釋[一二]去。」升卿。[一三]

李先生說：「人心中大段惡念却易制伏。最是那不大段計利害、乍往乍來底念慮，相續不斷，難爲驅除。」今看得來是如此。廣。

李先生云：「看聖賢言語，但一踔看過便見道理者却是真意思。纔着心去[一四]便蹉過了多。」升卿。

胡氏門人[一五]

張敬夫

敬夫高明，他將謂人都似他，纔一説時便更不問人曉會與否，且要説盡他個。做[一六]他門人敏底祇學得他説話，若資質不逮，依舊無着摸。某則性鈍，讀書極是辛勤[一七]，故尋常與人言多不敢爲高遠之論。蓋爲一[一八]身曾親經歷過，故不敢以是責人爾。學記曰「進而不顧其安，使人不由其誠」，今教者之病多是如此。道夫。

欽夫見識極高却不耐事，伯恭學耐事却有病。升卿。

南軒伯恭之學皆疏略，南軒疏略從高處去，伯恭疏略從卑處去。伯恭説道理與作爲自是兩件事，如云「仁義道德與度數刑政介然爲兩塗，不可相通」。他在時不曾見與某説，他死後諸門人弟子此等議論方漸漸説出來，乃云皆原於伯恭也。僩。

因説南軒做[一九]文序，曰：「欽夫無文字不做序。」淳。

南軒説「端倪」兩字極好。此兩字却自人欲中生出來，人若無這些個秉彝，如何思量得要做好人！晦夫。

或問：「南軒云『行之至則知益明，知既明則行益進〔二〇〕』，此意如何？」先生曰：「道理固是如此。學者工夫當並進，不可推泥牽連，下梢成兩下擔閣。然二者都要用功，則成就時二者自相資益矣。」銖。

問：「南軒謂『動中見靜方識此心』，如何是『動中見靜』？」曰：「『動中見靜』便是程子所說『艮止』之意，釋氏便言『定』，聖人只言『止』。〔二一〕敬夫却要將這個爲『見天地之心』。復是靜中見動，他又要動中見靜，却倒說了。」淳。按徐寓同。〔二二〕

問：「南軒與先生書，說『性善』者歎美之辭，如何？」曰：「不必如此說。善只是自然純粹之理。今人多以善與惡對說便不是。大凡人何嘗不願爲好人而怕爲〔二三〕惡人！」晦夫。

問：「南軒解『子謂子產，有君子之道四焉』，將孟子『惠而不知爲政』立兩壁辨論，非特於本旨爲贅，且使學者又生出一事。」答〔二四〕曰：「欽夫最不可得，聽人說話便肯改。如論語舊說，某與議論修來，多是此類。且如他向解顏淵『克己復禮』處，須說要先格物然後克己。某與說，克己一事自始學至成德，若未至『從心所欲，不踰矩』、『從容中道』時皆要克，豈可與如此說定？因作一戲語云：『譬如對先生長者聽其格言至論，却嫌他說得未盡，云我更與他添些令盡。』彼當時聞此語即相從，除却先要格物一段。不意今又添出『自始學至成德皆要克』一段。此是某攻他病底藥，病去則藥自不用可也，今又更留取藥在，却是去得一病又留取一病在。又如『述而不作』一〔二五〕處，他元説且〔二六〕先云：『彼老彭者何人哉，而反使吾夫子想象慕用？』某與説，此譬如吾夫子前面致恭盡禮於人，而吾輩乃奮怒攘臂於其後。他聞説即改，此類甚衆。若孟子則未經修，爲人傳去印了，彼亦自悔。出仕後不曾看得文字，未及修孟子而卒。蓋其間有大段害事者，如論性善處却着一片説入太極來，此類頗多。」大雅云：「此書却好把與一般頹闒者看，以作其喜學之意。」答〔二七〕曰：「此亦吕伯恭教人看上蔡語録之意，但既與他看了，候他稍知趨嚮，便與醫了則得。」大雅。

先生〔二八〕問：「曾看南軒論語否？」對〔二九〕曰：「雖嘗略看，未之熟也。」曰：「南軒後來只修得此書。如孟子，竟無工夫改。」伯豐。

王壬問：「南軒類聚言仁處，先生何故不欲其如此？」先生曰：「便是工夫不可恁地。如此則氣象促迫，不好。聖人説仁處固是緊要，不成不説仁處皆無用？亦須是從近看將去，優柔玩味，久之自有一個會處，方是工夫。如『博學、審問、謹思、明辨、篤行』，聖人須説『博學』，如何不教人便從謹獨處做？須是説『禮儀三百，威儀三千』始得。」雉。

問：「先生舊與南軒反覆論仁，後來畢竟合否？」曰：「亦有二〔三〇〕處未合。敬夫説本出胡氏。胡氏之説惟敬夫獨得之，其餘門人皆不曉，但云當守師之説。向來往長沙，正與敬夫辨此。」可學。

問：〔三一〕「希顔録曾子書，亦要如此下工否？〔三二〕」曰：「曾子事雜見他書，只〔三三〕要聚做一處看。顔子事亦只要在眼前，也不須恁地起模畫樣。〔三四〕」淳。〔三五〕

議南軒祭禮，曰：「欽夫信忒猛，又學胡氏云云，有一般没人情底學問。嘗謂欽夫曰：『改過不吝，從善如流，固好。然於事上也略審覆行，亦何害？』」南軒只以魏公繼室配，又以時祭廢俗祭，予〔三六〕屢言之。伯羽。

【校勘記】

〔一〕羅胡門人　成化本無。

〔二〕羅氏門人　成化本爲「楊氏門人」，又「羅氏門人」一目載於卷一百三。

〔三〕粹　成化本作「睟」。

〔四〕道夫　成化本作「驤」。

〔五〕只是　成化本無。

〔六〕收　成化本爲「收拾」。

〔七〕醇　成化本作「純」。

〔八〕淳　成化本無。
〔九〕體　成化本爲「體驗」。
〔一〇〕此條與下條成化本合爲一條，注爲淳録。
〔一一〕後之　成化本爲「陳後之」。
〔一二〕釋　成化本爲「釋氏」。
〔一三〕升卿　成化本作「淳」。按，此條與上條成化本合爲一條，注爲淳録。
〔一四〕去　成化本此下有「看」。
〔一五〕胡氏門人　成化本此目載於卷一百三。
〔一六〕做　成化本作「故」。
〔一七〕勤　成化本作「苦」。
〔一八〕一　成化本作「是」。
〔一九〕做　成化本爲「爲人作」。
〔二〇〕進　成化本作「至」。
〔二一〕止　成化本此下注曰：「寓録云：『此段文已詳了』。」
〔二二〕按徐寓同　成化本爲「寓同」。
〔二三〕爲　成化本無。

［二四］答　成化本無。

［二五］一　成化本無。

［二六］且　成化本無。

［二七］答　成化本無。

［二八］先生　成化本無。

［二九］對　成化本無。

［三〇］二，王本爲「一二」。

［三一］問　成化本爲「叔器云」，且於「叔器」上有一段問答，底本另作一條，參底本卷二十九淳録「胡叔器問先識聖賢氣象……只計較得來也無益」條。

［三二］亦要如此下工否　成化本爲「莫亦要如此下工夫否」。

［三三］只　成化本爲「他只是」。

［三四］樣　成化本此下有「而今緊要且看聖人是如何，常人是如何，自家因甚便不似聖人，因甚便只似常人。就此理會得自是超凡入聖」。

［三五］成化本此下有「義剛同」，且此條淳録載於卷二十九。

［三六］予　成化本作「某」。

晦庵先生朱文公語類卷第一百三

楊尹門人[一]

楊氏門人[二]

羅仲素

羅仲素先生[三]嚴毅清苦，殊可畏。道夫。

蕭子莊

先生問：「浦城有蕭先生顗，字子莊，[四]受業於龜山之門，不知所得如何？」道夫遂以蕭先生所答范公三書呈。先生曰：「元來是個天資自好朴實頭底人，初非學問之力。且如所謂『人能弘道』、『君子泰而不驕』、『君子坦蕩蕩』三者，那人舉得本自不倫，他又却從而贊美之。也須思量道如何而能弘、如何而能泰與坦蕩蕩，却只恁說，教人從何處下手？況『人能弘道』本非此意。如他所說却是『士不可以不弘毅』、『執德不弘』，今却以『人能弘道』言之，自不干事。又如第二書言：『士之所志，舍仁義而何爲哉？惟仁必欲熟，義必欲精。仁熟則造次顛沛有所不違，義精則利用安身而德崇矣。』此數句說得儘好，但仁固欲熟，義固欲精，也須道如何而能精，如何而能熟。却只隨他在後面說，不知前面畢竟是如何。又如舉孟子『不動心』、『養氣』之說，皆是泛說。惟其如此，故人亦謂伊川也只恁地，所以豪傑之士皆傲睨不服。」又曰：「據公所見，若有人問自家『仁必欲熟，義必欲精』兩句，如何地答？這便是格物致知。」道夫曰：「莫是克去己私以明天理，則仁自然熟，義自然精？」先生曰：「此正程先生所謂『涵養必以敬，進學在致知』之意也。」道夫。

廖用中

或問爲善爲利處。因舉龜山答廖用中書，名剛，南劍人。[五]云：「龜山說得鶻突，用中認得不子細，後來於利害便不能分別。紹興間秦老當國，方主和議。廖有召命，自無所見，却去扣其平日所友善之人鄭邦達。邦達初不經意，但言『和亦是好事』。廖到闕，即助和議，遂爲中丞，幸而不肯爲秦鷹犬。秦嘗諷其論趙丞相，不從，遷工部尚書，迄以此去。」儒用。

龜山與廖尚書説義利事。廖云：「義利却〔六〕是天理人欲。」龜山曰：「只怕賢錯認，以利爲義也。」後來被召主和議，果如龜山説。廖初舉鄭厚與某人，可見其賢此二人。二人皆要上恐脱「不」字。主和議。及廖被召，却不問此二人，却去與葉孝先商量。〔七〕及爲中丞，又薦鄭轂。然廖終與秦不合而出，但初不能別義、利之分，亦是平時講之不熟也。鄭博士，某舊見之，年七十餘，云嘗見上蔡先生。先人甚敬之。賀孫。

胡德輝

因説胡珵德輝所著文字，問德輝何如人。曰：「先友也。晉陵人。曾從龜山游，故所記多龜山説話。能詩文，墨隸皆精好。嘗見先人館中唱和一卷，唯胡詩特佳。趙忠簡公當國，與張巘巨山同爲史官。及趙公去位，張魏公獨相，以爲元祐未必全是，熙豐未必全非，遂擢何掄仲、李似表二人爲史官。胡、張所修史皆標出，欲改之。胡、張遂求去。及忠簡再入相，遂去何、李，依舊用胡、張爲史官，成書奏上，弄得都成私意。」儒用。

又云：〔八〕「初，〔九〕李伯紀丞相爲宣撫使時，幕下賓客盡一時之秀。胡德輝、何晉之、翁士特諸人皆有文名，德輝尤蒙特顧。諸將每有稟議，正紛拏辨説之際，諸公必厲聲曰：『且聽大丞相處分！』諸將遂無語。看來文士也是誤人，蓋真個能者未必能言。文士雖未必能，却又口中説

得，筆下寫得，真足以動人聞聽。多至敗事者，此也。」儒用。〔一〇〕

胡康侯〔一一〕雖非門人，而嘗見龜山，當附五峰之前。〔一二〕

或問：「胡文定公〔一三〕之學與董仲舒如何？」曰：「文定却信『得於己者可以施於人，學於古者可以行於今』。其他人皆謂『得於己者不可施於人，學於古者不可行於今』，所以淺陋。然文定比似仲舒較淺，仲舒比似古人又淺。」又曰：「仲舒識得本源，如云『正心修身可以治國平天下』，如說『仁義禮樂皆其具』，此等說話皆好。若陸宣公之論事却精密，第恐本原處不如仲舒。然仲舒施之臨事，又却恐不如宣公也。」學蒙。

胡文定說孟子〔一四〕「知言，知至也；養氣，誠意也」，亦自說得好。木之。〔一五〕

胡文定「一尊菩薩」乃戲言，此語不莊。義剛。按陳淳録同。〔一六〕

胡仁仲又從侯師聖。〔一七〕

五峰善思，然思過處亦有之。道夫。

東萊云：「知言勝似正蒙。」先生曰：「蓋後出者巧也。」方子。〔一八〕

做出那事便是這裏有那理，凡天地生出那物，便都是那裏有那理。五峰謂「性立天下之有」，説得好。「情效天下之動」，「效」如效死、效力之「效」，是自力形出也。淳。

五峰説「心妙性情之德」，不是他曾去研窮深體，如何直見得恁地！夔孫。

仲思問：「五峰中、誠、仁如何？」曰：「『中者性之道』言未發也，『誠者命之道』言實理也，『仁者心之道』言發動之端也。」又疑「道」字可改爲「德」字。答[一九]曰：「亦可。『德』字較緊，然他是特地下此寬字。伊川答與叔書中亦云『中者性之德，近之』。伯恭云『知言勝正蒙』，似此等處誠然，但不能純如此處爾。」又疑中、誠、仁，一而已，何必別言？曰：「理固未嘗不同，但他[二〇]聖賢説那[二一]一個物事時，且隨處説他那一個意思，自是他一個字中便有個正意義如此，不可混説。聖賢書初便不用許多了，學者亦宜各隨他説處看之，方見得他所説字本相。如誠，如中，如仁。若便只混看，則下梢都看不出。」伯羽。[二二]

仲思問：「五峰云『誠者命之道也，中者性之道也，仁者心之道也』。[二三]竊謂[二四]天之所以命乎人者，實理是已，故言『誠者命之道』。若[二五]『中者性之道』，如何？」曰：「未發時便是性。」仲思[二六]曰：「如此，則是[二七]喜怒哀樂未發便是性，既發便是情。」曰：「然。此三句道得極密。呂伯恭[二八]道『知言勝似正蒙』，如這處也是密，但不純恁地。」「但[二九]『道』字不如『德』字？」曰：「所以程子云『中者性之德爲近之』，但言其自然則謂之道，言其實體則謂之德。『德』字較緊，『道』字較寬，但他故下這寬字，不要挨拶着他。」又問：「言『中』則誠與仁亦在其内否？」曰：「不可如此看。若可混併則聖賢已自混併了，須逐句看他，言誠時便主在實理發育流行處，言性時便主在寂然不動處，言心時便主在生發處。」砥。按與上條皆銖、仲思問而語意亦同，但有詳略，故並存之。〔三〇〕

李堯卿〔三一〕問：「『誠者性之德』，此語如何？」先生曰：「何者不是性之德？如仁義禮智皆性之德，恁地做〔三二〕較不切。不如胡氏『誠者命之道乎』説得較近傍。」義剛。

李維申説：「合於心者爲仁。」先生曰：「却是從義上去，不如前日説『存得此心便是仁』却是。」因舉五峰胡氏〔三三〕語云：「『人有不仁，心無不仁』，説得極好。」雉。

又曰：〔三四〕「胡五峰云『人有不仁，心無不仁』，此説極好！人有私欲遮障了，不見這仁，然心中仁依舊只在。如日月本自光明，雖被雲遮，光明依舊在裏。又如水被泥土塞了，所以不流，然水性之流依舊只在。所以『克己復禮爲仁』，只是克了私欲，仁依舊只在〔三五〕那裏。譬如一個鏡本自光明，只緣塵，都昏了。若磨去塵，光明只在。」明作。

「五峰曰『人有不仁，心無不仁』，既心無不仁，則『巧言令色』者是心不是？如『巧言令色』，則不成説道『巧言令色』底不是心，别有一人『巧言令色』？如心無不仁，則孔子何以説『回也其心三月不違仁』？」蕭佐曰：「『我欲仁，斯仁至矣』，這個便是心無不仁。」答〔三六〕曰：「回心三月不違仁，如何説？」問者默然久之。先生曰：「既説回心三月不違仁，則心有違仁〔三七〕，違仁底是心不是？説『我欲仁』，便有不欲仁底，是心不是？」節。

胡氏云：「格物則能知言，誠意則能養氣。」閎祖。〔三八〕

問：「知言有云『佛家窺見天機，有不器於物者』，此語莫已作兩截？」曰：「亦無甚病。〔三九〕此蓋指妙萬物者而不知萬物皆在其中。聖人見道體正如對面見人，其耳目口鼻髮眉無不見。佛家如遠望人，只見髣象，初不知其人作何形狀。」問：「佛家既如此説，而其説性乃指氣，却是兩般。」曰：「渠初不離此説，但既差了，則自然錯入別處去。」可學。

「『道二，仁與不仁而已矣。』猶今人言好底道理、不好底道理相似。若論正當道理，只有一個，更無第二個，所謂『夫道一而已矣』者也。」〔四〇〕因舉〔四一〕：「久不得胡季隨諸人書。胡季隨〔四二〕主其家學〔四三〕，説性不可以善言。本然之善本自無對，纔説善時便與那惡對矣，纔説善惡便非本然之性矣。本然之性是上面一個，其尊無比。〔四四〕善是下面者〔四五〕，纔説善時便與惡對，非本然之性也〔四六〕。故〔四七〕『孟子道性善』非是説性之善，只是贊歎之辭，説『好個性』。如佛氏云〔四八〕『善哉』，贊嘆之辭也。〔四九〕此胡文定〔五〇〕之説。某嘗辨〔五一〕云，本然之性固渾然至善，不與惡對，〔五二〕此天之賦〔五三〕我者然也。然行之在人則有善有惡，做得是者爲善，做得不是者爲惡，豈可謂善者非本然之性？只是行於人者有二者之異，然行得善者便是那本然之性也。若如其言，有本然之善，〔五四〕又有善惡相對之善，〔五五〕則是有二性矣。方其得於天者，此性也；

及其行得善者，亦此性也。只是纔有個善者〔五六〕便有個不善底，所以善惡須着對言〔五七〕。不是元有個惡在那裏，等待你來與你爲對，〔五八〕只是行得錯底便流入於惡矣。此胡文定〔五九〕之説，故其子孫皆主其説，而致堂、五峰以來其説並〔六〇〕差，遂成有兩性：本然者是一性，善惡相對者又〔六一〕一性。他只説本然者是性，善惡相對者不是性，豈有此理！然胡文定〔六二〕又得於龜山，龜山得之東林總老。名常總。〔六三〕總老〔六四〕，龜山鄉人，龜山鄉里〔六五〕與之往來，後來總〔六六〕住廬山東林，龜山赴省又往見之。總老〔六七〕聰明，深通佛書，有道行。龜山問：『「孟子道性善」説得是否？』總老〔六八〕曰：『是。』又問：『性豈可以善惡言？』總曰：『本然之性，不與惡對。』此語流傳自他。然總老〔六九〕之言本亦未有病，蓋本然之性是無惡。及至胡文定〔七〇〕以〔七一〕『性善』爲贊歎之辭，到得胡致堂〔七二〕、五峰輩遂分成兩截，説善底不是性。若善底非本然之性，那〔七三〕處得這善來？既曰贊歎性好之辭，便是性矣。〔七四〕若非性善，何贊歎之有？如佛氏曰〔七五〕『善哉，善哉』，爲贊美之辭，亦是〔七六〕這個道理好，所以贊歎之也。蘇〔七七〕論性亦是如此，嘗言孟子之〔七八〕『道性善』猶如〔七九〕火之能熟物也，荀卿言『性惡』猶如〔八〇〕火之能焚物也。龜山反其説而辨之曰：『火之所以能熟物者，以其能焚故耳。若火不能焚，物何從熟？』東坡〔八一〕論性説『自上古聖人以來，至孔子不得已而説中説一〔八二〕，未嘗分善惡言也。故〔八三〕自孟子「道性善」而一與中支矣』，盡是胡説！他更不看道理，只認我説得行底便是。諸胡之説亦然，季隨至今守其家説。」因問：「文定却是卓然有立，所謂『非文王猶興』者。」先生曰：「固是。他資質好，然[八四]在太學中也多聞先生師友之訓，所以能然。嘗得潁昌一士人，忘其姓名，問學多得此人警發。後來爲荆門軍[八五]教授，龜山與之爲代，因此識龜山，因龜山方識游、謝，不及識伊川。自荆門軍教授[八六]入爲國子博士，出來便爲湖北提舉。是時上蔡宰本路一邑，文定却從龜山求書見上蔡。既到湖北，遂遣人送書與上蔡。上蔡既受書，文定乃往見之。入境，人皆訝知縣不接監司。論理，上蔡既受他書，也是難爲出來接他。既入縣，遂先修後進禮見之。畢竟文定之學後來得於上蔡者爲多，他所以尊上蔡而不甚滿於游、楊二公。看來游定夫後來也是郎當，誠有不滿人意處。頃嘗見游定夫集[八七]，極説得醜差，盡背其師説。他[八八]更説伊川之學不如他之所得，所以五峰臨終謂彪德美曰：『聖門工夫要處只在個「敬」字。游定夫所以卒爲程門之罪人者，以其不仁、不敬故也。』誠如其言。」卓。[八九]

問：「性無善惡之説，從何而始？」曰：「此出於常總。總，南劍人，[九〇]住廬山，龜山入京嘗[九一]枉道見之，留數日。因問：『孟子識性否？』曰：『識。』曰：『何以言之？』曰：『善不與惡對言。』某觀[九二]他之意，乃是謂其初只有善未有惡。其後文定得之龜山，遂差了。今湖南學者信重知言。又嘗爲敬夫辨析，甚諱之。渠當初唱道湖南，偶無人能與辨論者，可惜！可惜！」又讀至於彪居正問心一段，先生曰：「如何？」某[九三]謂：「不於原本處理會，却待些子發見。」

曰：「孟子此事乃是一時間爲齊王耳。今乃欲引之以上他人之身，便不是了。」良久，又云：「以放心求心便不是。纔知求，心便已回矣，安得謂之放？」可學。

因論湖湘學者崇尚胡子[九四]知言，曰：「知言固有好處，然亦大有差失。如論性却曰『不可以善惡辨，不可以是非分』，既無善惡又無是非，則是告子『湍水』之説爾。如曰『好惡性也，君子好惡以道，小人好惡以己』，則是以好惡説性而道在性外矣，不知此理却從何而出。」問：「所謂『探視聽言動無息之際，可以會情』，此猶告子『生之謂性』之意否？」曰：「此語亦有病。下文謂『道義明著，孰知其爲此心。物欲引誘，孰知其爲人欲』，便以道義對物欲，却是性中本無道義，逐旋於此處攙入兩端，則是性亦可以不善言矣。如曰『性也者，天地鬼神之奥也，善不足以名之，况惡乎？孟子説「性善」云者，歎美之辭，不與惡對』，其所謂『天地鬼神之奥』，言語亦大故誇逞。某嘗謂聖賢言語自是平易，如孟子尚自有些險處，孔子則直是平實。『不與惡對』之説，本是楊龜山[九五]與總老相遇，因論孟子説性，曾有此言。胡文定公[九六]往往得之龜山，故有是言。然總老當時之語，猶曰『渾然至善，不與惡對』，猶未甚失性善之意。今去其『渾然至善』之語，而獨以『不與惡對』爲歎美之辭，則其失遠矣。如論齊王愛牛，此良心之苗裔因私欲而見者，以答求放心之問。然雞犬之放，則固有去而不可收取[九七]之理；人之放心，只知求之則良心在此矣，何必等待天理發見於物欲之間然後求之？如此則中間空缺多少去處，正如屋下失物，直待去城外求也。愛牛之事，孟子只就齊王身上説，若施之他人則不可。況操存涵養皆是平日工夫，豈有等待發見然後操存之理？今胡氏子弟議論每每好高，要不在人下。纔説心便不説用心，以爲心不可用，至如易傳中有連使『用心』字處皆塗去『用』字。某以爲孟子所謂『堯舜之治天下，豈無所用其心哉』，何獨不可以『用』言也？季隨不以爲然。胡大時，字季隨。[九八] 遂檢文定春秋中有連使『用心』字處質之，方無語。大率議論文字須要親切尋究[九九]，如伊川説顔子樂道爲不識顔子者，蓋因問者元不曾親切尋究，故就其人而答，欲其深思而自得之爾。後人多因程子之言，愈見説得高遠，如是則又不若樂道之爲有據。伊尹『樂堯舜之道』亦果非樂道乎？湖湘此等氣象乃其素習，無怪今日之尤甚也！」謨。

知言云「凡人之生，粹然天地之心，道義全具，無適無莫。不可以善惡辨，不可以是非分，無過也，無不及也，此中之所以名也」，即告子「性無善無不善」之論也。惟伊川「性即理也」一句甚切至。閎祖。

直卿言：「五峰説性云『好惡，性也』，本是要説得高，不知却反説得低了。」先生曰：「依舊是氣質上説。某常要與他改云『所以好惡者，性也』。」寓。

問：「知言『萬事萬物，性之質也』，如何？」曰：「此句亦未有害，最是『好惡，性也』大錯。既以好惡爲性，下文却云『君子好惡以道』，則是道乃旋安排入[一〇〇]。推此，其餘皆可見。」問：「與告子説話莫同否？」曰：「便是『湍水』之説。」又問：「『粹然完具』云云却説得好。又云『不可以善惡言，不可以是非判』。」曰：「渠説有二錯：一是把性作無頭面物事，二是云云。」失記。可學。

問「『誠者物之終始』而命之曰〔一〇一〕道」。曰：「誠是實理，徹上徹下只是這個。生物都從那上做來，萬物流形乎〔一〇二〕天地之間，都是那底做。五峰云『誠者命之道，中者性之道，仁者心之道』，數〔一〇三〕句説得密，如何大本處却含糊了！以性爲無善惡，天理人欲都混了，故把作同體。」或問：「『同行』語如何？」曰：「此却是乃就事言之。」黄直卿〔一〇四〕曰：「他既以性無善惡，何故云『中者性之道』？」曰：「他也把中做無善惡。」淳。〔一〇五〕

五峰言「天命不囿於善，不可以人欲對」。先生曰：「天理固無對，然有人欲則天理便不得不與人欲對爲消長。善亦本無對，然既有惡，則善便不得不與惡對爲盛衰。且謂天命不囿於物，可也，謂其〔一〇六〕『不囿於善』，則不知天之所以爲天矣。謂惡不足以言性，可也，謂善不足以言性，則不知善之所從來矣。」升卿。

「好善而惡惡，人之性也。爲有善惡，故有好惡。『善惡』字重，『好惡』字輕。君子順其性，小人拂其性。五峰言『好惡，性也。君子好惡以道，小人好惡以欲』，是好人之所惡，惡人之所好，亦是性也。而可乎？」或問：「『天理人欲，同體而〔一〇七〕異用』之説如何？」先生曰：「當然之理，人合恁地底，便是體，故仁義禮智爲體。如五峰之説，則仁與不仁，義與不義，禮與無禮，智與無智，皆是性。如此則性乃一個大人欲窠子。其説乃與東坡、子由相似，是大鑿脱，非小失也。『同行異情』一句却説得去。」方子。

或問胡氏曰〔一〇八〕「天理人欲，同體而異用，同行而異情」。曰：「胡氏之病在於説性無善惡。體中只有天理，無人欲，謂之同體則非也。同行異情蓋亦有之，如『口之於味，目之於色，耳之於聲，鼻之於臭，四肢之於安佚』，聖人與常人皆如此，是同行也。然聖人之情不溺於此，所以與常人異耳。」人傑謂：「聖賢不視惡色，不聽惡聲，此則非同行者。」先生云：「彼亦就其同行處説耳。某謂聖賢立言，處處皆通，必不若胡氏之偏也。龜山云『「天命之謂性」，人欲非性也』，胡氏不取其説，是以人欲爲性矣。此其甚差者也。」人傑。

問：「五峰言〔一〇九〕『天理人欲，同體而異用，同行而異情』，如何？」答〔一一〇〕曰：「下句尚可，上句有病。蓋行處容或可同，而其情則本不同也。至於體、用，豈可言異？觀天理人欲所以不同者，其本元自不同，何待用也！胡氏之學大率於大本處看不分曉，故鋭於闢異端而不免自入一脚也。如説性便説『性本無善惡，發然後方有善惡』，『孟子説性善自是歎美之辭，不與惡爲對』。大本處不分曉，故所發皆差。蓋其説始因龜山問總老，而答曰『善則本然，不與惡對』。言『本然』猶可，今曰『歎美之辭』則大故差了。又一學者問以放心、求放心如何，他當時問得極緊，他一向鶻突應將去。大抵心只操則存、捨則放了，俄頃之間，更不喫力，他却説得如此周遮。」大雅。

問：「『天理人欲，同行而異情』，胡氏此語精。若所謂『同體而異用』，則失之混而無別否？」曰：「胡氏論性無善惡，此句便是從這裏來。本原處無分別，都把做一般，所以便謂之『同體』。他看道理儘精微，不知如何，只一個大本却無別了。」淳。

五峰「天理人欲，同行異情」之説好。閎祖。[一一一]

問：「五峰言[一一二]『天理人欲，同體而異用，同行而異情[一一三]』，先生以爲『同體而異用』説[一一四]未穩，是否？」先生曰：「亦須是實見此句可疑，始得。」先生又曰：「今人於義利處皆無辨，直恁鶻突去。是須還他是，不是還他不是。若都做得是，猶自有個淺深。自如此説，必有一個不是處，今則都無理會矣。」寓。

或問五峰云[一一五]「天理人欲，同體異用」。先生云：「如何天理人欲同體得！如此却是性可以爲善，亦可以爲惡，却是一團人欲窠子，將甚麼做體？却是韓愈説性自好，言人之爲性有五，仁義禮智信是也。指此五者爲性，却説得是。性只有[一一六]一個至善道理，萬善總天地人物萬善至好底表德。[一一七]」謙。

胡五峰[一一八]作皇王大紀，説北極如帝星、[一一九]紫微等皆不動。説宮聲屬仁，不知宮聲却屬信。又宮無定體，十二律旋相爲宮。帝星等如果不動，則天必擘破。不知何故讀書如此不子細。人傑。

五峰說宮之用極大，殊不知十二律皆有宮。又言宮猶五常之仁。宮自屬土，亦不屬仁也。僩。〔一二〇〕

五峰說得宮之用極大，殊不知十二律皆有宮。又宮在五行屬土。他說得其用如此大，猶五常之仁。宮自屬土，亦不爲仁也。又其云天有五帝座星，皆不動。今天之不動者只有紫微垣、北極、五帝座不動，其他帝座如天市垣、太微垣、大火中星帝座與大角星帝座，皆隨天動，安得謂不動？卓。

先生言：〔一二一〕「致堂謂『學所以求仁也』。仁是無頭面底，若將實〔一二二〕字來解求仁則可，若以求仁解『學』字，又没理會了。」黃直卿〔一二三〕云：「若如此說，一部論語只將『求仁』二字說便了也。」先生曰〔一二四〕：「南軒只說〔一二五〕五峰說底是，致堂說底皆不是，安可如此！致堂多有說得好處，或有文定、五峰說不到處。」蓋卿。〔一二六〕

尹氏門人〔一二七〕

王德修

先生云：「嚮日鄉間一親戚虞氏，見僊里王德修見教云『學者要識一「愧」字與「耻」字』，此言却極好。」大雅。

一日侍坐，學者問難紛然。王德修曰：「不必多問，但去行取。且如人理會『惟精惟一，允執厥中』，只管說如此是精，如此是一，臨了中却不見。」先生曰：「精一則中矣。」文蔚。

郭立之[一二八]

子和立之子。[一二九]

「郭子和傳其父學，又兼象數。其學已雜，又被謝昌國拈掇得愈不是了。且如九圖中性善之說，性豈有兩個？善又安有內外？故凡惡者皆氣質使然，若去其惡，則見吾性中當來之善矣[一三〇]。」又問：「郭以兼山學自名，是其學只一艮卦。」曰：「易之道，一個艮卦可盡則不消更有六十三卦。」又曰：「謝昌國論西銘『理一而分殊』尤錯了[一三一]。」去僞。

【校勘記】

［一］楊尹門人　成化本無。

〔二〕楊氏門人　成化本此目載於卷一百二。

〔三〕羅仲素先生　成化本爲「羅先生」。

〔四〕字子莊　成化本無。

〔五〕名剛南劍人　成化本無。

〔六〕却　成化本作「即」。

〔七〕量　成化本此下有「更輔之以□□」，「以」下有二字缺。

〔八〕又云　成化本無。

〔九〕初　成化本無。

〔一〇〕此條儒用録成化本載於卷一百三十一。

〔一一〕胡康侯　成化本此目載於卷一百一。

〔一二〕雖非門人而嘗見龜山當附五峰之前　成化本爲「雖非門人而嘗見謝楊今附子姪附」。

〔一三〕胡文定公　成化本爲「胡文定」。

〔一四〕孟子　成化本無。

〔一五〕此條木之録成化本載於卷五十二。

〔一六〕此條義剛録成化本無。

〔一七〕胡仁仲又從侯師聖　成化本無。

［一八］成化本此下注曰：「振録云：『正蒙規摹大，知言小。』」
［一九］答　成化本無。
［二〇］他　成化本無。
［二一］那　成化本無。
［二二］成化本此下注曰：「砥録别出。」
［二三］五峰云……仁者心之道也　成化本無。
［二四］竊謂　成化本無。
［二五］若　成化本無。
［二六］仲思　成化本無。
［二七］是　成化本無。
［二八］吕伯恭　成化本爲「伯恭」。
［二九］但　成化本爲「又問」。
［三〇］按與上條皆銖仲思問……故並存之　成化本無。
［三一］李堯卿　成化本爲「堯卿」。
［三二］做　成化本作「説」。
［三三］胡氏　成化本無。

[三四] 又曰 成化本無。
[三五] 所以克己復禮爲仁只是克了私欲仁依舊只在 此十九字原脱，據上下文及成化本補。
[三六] 答 成化本無。
[三七] 仁 成化本此下有「底」。
[三八] 此條閎祖録成化本載於卷五十二。
[三九] 病 成化本此下注曰：「方録作『此語甚得之』。」
[四〇] 道二……夫道一而已矣者也 成化本無。
[四一] 舉 成化本作「言」。
[四二] 胡季隨 成化本爲「季隨」。
[四三] 學 此字原脱，據上下文及成化本補。
[四四] 比 成化本此下注曰：「僩録但云：『季隨主其家學，説性不可以善言。本然之性是上面一個，其尊無對。』」
[四五] 者 成化本作「底」。
[四六] 也 成化本作「矣」。
[四七] 故 成化本無。
[四八] 佛氏云 成化本爲「佛言」。

〔四九〕贊嘆之辭也　成化本無。
〔五〇〕胡文定　成化本爲「文定」。
〔五一〕辨　成化本此下有「之」。
〔五二〕對　成化本此下注曰：「僩録作『無善可對』。」
〔五三〕賦　成化本爲「賦予」。
〔五四〕善　成化本此下注曰：「僩録作『性』。」
〔五五〕善　成化本此下注曰：「僩録作『性』。」
〔五六〕者　成化本作「底」，且其下注曰：「僩録作『行得善底』。」
〔五七〕言　成化本作「説」。
〔五八〕等待你來與你爲對　成化本爲「等得他來與之爲對」。
〔五九〕胡文定　成化本爲「文定」。
〔六〇〕並　成化本作「益」。
〔六一〕又　成化本爲「又是」。
〔六二〕胡文定　成化本爲「文定」。
〔六三〕總老名常總　成化本爲「常總」。
〔六四〕總老　成化本作「總」。

〔六五〕龜山鄉里　成化本無。
〔六六〕後來總　成化本作「後」。
〔六七〕總老　成化本爲「總極」。
〔六八〕總老　成化本作「總」。
〔六九〕總老　成化本作「總」。
〔七〇〕胡文定　成化本爲「文定」。
〔七一〕以　成化本爲「遂以」。
〔七二〕胡致堂　成化本爲「致堂」。
〔七三〕那　成化本此上有「却」。
〔七四〕矣　成化本此下注曰：「僩録作『便是性本善矣』。」
〔七五〕佛氏曰　成化本爲「佛言」。
〔七六〕是　成化本此下有「説」。
〔七七〕蘇　成化本爲「二蘇」。
〔七八〕之　成化本無。
〔七九〕如　成化本作「云」。
〔八〇〕如　成化本作「云」。

〔八一〕東坡　成化本爲「蘇氏」。

〔八二〕説中説一　成化本爲「命之曰一，寄之曰中」。

〔八三〕故　成化本無。

〔八四〕然　成化本無。

〔八五〕後來爲荆門軍　成化本爲「後爲荆門」。

〔八六〕荆門軍教授　成化本爲「荆門」。

〔八七〕游定夫　成化本爲「定夫」。

〔八八〕他　成化本無。

〔八九〕成化本此下注曰：「僩録略。」

〔九〇〕南劍人　成化本無。

〔九一〕嘗　成化本無。

〔九二〕某觀　成化本無。

〔九三〕某　成化本爲「可學」。

〔九四〕胡子　成化本無。

〔九五〕楊龜山　成化本爲「龜山」。

〔九六〕胡文定公　成化本爲「文定」。

〔九七〕取　成化本無。

〔九八〕胡大時字季隨　成化本無。

〔九九〕尋究　成化本無。

〔一〇〇〕入　成化本爲「入來」。

〔一〇一〕曰　成化本無。

〔一〇二〕乎　成化本無。

〔一〇三〕數　成化本此上有「此」。

〔一〇四〕黄直卿　成化本爲「直卿」。

〔一〇五〕淳　成化本無。

〔一〇六〕其　成化本無。

〔一〇七〕而　成化本無。

〔一〇八〕胡氏曰　成化本無。

〔一〇九〕五峰言　成化本無。

〔一一〇〕答　成化本無。

〔一一一〕此條閎祖録成化本無。

〔一一二〕五峰言　成化本無。

〔一一三〕同行而異情　成化本無。

〔一一四〕同體而異用説　成化本無。

〔一一五〕五峰云　成化本無。

〔一一六〕有　成化本作「是」。

〔一一七〕萬善總天地人物萬善至好底表德　成化本爲「萬善總名纔有一毫不善自是情之流放處如何却與人欲同體今人全不去看」。

〔一一八〕胡五峰　成化本爲「五峰」。

〔一一九〕皇　成化本作「星」。

〔一二〇〕此條僩録成化本無。

〔一二一〕先生言　成化本無。

〔一二二〕實　王本作「學」。

〔一二三〕黄直卿　成化本爲「直卿」。

〔一二四〕曰　成化本爲「又曰」。

〔一二五〕只説　此二字原脱，據成化本補。

〔一二六〕此條蓋卿録成化本載於卷二十。

〔一二七〕尹氏門人　此目成化本載於卷一百二。

〔一二八〕郭立之　此目成化本載於卷一百一。

〔一二九〕立之子　成化本無。

〔一三〇〕矣　成化本作「語」。

〔一三一〕理一而分殊尤錯了　「而分殊尤錯了」六字原脱，據成化本補。

晦庵先生朱文公語類卷第一百三　楊尹門人

晦庵先生朱文公語類卷第一百四

朱子一

自論爲學工夫

先生曰：「某少時[一]讀四書甚辛苦，諸公今讀時却[二]又較易做工夫了。」敬仲。[三]

「後生家好着些工夫子細看文字。某向來看大學猶病於未子細，如今愈看方見得精切。」因說：「前輩諸先生長者說話於大體處固無可議，若看其他細碎處，大有工夫未到。」木之。

某於大學用工甚多[四]。温公作通鑑言「臣平生精力盡在此書」，某於大學亦然。論、孟、中庸却不費力。友仁。[五]

某[六]舊時看文字甚費心[七]力。如論、孟，諸家解有一箱，每看一段必[八]各就諸說上推尋意脈，各見得着落，然後斷其是非。是底都抄出，一兩字好亦抄出。雖未如今集注簡静[九]，然大綱已定。今集注只是就那上刪來，但人不着心，守見成說，只草草看了。今試將精義來參看一

兩段所以去取底是如何，便自見得。〔一〇〕淳。〔一一〕

某自丱角讀論、孟，自後欲一本文字高似論、孟者，竟無之。友仁。

先生因與朋友言及易，曰：「易非學者之急務也。某平生也費了些精神理會易與詩，然其得力則未若語、孟之多也。易與詩中所得似雞肋焉。」處謙。

謂器之看詩病於草率。器之云：「如今將先生數書循環看去。」曰：「都讀得了方可循環再看。如今讀一件書須是真個理會得這一件了，方可讀第二件；讀這一段須是理會得這一段了，方可讀第二段。少間漸漸節次看去，自解通透。只五年間可以讀得經了〔一二〕，諸書迤邐透〔一三〕去，看史傳無不貫通。韓退之所謂『沈潛乎訓義，反復乎句讀』，須有沈潛反復之功方得。所謂『審問之』，須是表裏內外無一毫之不盡方謂之審。恁地竭盡心力猶有見未到處，却不奈何。如今人不曾竭盡心力，只見得三兩分了便草草揭過，少間只是鶻突無理會，枉着日月，依舊似不曾讀相似。只如韓退之、老蘇作文章，本自没要緊物〔一四〕事，然看〔一五〕他大段用功，少間方會漸漸掃去那許多鄙俗底言語，換了個心胸，說這許多言語出來。如今讀書也〔一六〕須是加沈潛之功，將義理去澆灌胸腹，漸漸盪滌去那許多淺近鄙陋之見，方會見識高明。」因說：「讀詩惟是諷誦之功，上蔡亦云『詩須是謳吟諷誦以得之』。某舊時讀詩也只先去看許多注解，少間却被惑亂。後來讀至半了却只將詩來諷誦，至四五十過，已漸漸得詩之意，却去看注解，便覺減了五分以上工夫，更從而諷誦四五十過，則胸中判然矣。」因說：「如今讀書多是不曾理會得一處通透了，少間却多牽引前面疑難來說，此最學者大病。譬如一個官司，本自是鶻突了，少間又取得許多鶻突底證見來證對，却成一場無理會去。又有取後面未曾理會底來說，却似如今只來建陽縣，猶自未見得分曉，却又將建寧府與南劍州事來說，如何說得行！少間弄來弄去只是胡說瞞人。有人說話如此者，某最怕之。說甲未了又纏向乙上去，說乙未了又纏向丙上去，無一句着實。正如斜風雨相似，只管吹將去，無一點着地。敢[一七]有終日與他說，不曾判斷得一件分曉，徒費氣力耳。」木之。

舊嘗以論心、論性處皆類聚看。看熟，久則自見。淳。[一八]

讀書須純一。如看一般未了，又要般涉，都不濟事。某向時讀書，方其讀上句則不知有下句，方其[一九]讀上章則不知有下章。讀中庸則祗讀中庸，讀論語則祗讀論語。一日之間[二〇]祗看一二章，將諸家說看合與不合。凡讀書到冷淡無味處尤當着力推考。道夫。

讀書須讀到不忍捨處方是見得真味。若讀之數過，略曉其義即厭之，欲別求書看，則是於此一卷書猶未得趣也。蓋人心之靈，天理所在，用之則愈明。只提惺[二一]精神，終日著意，看得多少文字！窮得多少義理！徒爲懶倦則精神自是憒憒，只恁昏塞不通，可惜！某舊日讀書，方其讀論語時不知有孟子，方讀學而第一不知有爲政第二。今日看此一段，明日且更看此一段，看來看去，直待無可看方換一段看。如此看久自然洞貫，方爲浹洽。時下雖是鈍滯，便一件了得一件，將來却有盡理會得時。若撩東劄西，徒然看多，事事不了。日暮途遠，將來荒忙不濟事。舊見李先生說「理會文字，須令一件融釋了後方更理會一件」，「融釋」二字下得極好。此亦伊川所謂「今日格一件，明日又格一件，格得多後自脱然有貫通處」，此亦是他真曾經歷來，便說得如此分明。今若一件未能融釋而又欲理會一件，則第二件又不了。推之萬事，事事不了，何益！大雅。

陳仲濟所録一段云：[二二]「先生曰：[二三]『頃年見汪端明說：「沈元用問尹和靖[二四]：『伊川易傳何處是切要？』尹云：『「體用一源，顯微無間」，此是最[二五]切要處。』」後舉似李先生，李先生[二六]曰：「尹說固好。然須是看得六十四卦、三百八十四爻都有下落，方始說得此話。若學者未曾子細理會，便與他如此說，豈不誤他！」』某聞之惻[二七]然。始知前日空言無實，全[二八]不濟事，自此讀書益加詳細云。」閎祖。[二九]

讀書貪多最是大病，下梢都理會不得。若到閑時、無書讀時得一件書看，更子細。某向爲同安簿滿，到泉州候批書，在客邸借文字，只借得一册孟子，將來子細讀，方尋得本意見。看他初間如此問，又如此答，待再問又恁地答。其文雖若不同，自有意脈都相貫通，句句語意都有下落。賀孫。

某舊時讀書專要揀好處看，到平平泛泛處多闊略，後多記不得，自覺得〔三〇〕也是一個病。今有一般人，看文字却只摸得些查滓，到有深意好處却全不識。此因有獻易説，多失伊川精意而言。賀孫。

凡看文字，諸家説異同處最可觀。某舊日看文字專看異同處。如謝上蔡之説如彼，楊龜山之説如此，何者爲得？何者爲失？所以爲得者是如何？所以爲失者是如何？學蒙。

某嘗説看文字須似法家深刻，方窮究得盡。某直是下得工夫。義剛。

看道理若只恁地説過一遍便了，則都不濟事。須是常常把來思量始得。看過了後，無時無候又把起來思量一遍。十分思量不透又且放下，待意思好時又把起來看，恁地將久自然解透徹。延平先生嘗言：「道理須是日中理會，夜裏却去静處坐地思量，方始有得。」某依此説去做，真個是不同。義剛。〔三一〕

某所以讀書自覺得力者，只是不先立論，且尋句内意隨文解義。〔三二〕方子。

問孟子〔三三〕「必有事焉，而勿正，心勿忘，勿助長」。答〔三四〕曰：「此亦只是爲公孫丑不識『浩然之氣』，故教之養氣工夫緩急爾〔三五〕，云不必太急，不要忘了，亦非教人於無着摸處用工也。某舊日理會道理亦有此病，後來李先生説令去聖經中求義。某後刻意經學，推見實理，始信前日諸人之誤也。」大雅。

「某尋常莫説前輩，只是長上及朋友稍稍説道理底，某便不敢説他説得不是，且將他説去研究。及自家曉得，却見得他底不是。某尋常最居人後。」又曰：「尋常某最得此力。」節。

專一做舉業工夫，不待不得後枉了氣力，便使能竭力去做，又得到狀元時，亦自輸却這邊工夫了。人於此事從來只是强勉，不能捨命去做，正似今人强勉來學義理。然某平生窮理，惟不敢自以爲是。伯羽。[三六]

這道理須是見得是如此了，驗之於物又如此，驗之於[三七]吾身又如此，以至見天下道理皆端的如此了方得。如某所見所言，又非自會説出來，亦是當初於聖賢與二程所説推之，而又驗之於己，見得真實如此。道夫。

問：「嘗聞先生爲學者言『讀書，須有個悦處方進』，先生又自言『某雖如此，屢覺有所悦』。因禀白[三八]，此先生進德日新工夫，不知學者如何到得悦處？」曰：「亦是[三九]時習，時習故悦。」德明。

器之問：「嘗讀孟子『求放心』章，今每覺心中有三病：籠統不專一，看義理每覺有一重似簾幕遮蔽，又多有苦心不舒快之意。」曰：「若論求此心放失，有千般萬樣病，何止於三！然亦別無道理醫治，只在專一。果能專一則静，静則明，明則自無遮蔽，既無遮蔽須自有舒泰寬展處。這也未會如此，且收斂此心專一，漸漸自會熟，熟了自有此意。看來百事只在熟。且如百工技藝也只要熟，熟則精，精則巧。」器之又問：「先生往時初學，亦覺心有不專一否？」曰：「某初爲學，初無見成規模，這邊也去理會尋討，那邊也去理會尋討。向時諸前輩每人各是一般説話，後來見李先生〔四〇〕較説得有下落，説得較縝密。若看如今，自是有見成下工夫處。看來須是先理會個安着處，譬如人治生，也須先理會個屋子安着身己，方始如何經營，如何積累，漸漸須做成家計。若先未有安着身己處，雖然經營，畢竟不濟事。爲學者不先存此心，雖説要去理會，東東西西，都自無安着處。孟子所以云收放心，亦不是説只收放心便了。收放心，且收斂得個根基，方可以做工夫。若但知收放心，不做工夫，則如近日江西所説，則是守個死物事。故大學之書，須教人格物，致知以至於誠意、正心、修身、齊家、治國、平天下，節節有工夫。器之看文字見得快，叔蒙亦看得好，與前不同。〔四一〕」賀孫。

某不敢自昧，實以銖累寸積而得之。公謹。

已前看得心只是虛蕩蕩地，而今看得來湛然空明時〔四二〕，那〔四三〕萬理便在裏面。向前看得似〔四四〕一張白紙，今看得那〔四五〕紙上都是字。廖子晦見得也〔四六〕是一張紙。義剛。〔四七〕

陸子壽自撫來信，訪先生於鉛山觀音寺。子壽每談事必以論語爲證。如曰「聖人教人『居處恭，執事敬』，又曰『子所雅言，詩、書、執禮皆雅言也』，『弟子入則孝，出則弟，謹而信，泛愛衆而親仁』，此等皆教人就實處行，何嘗高也？」先生曰：「某舊間持論亦好高，近來漸漸移近下，漸漸覺實也。如孟子，却是將他已到底教人。如言『存心養性，知性知天』，有其説矣，是他自知得。餘人未到他田地，如何知得他滋味？卒欲行之，亦未有入頭處。若論語，却是聖人教人『存心養性，知性知天』實涵養處，便見得，便行得也。」大雅。〔四八〕

「今日學者不長進，只是心不在焉。嘗記少年時在同安，夜聞鍾鼓聲，聽其一聲未絶而此心已自走作，因此警懼，乃知爲學須是專心致志。」又言：「人有一正念，自是分曉。又從旁別生一小念，漸漸放闊去，不可不察。」德明。

延平先生〔四九〕嘗云：「人之念慮，若是於顯然過惡萌動，此却易見易除。却怕於匹似閑底事爆起來，纏繞思念將去，不能除，此尤害事。」某向來亦是如此。賀孫。〔五〇〕

嘗論科舉云：「非是科舉累人，自是人累科舉。若高見遠識之士，讀聖賢之書，據吾所見而爲文以應之，得失利害置之度外，雖日日應舉亦不累也。居今之世，使孔子復生也不免應舉，然豈能累孔子邪！自有天資不累於物，不須多用力以治之者。某於科舉自小便見得輕，初亦非有所見而輕之也。正如人天資有不好啖酒者，見酒自惡，非知酒之爲害如何也。又人有天資不好色者，亦非是有見如何，自是他天資上看見那物事無緊要。若此者，省得工夫去治此一項。今或未能如是者〔五一〕，須力勝治方可。」伯羽。〔五二〕

人之血氣固有强弱，然而〔五三〕志氣則無時而衰。苟常持得這志，縱血氣衰極也不由他。如某而今如此老病衰極，非不知每日且放晚起以養病，但自是心裏不穩，只交到五更初便自睡不着了。雖欲勉强睡，然此心已自是個起來底人，不肯就枕了。以此知人若能持得這個志氣定，不會被血氣奪。凡爲血氣所移者，皆是自棄自暴之人耳。僩。[五四]

先生患氣痛、脚弱、泄瀉。或勸晚起。曰：「某自是不能晚起，雖甚病，纔見光，亦便要起，尋思文字。纔稍晚起，便覺似宴安鴆毒，便似個懶墮[五五]底人，心裏便不安。須是早起了，却覺得心下鬆爽。」僩。

某氣質有病，多在忿懥。閎祖。

因語某人好作文，曰：「平生最不喜作文，不得已爲人所託乃爲之。自有一等人樂於作詩，不知移以講學，多少有益！」符舜功曰：「趙昌父前日在此，好作詩。與之語道理，如水投石。」可學。

初師屏山、籍溪。籍溪學於文定，又好佛老。以文定之學爲論治道則可，而道未至，然於佛老亦未有見。屏山少年能爲舉業，官莆田，接塔下一僧，能入定數日。後乃見了老，歸家讀誦[五六]儒書，以爲與佛合，故作聖傳論。其後屏山先亡，籍溪在。某自見於此道未有所得，乃見延平。辛亥四月初四日臨漳設廳，後夜侍坐，因問傳授之由，親見説。是時祭風師散齋。清源陳易厚之、南康周謨舜弼、九江蔡念誠元思共聞之。[五七]可學。[五八]

或說：「象山先生說，『克己復禮』不但只是欲克去那利欲忿懥之私，只是有一念要做聖賢便不可。」曰：「此等議論恰如小兒則劇一般，只管要高去，聖門何嘗有這般說話？人要去學聖賢，此是好底念慮，有何不可？若以爲不得，則堯舜之『兢兢業業』、周公之『思兼三王』、孔子之『好古敏求』、顏子之『有爲若是』、孟子之『願學孔子』之念，皆當克去矣。看他意思只是禪。誌公云『不起纖毫修學心，無相光中常自在』，他只是便[五九]要如此。然豈有此理？只如孔子答顏子『克己復禮爲仁』，據他說時，只這一句已多了，又況有下頭一落索，只是顏子纔問仁便與打出方是。及至恁地說他，他又却諱。某嘗謂人要學禪時，不如分明去學他禪和一棒一喝便了，今乃以聖賢之言夾雜了說，都不成個物事。道是龍，又無角；道是蛇，又有足。子靜舊年也不如此，後來弄得直恁地差異！如今都教壞了後生，個個不肯去讀書，一味顛蹶，没理會處。可惜！可惜！正如荀子不睹[六〇]是，逞快胡罵亂罵教得個李斯出來，遂至焚書坑儒。若使荀卿不死，見斯所爲如此，必須自悔。使子靜今猶在，見後生輩如此顛蹶，亦須自悔其前日之非。」又曰：「子靜說話常是兩頭明、中間暗。」或問：「暗是如何？」曰：「是他那不說破處。他所以不說破便是禪。『鴛[六一]鴦繡出從君看，莫把金針度與人』，他禪家自愛如此。某年十五六時亦嘗留心於此。一日在劉病翁[六二]所會一僧，與之語。其僧只相應和了說，也不說是不是。却與劉說，某也理會得個昭昭靈靈底禪。劉後說與某，某遂疑此僧更有要妙處在，遂去扣問他，見他說得也煞好。及去赴試時，便用他意思去胡説。是時文字不似而今細密，由人粗説，試官爲某説動了，遂得舉。時年十九。後赴同安任，時年二十四五矣，始見李先生。與他説，李先生只説不是。某却倒疑李先生理會此未得，再三質問。李先生爲人簡重，却不甚會説，只教看聖賢言語。某遂將那禪來權倚閣起，意中道，禪亦自在，且將聖人書來讀。讀來讀去，一日復一日，覺得聖賢言語漸漸有味。却回頭看釋氏之説，漸漸破綻，罅漏百出。」廣。

問擇之云：「先生作延平李先生行狀[六三]，言『默坐澄心，觀四者未發已前氣象』，此語如何？」曰：「先生亦自説有病。」後復以問。先生云：「學者不須如此。某少時未有知，亦曾學禪，只李先生極言其不是。後來考竟[六四]却是這邊味長。纔這邊長得一寸，那邊便縮了一寸，到今銷鑠無餘矣。畢竟佛學無是處。」某辛亥年夏時，先生自漳州歸，到惠安泗州，夜侍坐，論儒釋，其答亦如此云。[六五]德明。

「温公省試作民受天地之中以生論，以生爲活。其説以爲民能受天地之中則能活也。温公集中自有一段如此説，也説得好。却説他人以生爲生育之生者不然，拗論如此。某舊時，這般文字及了齋集之類盡用子細看過，其有論此等去處盡拈出看。少年被病翁監看，他不許人看，要人讀。其有議論好處却[六六]被他監讀，煞喫工夫。」又云：「了翁集被他[六七]後面説禪，更没討頭處。病翁笑曰：『這老子後來説話如此，想是病心風。』」僩。[六八]

這道理易晦而難明。某少年過莆田，見林謙之、方次榮説一種道理説得精神，極好聽，爲之踴躍鼓動。退而思之，忘寢與食者數時。好之，念念而不忘。及至後來再過，則二公已死，更無一人能繼其學者，也無一個理[六九]會説了。僩。[七〇]

問説太極。先生曰：「某五六歲便煩惱説是天地四邊之外是什麽物，縱説無邊也須有個盡處。如這壁相似，壁後也須有物事。直到而今也未知那四邊是何物。」或舉邵康節天地相依之説。先生曰：「亦是古如此説了。素問中説：『黄帝曰：「地有憑乎？」岐伯曰：「大氣憑之。」』謂地浮在氣上也。」夔孫。[七一]

某自十四五歲時便覺得這物事是好底物事，心便愛了。

某是自十六七時下工夫讀書，彼時四畔皆無津涯，只自恁地硬着力去做。至今日雖不足道，但當時也是喫了多少辛苦讀了書。今人卒乍便要讀到某田地也是難，要須積累着力方可。某今老而將死，所望者但願朋友勉力學問而已。道夫。

某自十五六時至二十歲，史書都不要看，但覺得閑是閑非没要緊，不難理會。大率纔看得此等文字有味，畢竟粗心了。吕伯恭教人看左傳，不知何謂。履孫。

問：「近看胡氏春秋，初無定例，止説歸忠孝處便爲經義，不知果得孔子意否？」答[七二]曰：「某嘗説詩、書是隔一重兩重説，易、春秋是隔三重四重説。春秋義例、易爻象雖是聖人立下，今説者用之，各信己見，然於人倫大綱皆通，但未知曾得聖人當初本意否。且不如讓渠如此説，且存取大意，得三綱五常不至廢墜足矣。今欲直得聖人本意不差，未須理會他經，先須於論語、孟子中專意看他。切不可忙，虚心觀之，不須先自立見識，徐徐以俟之，莫立課程。某二十年前得上蔡語録觀之，初用銀朱畫出合處；及再觀，則不罔[七三]矣，乃用粉筆；三觀則又用墨筆。數過之後，則全與元看時不同矣。大抵老兄好去難處用工，不肯向平易處用工，故見如此難進，今當於平易處用工。」大雅。

器之問「野有死麕」。曰：「讀書之法，須識得大義，得他滋味。没要緊處縱理會得也無益。大凡讀書多在諷誦中見義理，況詩又全在諷誦之功，所謂『清廟之瑟，一倡而三歎』，一人唱之，三人和之，方有意思。又如[七四]如今詩曲，若只讀過也無意思，須是歌唱[七五]起來，方見好處。」因説：「讀書須是有自得處，到自得處説與人也不得。如某舊讀『仲氏任只，其心塞淵，終温且惠，淑慎其身。先君之思，以勗寡人』，『既破我斧，又缺我斯。周公東征，四國是皇。哀我人斯，亦孔之將』，伊尹曰『先王肇修人紀，從諫弗咈，先民時若，居上克明，爲下克忠，與人不求備，檢身若不及，以至於有萬邦，兹惟艱哉』，如此等處直爲之廢卷，慨想而不能已。覺得朋友間看文字難得這般意思。某二十歲前後已看得書大意如此，如今但較精密。日月易得，匆匆過了五十來年。」木之。

某今且勸諸公屏去外務，趲工夫專一去看這道理。某年二十餘已做這工夫，將謂下梢理會多少道理。今忽然有許多年紀，不知老之至此，也只理會得這些子。歲月易得蹉跎，可畏如此！賀孫。

與范直閣説「忠恕」是三十歲時書。大概也是，然説得不似，而今看得又較别。淳。

三十年前長進，三十年後長進得不多。僩。

區兄問「有性焉，有命焉」一段。先生甚喜，以謂：「某四十歲方看透此段意思。上云『性也』是氣稟之性；『有命焉』是斷制人心，欲其不敢過也。下云『命也』，蓋其所受氣稟亦有厚薄之不齊；『有性焉』是限則道心，欲其無不及也。」蓋卿。〔七六〕

因言讀書用功之難：「諸公覺得大故淺近，不曾着心。某舊時用心甚苦，思量這道理如過危木橋子，相去只在毫髮之間，纔失脚便跌落下去，用心極苦。五十歲已後覺得心力短，看見道理只争絲髮之間，只是心力巴〔七七〕不上。所以大學、中庸、語、孟諸文字皆是五十歲已前做了，五十歲〔七八〕已後長進得甚不多。而今人看文字全然心粗。未論説道理，只是前輩一樣文士亦是用幾多工夫方做得成？他工夫更多。若以他這心力移在道理上，那裏得來！如韓文公答李翊一書與老蘇上歐陽文忠公書，他直如此用工夫，未有苟然而成者。歐陽公則就作文上改换，只管揩磨，逐旋捱將去，久之漸漸揩磨得光。老蘇則直是心中都透熟了方出之於書。看他門用工夫更難，可惜！若移之於此，大段可畏。看來前輩以至敏之才而做至鈍底工夫，今人以至鈍之才而欲爲至敏之工夫，涉獵看過，所以不及古人也。故孔子曰『參也魯』，須是如此做工夫始得。」僩。

大抵[七九]讀書須是虚心方得。他聖人説一字是一字，自家只平著心去秤停他，都不使得一毫杜撰，只順他去。某向時也杜撰説得，終不濟事。如今方見得分明，方見得聖人一言一字不吾欺。只今六十一歲方理會得恁地，若或去年死也則枉了。自今夏來，覺見得纔是聖人説話也不少一個字，也不多一個字，恰恰地好，都不用一些穿鑿。莊子云「吾與之虚而委蛇」，既虚了，又要隨他曲折恁地去。今且與公説個樣子，久之自見。今人大抵偪塞滿胸，有許多伎倆，如何便得他虚？亦大是難。分明道「知至而後意誠」，蓋知未至，雖見人説，終是信不過。今説格物，且知[八〇]得一件兩件格將去，及久多後自然貫通信得。道夫。

某覺得今年方無疑。伯羽。

理會得時，今老而死矣，能受用得幾年！然十數年前理會不得，死又却可惜！士毅。按丙辰冬語。[八一]

先生多有不可爲之歎。漢卿曰：「前年侍坐，聞先生云『天下無不可爲之事，兵隨將轉，將逐符行』，今乃謂不可爲。」曰：「便是這符不在自家手裏。」或謂漢卿多禪語。賀孫因云：「前承漢卿教訓，似主静坐澄清之語。」漢卿云：「味道煞篤實，但言只於日用間體察。曾説擔脚攫人，物色人來告，特擔脚行過，又不能與究治，取還之。此心終不自安。某遂告以因何放他過去。若是養得心體虛明，自無放過處。〔八二〕」先生曰：「静坐自是好。近得子約書云『須是識得喜怒哀樂未發之本體』，此語儘好。」漢卿又問：「前年侍坐所聞似與今別。前年云『近方看得這道理透，若以前死却亦是枉死了』，今先生忽發嘆，以爲只如此，不覺老了。還當以前是就道理説，今就勳業上説？」先生曰：「不如此。自是覺得無甚長進，於上面猶覺得隔一膜。」又云：「於上面但覺透得一半。」廣。〔八三〕

某當初講學也豈意到這裏？幸而天假之年，許多道理在這裏，今年頗覺勝似去年，去年勝似前年。夔孫。

又曰：〔八四〕「某老矣，無氣力得説。時，先生病，當夜説話氣力比常時甚微。看也看不得了，行也行不盡了，説也説不辦了。諸公勉之！」僩。

敬子舉先生所謂「傳命之脈」及佛氏「傳心」、「傳髓」之説。曰：「便是要自家意思與他爲一。若心不在上面，書自是書，人自是人，如何看得出！孔子曰『吾十有五而志於學』，只十五歲時便斷斷然以聖人爲志矣。」二程自十五六時便脱然欲學聖人。僩。

周敬王四十一年壬戌，孔子卒。至宋慶元三年丁巳，一千六百七十六年。先生是年正旦，書於藏書閣下東楹。人傑。按輔廣録同。〔八五〕

【校勘記】

［一］少時　朱本爲「自丱」。

［二］却　成化本無。

［三］成化本此下注曰：「以下讀書。」

［四］大學用工甚多　此六字原缺，據成化本補。

［五］此條成化本載於卷十四。

［六］某　成化本此上有「胡叔器患精神短。曰：『若精神少也只是做去，不成道我精神少便不做。公只是思索義理不精，平日讀書只泛泛地過，不曾貼裏細密思量。公與安卿之病正相反。安卿思得義理甚精，只是要將那粗底物事都掉了。公又不去義理上思量，事物來皆奈何不得，只是不曾向裏去理會。如入市見鋪席上都是好物事，只是自家没錢買得。如書册上都是好説話，只是自家無奈他何。如黄兄前日説忠恕。忠恕只是體用，只是一個物事，猶形影，要除一個除不得。若未曉且看過去，却時復把來玩味，少間自見得。』叔器曰：『安之在遠方。望先生指一路脈去，歸自尋。』曰：『見行底便是路，那裏有别底路來？道理星散在事物上，却無總在一處底。而今只得且將論、孟、中庸、大學熟看。如論語上看不出，少間就孟子上看得出。孟子上底只是論語上底，不可道孟子勝論語。只是自家已前看不到，而今方見得到。』又問：『「優游涵泳，勇猛精進」字如何？』曰：『也不須恁地立定牌牓，淳録作「做題目」。也不須恁地起草，只做

將去。』又問：『應事當何如？』曰：『士人在家有甚大事？只是着衣喫飯，理會眼前事而已。其他天下事，聖賢都説十分盡了。今無他法，爲高必因丘陵，爲下必因川澤，自家只就他説話上寄搭些工夫，便都是我底。』」

［七］心　成化本無。

［八］必　成化本此下有「檢許多」。

［九］静　成化本爲「盡」。

［一〇］得　成化本此下有「大抵事要思量，學要講。如古人一件事有四五人共做，自家須看那人做得是，那人做得不是。又如眼前一件事有四五人共議，甲要如此，乙要如彼。自家須見那人説得是，那人説得不是。便待思量得不是，此心曾經思量一過，有時那不是底發我這是底。如十個物事，團九個不着，那一個便着，則九個不着底也不是枉思量。又如講義理有未通處，與朋友共講，十人十樣説，自家平心看那個不是。或他説是底却發得自家不是底，或十人都説不是，有時因此發得自家是底。所以適來説，有時是這處理會得，有時是那處理會得，少間便都理會得。只是自家見識到，别無法。學者須是撒開心胸，事事逐件都與理會過。未理會得底且放下，待無事時復將來理會，少間甚事理會不得」。

［一一］淳　成化本爲「義剛」。此條成化本載於卷一百二十。又，成化本此條義剛録，底本分爲四條，皆注爲淳録。除此條外，另有三條載於卷一百十五。參該卷「問某有八字……只做將去」條，「問應事當如何……便都是我底」條，及「大凡事要思量……那件事理會不得」條。

〔一二〕了　成化本作「子」。

〔一三〕透　成化本無。

〔一四〕物　成化本無。

〔一五〕看　成化本無。

〔一六〕也　成化本無。

〔一七〕敢　文淵本作「竟」。

〔一八〕此條淳録成化本載於卷五。

〔一九〕方其　成化本無。

〔二〇〕之間　成化本無。

〔二一〕惺　成化本作「醒」。

〔二二〕陳仲濟所録一段云　成化本無。

〔二三〕先生曰　成化本録文詳，云「學者觀書先須讀得正文、記得注解，成誦精熟。注中訓釋文意、事物、名義，發明經指，相穿紐處，一一認得，如自己做出來底一般，方能玩味反覆，向上有透處。若不如此，只是虚設議論，如舉業一般，非爲己之學也。曾見有人説詩，問他關雎篇，於其訓詁名物全未曉，便説『樂而不淫，哀而不傷』。某因説與他道：『公而今説詩，只消這八字，更添「思無邪」三字，共成十一字，便是一部毛詩了。其他三百篇皆成查滓矣』」。

［二四］尹和靖　成化本爲「和静」。

［二五］最　成化本無。

［二六］李先生　成化本爲「先生」。

［二七］惻　成化本作「悚」。

［二八］全　成化本無。

［二九］閎祖　成化本爲「此一段係先生親書示書堂學者」。且此條成化本載於卷十一。

［三〇］得　成化本無。

［三一］成化本此下注曰：「以下窮理。」

［三二］且尋句内意隨文解義　成化本無。

［三三］孟子　成化本無。

［三四］答　成化本無。

［三五］爾　成化本無。

［三六］此條伯羽録成化本載於卷十三。

［三七］於　成化本無。

［三八］白　成化本作「曰」。

［三九］是　成化本爲「只是」。

〔四〇〕李先生　成化本此下又有「李先生」。

〔四一〕器之看文字見得快叔蒙亦看得好與前不同　成化本無。

〔四二〕空明時　成化本爲「虛明」。

〔四三〕那　成化本無。

〔四四〕似　成人本爲「便似」。

〔四五〕那　成化本爲「便見」。

〔四六〕廖子晦見得也　成化本爲「廖子晦門便只見得」。

〔四七〕此條義剛録成化本載於卷一百十三。

〔四八〕此條大雅録成化本載於卷一百二十四。

〔四九〕延平先生　成化本爲「李先生」。

〔五〇〕此條賀孫録成化本載於卷一百三。

〔五一〕如是者　成化本爲「知此」。

〔五二〕此條伯羽録成化本載於卷十三。

〔五三〕而　成化本無。

〔五四〕成化本此下注曰：「以下雜記。」

〔五五〕墜　成化本作「墮」。

〔五六〕誦　成化本無。

〔五七〕辛亥四月初四日……蔡念誠元思共聞之　成化本無。

〔五八〕成化本此下注曰：「論傳授。」

〔五九〕便　成化本無。

〔六〇〕睹　成化本作「睹」。

〔六一〕鶩　成化本此上有「所謂」。

〔六二〕劉病翁　成化本爲「病翁」。

〔六三〕李先生　成化本無。

〔六四〕竟　成化本無。

〔六五〕某辛亥年夏時……其答亦如此云　成化本無。

〔六六〕却　成化本無。

〔六七〕被他　成化本無。

〔六八〕此條僩録成化本載於卷一百三十。

〔六九〕理　成化本無。

〔七〇〕此條僩録成化本載於卷一百三十二。

〔七一〕此條夔孫録成化本以部分内容爲注，夾於卷九十四載義剛録中。參底本卷九十五義剛録「義剛問動静無端……這也説得好」條。

［七二］答　成化本無。

［七三］罔　成化本作「同」。

［七四］如　成化本無。

［七五］唱　成化本無。

［七六］成化本此下注曰：「震録云：『區兄以「性也」之「性」爲氣禀之性，「有性焉」之「性」爲天命之性。』」先生云：「某四十歲方得此説。不易！公思量得！」』又，此條蓋卿録成化本載於卷六十一。

［七七］巴　成化本作「把」。

［七八］歲　成化本無。

［七九］大抵　成化本無。

［八〇］知　成化本作「只」。

［八一］按丙辰冬語　成化本爲「丙辰冬」。

［八二］但言只於日用間體察……自無放過處　成化本爲「云云」。

［八三］廣　成化本爲「賀孫」。

［八四］又曰　成化本無。

［八五］按輔廣録同　成化本無。

晦庵先生朱文公語類卷第一百五

朱子二

論自注書

總論

傅至叔言：「伊洛諸公文字説得不恁分曉，至先生而後大明。」先生曰：「他一時間都是英才，故撥著便轉，便只須恁地説。然某於文字却只是依本分解注。大抵前聖説話，雖後面便生一個聖人，有未必盡曉他説者。蓋他那前聖是一時間或因事而言，或主一見而立此説。後來人却未見他當時之事，故不解得一一與之合。且如伊川解經是據他一時所見道理恁地説，未必便是聖經本旨。要之，他那個説却亦是好説。且如易之『元亨利貞』本來只是大亨而利於正，雖有亨，若不正則那亨亦使不得了。當時文王之意祇是爲卜筮設，故祇有『元亨』，更無有不元亨；

祇有『利貞』，更無不利貞。後來夫子於彖既以『元亨利貞』爲四德，又於文言復以爲言，故後人祇以爲四德，更不做『大亨利貞』説了。易只是爲卜筮而作，故周禮分明言太卜掌三易：連山、歸藏、周易。古人於卜筮之官立之凡數人。秦去古未遠，故周易亦以卜筮得不焚。今人纔説易是卜筮之書，便以爲辱累了易；見夫子説許多道理，便以爲易只是説道理。殊不知其言『吉凶悔吝』皆文[二]理，而其教人之意無不在也。夫子見文王所謂『元亨利貞』者把來作四個説，道理亦自好，故恁地説，但文王當時未有此意。今若以『元者善之長，亨者嘉之會，利者義之和，貞者事之幹』與來卜筮者言，豈不大糊塗了他！要之，文王者自不妨孔子之説，孔子者自不害文王之説。然孔子却不是曉文王意不得，但他又自要説一樣道理也。」道夫。

某釋經，每下一字，直是稱等輕重，方敢寫出。方子。

某解書，如訓詁一二字等處，多有不必解處，只是解書之法如此。亦要教人知得，看文字不可忽略。賀孫。

讀書是格物一事。今且須逐段子細玩味，反來覆去，或一日或兩日只看一段，則這一段便是我底。脚踏這一段了又看第二段，如此逐旋崖去，崖得多後却見頭頭道理都到。這工夫須用行思坐想，或將已曉得者再三思省，却自有一個曉悟處出，不容安排也。書之句法義理雖只是如此解説，但一次看有一次見識。所以某書，一番看有一番改也。亦有已説定，一番看一番見

得穩當，愈加分曉。故某説讀書不貴多，只貴熟爾。然用工亦須是勇做近前去，莫思退轉始得。大雅。[二]

某所改經文字者必有意，不是輕改，當觀所以改之之意。節。

每常解文字，諸先生有多少好説話有時不敢載者，蓋他本文未有這般意思在。道夫。

問：「先生解經有異於程子説者，如何？」答[三]曰：「程子説，或一句自有兩三説，其間必有一説是，兩説不是。理一而已，安有兩三説皆是之理？蓋其説或後嘗改之，今所以與之異者，安知不曾經他改來？蓋一章而衆説叢然，若不平心明目，自有主張斷入一説，則必無衆説皆是之理。」大雅。

小學[四]

問：「『疑事毋質』，經文只説『疑事』，而小學注云『毋得成言之』，何也？」曰：「『質，成也』，『成言之』，皆古注文。謂彼此俱疑，不要將己意斷了。」問：「『直而勿有』亦只是上意否？」曰：「是從上文來，都是教人謙退遜讓。」賀孫。

葉兄問小學君、師、父三節。先生云：「劉表遣韓嵩至京師。嵩曰：『嵩至京師，天子假嵩一職，則成天子之臣、將軍之故吏耳。在君爲君，[五]不復爲將軍死也。』便是此意。」卓。

李問：「人倫之不及師，何也？〔六〕」曰：「師與朋友同類而勢分等於君父，唯其所在而致死焉。」曾云：「如在君旁則爲君死，在父旁則爲父死。」曰：「也是如此。如在君，雖父有罪不能爲父死。」賀孫。〔七〕

問：「人倫言朋友而〔八〕不及師，何也？」先生云：「師之義即朋友，而分則與君父等。朋友多而師少，以其多者言之。」又問：「服中乃不及師，何也？」曰：「正是難處。若論其服，則當與君父等，故禮謂『若喪父而無服』，又曰『平居則絰』。」卓。〔九〕

安卿問：「曲禮『外言不入於閫，内言不出於閫』一段甚切，何故不編入小學？」曰：「此樣處漏落也多。」又曰：「小學多説那恭敬處，少説那禁防〔一〇〕處。」義剛。

近思録

修身大法，小學備矣；義理精微，近思録詳之。閎祖。

近思録好看。四子，六經之階梯；近思録，四子之階梯。淳。

鄭言：「近思録中語甚有切身處。」曰：「聖賢説得語言平，如中庸、大學、論語、孟子皆平易。近思録是近人説〔一一〕，便較切。」賀孫。卓録〔一二〕同。

或問近思録。曰：「且熟看大學了，即讀語、孟。近思録又難看。」賀孫。

近思録首卷難看。某所以與伯恭商量教他做數語以載於後，正謂此也。若只讀此則道理孤單，如頓兵堅城之下。却不如語、孟只是平鋪說去，可以心游[一三]。道夫。

問蜚卿：「近思録看得如何？」曰：「所疑甚多。」曰：「今猝乍看這文字也是難。有時前面恁地說，後面又不是恁地；這裏說得如此，那裏又却不如此。子細看來看去，却自中間有個路陌，推尋通得四五十條後又却只是一個道理。伊川云『窮理豈是一日窮得盡？窮得多後道理自通徹』。」道夫。[一四]

康節煞有好說話，近思録不曾收入在。[一五] 近看文鑑編康節詩，不知怎生地那[一六]「天向一中分造化，人於心上起經綸」底詩却不編入。義剛。[一七]

道夫問伊川云[一八]「四德之元猶五常之仁，偏言則一事，專言則包四者」。曰：「須先識得元與仁是個甚物事，更就自家身上看甚麼是仁，甚麼是義、禮、智，既識得這個，便見得這個[一九]能包得那數個。若有人問自家：『如何一個便包得數個？』只答云：『只爲是一個。』」問黃直卿[二〇]曰：「公於此處見得分明否？」曰：「向來看康節詩見得這意思。如謂『天根月窟閑來往，三十六宮都是春』，正與程子所謂『靜後見萬物皆有春意』同。且如這個棹子，安頓得恰好時便是仁，蓋無乖戾便是生意。窮天地、亘古今只是一個生意，故曰『仁者與物無對』，以其無往非仁，此所以仁包四德也。」曰：「如此體仁便不是[二一]生底意思。棹子安頓得恰好只可言中，不可謂之仁。元只是初底便如木之萌，如草之芽。其在人如惻然有隱，初來底意思便是。〔二二〕所以程子謂『看雞雛可以觀仁』，爲是那嫩小底便有〔二三〕仁底意思在。」〔二四〕「如〔二五〕所謂『初來底意思便是』，不知思慮之萌不得其正時如何？」曰：「這便是地頭着賊，便是那『元』字上着賊了。如合施爲而不曾施爲時便是亨底地頭着賊了，如合收斂而不曾收斂時便是利底地頭着賊了，如合貞静而不能貞静時便是貞底地頭着賊了。〔二六〕以一身觀之，元如頭，亨便是手足，利便是胸腹，貞便是那元氣所歸宿處，所以人頭亦謂之『元首』。穆姜亦曰『元者，體之長也』。今若能知得所謂『元之元，元之亨，元之利，利之貞』，上面一個『元』字便是包那四個，下面『元』字則是『偏言則一事』者。恁地說則大煞分明了。須要知得所謂『元之元，亨之元，利之元，貞之元』者，蓋見得此則知得所謂只是一個也。若以一歲之體言之，則春便是元之元，所謂『首夏清和』者便是亨之元，孟秋之月便是利之元，到那初冬十月便是貞之元也，只是初底意思便是。」〔二七〕道夫曰：「如先生之言，正是程子說『復其見天地之心』。復之初爻便是天地生物之心也。」曰：「今只將公所見看所謂『心譬如穀種，生之性便是仁，陽氣發處乃情也』，觀之便見。」久之，復曰：「正如天官冢宰，以分職言之特六卿之一耳，而曰建邦之六典則又統六卿也。」本條「仁包四者」。〔二八〕道夫。〔二九〕

論語或問

張仁叟問論語或問。曰：「是十五年前文字，與今說不類。當時欲修，後來精力衰，那個工夫大，後掉了。」節。

先生說論語或問不須看。請問，曰：「支離。」泳。

孟子要指

敬之問要指不取「杞柳」一章。曰：「此章自分曉，更無可玩索，不用入亦可。却是『生之謂性』一段難曉，說得來反恐鶻突，故不編入。」賀孫。

因整要略，謂：「孟子發明許多道理都盡，自此外更無別法。思爲〔三〇〕這個先從性看，看得這個物事破了然後看入裏面去，終不甚費力。要知雖有此數十條，是古人已說過，不得不與他理會。到得做工夫時却不用得許多，難得勇猛底人直截便做去。」賀孫。

敬之問：「看要略，見先生所說孟子皆歸之仁義。如說『性』及以後諸處皆然。」曰：「是他見得這道理通透，見得裏面本來都無別物事，只有個仁義。到得說將出，都離這個不得，不是要安排如此。道也是離這仁義不得，舍仁義不足以見道。如造化只是個陰陽，捨陰陽不足以明造化。」問：「古人似各有所主：如曾子只守個忠恕，子思只守個誠，孟子只守個仁義。其實皆一理也。」曰：「也不是他安排要如此，是他見得道理做出都是這個，説出也只是這個，只各就地頭説，不是把定這個將來做。如堯舜是多少道理，到得後來衣鉢之傳只説『人心惟危，道心惟微，惟精惟一，允執厥中』。緊要在上三句，説會如此方得個中，方得個恰好。這也到這地頭當説中便説個中，聖賢言語初不是着意安排，只遇着這字便説出這字。」賀孫。

先生因編孟子要旨云：「孟子若讀得無統，也是費力。某從十七八歲讀至二十歲，只逐句去理會，更不通透，二十歲已後方知不可恁地讀。元來許多長段都自首尾相照管，脈絡相貫串，只恁地熟讀自見得意思。從此看孟子覺得意思極通快，亦因悟作文之法。如孟子當時固不是要作文，只言語説出來首尾相應，脈絡相貫，自是合着如此。」又曰：「某當初讀『自暴自棄』章，只恁地鶻突讀去。伊川易傳云『拒之以不信，絶之以不爲』，當初也匹似閑看過。後因在舟中偶思量此，將孟子上下文看乃始通串，方始説得是如此，亦温故知新之意。」又曰：「看文字不可恁地看過便道了，須是時復玩味，庶幾忽然感悟，到得義理與踐履處融會，方是自得。這個意思與尋常思索而得意思不同。」賀孫。

時舉[三二]問：「孟子首章是先剖判個天理人欲令人曉得，其托始之意甚明。若先生所編要略却是要從源頭説來，所以不同。」先生云：「某向時編此書，今看來亦不必。只孟子便直恁分曉示人，自是好了。」時舉曰：「孟子前面多是分明說與時君。且如首章說『上下交征利』，其害便至於『不奪不饜』；說仁義便云未有遺其親、後其君者[三二]；次章說賢者便有此樂，不賢者便不能有此樂。都是一反一正，言其效驗如此，亦欲人君少知恐懼之意耳。」先生曰：「也不是要人君知恐懼，但其效自必至此。孟子之書明白親切，無甚可疑者。只要日日熟讀，須教他在吾肚中轉作千百回，便自然純熟。某當初看時要逐句去看他，便但覺得意思促迫，到後來放寬看，却有條理。然此書不特是義理精明，又且是甚次第底文章。某因熟讀後便見，自此也知作文之法。」時舉。

中庸集略

大凡文字，上古聖賢說底便不差。到得周、程、張、邵門說得亦不差，其他門人便多病。某初要節一本中庸集略，更下手不得。其間或有一節說得好，第二節便差底，又有說得似好而又說從別處去底，然而看得他門說多却覺煞得力。夔孫。[三三]

太極圖說[三四]

「某許多說話是太極中說已盡。太極便是性，動靜陰陽是心，金木水火土是仁義禮智信，化

生萬物是萬事。」又云：「『無極之真，二五之精，妙合而凝』，此數句甚妙，是氣與理合而成性也。」賀孫。〔三五〕

仁説

仁説只説得前一截好。閎祖。

問：「先生向作仁説，大率以心具愛之理，故謂之仁。今集注中説〔三六〕『仁，人心也』，只爲〔三七〕『酬酢萬變之主』，如何？」先生曰：「不要如此看，且理會個『仁，人心也』，須見得是個『酬酢萬變之主』。若只管以彼較此，失了本意。看書且逐段看，如喫物相似，只咀嚼看如何。向者〔三八〕爲人不理會得仁，故做出此等文字，今却反爲學者争論。」賓云：「先生之文似藥方，服食却在學者。」先生云：「治病不治病却在藥方，服食見效不見效却在人。」賓問：「心中湛然清明，與天地相流通，此是仁否？」曰：「湛然清明時，此固是仁義禮智統會處。今人説仁多是把做空洞底物看，却不得。當此之時，仁義禮智之苗脈已在裹許，只是未發動。及有個合親愛底事來便發出惻隱之心，有個可厭惡底事來便發出羞惡之心。禮本是文明之理，其發便知有辭遜；智本是明辨之理，其發便知有是非。」又曰：「仁是惻隱之母，惻隱是仁之子。又仁包義、禮、智三者，仁似長兄，管屬得義、禮、智，故曰『仁者善之長』。」德明。〔三九〕

節〔四〇〕問：「先生仁說，說『存此』者也，『不失此』者也。如說『行此』則仁在其中，非仁也。」曰：「謂之仁固不可，謂之非仁則只得恁地說。如孟子便去解這『仁』字，孔子却不恁地。」節。

陳〔四一〕問：「程門以知覺言仁，克齋記乃不取，何也？」曰：「仁離愛不得。伊川〔四二〕言『博愛非仁也，仁是性，愛是情』。伊川也不是說〔四三〕道愛不是仁。若當初有人會問，必說道『愛是仁之情，仁是愛之性』，如此方分曉。惜門人只領那意，便專以知覺言之，於愛之說若將浼焉，遂蹉過仁地位去說，將仁更無安頓處。『見孺子匍匐將入井，皆有怵惕惻隱之心』，這處見得親切。聖賢言仁皆從這處說。」又問：「知覺亦有生意。」曰：「固是。將知覺說來冷了。覺在知上却多，只些小搭在仁邊。仁是和底意，然添一句又成一重，須自看得便都理會得。」淳。〔四四〕寓同。

敬齋箴

問「持敬」與「克己」工夫。先生曰：「敬是涵養操持不走作，克己則和根打併了教他盡淨。」問敬齋箴。曰：「此是敬之目，說有許多地頭去處。」僩。〔四五〕

「守口如瓶」是言語不亂出，「防意如城」是恐爲外所誘。道夫。

「守口如瓶」，不妄出也；「防意如城」，閑邪之入也。「蟻封」乃小巷屈曲之地，是「折旋中矩」，不妄動也。道夫。〔四六〕

節問「折旋蟻封」。答曰：「折旋，蟻封之間。」節。〔四七〕

「『周旋中規，折旋中矩』，周旋是直去却回來，其回轉處欲其圓如中規也；折旋是直去了復横去，如曲尺相似，其横轉處欲其方如中矩也。」又問敬齋箴云〔四八〕：「『折旋蟻封』，如何是『蟻封』？〔四九〕」曰：「『蟻封』，〔五〇〕蟻垤也。北方謂之『蟻樓』，如小山子，乃蟻穴地。其泥墳起如丘垤，中間屈曲如小巷道。古語云『乘馬折旋於蟻封之間』，言蟻封之間巷路屈曲狹小，而能乘馬折旋於其間不失其馳驟之節，所以爲難也。『鸛鳴於垤』，垤即蟻封也。天陰雨下則蟻出，故鸛鳴於垤，以俟蟻之出而啄食之也。王荆公解〔五一〕垤爲自然之丘，不信蟻封之説，後見人説有之，介甫過北方親見之，方信其實而改其説焉。〔五二〕」卓。僩録同。〔五三〕

又問主一銘。〔五四〕曰：「心只要主一，不可存〔五五〕兩事。一件事了更加一件便是貳，一件事了更加兩件便是叁。『勿貳以二，勿叁以三』，是不要二三；『不東以西，不南以北』，是不要走作。」淳。

寓〔五六〕問：「『勿貳以二，勿叁以三；不東以西，不南以北』，如何分別？」曰：「都只是形容個敬，敬須主一。初來有一個事又添一個，便是來貳他成兩個；元有一個又添兩個，便是來叄他成三個。『不東以西，不南以北』，只一心，做東去又要做西去，做南去又要做北去，皆是不主一。上面説個心不二三，下面説個心不走作。」寓。

或問：「敬齋箴後面少些從容不迫之意，欲先生添數語［五七］。」曰：「如何解迫切？今未曾下手在便要從容不迫切［五八］。如人相殺，未曾交鋒便要引退。今未曾做工夫在便要開後門。然亦不解迫切，只是不曾做，做着時不患其迫切。某但常覺得寬緩底意思多耳。」李曰：「先生猶如此説，學者當如何也。」僩。

六君子贊

「勇撤臯比」説講易事。閎祖。

通鑑綱目

説編通鑑綱目尚未成文字。因言：「伯恭大事記忒藏頭亢腦，如摶謎相似。又解題之類亦太多。」寓。［五九］

問綱目主意。曰：「主在正統。」問：「何以主在正統？」曰：「三國當以蜀漢爲正，而温公乃云某年某月『諸葛亮入寇』，是冠屨［六〇］倒置，何以示訓？緣此遂欲起意成書。推此意，修正處極多。若成書，當亦不下通鑑許多文字，但恐精力不逮，未必能成耳。若度不能成，則須焚之。」大雅。

問：「宋齊梁陳正統如何書？」曰：「自古亦有無統時。如周亡之後，秦未帝之前，自是無所統屬底道理。南北亦只是並書。」又問：「東晉如何書？」曰：「宋齊如何比得東晉。」又問：「三國如何書？」曰：「以蜀爲正。蜀亡之後無多年便是西晉。中國亦權以魏爲正。」又問：「後唐亦可以繼唐否？」曰：「如何繼得！」賜。

綱目於無正統處並書之，不相主客。通鑑於無正[六一]統處須立一個爲主。某又參取史法之善者，如權臣擅命多書以某人爲某王某公，范曄却書「曹操自立爲『魏公』」，綱目亦用此例。方子。

或問武后之禍。曰：「前輩云當廢武后所出，別立太宗子孫。」曰：「此論固善，但當時爲[六二]武氏殺盡，存者皆愚暗，豈可恃？」因說：「通鑑提綱例，凡逆臣之死皆書曰『死』。至狄仁傑則甚疑之，李氏之復雖出於仁傑，然畢竟是死於周之大臣。不奈何，也教相隨入死例，書云：某年月日狄仁傑死也。」大雅。

家禮[六三]

祭儀[六四]

問：「舊嘗收得先生一本祭儀，時祭皆是卜日。今聞却用二至、二分祭，是[六五]如何？」曰：「卜日無定，慮有不虔。温公亦云只用分、至亦可。」問：「如此則冬至祭始祖，立春祭先祖，季秋祭禰，此三祭如何？」曰：「覺得此個禮數太遠，似有僭上之意。」又問：「禰祭如何？」曰：「此却不妨。」廣。[六六]

韓文考異[六七]

先生考定韓文與大顛書，曰：「真個有崇信底意，外面皮上都見得安排位次是恁地。如原道中所謂『寒然後爲之衣，飢然後爲之食，爲宫室，爲城郭』等，皆説得好。只是不曾向裏面省察，不曾就身上細密做工夫。只從粗處做去，不見得原頭來處。把道别做一個物可以行於世，我今只恁地去行。故立朝議論風采亦有可觀，却不是從裏面流出。平日只以做文、吟詩、飲酒、博戲爲事，及貶潮州，寂寥，無人共吟詩、飲酒、博戲，見一個僧説道理便爲之動。如曰『所示廣

大深迴，非造次可喻』，不知大顛所説甚底，得恁地傾心信向。韓公所説底大顛未必曉得，大顛所説底韓公亦見不破。」淳。[六八]

警世圖[六九]

警世競辰二圖僞。道夫。[七〇]

【校勘記】

［一］文　成化本作「有」。

［二］此條大雅録成化本載於卷十。

［三］答　成化本無。

［四］小學　成化本爲「小學之書」。

［五］在君爲君　成化本爲「在君爲臣」。

［六］何也　成化本無。

［七］此條賀孫録成化本載於卷十三。

[八]言朋友而　成化本無。

[九]此條卓録成化本載於卷十三。

[一〇]禁防　成化本爲「防禁」。

[一一]近人説　成化本爲「近來人説話」。

[一二]録　成化本無。

[一三]心游　成化本爲「游心」。

[一四]道夫　成化本作「驤」。

[一五]收入在　成化本爲「取入」。

[一六]地那　成化本無。

[一七]此條義剛録成化本載於卷一百。

[一八]道夫問伊川云　成化本作「問」。

[一九]個　成化本爲「一個」。

[二〇]黄直卿　成化本爲「直卿」。

[二一]便不是　成化本此下又有「便不是」。

[二二]是　成化本此下注曰：「榦録作：『要理會得仁當就初處看。故元亨利貞而元爲四德之首。就初生處看便見得仁。』」

［二三］有　成化本作「是」。

［二四］在　成化本此下注曰：「榦録作：『亦是看其初意思。』」

［二五］如　成化本此上有「問」。

［二六］了　成化本此下注曰：「榦録作：『問：「物理固如此，就人心思慮上觀之如何？」曰：「思慮方萌，持守得定便是仁。如思慮方萌錯了便是賊其仁，當施爲時錯了便是賊其禮，當收斂時錯了便是賊其義，當貞静時錯了便是賊其智。凡物皆有個如此道理。」』」

［二七］是　成化本此下注曰：「榦録作：『如春夏秋冬，春爲一歲之首，由是而爲夏、爲秋、爲冬，皆自此生出。所以謂仁包四德者，只緣四個是一個，只是一個。元却有元之元、元之亨、元之利、元之貞，又有亨之元、利之元、貞之元。曉得此意，則仁包四者尤明白。』」

［二八］本條仁包四者　成化本無。

［二九］成化本此下注曰：「榦録稍異。」且此條道夫録成化本載於卷九十五。

［三〇］爲　成化本作「惟」。

［三一］時舉　成化本無。

［三二］者　成化本無。

［三三］夔孫　成化本爲「義剛」。

［三四］太極圖説　成化本無此目。

［三五］成化本此下注曰：「或録云：『真，理也；　精，氣也。理與氣合，故能成形。』」且此條賀孫録載於卷九十四。

［三六］中説　成化本無。

［三七］爲　成化本爲「以爲」。

［三八］者　成化本無。

［三九］成化本此下注有「集注」。且此條德明録載於卷五十九。

［四〇］節　成化本無。

［四一］陳　成化本無。

［四二］伊川　成化本此上有「上蔡諸公不把愛做仁，他見」。

［四三］説　成化本無。

［四四］此條淳録成化本載於卷六。

［四五］此條僩録成化本卷十二重複載録。

［四六］道夫　成化本爲「敬仲」。

［四七］此條節録成化本無。

［四八］云　成化本無。

［四九］折旋蟻封如何是蟻封　成化本爲「蟻封」。

［五〇］蟻封　成化本無。
［五一］解　成化本爲「初解」。
［五二］後見人説有之……而改其説焉　成化本爲「後過北方親見有之遂改其説」。
［五三］卓僩録同　成化本作「僩」。
［五四］又問主一銘　成化本爲「問主一」。
［五五］存　成化本作「容」。
［五六］寓　成化本無。
［五七］語　朱本作「句」。
［五八］切　成化本無，但成化本「迫」下另有「却無此理。除非那人做工夫大段嚴迫，然後勸他勿迫切」。
［五九］寓　成化本無。此條寓録卷一百二十二重複載録，但文字稍有差異，參該卷「説要編通鑑綱目不成……題目之類太多」條。
［六〇］屨　朱本作「履」。
［六一］正　成化本無。
［六二］爲　成化本此上有「宗室」。
［六三］家禮　成化本無此目。
［六四］祭儀　成化本無此目。

〔六五〕是　成化本無。

〔六六〕此條廣録成化本載於卷九十。

〔六七〕韓文考異　成化本無此目。

〔六八〕此條淳録成化本無。但成化本卷一百三十七義剛録與此相似，參成化本該卷義剛録「先生考訂韓文公與大顛書……亦間有然者」條。

〔六九〕警世圖　成化本無此目。

〔七〇〕此條道夫録成化本載於卷一百三十八。

晦庵先生朱文公語類卷第一百六

朱子三

外任

同安主簿

主簿就職内大有事，縣中許多簿書皆當管。某向爲同安簿，許多賦税出入之簿，某[一]逐日點對僉押，以免吏人作弊。時某人爲泉倅，簿書皆過其目。後歸鄉某與説及此[二]，亦懵不知。他是極子細官人，是時亦只恁地[三]呈過。賀孫。

因説「慢令致期謂之賊」，云：「昔在同安作簿時，每點追税必先期曉示。只以一幅紙截作三片作小榜遍貼，云本廳取幾日點追甚鄉分税，仰人户鄉司主人頭知委。只如此，到限日近時納者紛紛。然此只是一個信而已，如或違限遭點，定斷不恕，所以人怕。」時舉。植録同。[四]

問：「奏狀還借用縣印否？」曰：「豈惟縣印，縣尉印亦可借。蓋是專達與給納官司及有兵刑處，朝廷皆給印。今之官司合用印處，緣兵火散失，多用舊印。要去朝廷請印又須要錢，所以官司且只苟簡過了。某在同安作簿，去州請印。當時有個指揮使并一道家印，緣胥吏得錢方給。某戲謂要做個軍員與道士亦不能[五]。又見崇安縣丞廳[六]用淮西漕使印。」人傑。

知[七]南康

問：「今之神祠無義理者極多。若當官處於無[八]義理之神祠，雖係勑額，凡祈禱之類不往，可否？」曰：「某當官所至須理會一番。如儀案所具合祈禱神示，有無義理者，使人可也。」人傑。

與陳尉説治盜事，因曰：「凡事須子細體察，思量到人所思量不到處，防備到人所防備不到處，方得無事。」又曰：「凡事須是小心寅畏，若恁地粗心鶻去，不得。」又曰：「某嘗作郡來，每見有賊發則惕然皇恐，便思自家是長民之官，所以致此是何由。遂百鍾[九]爲收捉，捉得便自歡喜，不捉得則終夜皇恐。」賀孫。

馬子嚴莊甫見先生言：「近有人作假書請託公事者。」先生云：「收假書而不見下書之人，非善處事者。舊見吴提刑逵公路當官，凡下書者須令當廳投下，却將書於背處觀之，觀畢方發付其人，令等回書。前輩處事詳密如此。又某當官時有人將書來者，亦有法以待之，須是留其人喫湯，當面拆書，若無他，方令其去。」人傑。

因説鄭惠叔愛惜官錢，云：「某見人將官錢胡使，爲之痛心。兩爲守，皆承弊政之後，其所用官錢並無分明，凡所送遺並無定例，但隨意所向爲厚薄。閭胥輩皆云：『有時這般官員過往或十千、或五千。後番或是這樣又全不送，白休了。』某遂云：『如此不得。朝廷有個公庫在這裏，若過往官員，當隨其高下多少與之，乃是公道，豈可把爲自家私恩。』於是立爲定例，看是〔一〇〕甚麽官員過此，便用甚麽例送與之，却得公溥。後來至於凡入廣諸小官，如簿、尉之屬，個個有五千之助，覺得意思儘好。」賀孫。

因論常平倉，曰：「某自典二州知常平之弊如此，更不敢理會。看南康自有五六萬石〔一一〕，漳州亦六七萬石，盡是浮埃空殼，如何敢挑動！這一件事不知做甚麽合殺。某在浙東嘗奏云，常平倉與省倉不可相連，須是東西置立，令兩倉相去遠方可。每常官吏檢點省倉，則掛省倉某號牌子，檢點常平倉，則掛常平倉牌子，只是一個倉，互相遮瞞。今所在常平倉都教司法管，此最不是。少間太守要侵支，使一〔一二〕司法如何敢拗他？通判雖管常平，而其職實管於司法。又所在通判大率避嫌，不敢與知州争事，韓文公所謂『例以嫌不可否事者也』。且如經、總制錢、牙契錢、倍契錢之類，盡被知州瞞朝廷奪去，更不敢争。」僩。

郭兄言本朝之守令極善。[一三] 先生曰：「却無前代尾大不掉之患。即是州縣無權[一四]，卒有變故更支撐不住。」僩因舉：「祖宗官制沿革中說，祖宗時州郡禁兵額極多，又有諸名色錢可以贍養。及至王介甫作相，凡州郡之[一五]兵財盡刮刷[一六]歸朝廷，而州郡益虛。所以後來大亂[一七]，天下瓦解，由州郡無兵無財而然也[一八]。」先生曰：「只祖宗時州郡已自輕了。如仁宗朝京西群盜橫行，破州屠縣，更無如之何。有某賊圍京西，某州太守無力拒之，太守姓晁，忘其名。[一九] 遂斂金帛賂之[二〇]使去。後來朝廷聞之，富鄭公大怒，[二一] 欲誅太守[二二]，云：『豈有任千里之寄，不能拒賊而反賂之者[二三]！』范文正公争之曰：『不可。[二四] 州郡無兵無財，他[二五]將何捍拒？今他[二六]能權宜應變，姑可[二七]以全一城之生靈，則亦可矣，豈可反罪之也[二八]？』然則彼時州郡已如此虛弱了，如何盡推[二九]得介甫？[三〇] 介甫只是刮刷太甚，凡州郡禁兵闕額盡令勿補填。且如一州有千人禁軍額，闕五百人則本郡不得招填，每歲樁留五百名之衣糧并二季衣賜之物，令轉運使掌之而盡歸於朝廷，如此煞得錢不可勝計。」陳丈云：「記得先生說，教提刑掌之，歸朝廷，名曰『封樁缺額禁軍錢』。」又云：「也怪不得州郡，欲添兵，誠無糧食給之，其勢多招不得。某守南康，舊有千人禁軍額，某到之[三一] 時纔有二百人而已，然歲已自闕供給。本軍每年有租[三二]米四萬六千石，以三萬九千來上供，所餘者止七千石，僅能贍得三月之糧。三月之外便用別擘畫措置，如斛面、加糧之屬。又盡則預於民間借支。方借之時早穀方熟，不得已出榜令民先將早米來納，亦謂之利米。俟冬則折除其租米，亦當大米之數，如此猶贍不給。壽皇數數有旨揮下來，必欲招滿千人之額。某申去云：『不難於招，只是無討糧食處。』又行下云：『便不及千人，亦須招填五百人。』雖聖旨如此，然終無得錢糧處，只得如此挨過日子而已。想得自初千人之額，自來不曾及數。蓋州郡只有許多米，他無來處，何以贍給之？然上供外所餘七千石，州郡亦不得用。轉運使每歲行文字下來約束，只教樁留在本州，不得侵支顆粒。那裏有？年年侵使了，每監司使公吏下來檢視，州郡又厚賂遺之，使之[三三]去。全無顆粒，怪不得。若更不得支此米，何從得贍軍？然亦只贍得兩三月，何況都無！非天雨鬼輸，何從得來？某在彼時，顏魯子、王齊賢屢行文字下來，令不得動。某報去云：『累任[三四]即無顆粒見在。雖上司約束分明，奈歲用支使何？今來上司，不若爲之豁除其數。若守此虛名而無實，徒爲胥吏輩賂賄之地。又況州郡每歲靠此米支遣，決不能如約束，何似罷之？』更不聽，督責愈急。顏魯子又推王齊賢，王齊賢又推顏魯子。及王齊賢去，顏依舊行下約束，却被某不能管得，只認他[三五]支使了。若以爲罪，則前後之爲守者皆一樣，又何從根究？其勢不奈何，只得如此處。」卓。[三六]

道夫言：「察院黃公鍰，字用和。剛正，人素畏憚。其族有縱惡馬踏人者，公治之急。其人避之惟謹，公則斬其馬足以謝所傷。」先生曰：「某南康臨罷，有躍馬於市者踏了一小兒，將死。某時在學中，令送軍院，次日以屬知録。晚過廨舍，知録云：『早上所喻已栲治如法。』某既而不能無疑於其説[三七]，回至軍院，則其人冠屨儼然，初未嘗經栲掠也。遂將吏人并犯者訊。次日，吏人杖脊勒罷。偶一相識云：『此是人家子弟，何苦辱之？』某曰：『人命所係，豈可寬弛？若云子弟得躍馬踏人，則後日將有甚於此者矣。況州郡乃朝廷行法之地，保佑善良、抑挫豪横乃其職也。縱而不問，其可得耶！』後某罷，諸公相餞於白鹿，某爲極口説西銘『民吾同胞，物吾與也』一段。今人爲秀才者便主張秀才，爲武官者便主張武官，爲子弟者便主張子弟，其所陷溺一至於此。」[三八]道夫。人傑録同而略，今附，云：[三九]「因説劉子澄好言家世。曰：『某在南康時，有一子弟騎馬踏損人家小兒，某訊而禁之，子澄以爲不然。某因講西銘「凡天下疲癃殘疾，惸獨鰥寡，吾兄弟顛連而無告者也」，君子之爲政，且要主張這一等人。遂痛責之。大概人不可有偏倚處。』」

某在南康軍[四〇]時，民有訟坐家逃移者，是身只在家而託言逃移不納税。又有訟望鄉復業者，是身不回鄉而寄狀管業也。淳。

浙東提舉[四一]

「建陽簿權縣。有婦人，夫無以贍，父母欲取以歸事。到官，簿斷聽離。致道深以爲不然，謂夫婦之義豈可以貧而相棄？官司又豈可遂從其請？」先生曰：「這般事都就一邊看不得。若是夫不才，不能育其妻，妻無以自給，又奈何？這似不可拘以大義。只怕妻之欲離其夫別有曲折，不可不根究。」直卿云：「其兄任某處，有繼母與父不恤其［四二］前妻之子。其子數人貧窶不能自活，哀鳴於有司。有司以名分不便，只得安慰而遣之，竟無如之何。」先生曰：「不然。這般所在當以官法治之。也須追出後母責戒勵，若更離間前妻之子，不存活他，定須痛治。」因云：「程先生謂『舜不告而娶』，舜雖不告，堯嘗告之矣。堯之告之也，以王法治之而已。」因云：「昔爲浙東倉時，紹興有繼母與夫之表弟通，遂爲接脚夫，擅用其家業，恣意破蕩。其子不甘，來訴。初以其名分不便却之，後趕至數十里外，其情甚切，遂與受理，委楊敬仲。敬仲深以爲子訴母不便。某告之曰：『曾與其父思量否？其父身死，其妻輒棄背與人私通而敗其家業。其罪至此，官司若不與根治，則其父得不銜寃於地下乎？今官司只得且把他兒子頓在一邊。』渠當時亦以爲然。某後去官，想成休了。初追之急，其接脚夫即赴井，其有罪蓋不可掩。」賀孫。

因論監司巡歷受折送，曰：「近法，自上任許一次受。」直卿曰：「看亦只可量受。」先生曰：「某在浙東都不曾受。」道夫。

「而今救荒甚可笑。自古救荒只有兩説：第一是感召和氣以致豐穰，其次只有儲蓄之計。若待他饑［四三］時理會，更有何策？東邊遣使去賑濟，西邊遣使去賑濟，只討得逐州幾個紫綾册子來，某處已如何措置，某處已如何經畫，元無實惠及民。」或問：「先生向來救荒如何？」云：「亦只是討得紫綾册子，更有何策！」自修。

賑濟無奇策，不如講水利。到賑濟時成甚事？向在浙東，疑山陰、會稽二縣刷飢餓人少，通判鄭南再三云數實。及子細，刷起三倍。可學。

先生語次，問浙東旱。可學云："浙東民户歌先生之德。"先生曰："向時到部，州縣有措置，亦賴朝廷應副得以效力，已自有名無實者多。"因曰："向時浙東先措置，分户高下出米，不知有米無米不同。有徐木者獻策，須是逐鄉使相推排有米者。時以事逼不曾行。今若行之一縣，甚易。大抵今時做事在州郡已難，在監司尤難，以地闊遠，動成文具。惟縣令於民親，行之爲易。計米之有無而委鄉之聰明誠信者處之，聰明者人不能欺，誠信者人不忍欺。若昏懦之人爲人所紿，譎詐之士則務欲容私，此大不可。"可學。

某向在浙東，吏人押安撫司牒，既僉名押字。至紹興府牒，吏亦請僉名，某當時只押字去。聞王仲行有言[四四]語，此伊川所謂"只第一件便做不得"者。如南康軍[四五]舊來有文字到建康府[四六]，皆用申狀，某以爲不然。是時，陳福公作留守只牒建康僉廳，若非前宰執，只當直牒也。如南康有文字到鄰路監司，亦只合備牒，其諸縣於鄰州用牒却有著令。德明。

漳州

郡中元自出公牒，延郡士黄知録樵、施允壽、石洪慶、李唐咨、林易簡、楊士訓及淳與永嘉徐寓八人入學，而張教授與舊職事沮格。至是先生下學，僚屬又有乞留舊有官學正，有司只得守法，言者不止。先生變色厲詞曰：「郡守以承流宣化爲職，不以簿書、財計、獄訟爲事。某初到此，未知人物賢否，風俗厚薄。今已九月矣，方知得學校底裏，便欲注意[四七]學校。所以採訪鄉評物論，延請黄知録，以其有恬退之節，欲得表率諸生。又延請前輩士人同爲之表率，欲使邦人士子識些向背，稍知爲善之方，與一邦之人共趨士君子之域，以體朝廷教養作成之意。不謂作之無應，弄得來遂[四八]没合殺。教授受朝廷之命分教一邦，其責任不爲不重，合當自行規矩。而今却容許多無行之人、争訟職事人在學，枉請官錢，都不成學校。士人先要識個廉退之節。禮義廉耻是謂四維，若寡廉鮮耻，雖能文，要何用？某雖不肖，深爲諸君耻之。」淳。寓同而少異。[四九]

秋補牒請黄樵牧仲考校其詞，曰：「文學德行爲衆所推，今宜禮請同行考校。」復致書曰：「郡庠秋補，諸生欲請賢者臨之，非惟仰藉藻鑑之公，亦欲使後生少知尊賢尚德之意。」道夫。[五〇]

謨曰：[五一]「先生禁漳民禮佛朝嶽，皆所以正人心也。」先生曰：「未説到如此。只是男女混淆，便當禁約爾。」侍坐諸公各言諸處淫巫蠱[五二]惑等事，先生蹙頞嗟歎而已。因舉：「江西有玉隆萬壽宮、太平興國宮，每歲兩處朝拜，不憚遠近奔趨，失其本心，一至於此。」曰：「某嘗見其如此，深哀其愚。上昇一事斷無此理，豈有許多人一日同登天，自後又却不見一個登天之人？如汀民事定、光二佛，其惑亦甚。其佛肉身，嘗留公廳禱祈徼福，果有知道理人爲汀州，合先投畀水火以袪民惑。愚民施財崇修佛宇，所在皆然，此弊滋蔓尤甚。」陳後之言：「泉州妖巫惑民，新立廟貌，海船運土石及遠來施財，遭風覆舟，相繼而不悟。」先生云：「亦嘗望見廟宇壯麗，但尋常不喜入神廟，不及往觀。凡此皆是愚而無知者之所爲爾。」謨。

鄭湜補之問戢盜。曰：「只是嚴保伍之法。」鄭云：「保伍之中，其弊自難關防。如保頭等易得挾勢爲擾。」曰：「當令逐處鄉村舉衆所推服底人爲保頭。又不然，則行某漳州教軍之法以戢盜心。這是已試之效。」因與説：「某在漳州，初到時教習諸軍弓射等事，皆無一人能之。後分許多軍作三番，每月輪番入教[五三]場挽弓，及等者有賞；其不及者留在，只管挽射，及等則止；終不及則罷之。兩月之間，翕然都會射，及上等者亦多，後多留刺以填闕額。其有老弱不能者並退罷之。他若會射了，有盜賊他是不怕他。」劉叔通問：「韓范當初教兵甚善。」先生因云：「公道韓公兵法如何？」又云：「刺陵西[五四]義勇事何如[五五]？這個人恁地不曉事。儂智高反亦是輕可底事，何故恁地費力。」劉云：「聞廣中都無城郭，某[五六]處種竻木爲城，枝節生刺，刀火不能破。」賀孫。

本朝立法，以知州爲不足恃，又置通判分掌財賦之屬。然而知州所用之財，下面更有許多幕職官通管，尚可稽考。惟通判使用更無稽考者[五七]。通判廳財賦極多。某在漳州，凡胥吏輩窠坐，有優輕處、重難處，盡與他擺換一次，優者移之重處，重者移之優處。惟通判廳人吏不願移換。某曰：「你若不肯，盡與你斷罷。」於是皆一例擺換。蓋通判廳財賦多，恣意侵漁，無所稽考也。僩。

陳安卿[五八]問：「『二十而一，十一，十二，二十而三，二十而五』，如何？」先生曰：「近處役重，遠處役輕。且如六鄉自是家家爲兵，至如稍、縣、都鄙[五九]却是七家只出一兵。」黄直卿[六〇]曰：「鄉遂用貢法，都鄙用助法，則是都鄙却成九一。但鄭注『二十而一』等及九賦之類，皆云是計口出泉，如此又近於太重。」先生曰：「便是難曉，這個今且理會得大概。若要盡依他行時也難，似而今時節去那[六一]封建井田，尚煞争。[六二]却[六三]如某病後要思量白日上昇，如何得！今且醫得無事時，已是好了。據某看來，[六四]而今只是如江浙間，[六五]除了那[六六]和買丁錢，重處減些子[六七]，使一家但納百十錢，只依而今税賦後[六八]放教寬着[六九]，無大故害民處，[七〇]如此時便是小太平了。前輩云，本朝税輕於什一，此説[七一]也只是向時可恁地説，似而[七二]今何啻數倍也！緣是上面自要許多用，你而今好看教縣中省解些月樁，[七三]看州府不來打駡麽？在[七四]漳州解發銀子，折了星兩，後來運司發文字下來取，[七五]被某不能管得，判一個『可付一笑』字，聽他們自去理會。似恁時節却要行井田，如何行得！伊川先生嘗言要必復井田封建，及晚年又却言不必封建井田，便也是看破了。[七六]今[七七]且如封建，自柳子厚之屬論得來也是太過，但也是行不得。[七八]如漢當初嘗[七九]要封建，後來便恁地狼狽。若便[八〇]如主父偃之説，『天子使吏治其國而但[八一]納其貢税』，如此便不必封建也得。[八二]今且做把一百里地封一個親戚或功臣，教他去做，其初一個未必便不好，但子孫决不能皆賢。若有一個在那裏無稽時，你[八三]不成教百姓論罷了一個國君！若只坐視他恁地[八四]害民，又不得，那裏[八五]如何區處？[八六]更是人也自不肯去。今且做[八七]教一個錢塘縣尉封他作静江國王、鬱林國王，[八八]他定是不肯去，[八九]它[九〇]寧肯作錢塘縣尉。唐時理會一番襲封刺史，人都不肯去。[九一]符秦也曾如此來。人皆是戀那京師快活後[九二]都不肯去，却要遣人押起，[九三]這個决是不可行。若是以大概論之，聖人封建都是正理；但以利害言之，則利少而害多。而今如[九四]子由古史論得也忒煩，前後都不相照。[九五]想是子由老後昏眩，説得恁地。某嘗作説辨之，得四五段，不曾終了。若東坡時便不如此，他每每兩籠羅[九六]説，他若是主這一邊説時，那一邊害處都藏着不敢説破。如子由便是只管説，後説得更無理會。」因曰：「蘇氏之學喜於縱恣疏蕩。東坡嘗作某州學記，言井田封建皆非古，但有學校尚有古意。其間言『舜遠矣，不可及矣。但有子產尚有[九七]稱』，他便是敢恁地説。千古萬古後你如何知得無一個人似舜。」義剛。[九八]

敬之問：「淳熙事類，本朝累聖删定刑書，不知尚有未是處否？」曰：「正緣是删改太多，遂失當初立法之意。如父母在堂不許分異，此法意極好。到後來因有人親在，私自分析用盡了，到親亡却據法負賴，遂著令許私分。又某往在臨漳，豐憲送一項公事，有人情願不分，人皆以爲美。乃是有寡嫂孤子，後來以計嫁其嫂，而又以己子添立，併其產業。後委鄭丞看驗，逐項剖析子細，乃知其情。」賀孫。

楊通老問：「趙守斷人立後事錯了，人無所訴。」曰：「理却是心之骨，這骨子不端正，少間萬事一齊都差。人[九九]如一個印，刊得不端正，看印在甚麽所在，千個萬個都喎斜。不知人心如何恁地暗昧！這項事其義甚明，這般所在都是要自用，不肯分委屬官，所以事叢雜，處置不暇，胡亂斷去。在法，屬官自合每日到官長處共理會事，如有不至者自有罪。今則屬官雖要來，長官自不要他來，他也只得休。這般法意是多少好。某嘗説，或是作縣，看是狀牒如何煩多都自有個措置。每聽詞狀，集屬官都來列位於廳上，看有多少，均分之，各自判去。到着到時亦復如此，若是眼前易事，各自處斷；若有可疑等事，便留在，集衆較量斷去，無有不當，則獄訟如何會壅？此非獨爲長官者省事，而屬官亦各欲自效。兼是如簿尉等初官，使之決獄聽訟得熟，是亦教誨之也。某在漳州，豐憲送下狀如雨，初亦爲隨手斷幾件。後覺多了，恐被他壓倒了，於是措置幾隻厨子在廳上分了頭項。送下訟來，即與上簿，合索案底自入一厨，人案已足底自入一厨。一日集諸同官，各分幾件去定奪。只於廳兩邊設幕位，令逐項敍來歷，末後擬判。俟食時，即就郡厨辦數味，飲食同坐，食訖即逐人以所定事較量。初間定得幾個來自去做文章，都不説着事情。某不免先爲畫一〔一〇〇〕樣子，云某官今承受提刑司判下狀係某事。（一）甲家於某年某月某日有甚干照，計幾項；　乙家於某年某月某日有甚干照，計幾項。逐項次第寫令分明。（一）甲家如何因甚麽事争起到官，乙家又〔一〇一〕如何來解釋互論，甲家又如何供對已前事分明了。（一）某年某月某日如何斷。（一）某年某月某日某家於某官番訴，某官又如何斷。以後幾經番訴並畫一寫出，後面却點對以前所斷當否，或有未盡情節擬斷在後。如此了却把來看，中間有擬得是底，並依其所擬斷決，合追人便追人，若不消追人，便只依其所擬回申提刑司去。有擬得未是底，或大事可疑，却合衆商量。如此事都了，並無壅滯。」楊通老云：「天下事體固是説道當從原頭理會來，也須是從下面細處理會將上始得。」曰：「固是。如做監司，只管怕訟多措置不下，然要省狀也不得。若不受詞訟，何以知得守令政事之當否？全在這裏見得。只如入建陽受建陽民户訟，這個知縣之善惡便見得。如今做守令，其弊百端，豈能盡防！如胥吏沈滯公事，邀求於人，人皆知可惡，無術以防之。要好，在嚴立程限。他限日到，自要苦苦邀索不得。若是做守令，有可以白干沈滯底事，便是無頭腦，須逐事上簿，逐事要了始得。某爲守，一日詞訟一日着到，合是第九日亦詞訟，某却罷了此日詞訟。明日是休日，今日便刷起，一旬之内有未了事一齊都要了。大抵做官須是令自家常閑、吏胥常忙方得。若自家被文字來叢了，討頭不見，吏胥便來作弊。做官須是立綱紀，綱紀既立都自無事。如諸縣發簿曆到州，在法，本州點對自有限日。如初間是本州磨算司，便自有十日限，却交過通判審計司，亦有五日限。今到處並不管着限日，或遲延一月，或遲延兩三月，以邀索縣道，直待計囑滿其所欲方與呈州。初過磨算司使一番錢了，到審計司又使一番錢，到倅廳發回呈州呈覆，吏人又要錢。某曾作簿，知其弊，於南康及漳州皆用限日。他這般法意甚好，後來一向埋没了。某每到，即以法曉諭定要如此，亦使磨底磨得子細，審底審得子細，有新簿、舊簿不同處，便批出理會。初間吏輩以爲無甚緊要，在漳州押下縣簿，付磨算司及審計司，限到滿日却不見到，根究出乃是交點司未將上，即時決兩吏。後來却每每及限，雖欲邀索也不敢遷延，縣道知得限嚴也不被他邀索。如此等事整頓得幾件，自是省事。此是大綱紀。如某爲守，凡遇支給官員俸給，預先示以期日，到此日只要一日支盡，更不留未支，這亦防邀索之弊。看百弊之多，只得嚴限以促之，使他大段邀索不得。」又曰：「某人世爲良宰，云要緊處有八字『開除民丁，剗割户税』，世世傳之。」又曰：「法初立時有多少好意思，後來節次臣僚胡亂申請，皆變壞了。如父母在堂不許異財，法意最好。今爲人父母在不異財，却背地去典賣，後來却昏賴人。以一時之弊變萬世之良法，只是因某人私意申請。法儘有好處。今非獨下之人不畏法，把法做文具事，上自朝廷也只把做文具行了，皆不期於必行。前夜説上下視法令皆爲閑事。如不許州郡監司饋送，幾番行下而州郡監司亦復如前，但變換名目，多是做忌日去寺中焚香，於是皆有折送，其數不薄。間有甚無廉耻者，本無忌日，乃設爲忌日焚香以圖饋送者。朝廷詔令事事都如此無紀綱，人人玩弛，可慮可慮。」又曰：「只如省部有時行下文字儘有好處，只是後來付之胥吏之手，都没收殺。某在漳州，忽行下文字，應諸州用鑄印處或有缺損磨滅底並許申上，重行改造。此亦有當申者，如合有鑄印處乃是兵刑錢穀處，如尉有鑄印，亦有管部弓兵司理主郡刑獄乃無鑄印。後來申去又如掉在水中一般，過得幾時又行文字來，又申去，又休了。如今事事如此，省部文字一付之吏手，一味邀索，百端阻節。如某在紹興，有納助米人從縣保明到州，州保明到監司，方與申部，忽然部中又行下一文字來再令保明。某遂與逐一詳細申去，云：『已從下一一保明訖，未委今來因何再作行移？』如此申去休了，後來忽又行下來云：『助米人稱進士，未委是何處幾時請到文解，還是鄉貢？如何，仰一一牒問上來。』這是叵耐不叵耐！他事事敢如此邀求取索。當初朝廷只許進士助米，所謂進士只是科舉終場人，如何敢恁地説！某當時若便得這省吏在前，即時便與刺兩行字配將去。然申省去，將謂省官須治此吏，那裏治他！又如奏罷一縣令，即申請一面差人待闕，候救荒事訖交割下替。便［一〇二］來争，上去部裏論，部裏便判罷權官。後來與申去，云元初差這人乃是奉聖旨令救荒，盡與備許多在前。及後部中行下，乃前列聖旨了，後乃仍舊自云『合還下替，交割職事』。直是恁地胡亂行移，略不知有聖旨！那個權官見代者來得恁地急，不能與争，自去了。」賀孫。

頃常欲因奏對言一事而忘之，諸州軍兵衣絹或非所有，則以上供錢對易於出産州軍，最爲煩擾。如漳州舊與信、處二州對易。每歲本州爲兩州抱〔一〇三〕認上供錢若干，盡數解納，而兩州絹絕不來，太守歲遣書饋懇請，恬不爲意，或得三分之一，間〔一〇四〕發到一半，極矣。然絹紕薄而價高，常致軍人怨詈。傅景仁初解漳州，以支散衣絹不好，爲軍人喊噪，不得已以錢貼支，姑得無事，歲以爲苦。興化取之台州更是回遠。此事最不難理會，而無一人肯言之者，不知何故。既知漳不出絹，信州、處州有之，何不令兩州以所合發納上供錢輸絹左藏，只令漳州以錢散軍人，豈不兩便？軍人皆願得錢，不願得絹，蓋今絹價每疋三千省，而請錢則得五千省故也。此亦當初立法委曲勞複之過，改之何妨？僩。

本州鬻鹽最爲毒民之横賦，往前〔一〇五〕屢經旨罷而復屢起。自〔一〇六〕先生至，石丈屢言其利害曲折。先生即散榜，先罷其〔一〇七〕瀕海十一鋪，其餘諸鋪擬俟經界正賦既定然後悉除之。至是諸鋪解到〔一〇八〕鹽錢，諸庫皆充塞。先生曰：「某而今方見得鹽錢底裏〔一〇九〕與郡中歲計無預。前後官都被某見過，無不巧作名色支破者。古者山澤之利與民共之，今都占了，是何理也，合盡行除罷而行迫無及矣！」淳。

李椿年行經界，先從他家田上量起。今之輔弼能有此心否？人傑。〔一一〇〕

某在臨漳欲行經界，只尋得善熟者數人任之。大抵立事須要人才，若人才難得，不成便休，須着做去。人傑。〔一一一〕

某保甲草中所説縣郭四門外置隅官四人，此最緊要，蓋所以防衛縣郭以制變。縣有官府、獄訟、倉庫之屬，須是四面有個防衛始得。一個隅官須各管得十來里方可，諸鄉則只置彈壓之類而不復置隅官，默寓個大小相維之意於其間。又後面「子弟」一段須是着意理會。這個子弟真個要他用，非其他泛泛之比，須是別有個拔擢旌賞以激勸之乃可。此等事難處，須是理會教他整密，無些罅縫方可。僩。[一一二]

吴英茂實云：「政治當明其號令，不必嚴刑以爲威也。」先生曰：「號令既明，刑罰亦不可弛，苟惟不明[一一三]刑罰，則所謂號令者[一一四]徒掛墻壁爾。與其不遵以梗吾治，曷若懲其一以戒百？與其覆實檢察於其終，曷若嚴其始而使之無犯？做大事豈可以小不忍爲心。」[一一五]道夫。[一一六]

問欲行經界本末。曰：「本一官員姓唐，上殿論及此，尋行下漳、泉二州相度。本州申以爲可行，而泉州顔尚書操兩可之説，致廟堂疑貳。却是因黄伯耆輪對再論，其劄子未極好。如云：『今日以天下之大，公卿百官之衆，商量一經界三年而不成。使更有大於此者，將若之何？』上如其請，即時付出。三省宰執奏請，又止且行於漳州。且事當論是非，若經界果可行當行於三州，若不可行則皆當止。漳與泉、汀接壤，今獨[一一七]於漳州，果何謂？」某云：「今農務已興，乃差官措置，豈是行經界之時？去冬好行乃不行，廟堂何不略思？」曰：「今日諸公正是如此衮纏過，故做到公卿。如少有所思則必至觸礙，安得身如此之安！若放此心於天地間公平處置，則何事不可爲？去年上朝廷文字及後來抗祠請，皆有後時之慮。今日却非避事。」可學。

「經界，料半年便都了。以半年之勞而革數百年之弊，後去[一一八]且未説到久，亦須四五十年未便卒壞。兹著[一一九]若行，則令四縣特作四樓以貯簿籍，州特作一樓以貯四縣之圖帳，不與他文書混。闔郡皆曰不可者，只是一樣人田多税少便造説唪嚇，以爲必有害無利；一樣人是憚勞，懶做事，却被那人[一二〇]説所誣，遂合辭以爲不可。其下者因翕然從之。」或曰：「亦是民間多無契，故恐耳。」曰：「十分做一分無契，此只一端耳。況其[一二一]亦許無契者來自陳。」或曰：「只據民户見在田，不必索契，如何？」曰：「如此則起無限争訟，必索契則無限争訟遏矣。今之爲縣，真有愛民之心者十人則十人以經界爲利，無意於民者十人則十人以經界爲害。今之民只教貧者納税，富者自在收田置田不要納税，如此則人便道好，更無些事不順他，便稱頌爲賢守。」淳。

因論經界。曰：「只著一『私』字，便生無限枝節。」或問：「程子『與五十里采地』之説如何？」曰：「人之心無窮，只恐與五十里他又要一百里，與一百里他又要三[一二二]百里。」淳。[一二三]

先生於州治射堂之後圃，畫爲井字九區，中區[一二四]石甃爲高壇，中之後區爲茅庵。庵三窗，左窗櫺爲泰卦，右爲否卦，後爲復卦，前扇爲剥卦。庵前接爲小屋。前區爲小茅亭。左右三區各列植桃李而間以梅，九區之外圍繞植竹。是日遊其間，笑謂諸生曰：「上有九疇八卦之象，下有九丘八陣之法。」淳。

先生除江東漕，辭免。文蔚問：「萬一不容辭免，則當如何？」曰：「事便是如此安排不得。此已辭了，而今事却在他這裏，如何預先安排得？」文蔚。

知[一二五]潭州

先生至嶽麓書院抽簽子，請兩士人講大學，語意皆不分明。先生遽止之，乃諭諸生曰：「前人建書院，本以待四方士友相與講學，非止爲科舉計。某自到官，甚欲與諸公相與講明，一江之隔又多不暇。意謂諸公必皆留意，今日所説反不如州學，又安用此贅疣！明日煩教授諸職事共商量一規程，將來參定，發下兩學共講磨此事。若只如此不留心，聽其所之。學校本是來者不拒，去者不追，豈有固而留之之理？且學問自是人合理會底事，只如『明明德』一句，若理會得自提省人多少。明德不是外面將來安在身上，自是本來固有底物事，只把此切己做工夫，有甚限量！此是聖賢緊要警策人處，如何不去理會？不理會學問，與蚩蚩横目之氓何異？」謙。

「而今官員不論大小盡不見客，敢立定某日見客、某日不見客，甚至月十日不出。不知甚麽條貫上[一一二六]如此，是禮乎？法乎？可怪！不知出來與人相應接少頃有甚辛苦處。使人之欲見者等候不能得見，或有急幹欲去，有甚心情等待？欲吞不可，欲吐不得，其苦不可言。此等人所謂不仁之人，心都頑然無知，抓着不痒，搯着不痛矣。小官下位[一一二七]嘗被上位如此，而非之矣，及至他榮顯，又不自知矣。」因言：「夏漕每日先見過往人客了，然後請職事官相見，蓋恐幕職官稟事多時過客不能久候故也。某在潭州見前後[一一二八]初一、十五例不見客，諸司皆然，某遂破例令皆相見。」先生在潭州每間日一詣學，士人見於齋中，官員則於府署。僩。

客說社倉訟事。曰：「如今官司鶻突，都無理會，不如莫辨。」因說：「如今委送事，不知屬官能否，胡亂送去，更無分曉了絶時節。某在潭州時，州中僚屬朝夕相見，却自知得分曉，只縣官無由得知。後來區處每月版帳錢，令縣官逐人輪番押來，當日留住，試以公事。又怕他鶻突寫來，却與立了格式，云：今蒙使府委送某事如何。（一）某人於某年月日於某處理某事，某官如何斷。（一）又於某時處[一一二九]再理，某官如何斷。（一）某今看詳此事理如此，於條合如何結絶。如此，人之能否皆不得而隱。」木之。

問：「先生須更被大任用在。」曰：「某何人，安得有此！然亦做不得，出來便敗。且如在長沙城，周圍甚廣而兵甚少。當時事未定，江上洶洶[一一三〇]，萬一兵潰，必趨長沙。守臣不可去，只是浪戰而死。此等事須是有素定家計。魏公初在五路，治兵積粟爲五年計，然後大舉。因虜人攻犯淮甸，不得已爲牽制之師。事既多違，魏公久廢，晚年出來便做不得。欲爲家計，年老等不得了，只是逐急去，所以無成。某今日亦等不得了，規摹素不立，纔出便敗。」德明。

或問修城事。云：「修城一事，費亦浩瀚。恐事大[一二]力小，兼不得人，亦難做。如今只靠兩寨兵固是費力，又無馭衆之將可用。」張倅云：「向來靖康之變，虜至長沙，城不可守，雖守臣之罪，亦是闊遠難守。」先生曰：「向見某州修城亦以闊遠之故，稍縮令狹却易修。」周伯壽云：「前此陳君舉説，長沙米倉酒庫自在城外。萬一修得城完，財物盡在城外，不便。只當移倉庫，不當修城。」先生云：「此是秀才家應科舉議論。倉庫自當移，城自當修。」先生又云：「向見張安國帥長沙，壁間掛一修城圖，計料甚子細。有人云：『如何料得如此？恐可觀不可用。』張帥自後便卷了圖子，更不説着。周益公自是怕事底人，不知誰便説得他動。初，益公任内只料用錢七萬，今甎瓦之費已使了六萬，所餘止一萬，初料得少，如今朝廷亦不肯添了。」謙。

【校勘記】

［一］某　成化本無。

［二］某與説及此　成化本爲「與説及」。

［三］地　成化本無。

［四］植録同　成化本無。

［五］能　成化本此下有「得」。

［六］廳　成化本無。

［七］知　成化本無。

［八］無　成化本此上有「極」。

［九］鍾　成化本作「種」。

［一〇］是　成化本無。

［一一］石　成化本作「碩」。下一同。

［一二］使一　成化本無。

［一三］郭兄言本朝之守令極善　成化本録文詳，云「因論封建，曰：『此亦難行。使膏粱之子弟不學而居士民上，其爲害豈有涯哉！且以漢諸王觀之，其荒縱淫虐如此，豈可以治民！故主父偃勸武帝分王子弟而使吏治其國，故禍不及民。所以後來諸王也都善弱，蓋漸染使然。積而至於魏之諸王，遂使人監守，雖飲食亦皆禁制，更存活不得。及至晉懲其弊，諸王各使之典大藩，總强兵，相屠相戮，馴致大亂。』僩云：『監防太密則有魏之傷恩，若寬去繩勒，又有晉之禍亂，恐皆是無古人教養之法故爾。』曰：『那個雖教，無人奈得他何。』或言：『今之守令亦善』。且「善」下注曰：「卓録起此，作『郭兄問』。」」

［一四］無權　成化本爲「之權太輕」，且「輕」下注曰：「卓録作『無權』。」

［一五］之　成化本無。

［一六］盡刮刷　成化本作「皆括」。

［一七］大亂　成化本爲「之變」。

［一八］而然也　成化本爲「故也」。

［一九］有某賊圍京西某州太守無力拒之太守姓晁忘其名　成化本爲「淮南盜王倫破高郵郡守晁仲約以郡無兵財」。

［二〇］斂金帛賂之　成化本爲「開門犒之」，且「之」下注曰：「卓録作『斂金帛賂之』。」

［二一］後來朝廷聞之富鄭公大怒　成化本爲「後來富鄭公聞之大怒」。

［二二］太守　成化本爲「守臣」。

［二三］者　成化本無。

［二四］不可　成化本無。

［二五］他　成化本爲「俾之」。

［二六］他　成化本爲「守臣」。

［二七］姑可　成化本無。

［二八］罪之也　成化本此下有「以爲罪耶」。

［二九］推　成化本作「責」。

［三〇］介甫　成化本此下注曰：「僴。卓録今附于下。」

［三一］之　成化本無。

［三二］租　成化本作「粗」。

［三三］之　成化本無。

［三四］任　成化本作「政」。

［三五］他　成化本無。

［三六］此條卓録成化本分爲兩條，其中「因論封建……如何盡責得介甫」爲一條，注爲僴録；「介甫只是刮刷太甚……只得如此處」爲一條，注爲卓録。且皆載於卷一百八。

［三七］於其説　成化本無。

［三八］此　成化本此下注曰：「賀孫聞之先生云：『因出謁回，即取吏杖之譙樓下，方始交割。』」取　朱本作「使」。

［三九］人傑録同而略今附云　成化本爲「人傑録云」。

［四〇］軍　成化本無。

［四一］浙東提舉　成化本爲「浙江」，且此目上有「總論作郡」一目。

［四二］其　成化本無。

〔四三〕饑　成化本作「餓」。
〔四四〕言　成化本無。
〔四五〕軍　成化本無。
〔四六〕府　成化本無。
〔四七〕注意　成化本爲「留意」。
〔四八〕遂　成化本無。
〔四九〕寓同而少異　成化本爲「寓録少異」。
〔五〇〕此條道夫録成化本無。
〔五一〕謨曰　成化本作「問」。
〔五二〕蠱　成化本作「瞽」。
〔五三〕教　朱本作「校」。
〔五四〕陵西　成化本爲「陜西」。
〔五五〕何如　成化本爲「何故」。
〔五六〕某　朱本作「其」。
〔五七〕者　成化本無。
〔五八〕陳安卿　成化本爲「安卿」。

［五九］鄙　成化本無。
［六〇］黄直卿　成化本爲「直卿」。
［六一］那　成化本無。
［六二］争　成化本此下注曰：「淳録云：『因論封建井田，曰：「大概是如此，今只看個大意。若要行時，須别立法制使簡易明白，取於民者足以供上之用，上不至於乏而下不至於苦，則可矣。今世取封建井田大段遠。」』」
［六三］却　成化本作「恰」。
［六四］據某看來　成化本無。
［六五］而今只是如江浙間　成化本爲「如浙間」。
［六六］那　成化本無。
［六七］子　成化本無。
［六八］後　成化本無。
［六九］着　成化本無。
［七〇］處　成化本此下注曰：「淳録云：『如漳之鹽錢罷了。』」
［七一］此説　成化本無。
［七二］似而　成化本無。

［七三］你而今好看教縣中省解些月椿　成化本爲「而今縣中若省解些月椿」。

［七四］在　成化本此上有「某」。

［七五］後來運司發文字下來取　成化本爲「運司來取」。

［七六］了　成化本此下注曰：「淳録云：『見暢潛道録，想是他經歷世故之多，見得事勢不可行。』」

［七七］今　成化本無。

［七八］得　成化本此下注曰：「淳録云：『柳子厚説得世變也是。但他只見得後來不好處，不見得古人封建底好意。』」

［七九］嘗　成化本無。

［八〇］便　成化本無。

［八一］但　成化本無。

［八二］得　成化本此下注曰：「淳録云：『若論主父偃後底封建，則皆是王族貴驕之子，不足以君國子民，天子使吏治其國而已。』」

［八三］你　成化本無。

［八四］恁地　成化本無。

［八五］那裏　成化本作「却」。

［八六］處　成化本此下注曰：「淳録云：『封建以大體言之，却是聖人公共爲民底意思，是爲正理。以

利害計之：第一世所封之功臣猶做得好在，第二世繼而立者個個定是不曉事，則害民之事靡所不爲。百姓被苦來訴國君，因而罷了也不是，不與他理會亦不是。未論別處如何，只這一處利少而害多，便自行不得。』」

［八七］做　成化本無。

［八八］王　成化本此下注曰：「淳録作『桂國之君』。」

［八九］去　成化本此下注曰：「淳録作『他定以荒僻不樂於行』。」

［九〇］它　成化本無。

［九一］去　成化本此下注曰：「淳録作『一時功臣皆樂於在京而不肯行』。」

［九二］那京師快活後　成化本爲「京師快活」。

［九三］起　成化本此下注曰：「淳録作『符堅封功臣於數國，不肯去，迫之使去』。」

［九四］而今如　成化本無。

［九五］照　成化本此下注曰：「淳録作『子由論封建，引證又都不着』。」

［九六］籠羅　成化本爲「牢籠」。

［九七］有　成化本作「可」。

［九八］成化本此下注曰：「淳録作數條。」且此條義剛録載於卷八十六。而淳所録分爲四條，載於卷一百八。參底本該卷淳録「因論封建井田……此便是小太平了」條，「封建以大體言之……便自行不得」條，「封

建實是不可行……亦做不成」條，「封建柳子厚説得世變也是……只願在京作仁和縣尉」條。

［九九］人　成化本作「了」，屬上讀。

［一〇〇］一　成化本無。

［一〇一］又　成化本無。

［一〇二］便　成化本此上有「不知下替」。

［一〇三］抱　朱本作「包。」

［一〇四］間　朱本作「措」。

［一〇五］往前　成化本無。

［一〇六］自　成化本無。

［一〇七］其　成化本無。

［一〇八］到　此字原缺，據成化本補。

［一〇九］裏　此字原缺，據成化本補。

［一一〇］此條人傑録成化本載於卷一百三十二。

［一一一］此條人傑録成化本作爲注，附於必大録後。參成化本卷一百六必大録「因論漳泉行經界事……蓋朝廷多故之時也」條。又，成化本於人傑録後又附一條爲注，參底本卷一百二十九「立事之人須要硬擔當……是他見得魏公有不可及處」條。

［一一二］此條僩録成化本載於卷一百十一。

［一一三］苟惟不明　成化本爲「苟不用」。

［一一四］所謂號令者　成化本爲「號令」。

［一一五］心　成化本此下注有「言經界」。

［一一六］此條道夫録成化本載於卷一百八。

［一一七］獨　成化本爲「獨行」。

［一一八］後去　成化本無。

［一一九］茲著　成化本無。

［一二〇］人　成化本無。

［一二一］其　成化本作「某」。

［一二二］三　成化本作「二」。

［一二三］此條淳録成化本載於卷一百八。

［一二四］區　此字原缺，據成化本補。

［一二五］知　成化本無。

［一二六］上　成化本無。

［一二七］下位　成化本無。

〔一二八〕某在潭州見前後　成化本爲「潭州」。

〔一二九〕處　成化本作「某」。

〔一三〇〕詾詾　朱本爲「洶洶」。

〔一三一〕大　此字原脱，據朱本補。

晦庵先生朱文公語類卷第一百六　朱子三

晦庵先生朱文公語類卷第一百七

朱子四

孝宗朝內任，丙辰後，雜言行。

六月四日，周揆令人諭意云：「上問：『朱某到已數日，何不請對？』」遂詣閤門，通進榜子。有旨：「初七日後殿班引。」及對，上慰勞甚渥。自陳昨任浙東提舉日荷聖恩保全。上曰：「浙東救荒煞究心。」又言：「蒙除江西提刑，衰朽多疾，不任使令。」上曰：「知卿剛正，只留卿在這裏，待與清要差遣。」再三辭謝，方出奏劄。上曰：「正所欲聞。」口奏第一劄意，言犯惡逆者近來多奏裁減死。上曰：「似如此人，只貸命有傷風教，不可不理會。」第四劄言科罰。上曰：「聞多是羅織富民。」第五劄讀至「置將之權，旁出閹寺」，上曰：「這個事却不然，盡是採之公論，如何由他。」對曰：「彼雖不敢公薦，然皆託於士大夫之公論，而實出於此曹之私意。且如監司守臣薦屬吏，蓋有受宰相、臺諫風旨者。況此曹奸僞百出，何所不可！臣往蒙賜對，亦嘗以此爲説，聖諭謂爲不然。臣恐疏遠，所聞不審，退而得之，士大夫與夫防夫、走卒莫不謂然，獨陛下未之知耳。至去者未遠而復還。」謂甘昇。問上曰：「陛下知此人否？」上曰：「固是，但漏洩文書乃是他子弟之罪。」對曰：「豈有子弟有過而父[一]無罪。然此特一事耳。此人挾勢爲奸，所以爲盛德之累者多矣。」上曰：「高宗以其有才，薦過來。」對曰：「小人無才尚可，小人有才，鮮不爲惡。」上因舉馬蘇論才德之辯云云。至「當言責者，懷其私以緘默」。奏曰：「陛下以曾任知縣人爲六院察官，闕則取以充之。雖曰親擢，然其途[二]轍一定，宰相得以先布私恩於合入之人。及當言責，往往懷其私恩，豈肯言其過失。」上曰：「然。近日之[三]事可見矣。」至「知其爲賢而用之，則用之唯恐其不當[四]，聚之唯恐其不多。知其爲不肖而退之，則退之唯恐其不早，去之唯恐其不盡」。奏曰：「豈有慮君子太多，須留幾個小人在裏？人之治身亦然，豈有慮善太多，須留些惡在裏？」至「軍政不修，士卒愁怨」。奏[五]曰：「主將刻剝士卒以爲苞苴，升轉階級皆有成價。」上云：「却不聞此，果有時，豈可不理會？卿可子細採探却來説。」末後辭云：「照對江西係是盜賊刑獄浩繁去處，久闕正官。臣今迤邐前去之任，不知有何處分？」上曰：「卿自詳練，不在多囑。」閎祖。

「今之兵官有副都總管、路鈐、路分、都監、統領將官、州鈐轄、州都監，而路鈐、路分、統領之類多以貴游子弟處之。至如副都總管，事體極重，向以節使爲之，後有以修武郎爲之者。如州統領，至有以下班祇應爲之者，此士夫所親見。只今天下無虞，邊境不聳，故無害。萬一略有所[六]警，便難承當。兵政病敗未有如今日之甚者。某屢言於壽皇。壽皇謂某曰：『命將，國之大事，非朝廷之公選，即諸公之公薦，決無他也。』某奏云：『陛下但見列薦於朝廷之上，以爲是皆公選，而不知皆結托來爾。且如今之文臣列薦者，陛下以爲果[七]出於公乎？不過有勢力者一書便可得。』壽皇曰：『果爾，誠所當察。卿其爲朕察之。』」道夫。

壽皇晚來極爲和易。某嘗因奏對言檢旱事[八]，天語云：「檢放之弊惟在於後時而失實。」只這四字盡得其要領。又言經、總制錢，則曰：「聞之[九]巧爲名色以取之於[一〇]民。」其於天下事極爲諳悉。道夫。[一一]

問：「或言孝宗於內殿置御屏，書天下監司、帥臣、郡守姓名，作揭貼子[一二]其上，果否？」曰：「有之。孝宗是甚次第英武！劉共甫奏事便殿，嘗見一馬在殿庭[一三]間不動，疑之。一日，問王公明。公明曰：『此刻木爲之者，上萬機之暇即御之，以習據鞍騎射故也。』」又曰：「某嘗以浙西當平事[一四]入見，奏及賑荒。上曰：『其弊只在後時失實。』此四字劇[一五]切荒政之病。」儒用。[一六]

光宗朝[一七]

或問：「陳源之罪當殺否？」曰：「新君即位，不可開其殺人之端。」學蒙。[一八]

向改慶元年號時，先擬「隆平」。某云：「向來改『隆興』時有人議破，以爲『隆』字近『降』字。今既説破，則不可用。」又曰：「『淳熙』年〔一九〕本作『純』字，時有人言〔二〇〕此字必改，言未既而改〔二一〕。蓋『純』字有『屯』字在旁。」又曰：「真宗時楊大年擬進『豐亨』字，上曰：『爲子不了。』不用。」義剛。〔二二〕

今上寧宗〔二三〕

初見先生，即拜問云：「先生難進易退之風，天下所共知。今新天子嗣位乃幡然一來，必將大有論建。」先生笑云：「只爲當時不合出長沙，在官所有召命，又不敢固辭。」又問：「今既受了侍從職名，却不容便去。」先生云：「正爲如此。」又笑云：「若病得狼狽時，也只得去。」自修。

講筵亦云：「意象怱怱，常若有所迫逐。」又記，曾言：「讀書者，譬如觀此屋。若在外面望，便謂見了則無緣識得。須是入去裏面，逐一看過是幾多間架，幾多窗櫺。看一遍了又重重看過，一齊記得方是。」方子。〔二四〕

經筵劄子所言：「大可懼者四：其一，未可直遷南内，且宜於重華宫草創屋宇一二十間權以自處，又於外創一二十間以處宿衛之衆使無暴露，不可厚自奉養，以失中外之望。其二，宜盡孝以感上皇之心。先宜關白太后，且選親屬之尊者委曲方便，使上入宫進見，流涕伏地，抱膝吮乳，負罪引慝。又令親屬與左右扶掖解説，告以不得已之故。則上皇必將驩然，雪消霧解其平日之怒矣。其三，宜振紀綱。諭近習以不得與政。凡有政事必與大臣商議，給舍繳駁，揚於王庭而行之。議或未定，當稱制臨决以示至公。貼黄稱：人主當求聰明之實，不可求聰明之名。與大臣、給舍議政，是求聰明之實也；與左右、近習參議，從中批出，是求聰明之名也。求聰明之實者，始雖未明，久久自能明見事理；求聰明之名者，雖一時足以驚駭衆聽，然近習弄權，日生昏暗。此二者毫釐之差，得失有大相遠者。其四，今之葭宫宜且緩七月之期。召四方草澤術人别議所向，以爲宗社無窮之休。」其言切直明白，洞見事幾。今之所記，略得大綱如此。其末又云：「臣之孤蹤，不能自保。此言一入，必不能久侍，請間之。燕矣！」人傑。〔一二五〕

在講筵時論嫡孫承重之服，當時不曾帶得文字行。旋借得儀禮看，又不能得分曉，不免以禮律爲證。後來歸家檢注疏看，分明説「嗣若有廢疾不任國事者，嫡孫承重」。當時若寫此文字出去，誰人敢争？此亦講學不熟之咎。人傑。

先生檢熙寧祧廟議示諸生云：「荆公數語是甚次第，若韓維、孫固、張師顔等所説，如何及得他。最亂道是張師顔説。當時新法之議也如此，是多少人説都説不倒。東坡是甚麽樣會辯，也説得不甚切，荆公可知是動得人主。前日所論欲祧者，其説不出三項：一欲祧僖祖於夾室，以順翼宣祖所祧之主祔焉。但夾室乃偏側之處，若藏列祖於偏側之處，而太祖以孫居中尊，是不可也。一是欲祔景靈宮。景靈宮，元符所建，貌象西畔六人東向，其四皆依道家冠服是四祖，二人通天冠、絳紗袍乃是太祖、太宗，暗地設在裏，不敢明言。某書中有一句説云云。今既無頓處，況元初奉祀景靈宮聖祖是用簠簋籩豆，又是蔬食。今若祔列祖，主祭時須用葷腥，須用牙盤食，這也不可行。又一項是欲立别廟。某説若立别廟須大似太廟乃可。又不知祫祭時如何，終不成四人令在那一邊，幾人自在這一廟，也只是不可。不知何苦如此。其説不過但欲太祖正東向之位，别更無説。他所謂東向又那曾考得古時是如何，東向都不曾識，只從少時讀書時文[二六]見奏議中有説甚『東向』，依希聽得。如今廟室甚狹，外面又接簷，似乎闊三丈，深二[二七]丈。祭時各捧主出祭，東向位便在楹南簷北之間，後自坐空；昭在室外，後却靠實；穆却在簷下一帶，亦坐空。如此則東向不足爲尊，昭一列却有面南居尊之意。古者室中之事，東向乃在西南隅，所謂奥，故爲尊。合祭時太祖位不動，以群主入就尊者，左右致饗，此所以有取於東向也。今堂上之位既不足以爲尊，何苦要如此？乃使太祖無所自出。」祝禹圭云：「宣祖[二八]以上皆不可考。」曰：「是不可考，要知定是有祖所自出。不然，宣祖[二九]却從平地爆出來，是甚説話！」問：「郊則如何？」曰：「郊則自以太祖配天。這般事最是宰相没主張。這奏議是趙子直編，是他當初已不把荆公做是了，所以將那不可祧之説皆附於注脚下，又甚率略。那許多要祧底話却作大字寫，不知那許多是説個甚麽。只看荆公云：『反屈列祖之主，下祔子孫之廟，非所以順祖宗之孝心。』如何不説得人主動！當時上云：『朕聞之矍然，敢不祗允！』這許多只閑説，只是好勝，都不平心看道理。」又云：「某嘗在上前説此，上亦以爲不可，云：『高宗既不祧，壽皇既不祧，朕又安可爲！』奈何都無一人將順這好意思。某所議，趙丞相白乾地不付出，可怪！」賀孫。

問：「本朝廟制，韓維請遷僖祖，孫固欲爲僖祖立別廟，王安石欲以僖祖東向，其議如何？」曰：「韓説固未是。孫欲立別廟如姜嫄，則姜嫄是婦人，尤無義理。介甫之説却好。僖祖雖無功德，乃是太祖嘗以爲高祖。今居東向，所謂『祖以孫尊，孫以祖屈』者也。近者孝宗祔廟，趙丞相主其事，因祧宣祖，乃併僖祖祧之，令人毀拆僖祖之廟。當時集議某不曾預，只於上前[三〇]説此事。末云：『臣亦不敢自以爲是，更乞下禮官與群臣集議。』趙丞相遂不付出。當時曾無玷、陳君舉之徒全然不曉，但謝子肅、章茂獻却頗主某説。又孫從之云：『僖祖無功德。』某云：『且如秀才起家貴顯，是自能力學致位，何預祖宗？而朝廷贈官必及三代。如公之説，則不必贈三代矣。又如[三一]僖祖有廟，則其下子孫當祧者置於東西夾室，於理爲順。若以太祖爲尊，而自僖祖至宣祖反置於其側，則太祖之心安乎？』」又問：「趙丞相平日信先生，何故如此？」曰：「某後來到家檢渠所編本朝諸臣奏議，正主韓維等説，而作小字附注王安石之説於其下，此惡王氏之僻也。」又問廟門堂室之制。曰：「古之士廟如今之五架屋，以四分之一爲室，其制甚狹。

近因在朝見太廟之堂亦淺，祫祭時太祖東向，乃在虛處。群穆背簷而坐，臨祭皆以帟幕圍之。古人惟朝踐在堂，它祭皆在室中。序[三二]近東則太祖與昭穆之位背處皆實。又其祭逐廟以東向爲尊，配位南向。若朝踐以南向爲尊，則配位西向矣。」又問：「今之州縣學，先聖有殿，只是一虛敞處，則堂室之制不備？」曰：「古禮無塑像，只云先聖位向東。」又問：「若一一理會，則更無是處？」曰：「固是。」人傑。

「太廟向有十二室。僖祖今祧，宣祖今祧，太祖、太宗今一世，真宗今二世，仁宗今三世，英宗今四世，神宗今五世，哲宗、徽宗今六世，欽宗、高宗今七世，孝宗今八世，[三三]今祔孝宗，却除了僖祖、宣祖兩室，止有十一室，止有八世，進不及祖宗時之九，退不得如古之七，豈有祔一宗而除兩祖之理！況太祖而上又豈可不存一始祖？今太祖在廟堂而四祖並列西夾室，亦甚不便。某謂止祧宣祖，合存僖祖。既有一祖在上，以下諸祖列於西夾室猶可。或言：『周祖后稷，以其有功德；今僖祖無功，不可與后稷並論。』某遂言：『今士大夫白屋起家以至榮顯，皆説道功名是我自致，何關於乃祖乃父。則朝廷封贈三代而[三四]諸公能辭而不受乎？況太祖初來自尊僖祖爲始祖，諸公必忍去之乎？』某聞一日集議，遂辭不赴。某若去時必與諸公合炒去。乃是陳君舉與趙子直自如此做，曾三復、孫逢吉亦主他説。中間若謝子肅、章茂獻、張春卿、樓大防皆以爲不安，云：『且待朱丈來商量。』曾三復乃云：『乘此機會祧了。』這是甚麽事，乘機投會恁地急！某先有一奏議投了。樓、張諸公上劄乞降出朱某議，若其言近理，臣等敢不遵從。趙子直又不付出，至於乘夜撤去僖祖室，兼古時遷廟又豈應如此？偶一日接奉使，兩府侍從皆出，以官驛狹，侍郎幕次在茶坊中而隔幕次説及此，某遂辨説一番，諸公皆順聽。陳君舉謂：『今各立一廟。周時后稷亦各立廟。』某説：『周制與今不同。周時豈特后稷各立廟，雖赧王也自是一廟。今立廟若大於太廟，始是尊祖。今地步狹窄，若別立廟，必做得小小廟宇，名曰尊祖，實貶之也。』君舉説幾句話皆是臨時去檢注脚來説。某告之云：『某所説底都是大字印在那裏底，却不是注脚細字。』向時太廟一帶十二間，前堂後室，每一廟各占一間，祧廟之主却在西夾室。今立一小廟在廟前，不知中間如何安排。後來章茂獻、謝深甫諸公皆云：『悔不用朱丈之説。』想也且恁地説。」正淳欲借奏草看，先生曰：「今事過了，不須看。」賀孫。

集議欲祧僖祖廟[三五]，正太祖東面[三六]之位。先生以爲僖祖廟[三七]不可祧，惟存此則宣、順、翼[三八]祧主[三九]可以祔入。劉知夫云：「諸公議欲立僖祖廟爲別廟。陳君舉舍人引閟宮爲故事。」先生曰：「閟宮詩，而今人都説錯了。」又因論：「周禮『祀先王以衮冕，祀先公以鷩冕』，此乃不敢以天子之服加先公，故降一等。」直卿云：「恐不是『祭以大夫』之義。」先生曰：「祭自用天子禮，只服略降耳。」時舉。寓録同。[四〇]

祧僖祖之議始於禮官許及之、曾三復。永嘉諸公合爲一辭。先生獨建不可祧之議，陳君舉力以爲不然，趙揆亦右陳説。文字既上，有旨，次日引見。上出所進文字，云：「高宗不敢祧，壽皇不敢祧，朕安敢祧？」再三以不祧爲是。既退，而政府持之甚堅，竟不行。唯謝中丞入文字右先生之説，乞且依禮官初議，爲樓大防所繳，卒祧僖祖云。實録院略無統紀。修撰官三員、檢討官四員各欲著撰，不相統攝，所修前後往往不相應。先生嘗與衆議，欲以事目分之。譬之六部，吏部專編差除，禮部專編典禮，刑部專編刑法。須依次序編排，各具首末，然後類聚爲書，方有條理。又如一事而記載不同者，須置簿抄出與衆會議，然後去取庶幾存得桉柢[四一]在。唯葉正則不從。先生時爲修撰，[四二]葉爲檢討，正修高宗實録。閎祖。[四三]

今日偶見韓持國廟議，都不成文字。元祐諸賢文字大率如此，只是胡亂討得一二浮辭引證，便將來立議論抵當他人。似此樣議論，如何當得王介父！所以當時只被介父出便揮動一世，更無人敢當其鋒。只看王介父廟議是甚麼樣文字，他只是數句便説盡，更移動不得，是甚麼樣精神！這幾個如何當得他！伊川最説得公道，云：「介父所見，終是高於世俗之論[四四]。」又曰：「朱公掞排禪學劄子，其所以排之者甚正。只是這般樣議[四五]論，如何排得他？也是胡亂討幾句引證便要斷倒他，可笑之甚。」時吕正獻公作相，好佛，士大夫競往參禪，寺院中入室陞堂者皆滿。當時號爲「禪鑽」（去聲），故公掞上疏乞禁止之。僩。

今之史官全無相統攝，每人各分一年去做。或有一件事，頭在第一年，末梢又在第二三年者，史官只認分年去做，及至把來，全鬬湊不着。某在朝時，建議説不要分年，只分事去做。且天下大事無出吏、禮、兵、刑、工、户六件事，如除拜注授是吏部事，只教分得吏事底人，從建炎元年逐一編排至紹興三十二年。他皆倣此，却各將來編年逐月類入。衆人不從。某又云，若要逐年做，須是實置三簿：一簿關報上下年事首末，首當附前某年月[四六]，末當附後年某月；一簿承受所關報本年合入事件；一簿考異。向後各人收拾得也存得個本。又别置一簿列具合立傳者若干人。某人傳，當行下某處收索行狀、墓誌等文字，專牒轉運司疾速報應。已到者勾銷簿，未到者據數再催，庶幾易集。後來去國，聞此説又不行。賜。

而今史官不相統總，只是各自去書，書得不是，人亦不敢改。更是他書了亦不將出來，據他書放那裏，知他是不是！今雖有那日曆，然皆是兼官，無暇來修得；而今須是别差六人鎖放那裏，教他專工夫修方得。如近時作高宗實録却是教人管一年，這也不得。且如這一事，頭在去年，尾在今年，那書頭底不知尾，書尾底不知頭，都不成文字。且如而今[四七]爲臣下作傳，某將來看時，記[四八]得詳底又都只是寫那[四九]行狀，其略底又恰如春秋樣更無本末可考。又有差除後去了底時[五〇]這一截又只休了，如何地稽考！據某看來合分作六項，人管一事。謂如刑事便去關那刑部文字看，他那用刑皆有年月，恁地把來編類便成次序。那五者皆然。俟編一年成了却合斂來。如今年[五一]五月一日有某事，這一月内事先後便皆可見。且如立傳，他那曆[五二]上薨卒皆有年月在，這便當印板行下諸州索那[五三]行實、墓誌之屬，却令運司專差一人督促，史院却在[五四]督促運司。有未到底又刷下去催來，便恁地便好得成個好文字。而今實録，他門也是將日曆做骨，然却皆不曾實用心。有時考不得後，來一[五五]牒下州縣去討，那州郡不應也不管。恁地如何解理會得。義剛。

近世修史之弊極甚。史官各自分年去做，既不相關，又不相示。亦有事起在第一年而合殺處在二年，前所書者不知其尾，後所書者不知其頭。有做一年未終而忽遷他官，遂[五六]空三四月日而復修成者[五七]。有立某人傳，移文州郡索本人之[五八]事實而竟無至者。嘗觀徽宗實録，有傳極詳似只寫行狀、墓誌，有傳極略如春秋樣不可曉。其首末雜手所作，不成倫理。然則如之何？本朝史以日録[五九]爲骨而參之以他書，今當於史院置六房吏，各專掌本房之事。如周禮官屬下所謂史幾人者即是此類。如吏房有某注差，刑房有某刑獄，户房有某財賦，皆各有册系月日而書。其吏房有事涉刑獄則關過刑房，刑房有事涉財賦則關過户房，逐月接續爲書，史官一閲則條目具列，可以依據。又以合立傳之人列其姓名於轉運司，令下諸州索逐人之行狀、事實、墓誌等文字，專委一官掌之，逐月送付史院。如此然後有可下筆處。及異日史成之後，五房書亦各存之，以備漏落。淳。

君舉謂不合與諸公争辨，這事難説。嘗記得林少穎見人好説話都記寫了。嘗舉一項云，國家當理會山陵，要委諭民間遷去祖墳事，後區處未得，特差某官前往定奪果當如何。這個官人看了，乃云只消着中做。林說：「這話說得不是。當時只要理會當遷與不當遷。當遷去，雖盡去亦得；若不當遷，雖一毫不可動。當與不當，這便是中，如何於二者之間酌中做？」此正是今來[六〇]人之大病。所以大學格物窮理，正要理會這些。須要理會教是非端的是[六一]分明，不如此定不得。如初間看善惡如隔一墻，只管看來，漸漸見得善惡如隔一壁。看得隔一壁底已自勝似初看隔一墻底了，然更看得又如隔一幅紙。這善惡只是爭些子，這裏看得直是透。善底端的是善，惡底端的是惡，略無些小疑似。大學只要論個知與不知，知得切與知得[六二]不切。賀孫。[六三]

先生看天雨，憂形於色，云：「第一且是欑宮掘個窟在那裏，如何保得無水出。梓宮甚大，欑宮今闊四丈，自成池塘。奈何！奈何！這雨浸淫已多日。奈何！」賀孫。三十。[六四]

是夜雨甚，先生屢惻然憂歎，謂：「明日掩欑，雨勢如此，奈何！」再三憂之。賀孫問：「紹興山陵土甚卑，不知如何？」先生曰：「固是可慮。只這事前日託[六五]在那裏都說來，只滿朝無一人可恃，卒爲下面許多陰陽官占住了。」問：「聞趙丞相前亦入文字，說得甚好。」先生曰：「是說得煞好，後來一不從，也只住了。自高宗欑宮時，在蜀中入文字說此。今又舉此，不知如何又只如此住了。某初到亦入一文字，後來却差孫從之相視。只孫從之是朝中煞好人，他初間畫三項利害，云：『展發引之期别卜殯宫，上策也；只依舊在紹興，下策也。』説得煞力。到得相視歸來，更説得没理會，到後來又令集議。初已告報日子，待到那一日四更時，忽扣門報云：『不須集議。』待問其故，云：『已再差官相視。』時鄭惠叔在吏書，乃六部之長，關集都是他。當時但聽得説差官，便止了衆人集議，當時若得集議一番，須説得事理分明。初，孫從之去，那曾得看子細。纔到那裏，便被守把老閹促將去，云：『這裏不是久立處。』某時在景靈宫行香，聞此甚叵耐，即與同坐諸公説：『如此亦不可不説。』遂回，聚於鄭惠叔處。待到那裏，更無一人下手作文字，只管教某。某云：『若作之，何辭？止緣某前日已入文字，今作出又止此意思。得諸公更作，庶説得更透切。』都只説過，更無人下手，其遂推劉德修作。劉遂下手，鄭惠叔又只管説不消説如何。某説：『這是甚麽樣大事！如何恁地住？』遂顧左右，即取紙筆令劉作，衆人合湊遂成。待去到待漏院要進，都署銜位，各了。黄伯耆者，他已差做相視官，定了不簽他。他又來，須要簽，又换文字將上。待得他去相視歸來，却説道：『自好。』這事遂定。滿朝士大夫都靠不得，便如此。這般事，爲臣子須做一家事盡心竭誠乃可。明知有不穩當，事大體重如此，如何住得？他説須要山是如何，水須從某方位盤轉，經過某方位，從某方位環抱，方可用。不知天地如何恰生這般山，依得你這般樣子，更莫管他也。依他説，爲臣子也須盡心尋求，那知不有如此樣？驀忽更有也未可知，如何便住得？聞亦自有人來説幾處可用，都被那邊計較阻抑了。」又云：「許多侍從也不學，宰相也不學，將這般大事只恁地做。且如祧廟集議，某時已[六六]怕去争炒，遂不去，只入文字。後來説諸公在那裏群起譁然，甚可畏，宰相都自怕了。君舉所主廟議是把禮記『祖文王，宗武王』爲據，上面又説『祖契而宗湯』。又引詩小序『禘太祖』。詩序有甚牢固？又引『烝祭歲，文王騂牛一，武王騂牛一』，那時自是卜洛之始，未定之時一時禮數如此。又用國語，亦是難憑。」器之問：「濮議如何？」先生曰：「歐公説固是不是，辯之者亦説得偏。既是所生，亦不可不略示殊異，若止封皇伯與其他皇伯等亦不可，須封號爲『大王』之類乃可。伊川先生有説，但後來已自措置得好，凡祭享禮數，一付其下面子孫，朝廷無所預。」賀孫。

林丈説：「彭子壽彈韓侂胄只任氣性，不顧國體，致韓侂胄[六七]大憾於[六八]趙相，激成後日之事。」先生曰：「他純不曉事情，率爾而妄舉。」淳。

丙辰後

正卿問：「今江陵之命將止於三辭？」曰：「今番死亦不出，纔出便只是死。」賀孫。

直卿云：「先生去官[六九]，其他人不足責，如吴德夫、項平父、楊子直，合乞出。」先生曰：「諸人怕做黨錮，看得定是不解恁地。且如楊子直，前日纔見某入文字便來勸止，且攢着眉做許多模樣。某對他云：『公且説來[七〇]，何消得恁地？』如今都是這一串説話，若一向絶了，又都無好人去。」賀孫。

季通被罪，臺評[七一]及先生。先生飯罷，樓下起西序行數回，即中位打坐。賀孫退歸精舍告諸友。漢卿筮之，得小過「公弋取彼在穴」，曰：「先生無虞，蔡所遭必傷。」即同輔萬季弟至樓下。先生坐睡甚酣，因諸生偶語而覺，即揖諸生。諸生問所聞蔡丈事如何。曰：「州縣捕索甚急，不曉何以得罪。」因與正淳説早上所問孟子未通處甚詳。繼聞蔡已遵路，防衛頗嚴。諸友急往中途見別，先生舟往不及。聞蔡留邑中，皆詹元善調護之。先生初亦欲與經營，包顯道因言：「禍福已定，徒爾勞擾。」先生嘉之，且云：「顯道説得自好，未知當局如何。」是夜，諸生坐樓下圍爐講問而退。聞蔡編管道州乃沈繼祖文字，主意詆先生也。賀孫。

或有謂先生曰：「沈繼祖乃正淳之連袂也。」先生笑曰：「『彌子之妻與子路之妻，兄弟也』，何傷哉！」人傑。

先生往淨安寺候蔡。蔡自府乘舟就貶，過淨安，先生出寺門接之。坐僧[七二]方丈，寒暄外無嗟勞語，以連日所讀參同契所疑扣蔡，蔡應答灑然。少遲，諸人醵酒至，飲皆醉。先生間行，列坐寺前橋上飲，回寺又飲。先生醉睡。方坐飲橋上，詹元善即退去。先生曰：「此人富貴氣。」賀孫。

今爲辟禍之説者固出於相愛，然得某壁立萬仞，豈不益爲吾道之光？[七三]

「其默足以容」，只是不去擊鼓訟冤，便是默，不成屋下合説底話亦不敢説也。[七四]

有一朋友微諷先生云：「先生有『天生德於予』底意思，却無『微服過宋』之意。」先生曰：「某又不曾上書自辯，又不曾作詩謗訕，只是與朋友講習古書，説這道理。更不教做，却做何事！」因曰：「論語首章言『人不知而不愠，不亦君子乎』，斷章言『不知命，無以爲君子』。[七五]今人開口亦解説一飲一啄自有定分，及遇小小利害便生趨避計較之心。古人刀鋸在前，鼎鑊在後，視之如無物者，[七六]蓋緣只見得這道理，都不見那刀鋸、鼎鑊。」又曰：「『死生有命』，如合在水裏死須是溺殺，此猶不是深奥底事、難曉底話。如今朋友都信不及，覺見此道日孤，令人意思不佳。」人傑。

因説鄉里諸賢文字，以爲皆不免有藏頭亢腦底意思。「有學者來問便當直説與道[七七]，在我不可不説。若其人半間不界，與其人本無求益之意，故意來磨難，則不宜説。外此，説儘無害。我畢竟説從古聖賢已行底道理，不是爲姦爲盜怕説與人。不知我説出便有甚罪過？諸賢所見皆如此。祇緣怕人譏笑，遂以此爲戒，便藏頭不説。某與林黄中争辨一事，至今亦只是説，不以爲悔。『夫道若大路然』，何掩蔽之有？」打空[七八]説及某人，鄉里皆推其有所見。其與朋友書，言學不至於「不識不知，順帝之則」處則學爲無用。先生曰：「近來人自要向高説一等話。要知初學及此是爲躐等。詩人這句自是形容文王聖德不可及處，聖人教人何嘗不由知由識入來！」寓。[七九]

或有人勸某當此之時宜略從時。某答之云：「但恐如草藥，煅煉得無性了，救不得病耳。」僩。

有客遊二廣多年，知其山川人物風俗，因言廉州山川極好。先生笑曰：「被賢說得好，下梢不免去行一番。」此時黨事方起，又因問舉業。先生笑曰：「某少年時只做得十五六篇義，後來只是如此發舉及第。人但不可不會作文字，及其得也只是如此。今人却要求爲必得，豈有此理？」祖道。

雜記言行

某嘗言吾儕講學正欲上不得罪於聖賢，中不誤於一己，下不爲來者之害，如此而已，外此非所敢與。道夫。

「人言好善嫉惡，而今在閑處只見嫉惡之心愈至。」伯謨曰：「唯其好善，所以嫉惡。」道夫。

因言科舉之學，問：「若有大賢居今之時，不知當如何？」曰：「若是第一等人，它定不肯就。」又問：「先生少年省試，報罷時如何？」曰：「某是時已自斷定，若那番不過省，定不復應舉矣。」僩。

擇之勞先生人事之繁。答曰：「大凡事只得耐煩做將去，纔起厭心便不得。」道夫。

長孺問：「先生須得邵堯夫先知之術？」先生久之答[八〇]曰：「吾之所知者，『惠迪吉，從逆凶』，『滿招損，謙受益』。若是明日晴，後日雨，吾又安能知耶！」。愨。

黃直卿請[八一]先生且謝賓客數月將息疾[八二]。先生曰：「天生一個人便須着管天下事。若要不管，須是如楊氏爲我方得。某却不曾去學得這般學。」義剛。

義剛[八三]問衣裳制度。曰：「也無制度，但畫像多如此，故效之。」又問：「有尺寸否？」曰：「也無稽考處。那禮上雖略説，然也説得没理會處。」義剛。按此條問先生服。[八四]

或[八五]曰：「今之朋友大率多爲作時文妨了工夫。」曰：「不曾見得那好底[八六]時文，只是剽竊亂道之文而已。若要真個做時文底，也須深資廣取以自輔益，以之爲時文莫更好在[八七]。只是讀得那亂道底時文，求合那亂道底試官，爲苟簡滅裂[八八]工夫。它亦不曾子細讀那好底時文，和時文也有時不子細讀得。某記少年應舉時，常下視那試官，説：『他如何曉得我底意思？』今人盡要去求合試官，[八九]越做得那物事低了。嘗見已前相識間做賦者甚麼樣讀書？無書不讀。而今只是令那亂道底考試，[九〇]有甚見識？若見識稍高，讀書稍富[九一]，議論高人，豈不更做得好文字出來[九二]？它見得底只是如此，遂互相倣傚，專爲苟簡滅裂工夫。」歎息[九三]久之。卓。[九四]

先生熟聞知録趙師慮之爲人，試之政事又得其實，遂首舉之。其詞曰：「履行深醇，持心明

恕。」聞者莫不心服。道夫。[九五]

有爲其兄求薦書。先生曰：「没奈何爲公發書。某只云，某人爲某官，亦老成諳事，亦可備任使。更須求之公議如何，某不敢必。辛弃疾是朝廷起廢爲監司，初到任，也須采公議薦舉，他要使一路官員。他所薦舉須要教一路官員知所激勸是如何人。他若把應副人情，有書來便取去，這一任便倒了。某兩爲太守，嘗備員監司，非獨不曾以此事懇人，而人亦不曾敢以此事懇某。自謂平日修行得這些力。他明知以私意來懇祝必被某責。然某看，公議舉人是個好人，人人都知。若是舉錯了也是自家錯了。本不相[九六]應副人情，又不是交結權勢，又不是被[九七]獻諛，這是多少明白。人皆不來私懇，其間有當薦之人自公舉之。待其書來説，某已自舉薦他了，更無私懇者。」賀孫。

有親戚託人求舉。先生曰：「親戚固是親戚，然薦人於人亦須是薦賢始得。今鄉里平平等人無可稱之實，某都不與發書懇人。况某人事父[九八]母如此，臨財如此，居鄉曲事長上如此，教自家薦舉他甚麼得！」因問所託之人：「公且與撰幾句可薦之迹將來，是説得説不得？假使説道向來所爲不善，從今日自新，要求舉狀，是便有此心，何可保！」賀孫。

劉共父創第規模宏麗，先生勸止之曰：「匈奴未滅，何以家爲！」忠肅意不樂也。道夫。[九九]

先生書所居之桃符云：「愛君希道泰，憂國願年豐。」書竹林精舍桃符云：「道迷前聖統，朋誤遠方來。」〔一〇〇〕若海。

先生於父母墳墓所託之鄉人必加禮。或曰：「敵己以上，拜之。」賀孫。

梅雨，溪流漲盛，先生扶病往觀。曰：「君子於大水必觀焉。」僩。

先生嘗立北橋，忽市井游手數人悍然突過，先生斂衽橋側避之。每閑行道間，左右者或辟人，先生即厲聲止之曰：「你管他作甚！」先生每徒行報〔一〇一〕謁，步速而意專，不左右顧。及無事領諸生遊賞，則徘徊顧瞻，緩步微吟。先生有疾，及諸生省問，必正冠坐揖，各盡其情，略無倦接之意。諸生有未及壯年者，待之亦周詳。先生病少愈，既出寢室，客至必見，見必降階肅之，去必送至階下。諸生夜聽講退則不送，或在坐有外客則自降階送之。先生於客退，必立視其車行，不復顧然後退而解衣及應酬他事。或客方登車，猶相面，或以他事稟者，不須〔一〇二〕之。或前客纔登車而尚留之客輒有所稟議，亦令少待。先生對客語及本路監司守將，必稱其官。賀孫。

先生於世俗未嘗立異。有歲迫欲入新居而外門未立者，曰：「若入後有禁忌，何以動作？」門欲横從巷出，曰：「直出是公道，横則與世俗相拗。」淳。

某人立説：「不須作同異，見人作事皆入一分。」先生曰：「不曾參得此無礙禪。天下事安可必同？安可必異？且如爲子須孝，爲臣須忠，我又如何異於人？若是不好事，又安可必同？只是有理在。」可學。〔一〇三〕

【校勘記】

［一］父　成化本爲「父兄」。

［二］途　成化本作「涂」。

［三］之　朱本作「一」。

［四］當　成化本作「速」。

［五］奏　成化本無。

［六］所　成化本無。

［七］果　成化本此下有「皆」。

［八］事　成化本無。

［九］之　成化本無。

［一〇］於　成化本無。

［一一］此條道夫録成化本載於卷一百二十七。

［一二］子　朱本作「于」。

［一三］庭　朱本作「廷」。

［一四］浙西當平事　成化本爲「浙東常平事」。

〔一五〕劇　成化本作「極」。

〔一六〕此條儒用録成化本載於卷一百二十七。

〔一七〕光宗朝　成化本無此目。

〔一八〕此條學蒙録成化本無。

〔一九〕年　成化本無。

〔二〇〕時有人言　成化本爲「時人有言」。

〔二一〕改　成化本此下有「文字至」。

〔二二〕此條義剛録成化本載於卷一百二十七。

〔二三〕今上寧宗　成化本爲「寧宗朝」。

〔二四〕卷十所載方子録與此條相似，但文字略有差異，參該卷方子録「今人讀書看未到這裏……一齊記得方是」條。

〔二五〕此條人傑録成化本無。

〔二六〕文　成化本無。

〔二七〕二　成化本作「三」。

〔二八〕宣祖　成化本爲「僖祖」。

〔二九〕宣祖　成化本爲「僖祖」。

〔三〇〕只於上前　成化本爲「只入文字又於上前」。

〔三一〕又如　成化本無。

〔三二〕序　成化本作「户」。

〔三三〕僖祖今祧……孝宗今八世　成化本無。

〔三四〕而　成化本無。

〔三五〕廟　成化本無。

〔三六〕面　成化本作「向」。

〔三七〕廟　成化本無。

〔三八〕宣順翼　成化本爲「順翼宣」。

〔三九〕主　朱本作「祖」。

〔四〇〕寓録同　成化本無。

〔四一〕桉柢　成化本爲「揔底」。

〔四二〕先生時爲修撰　成化本無。

〔四三〕此條閎祖録成化本分爲兩條，其中「祧僖祖之議……卒祧僖祖云」爲一條，「實録院略無統紀……唯葉正則不從」爲一條。

〔四四〕論　成化本作「儒」。

〔四五〕議　成化本無。
〔四六〕前某年月　成化本爲「前年某月」。
〔四七〕且如而今　成化本作「如」。
〔四八〕記　成化本作「説」。
〔四九〕那　成化本無。
〔五〇〕又有差除後去了底時　成化本爲「又有差除去了底」。
〔五一〕今年　成化本爲「元年」。
〔五二〕曆　成化本爲「日曆」。
〔五三〕那　成化本無。
〔五四〕在　成化本作「去」。
〔五五〕來一　成化本爲「將」。
〔五六〕遂　朱本作「自」。
〔五七〕復修成者　成化本爲「不復修者」。
〔五八〕本人之　成化本無。
〔五九〕録　朱本作「曆」。
〔六〇〕今來　成化本作「今時」。

〔六一〕是　成化本無。

〔六二〕知得　成化本無。

〔六三〕賀孫　成化本爲墨丁。

〔六四〕三十　成化本無。

〔六五〕託　成化本作「既」。

〔六六〕已　成化本無。

〔六七〕韓侂胄　成化本爲「侂胄」。

〔六八〕於　朱本作「放」。

〔六九〕官　成化本作「國」。

〔七〇〕且説來　成化本無。

〔七一〕評　成化本作「謂」。

〔七二〕僧　成化本無。

〔七三〕成化本此下注有「閎祖」。

〔七四〕成化本此下注有「同」。

〔七五〕子　成化本此下注曰：「賜録云：『且以利害禍福言之，此是至粗底。此處人只信不及，便講學得待如何？亦没安頓處。』」

［七六］成化本此下注曰：「賜録作『如履平地』。」
［七七］道　成化本作「之」。
［七八］打空　此二字原缺，據朱本補。
［七九］此條寓録成化本載於卷一百二十三。
［八〇］答　成化本無。
［八一］黄直卿請　成化本爲「直卿勸」。
［八二］疾　成化本作「病」。
［八三］義剛　成化本無。
［八四］按此條問先生服　成化本無。
［八五］或　成化本此上有「某於相法却愛苦硬清癯底人，然須是做得那苦硬底事。若只要苦硬而不知爲學，何貴之有？而今朋友遠處來者或有意於爲學，眼前朋友大率只是據見定了更不求進步。而今莫説更做甚工夫，只真個看得百十字精細底也不見有」。
［八六］見得那好底　成化本爲「見做得好底」。
［八七］在　成化本無。
［八八］裂　成化本此下有「底」。
［八九］説他如何曉得我底意思今人盡要去求合試官　此十九字原脱，據上下文及成化本補。

〔九〇〕而今只是令那亂道底考試　成化本爲「而今只念那亂道底賦」。
〔九一〕富　成化本作「多」。
〔九二〕來　成化本無。
〔九三〕息　成化本此下有「者」。
〔九四〕卓　成化本作「倜」，且此條載於卷一百二十一。
〔九五〕此條道夫録成化本載於卷一百六。
〔九六〕相　成化本作「是」。
〔九七〕被　成化本此下有「他」。
〔九八〕父　成化本無。
〔九九〕此條道夫録成化本載於卷一百三十二。
〔一〇〇〕來　成化本此下注曰：「先是趙昌父書曰：『教存君子樂，朋自遠方來。』故嗣歲先生自易之以此。」
〔一〇一〕報　朱本作「拜」。
〔一〇二〕須　成化本作「領」。
〔一〇三〕此條可學録成化本載於卷十三。

晦庵先生朱文公語類卷第一百八

朱子五

論治道

治道別無説。若使人主恭儉好善，「有言逆於心必求諸道，有言孫於志必求諸非道」，這如何會不治。這別無説，從古來都有見成樣子直是如此。賀孫。

古者修身與取才、卹民與養兵皆是一事，今遂分爲四。升卿。

自古有「道術爲天下裂」之説，今親見其弊矣。自修。

爲學是自博而反諸約，爲治是自約而致其博。自修。

「井田之法要行，須是封建，令逐國各自去理會。如王畿之内亦各有都鄙、家鄙。漢人嘗言郡邑在諸國之外，而遠役於中都非便。」問：「漢以王國雜見於郡縣間，如何？」曰：「漢本無法度。」德明。

因論封建井田，曰：「這般大概是如此，今只看個大意。若要行時，須別立法制使簡易明白，取於民者足以供上之用，上[一]不至於乏而下[二]不至於苦，則可矣。今世取封建井田大段遠，相似病人望白日上昇一般，今且醫得他病無事便好。如江浙間，除了和買丁錢，如重處減少，使一年只納百十錢；如漳之鹽錢罷了。此便是小太平了。」淳。[三]

封建以大體言之，却是聖人共[四]爲民底意思，是乃[五]爲正理。以利害計之：第一世所封之功臣猶做得好在，第二世繼而立者個個定是不曉事，則害民[六]靡所不爲。百姓被苦來訴國君，因而罷了亦[七]不是，不與他理會亦不是。未論別處如何，只這一處利少而害[八]多，便自行不得。淳。[九]

封建實是不可行。若論三代之世，則封建好處便是君民之情相親，可以久安而無患，不似後世郡縣一二年輒易，雖有賢者善政，亦做不成。淳。

因言：「封建只是歷代循襲，勢不容已，柳子厚亦說得是。賈生謂『樹國必相疑之勢』，甚然。封建後來自然有尾大不掉之勢。觀[一〇]成周盛時能得幾多[一一]時？到春秋列國强盛，周之勢亦浸微矣。後來到戰國，東西周分治，赧王但寄於西周公耳。雖是聖人法，豈有無弊者！」大率先生之意，以爲封建井田皆易得致弊。廣。

封建，柳子厚說得世變也是，但他不見得後來不好處，不見得古人封建底好意。子由論封建，引證又都不著。唐太宗當時襲封刺史，一時功臣皆樂於在京而不肯行。苻堅封功臣於數國，不肯去，迫之使去。且如有人爲仁和縣尉，一日，封之靖江府爲桂國之君，他定以其荒僻，不樂於行，只願在京作仁和縣尉。〔一二〕

因論封建，曰：「此亦難行。使膏粱之子弟不學而居民〔一三〕上，其爲害豈有涯哉！且以漢諸王觀之，其荒縱淫虐如此，豈可以治民？故主父偃勸武帝分王子弟而使吏治其國，故禍不及民。所以後來諸王也都善弱，蓋漸染使然。積而至於魏之諸王，遂使人監守，雖飲食亦皆禁制，更存活不得。及至晉懲其弊，諸王各使之典大藩，總强兵，相屠相戮，馴致大亂。」僩云：「監防太密則有魏之傷恩，若寬去繩勒又有晉之禍亂，恐皆是無古人教養人之法故爾。」曰：「那個雖教，無人奈得他何。」或言：「今之守令亦善。」〔一四〕曰：「却無前代尾大不掉之患。只是州縣之權太輕，〔一五〕卒有變故，更支撑不住。」僩因舉：「祖宗官制沿革中，説祖宗時州郡禁兵之額極多，又有諸般名色錢可以贍養。及王介甫作相，凡州郡兵財皆括歸朝廷，而州縣益虚。所以後來之變，天下瓦解，由州郡無兵無財故也。」曰：「只祖宗時州郡已自輕了。如仁宗朝京西群盗横行，破州屠縣，無如之何。淮南盗王倫破高郵，郡守晁仲約以郡無兵財，遂開門犒之〔一六〕使去。富鄭公聞之大怒，欲誅守臣，曰：『豈有任千里之寄，不能拒賊而反賂之！』范文正公争之曰：『州郡無兵無財，俾之將何捍拒？今守臣能權宜應變以全一城之生靈亦可矣，豈可反以爲罪耶？』然則彼時州郡已如此虚弱了，如何盡責得介甫！」僩。按「或言守令」以下已見第三卷黄卓録，但首尾不同而文略詳，故不敢節略而並存。〔一七〕

周自東遷之後王室益弱，畿内疆土皆爲世臣據襲，莫可誰何。而畿外土地亦皆爲諸侯爭據，天子雖欲分封而不可得。如封鄭桓公都是先用計，指射鄶地，罔而取之，亦是無討土地處。此後王室子孫豈復有疆土分封？某常以爲郡縣之事已萌於此矣。至秦時，是事勢窮極去不得了，必須如此做也。僩。〔一八〕

今據〔一九〕欲處世事於陵夷之後，乃一向討論典故，亦果何益？孟子於滕文公乃云「諸侯之禮吾未之聞〔二〇〕」，便説與「齊疏之服，饘粥之食」，哭泣之〔二一〕哀，大綱先正了。可學。〔二二〕

立一個簡易之法與民由之，甚好。夏商井田之法所以難廢者，固自〔二三〕有聖賢之君繼作，然實是〔二四〕法簡，不似周法繁碎。然周公是其時不得不恁地。惟繁故易廢，使孔子繼周必能通變使簡易，不至如是繁碎。今法極繁，人不能變通，只管築塞在這裏。道夫。

今日之法，君子欲爲其事，以拘於法而不得騁；小人却徇其私，敢越於法而不之顧。人傑。

吴伯英與黄直卿議溝洫。先生徐曰：「今則且理會當世事尚未盡。如刑罰，則殺人者不死，有罪者不刑；税賦，則有産者無税，有税者無産。何暇議古？」蓋卿。

今日之事，若向上尋求須用孟子方法，其次則孔明之治蜀、曹操之屯田許下也。〔二五〕

今人只認前日所行之事而行之，便謂之循典，故也須揀個是底始得。學蒙。

居今之世，若欲盡除今法行古之政，則未見其利而徒有煩擾之弊。又事體重大，阻格處今[二六]決然難行。要之，因祖宗之法而精擇其人亦足以治，只是要擇人。范淳夫唐鑑，其論亦如此，以爲因今郡縣足以爲治。某少時常鄙之，以爲苟簡因循之論。以今觀之，信然。僩。[二七]

問：「先生所謂『古禮繁文不可考究，欲取方[二八]今見行禮儀增損用之，庶其合於人情方爲有益』。如何？」先生云：[二九]「固是。」曰：「若是，則禮中所載冠、昏、喪、祭等儀有可行者否？」先生云：[三〇]「如冠、昏禮豈不可行，但喪、祭有煩雜耳。」問曰[三一]：「是則自非[三二]理明義精者不足以與此矣。」先生云：[三三]「固是。」曰：「井田封建如何？」先生云：[三四]「亦有可行者。如有功之臣，封之一鄉，如漢之鄉亭侯。田稅亦須要均，則經界不可以不行，大綱在先正溝溢[三五]。又如孝弟忠信、人倫日用間事，播爲樂章使人歌之，倣周禮讀法遍示鄉村聚[三六]落，亦可代今粉壁所書條禁。」人傑。

問：「歐公本論謂今冠、昏、喪、祭之禮只行於朝廷，宜令禮官講明頒行於郡縣。此説如何？」曰：「向來亦曾頒行，後來起告訐之訟遂罷。然亦難得人教他。」問：「三代規模未能遽復，且講究一個粗法管領天下，如社倉、舉子之類。」先生曰：「譬如補鍋，謂之小補可也。若要做，須是一切重鑄。今上自朝廷，下至百司、庶府，外而州縣，其法無一不弊，如學校科舉之法尤甚。」又云：「今之禮尚有見於威儀辭遜之際，若樂則全是失了。」問：「朝廷合頒降禮樂之制令人講習。」曰：「以前日浙東之事觀之，州縣直是視民如禽獸，豐年猶多饑死者，雖百后夔，亦將[三七]呼召他和氣不來。」德明。

今衣服無章，上下混淆。某嘗謂縱未能大定經制，且隨時略加整頓，猶愈於不爲。如小衫令各從公衫之色，服紫者小衫亦紫，服緋緑者小衫亦緋緑，服白則小衫亦白，胥吏則皆烏衣。餘皆於[三八]此，庶有辨別也。閎祖。[三九]

而今衣服未得復古，且要辨得華夷。今上領衫與靴皆胡服，本朝因唐，唐因隋，隋因周，周因元魏。隋煬帝有游幸，遂令臣下服戎服，五品以上適着紫袍，六品以下兼用緋緑，[四〇]皆戎服也。至唐有三等服，有朝服又有公服，治事時着便是法服，有衣裳、佩玉。案，[四一]又有常時服，便是今時公服，則無時不服。唐初年服袖甚窄，全是胡服。中年會[四二]寬，末年又寬，但看人家畫古賢可見。唐初頭上裹四脚[四三]，至朝恩[四四]以桐木爲冠，如山形安於髻上，方裹巾，後人漸學他。至本朝漸變爲幞頭，方用漆紗做。本來唐時四脚軟巾只人主，後面二帶用物事穿得横，臣下不敢用。後藩鎮之徒僭竊用，今則朝廷一例如此。庚。[四五]

平易近民，爲政之本。僩。

先生病起，不敢峻補，只得平補。且笑曰：「不能興衰撥亂，只得扶衰補敝。」淳。[四六]近日百事都如此，醫者用藥也只用平平穩穩底藥，亦不能爲害，亦不能治病。也只[四七]是他初不曾識得病，故且如此酌中。試看[四八]世上事都如此。扁鵲視疾察見肺肝，豈是看見裏面如何？也只是看得證候極精，纔見外面便知五臟六腑事無少差[四九]。賀孫。[五〇]

吾輩今經歷如此，異時若有尺寸之柄而不能爲斯民除害去惡，豈不誠可罪耶！某嘗謂今之世姑息不得，却[五一]直須共他理會，庶幾善弱可得存立。道夫。

或問：「爲政者當以寬爲本而以嚴濟[五二]？」先生曰：「某謂當以嚴爲本而以寬濟之。曲禮謂『涖官行法，非禮，威嚴不行』，須是令行禁止。若曰令不行、禁不止而以是爲寬，則非也。」人傑。

古人爲政一本於寬，竊謂[五三]今必須反之以嚴，蓋必須[五四]如是矯之而後有以得其當。今人爲寬至於事無統紀，緩急予奪之權皆不在我，下梢若[五五]是奸豪得志，而[五六]平民既不蒙其惠，又反受其殃矣。若海。

今人説寬，故多是事事不管，某謂壞了這「寬」字。人傑。

或問古今治亂者。先生言：「古今禍亂必有病根。漢宦官后戚，唐藩鎮，皆病根也。今之病根在歸正人，忽然放教他來，州縣如何奈得他何！所幸老者已死，少者無彼中人氣象，似此間人一般無能[五七]。」

爲政如無大利害不必議更張，議更張[五八]則所更一事未成必閧然成紛擾，卒未已也。至於大家，且假借之，故子産引鄭書，曰「安定國家，必大爲[五九]先」。人傑。

問：「爲政更張之初，莫亦須稍嚴以整齊之否？」曰：「此事難斷定説，在人如何處置，然亦何消要過於嚴？今所難者是難得曉事底人。若曉事底人，它[六〇]歷練多，事纔至面前它都曉得依那事分寸而施以應之，人自然畏服。今人往往過嚴者多半是自家不曉，又慮人欺己，又怕人慢己，遂將大拍頭去拍他，要他畏服。若自見得，何消過嚴？便是這事難。」又曰：「難！[六一]」僩。

因言：「處[六二]置天下事直是難，救得這一弊，少間就這救之之心又生那一弊。如人病寒，下熱藥，少間又變成燥熱；及至病熱，下寒藥，少間又變得寒。到得這家計壞了，更支捂不住。」僩。

問：「今日之治，當以何爲先？」曰：「只是要得人。」德明。[六三]

天生一世人才自足一世之用，自古及今只是這一般人。但是有聖賢之君在上，氣焰大，薰蒸陶冶得別，這個自争八九分。只如時節雖是[六四]不好，但上面意思略轉，則[六五]下面便轉。況乎聖賢，是甚力量！少間無狀底人自銷鑠改變不敢做出來，以其平日爲己之心爲公家辦事，自然修舉，蓋小人多是有才底。儒用。[六六]荀悅曰「教化之行挽中人而進於君子之域，教化之廢推中人而墮於小人之域[六七]」。若是舉皆[六八]恁地各舉其職，有不能者亦[六九]勉强去做。不然也怕公議，既無公議，更舉無忌憚了。夔孫。

後世只是無個人樣。德明。

今日人材須是得個有見識又有度量人，便容受得今日人材，將來截長補短使。升卿。

泛言人才，曰：「今人只是兩種：謹密者多退避，俊快者多粗疏。」道夫。

貪污者必以廉介者爲不是，趨競者必以恬退[七〇]爲不是。由此類推之，常人莫不皆然。人傑。

賀孫問先生出處，因云：「氣數衰削，區區愚見，以爲稍稍爲善正直之人多就摧折困頓，似皆佞諛得志之時。」先生曰：「亦不可一向如此說，只是無人。一人出來須得許多人大家合力做，若是做不得方可歸之天，方可喚做氣數。今若有兩三人要做，其他都不管他，直教那兩三人摧折了便休。」賀孫。

有言：「世界無人管，久將脱去。凡事未到手則姑晦之，俟到手然後爲。」有詰之者曰：「若不幸未及爲而死，吾志不白則如之何？」曰：「此亦不奈何，吾輩蓋是折本做也。」先生曰：「如此則是一部孟子無一句可用也。嘗愛孟子答淳于髡之言曰『嫂溺援之以手，天下溺援之以道。子欲以[七一]手援天下乎』，吾人所以救世者，以其有道也。既自放倒矣，天下豈一手可援哉？觀其說，緣飾得來不好。安得似陸子静，堂堂自在說成一個物事乎！」方子。

直卿云：「嘗與先生言，如有一等才能了事底人，若不識義理終是難保。先生不以爲然，以爲若如此說，却只是自家這下人使得，不是自家這下人都不是人才。」賀孫。

「荀彧歎無智謀之士，看今來把誰做智謀之士？」伯謨云：「今時所推只永嘉人。江西人又粗，福建人[七二]又無甚人。」先生不應，因云：「南軒見義必爲，他便是没安排周遮，要做便做。人說道他勇，便是勇，這便是不可及。」歎息數聲。賀孫。

今世士大夫惟以苟且逐旋挨去爲事，挨得過時且過。上下相咻以勿生事，不要十分分明理會事，且恁相[七三]鶻突，纔理會得分明便做官不得。有人少負能聲，反[七四]少經挫抑却悔其太惺惺了[七五]，一切刓方爲圓，且恁隨俗苟且，自道是年高見識長進。當官者，大小上下以不見吏民、不治事爲得策，曲直在前只恁[七六]不理會，庶幾民自不來，以此爲止訟之道。民有冤抑無處伸訴，只得忍遏。便有訟者，半年周歲不見消息，不得予[七七]決，民亦只得休和耳[七八]。居官者遂以爲無訟之可聽，風俗如此。可畏！可畏！僩。

今日人才之壞皆由於詆排道學。治道必本於正心、修身，實見得恁地，然後從這裏做出。

如今士大夫，但説據我逐時恁地做也做得事業，説道[七九]正心、修身都是閑説話，我自不消得用此。若是一人叉手並脚，便道是矯激，便道是邀名，便道是做崖岸，須是如市井底人拖泥帶水方始是通儒實才。賀孫。

器遠問：「文中子『安我者所以寧天下也，存我者所以厚蒼生也』，看聖人恁地維持紀綱，却與有是非、無利害之説有不相似者。」曰：「只爲人把利害之心去看聖人。若聖人爲治，終不成掃蕩紀綱，使天下自恁地頹壞廢弛，方唤做公天下之心？聖人只見得道理合着[八〇]恁地做，有箇[八一]天下在這裏須着去保守，須着有許多維持紀綱，這是決定着如此，不如此便不得，這依前只是[八二]賭是。」又問：「若如此説，則陳丈就事物上理會也是合如此。」曰：「雖是合如此，只是無自家身己做本領便不得。」又問：「事求可，功求成，亦是當如此？」曰：「只要去求可求成便不是。聖人做事那曾不要可、不要成？只是先從這裏理會[八三]，不[八四]恁地計較成敗利害。如公所説，只是要去理會許多汩董了，方牽入這心來，却不曾有從這裏流出在事物上底意思。」賀孫。

蔡季通因浙中主張史記，常説道邵康節所推世數，自古以降，去後是不解會甚好，只得就後世做規模。以某看來則不然。孔子修六經要爲萬世標準。若就那時商量别作個道理，孔子也不解修六經得。如司馬遷亦是個英雄，文字中間自有好處，只是他説經世事業只是第二三着，如何守他議論！如某退居老死無用之物，如諸公都出仕宦，這國家許多命脈泪[八五]自有所屬，不直截以聖人爲標準，却要理會第二三着。這事煞利害，千萬細思之！賀孫。

用之解「鼎顛趾，利出否，無咎」。或曰：「據此爻，是凡事須用與他翻轉了却能致利[八六]。」先生曰：「不然，只是偶然如此。此本不好底爻，却因禍致福，所謂不幸中之幸。蓋『鼎顛趾』本是不好，却因顛傾[八七]出鼎中惡穢之物，所以反得利而無咎，非是故意欲翻轉鼎趾而求利也。」或言：「某人議論專是如此，[八八]每[八九]云凡事須是與他轉一轉了，却因轉處與他做教好。」先生曰：「便是浙中近來有一般議論如此。若只管如此存心，未必真有益，先和自家心術壞了。聖賢做事只說[九〇]『正其義不謀其利，明其道不計其功』，凡事只是[九一]如此做，何嘗先要如此[九二]安排紐捏，須要着些權變機械方唤做作事？又況自家一布衣，天下事那裏便教自家做？不知得[九三]臨事做出時是[九四]如何，却無故平日將此心去紐捏揣摩，先弄壞了。聖人所說底話光明正大，須是先理會個正大[九五]底綱領條法[九六]，將[九七]自家心先正了，然後天下事[九八]先後緩急自有次第，逐旋理會[九九]。今於『在明明德』不[一〇〇]曾理會得，便要[一〇一]理會『新民』工夫。及至『新民』又有[一〇二]那『親其親，長其長』底事，却便先萌個計功計獲底心要如何濟他，如何有益，少間盡落入功利窠窟裏去。固是此理無外，然亦自有個[一〇三]緩急之序，[一〇四]今未曾理會自身己上事[一〇五]便先要『開物成務』，都倒了。孔子曰『可與立，未可與權』，亦是甚不得已方說此話，然須是聖人方可與權，若以顏子之賢，恐也不敢議此。聖人〔一〇六〕『磨而不磷，涅而不緇』，而人〔一〇七〕纔磨便磷，纔涅便緇，如何別〔一〇八〕說權變功利？所謂『未學行，先學走』也。而今諸公只管講財貨源流〔一〇九〕，兵是〔一一〇〕如何，民又如何，陳法又如何。此等事固當理會，只是須識個先後〔一一一〕之序，先其大者急者，而後其小者緩者，今都倒了這工夫。『子路問君子。子曰：「修己以敬」〔一一二〕』，『顏淵問仁。子曰：「克己復禮」』，『仲弓問仁。子曰：「出門如見大賓，使民如承大祭。己所不欲，勿施於人。」』曾子將死，宜有要切之言，及孟敬子問之，惟在於辭氣言語〔一一三〕之間。此數子者，皆聖門之高弟，及夫子告之與其所以告人者，乃皆在於此。是何〔一一四〕遺其遠者大者而徒告之〔一一五〕以近者小者耶？是必有在矣。某今病得十生九死，已前數〔一一六〕見浙中一般議論如此，亦嘗竭其區區之力，欲障其末流而徒勤無益。不知瞑目以後，又做甚〔一一七〕麽生。可畏！可歎！」僩。〔一一八〕

杜斿問：「濂溪言道至貴者不一而定〔一一九〕。」答〔一二〇〕曰：「周先生言道至貴者不一而足〔一二一〕，蓋〔一二二〕是見世間愚輩爲外物所摇動，如墮在火坑中，不忍見他，故如是說不一。世人心不在殼子裏面〔一二三〕，如發狂相似，只是自不覺。浙間只是權譎功利之淵藪，三二十年後其風必熾，爲害不小。某六七十歲，居此世不久，旦夕便死。只與諸君子在此同說，後來必驗。」〔一二四〕

問：「州縣間寬嚴事既已聞命矣。若經世一事，向使先生見用，其將何先？」曰：「亦只是隨時。如壽皇之初是一樣，中間又是一樣，只合隨時理會。」問：「今日之治奉行祖宗成憲。然是太祖皇帝以來至今，其法亦有弊而當更者。」曰：「亦只是就其中整理，如何便超出做得？如薦舉，如科場，如銓試，就其中從長整理。」問：「向說諸州廂禁軍與屯戍大軍更互教閱，如何？」曰：「亦只是就其法整理。」既而歎曰：「法度尚可移，如何得人心變易，各人將他心去行法？且如薦舉一事，雖多方措置提防，然其心只是要去私他親舊，應副權勢，如何得心變！」說了，德明起稟云：「數日聽尊誨，敬當銘佩，請出整衣拜辭。」遂出，再入，拜於床下。三哥扶掖。先生俯身顰眉，動色言曰：「後會未期，朋友間多中道而畫者，老兄却能拳拳於切己之學，更勉力廣充，以慰衰老之望。」德明後[一二五]致詞拜謝而出，不勝悵然。前一日，先生云：「朋友赴官來相別，某病如此，時事又如此。[一二六]」道中追念斯言，不覺涕下。伯魯追[一二七]求一言之誨。先生云：「歸去且與廖丈商量。昨日說得已詳，大抵只是如此。」稱「丈」者，爲女夫[一二八]。伯魯言也。德明。

問治亂之機。曰：「今看前古治亂那裏是一時做得。少是四五十年，多是一二百年醞釀，方得如此。」遂俛首太息。賀孫。

【校勘記】

［一］上　此字原脱，據上下文及成化本卷八十六義剛録所夾淳録補。

［二］下　此字原脱，據上下文及成化本卷八十六義剛録所夾淳録補。

［三］此條淳録成化本以部分内容爲注，夾於卷八十六義剛録中，參底本卷一百六義剛録「陳安卿問二十而一……你如何知得無一個人似舜」條。

［四］共　成化本爲「公共」。

［五］乃　成化本無。

［六］民　成化本此下有「之事」。

［七］亦　成化本作「也」。

［八］害　此字原缺，據上下文及成化本補。

［九］此條淳録成化本作爲注，夾於卷八十六義剛録中，參底本卷一百六義剛録「陳安卿問二十而一……你如何知得無一個人似舜」條。

［一〇］觀　成化本無。

［一一］多　成化本無。

［一二］此條成化本以部分内容爲注，夾於卷八十六義剛録中，參底本卷一百六義剛録「陳安卿問二十而

一……你如何知得無一個人似舜」條。

〔一三〕 民　成化本爲「士民」。

〔一四〕 善　成化本此下注曰：「卓録起此，作『郭兄問』。」

〔一五〕 輕　成化本此下注曰：「卓録作『無權』。」

〔一六〕 之　成化本此下注曰：「卓録作：『斂金帛賂之。』」

〔一七〕 按或言守令……故不敢節略而並存　成化本爲「卓録附于下」。成化本此下所附卓録，底本另作一條載於卷一百六，參底本該卷卓録「郭兄言本朝之守令極善……只得如此處」條。

〔一八〕 成化本此下注曰：「以下春秋。」且此條僩録載於卷一百三十四。

〔一九〕 據　成化本無。

〔二〇〕 聞　成化本作「學」。

〔二一〕 之　成化本作「盡」。

〔二二〕 此條可學録成化本載於卷五十五。

〔二三〕 自　成化本作「是」。

〔二四〕 然實是　成化本爲「亦是」。

〔二五〕 成化本此下注有「德明」。

〔二六〕 今　成化本作「多」。

［二七］成化本此下注曰：「德明録云：『問：「今日之治當以何爲先？」曰：「只是要得人。」』」此條德明録底本另作一條，參本卷。
［二八］方　成化本無。
［二九］先生云　成化本作「曰」。
［三〇］先生云　成化本作「曰」。
［三一］曰　成化本無。
［三二］是則自非　成化本爲「若是則非」。
［三三］先生云　成化本作「曰」。
［三四］先生云　成化本作「曰」。
［三五］溢　成化本作「洫」。
［三六］聚　朱本作「里」。
［三七］將　成化本無。
［三八］於　成化本作「放」。
［三九］此條閎祖録成化本載於卷九十一。
［四〇］五品以上適着紫袍六品以下兼用緋緑　成化本爲「三品以上服紫五品以上服緋六品以下服緑」。
［四一］案　成化本作「等」，屬上讀。

〔四二〕會　成化本作「漸」。

〔四三〕脚　成化本此下有「軟巾」。

〔四四〕朝恩　成化本爲「魚朝恩」。

〔四五〕庚　成化本爲「學蒙與上條聞同」。且此條載於卷九十一。同聞所録者爲僩録「因言服制之變……又有兩脚上下者亦莫可曉」條，參底本卷九十一。

〔四六〕此條淳録成化本載於卷一百七。

〔四七〕也只　成化本無。

〔四八〕試看　成化本無。

〔四九〕無少差　成化本無。

〔五〇〕此條賀孫録成化本載於卷一百七。

〔五一〕却　成化本無。

〔五二〕濟　成化本此下有「之」。

〔五三〕竊謂　成化本無。

〔五四〕須　成化本無。

〔五五〕若　成化本作「却」。

〔五六〕而　成化本無。

［五七］能　成化本此下有「爲矣」，且此條末注有「謙」，載於卷一百十。

［五八］議更張　成化本無。

［五九］爲　成化本作「焉」。

［六〇］它　成化本無。

［六一］難　成化本重「難」。

［六二］處　成化本作「措」。

［六三］此條德明録成化本作爲注附於僩録後，參本卷僩録「居今之世……以今觀之信然」條。

［六四］是　成化本無。

［六五］則　成化本無。

［六六］成化本此下注曰：「或録云：『問：「天地生一世人自足了一世用，但患人不能盡用天地之才，此其不能大治。若以今世論之，則人才之可數者亦可見矣，果然足以致大治乎？」曰：「不然。人只是這個人，若有聖賢出來，只它氣焰自薰蒸陶冶了無限人才，這個自争八九分。少間無狀者、惡者自消爍不敢使出，各求奮勵所長而化爲好人矣。而今朝廷意思略轉，則天下之人便皆變動。况有大聖賢者出，休麽様氣魄！那個盡薰蒸了，小人自是不敢放出無狀，以其自私自利辦事之心而爲上之用，皆是有用之人矣。」』」

休　朱本作「是」，賀本作「甚」。

［六七］域　成化本作「塗」。

〔六八〕皆　成化本作「世」。
〔六九〕亦　成化本爲「亦須」。
〔七〇〕退　成化本此下有「者」。
〔七一〕以　成化本無。
〔七二〕人　成化本無。
〔七三〕相　成化本無。
〔七四〕反　成化本作「及」。
〔七五〕了　成化本爲「了了」。
〔七六〕恁　成化本無。
〔七七〕予　朱本作「了」。
〔七八〕耳　成化本無。
〔七九〕道　成化本此下有「學説」。
〔八〇〕着　成化本無。
〔八一〕箇　朱本作「令」。
〔八二〕依前只是　成化本爲「只是個」。
〔八三〕會　成化本此下有「去」。

［八四］不　成化本爲「却不曾」。

［八五］汩　朱本作「固」。

［八六］利　成化本作「福」。

［八七］顛傾　成化本爲「顛仆而傾」。

［八八］某人議論專是如此　成化本爲「浙中諸公議論多是如此」。

［八九］每　成化本無。

［九〇］説　成化本此下有「個」。

［九一］是　成化本無。

［九二］如此　成化本無。

［九三］不知得　成化本爲「知他」。

［九四］是　成化本無。

［九五］正大　成化本爲「光明正大」。

［九六］法　成化本作「目」。

［九七］將　成化本爲「且令」。

［九八］天下事　成化本爲「於天下之事」。

［九九］會　成化本此下有「道理自分明」。

〔一〇〇〕不　成化本作「未」。

〔一〇一〕要　成化本爲「先要」。

〔一〇二〕有　成化本作「無」。

〔一〇三〕個　成化本爲「先後」。

〔一〇四〕序　成化本此下有「今未曾理會得正心、修身，便先要治國、平天下」。

〔一〇五〕自身己上事　成化本爲「自己上事業」。

〔一〇六〕聖人　成化本無。

〔一〇七〕人　成化本爲「今人」。

〔一〇八〕别　成化本作「更」。

〔一〇九〕流　成化本此下有「是如何」。

〔一一〇〕是　成化本作「又」。

〔一一一〕後　成化本此下有「緩急」。

〔一一二〕敬　成化本此下有「曰：『如斯而已乎？』曰：『修己以安人』」。

〔一一三〕言語　成化本爲「容貌」。

〔一一四〕何　成化本作「豈」。

〔一一五〕之　成化本無。

〔一一六〕數　成化本爲「數年」。
〔一一七〕甚　成化本無。
〔一一八〕此條僩録成化本載於卷七十三。
〔一一九〕定　成化本作「足」。
〔一二〇〕答　成化本無。
〔一二一〕言道至貴者不一而足　成化本無。
〔一二二〕蓋　成化本無。
〔一二三〕面　成化本無。
〔一二四〕成化本此下注有「節」，此條載於卷九十四。
〔一二五〕後　成化本作「復」。
〔一二六〕此　成化本此下有「後此相見，不知又如何」。
〔一二七〕追　成化本作「進」。
〔一二八〕女夫　王本爲「丈夫」。

晦庵先生朱文公語類卷第一百九

朱子六

論取士

古人學校、教養、德行、道藝、選舉、爵禄、宿衛、征伐、師旅、田獵皆只是一項事，皆一理也。召穆公始諫厲王不聽而退居于郊。及厲王出奔，國人欲殺其子，召公匿之。國人圍召公之第，召公乃以己子代厲王之子而宣王以立。因歎曰：「便是這話難説。古者公卿世及，君臣恩意交結素深，與國家共休戚，故患難相爲如此。後世相遇如塗人，及有患難，則渙然離散而已。然今之公卿子孫有[二]不可用者，只是不曾教得，故公卿之子孫莫不驕奢淫佚。不得已而用草茅新進之士，舉而加之公卿之位，以爲苟勝於彼而已。然所恃者以其知義理，故勝之耳。若更不知義理，何所不至！古之教國子，其法至詳密，故其才者既足以有立，而不才者亦得以薰陶漸染而不失爲寡過之人，豈若今之驕騃淫奢也哉！陳同父課藁中有一段論此稍佳。」僩。

賓問：「人才須教養。明道章疏須先擇學官，如何？」先生曰：「便是未有善擇底人。某嘗謂天下事不是從中做起，須得結子頭是當，然後從上梳理下來，方見次序。」德明問：「似〔二〕聞先生嘗言州縣學且依舊課試，太學當專養行義之士。」曰：「却如此不得。士自四方來，遠至太學，〔三〕無緣盡知其來歷，須是從鄉舉。」德明。

因論學校，曰：「凡事須有規模。且如今〔四〕太學亦當用一好人，使之自立繩墨，遲之十年，日與之磨練方可。今日學官只是爲之〔五〕計資考遷用，又學識短淺，學者亦不尊向〔六〕。」某〔七〕云：「神宗未立三舍前，太學亦盛。」曰：「吕氏家塾記云，未立三舍前太學只是一大書會，當時有孫明復、胡安定之流，人如何不趨慕？」可學。

林擇之曰：「今之〔八〕士人所聚多處，風俗便不好。故太學不如州學，州學不如縣學，縣學不如鄉學。」先生曰：「太學真個無益，於國家教化之意何在？向見魏公〔九〕陳作「陳魏公」。〔一〇〕説亦以爲可罷。」義剛。淳録同。〔一一〕

三舍人做乾元統天義，説乾元處云「如目之有視，耳之有聽，體之有氣，心之有神」云云。如今也無這般時文。僩。

今人作經義正是醉人説話。只是許多説話改頭换面説了又説，不成文字。僩。

今人爲經義者全不顧經文，務自立説，心粗膽大，敢爲新奇詭異之語〔一二〕。方試官命此題，固[一三]已欲其立奇説矣。又其所[一四]出題目定不肯依經文成片段，都是斷章牽合，是甚麽義理！三十年前人猶不敢如此，只因一番省試出「上天之載，無聲無臭，儀刑文王」三句，後遂成例。當時人甚駭之，今遂以爲常矣。遂使後生輩違背經旨，争爲新奇，迎合主司之意，長浮競薄，終將若何。可慮！可慮！王介甫之[一五]經義固非聖人意，然猶使學者知所統一。不過專念本經及看注解，而以其本注之説爲文辭，主司考其工拙而定去留耳。豈若今之違經背義、恣爲奇説而無所底止哉！當時神宗令介甫造三經義，意思本好。只是介甫之學不正，不足以發明聖意，爲可惜耳。今之[一六]爲經義者又不若爲詞賦，詞賦不過工於對偶，不敢如治經者之亂説也。聞虜中科舉罷，即曉示云後舉於某經、某史命題，仰士子各習此業，使人心有所定止，專心看一經一史，不過數舉則經史皆通。此法甚好。今人[一七]爲主司者，務出隱僻題目以乘人之所不知，使人弊精神於檢閲，茫然無所向方，是果何法也？僩。

時有報行遣試官牽合破碎出題目者。或曰：「如此行遣一番也好。」曰：「某常説不當就題目上理會，這個都是道術不一，所以如此。所以王介甫行三經字説，説是一道德、同風俗。是他真個使得天下學者盡只是念這個物事[一八]，更不敢別走作胡説，上下都有個據守。若是有才者自是[一九]就他這腔子裏説得好，依舊是好文字。而今人却務出暗僻難曉底題目，以乘人之所不知，却如何教他不杜撰、不胡説得哉[二〇]！」曰：「若不出難題，恐盡被人先牢籠做了。」曰：

也[二一]莫管他，自家依舊是取得好底[二二]文字，不誤遠方觀聽。在[二三]而今却都是杜撰胡説，破壞後生心術，這個乖。某常説今日學校科舉不成法。上之人分明以盜賊遇士，士亦分明以盜賊自處，動不動便鼓譟作鬧以相迫脅，非盜賊而何？這個治之無他，只是嚴挾書傳義之禁，不許繼燭，少間自沙汰了一半。不是秀才底人他亦自不敢來，雖無沙汰之名而有其實。既不許繼燭他自要奔，去聲。無緣更代得人筆。」或曰：「恐難止遏。今只省試及太學補試，自有[二四]禁遏不住。」曰：「也只是無人理會。若捉得一兩個真個痛治，人誰敢犯！這個須從保伍中做起，却從保正社首中討保明狀，五家爲保，互相保委，若不是秀才定不得與保明。若捉出詭名納兩副三副卷底人來，定將保明人痛治，人誰敢犯！某嘗説天下無難理會底事，這般事只是黑地裏脚指縫也夾[二五]得出來，不知如何得恁地無人理會！」又曰：「今日科舉考試也無法不通看。」或曰：「解額當均否？」曰：「固是當均。」或曰：「看來不必立爲定額，但[二六]幾名終場卷子取一名足矣。」曰：「不得，少間便長詭名納卷之弊。依舊與他立定額，只是從今起照前三舉内終場人數計之，就這數内立定額數。三舉之後又將來均一番，如此則多少不至相懸絶矣。」因説混補，曰：「頃在朝時，趙丞相欲行三舍法。陳君舉欲行混補，趙丞相不肯，曰：『今此天寒粟貴，若復混補，須添萬餘人，米價愈騰踊矣！』某曰：『爲混補之説者固大謬，爲三舍之説亦未爲得也。未論其他，只州郡那裏得許多錢穀養他。蓋入學者既有舍法之利，又有科舉之利，不入學者止有科舉一塗，這裏便是不均。利之所在，人誰不趨？看來只均太學解額於諸路便無事。如今太學解額，七人取兩人。便一〔二七〕人取一人也由我，十人取一人也由我，二十人、三十人、四十人取一人也只由我。而今自立個不平放這裏，如何責得人趨。』」或問：「恩榜無益於國家，可去否？」曰：「此又去不得。去之則傷仁恩，人必怨怒〔二八〕。看來只好作文學助教闕，立定某州文學幾員，助教幾員，隨其人士之多少以定員數，如宗室宮觀例，令自指射占闕，相與受代，莫要教他出來做官，既不傷仁恩，又無老耄昏濁貪猥不事事之病矣。」杜佑通典中說釋奠處有文學助教官。因說祿令，曰：「今日祿令更莫說，更是不均。且如宮觀祠祿，少間人〔二九〕盡指占某州某州。蓋州郡財賦各自不同，或元初立額有厚薄，或後來有增減，少間人盡占多處去。雖曰州郡富厚，被人炒多了也供當不去。少間本州本郡底不曾給得，只得去應副他州〔三〇〕他處人矣。」因又說經界。或曰：「初做也須擾人。」曰：「若處之有法，何擾之有？而今只是人人不曉，所以被人瞞說難行。間有一兩個曉得底，終不足以勝不曉者之多。若人人都教他算，教他法量，他便使瞞不得矣。打量極多法，推法算量極易，自紹興間秦丞相舉行一番以至今，看來是蘇綽以後到紹興方得行一番，今又多弊了，看來須是三十年又量一番，庶常無弊。蓋人家田産只五六年間便自不同，富者貧，貧者富，少間病敗便多，飛産匿名無所不有。須是三十年再與打量一番，則乘其弊少而易爲力，人習見之，亦無所容其奸矣。要之，既行也，安得盡無弊？只是得大綱是〔三一〕好，其間寧無少弊處？只如秦丞相紹興間行也，安得盡無弊？只是十分弊也須革去得九分半，所餘者一分半分而已。今人却情願受這十分重弊壓在頭上都不管，及至纔有一人理會起，便去搜剔他[三二]那半分一分底弊來瑕疵之，以爲決不可行。如被人少却百貫千貫却不管，及至[三三]被人少却百錢千錢，便反倒要與你[三四]理會。今人都是這般見識。而今分明是有個天下國家，無一人肯把做自家物事看，不可説著。某常説，天下事所以終做不成者，只是壞於懶與私而已。懶則士大夫不肯任事。有一樣底説，我只認做三年官了去，誰能閑理會得閑事，討煩惱，我不理會也得好好做官去。次則豪家上户群起遮攔，恐法行則奪其利，盡用納税。惟此二者爲梗而已。」又曰：「事無有處置不得者。事事自有個恰好處，只是不會思量，不得其法。只如舊時科舉無定日，少間人來這州試了又過那州試，州裏試了又去漕司試，無討[三五]理會處。不知誰恁地[三六]聰明，會思量定作八月十五日，積年之弊一朝而革，這個方喚做處置事。聖人所以做事動中幾會，便是都[三七]如此。」又曰：「凡事須看透背後去。」因舉掌云：「且如這一事見得這一面是如此，便須看透那手背後去方得。如國手下棋，一着便見得數十着以後之着。若只看這一面，如何見得那事幾？更説甚治道！」僩。

包[三八]言科舉之弊。先生曰：「如他經尚是就他[三九]文義上説，最是春秋不成説話，多是去求言外之意後[四〇]説得不成模樣。某説道，此皆是『侮聖人之言』，却不如王介甫樣，索性廢了較强。」又笑云：「嘗有一人作隨時變通論，皆説要復古。至論科舉要復鄉舉里選，却説須是歇三[四一]十年却行，要待那種子盡了方行得。説得來也是。」義剛。

器遠問：「今士人習爲時文應舉，如此須當有個轉處否？」曰：「某舊時看，只見天下如何有許多道理恁地多！如今看來只有一個道理，只有一個學。在下者也着如此學，在上者也着如此學。在上若好學自見道理，許多弊政亦自見得須要整頓。若上好學，便於學舍選舉賢儒，如胡安定、孫明復這般人爲教導之官。又須將科目盡變了，全理會經學，這須會好。今未説士子，且看朝廷許多奏表支離蔓衍，是説甚麽！如誥宰相，只須説數語戒諭，如此做足矣。」敬之云：「先生嘗説：『表奏之文，下之[四二]諛其上也；誥敕之文，上之[四三]諛其下也。』」賀孫。

問：「今日科舉之弊，使有可爲之時，此法何如？」曰：「也廢他不得，然亦須有個道理。」又曰：「更須兼他科目取人。」庚。[四四]

「『今時文賦却無害理，經義大不便』分明是『侮聖人之言』。如今年三知舉所上劄子論舉人使字，理會這個濟得甚？今日亦未論變科舉法。只是上之人主張分别善惡，擢用正人，使士子少知趨向，則人心自變，亦有可觀。」可學問：「歐陽公當時變文體亦自[四五]是上之人主張？」先生云：「渠是變其詭怪，但此等事亦須平日先有服人方可。」舜功問：「歐陽公本論亦好，但末結未盡。」先生云：「本論精密却過於原道，言[四六]語皆自然。原道[四七]却生受，觀其意思乃是聖人許多憂慮做出，却無自然氣象。下篇不可曉。」德粹云：「以拜佛知人之性善。」先生曰：「亦有説話。佛亦教人爲善，顧[四八]渠以此觀之也。」可學。

今科舉之弊極矣。如[四九]鄉舉里選之法，此[五〇]是第一義，今不能行。只是就科舉法中與之區處，且變着如今經義格子，使天下士子各通五經大義。一舉試春秋，一舉試三禮，一舉試易、詩、書，禁懷挾。出題目，便寫出注疏與諸家之説而斷以己意。策論則試以時務，如禮、樂、政、[五一]刑之屬，如此亦不爲無益。欲格奔競之弊，則均諸州之[五二]解額，補[五三]損太學之額。太學則罷月書季考之法，皆限之以省試，獨取經明行修之人。如此亦庶幾矣。木之。

臨別，先生留飯。坐間出示理會科舉文字，大要欲均諸州解額，仍乞罷詩賦，專經學論策，條目井井。云：「且得士人讀此書，三十年後恐有人出。」泳。

舉人治經義，各令治一家注疏。伯豐。[五四]

先生云：「禮書已定，中間無所不包。某常欲作一科舉法。今之詩賦實爲無用，經義則未離於説經，但變其虚浮之格，如近古義，直述大意。遂[五五]立科取人，以易、詩、書爲一類，三禮爲一類，春秋三傳爲一類。如子年以易、詩、書取人，則以前三年舉天下皆理會此三經；卯年以三禮取人，則以前三年舉天下皆理會此三禮；午年以春秋三傳取人，則以前三年舉天下皆理會此春秋三傳。如易、詩、書稍易理會，故先用此一類取人。如是周而復始，其每舉所出策論皆有定所。如某書出論，某書出策，如天文、地理、樂律之類，皆指定令學者習而用以爲題。」賀孫云：「此法若行，但恐卒未有考官。」曰：「須先令考官習之。」賀孫。

「呂與叔欲奏立四科取士：曰德行，曰明經，曰政事，曰文學。德行則待州縣舉薦，下三科却許人投牒自試。明經裏面分許多項目：如春秋則兼通三傳，禮則通三禮，樂則盡通諸經所説樂處。某看來樂處説也未盡。政事，則如試法律等，及行移決判事又定爲試辟，未試則以事授之，一年看其如何，辟則令所屬長官舉辟。」器遠云：「這也只是法。」曰：「固是法，也待人而行，然這却法意詳盡。如今科舉法[五六]直是法先不是了。且如[五七]今來欲教吏部與二三郎官盡識得天下官之賢否，定是了不得這事。」[五八]

説修身應舉重輕之序，因謂：「今有恣爲不忠不孝，冒廉耻犯條貫，非獨他自身不把作咤異[五九]事，有司也不把作咤異事，到得鄉曲鄰里也不把作咤異事。不知風俗如何壞到這裏。可畏！某都爲之寒心！」賀孫。[六〇]

因説科舉所取文字多是輕浮，不明白着實。因歎息云：「最可憂者不是説秀才做文字不好，這事大關世變。東晉之末，其文一切含胡，是非都没理會。」賀孫。

有少年試教官。先生云：「公如何須要去試教官？如今最没道理是教人懷牒來試討教官。某嘗經歷諸州，教官都是許多小兒子，猶自[六一]未生髭鬚。入學底多是老大底人，都[六二]如何服得他。某思量須是立個定制，非是[六三]四十歲以上，不得任教官。」又云：「須是罷了堂除及注授教官，却請本州鄉先生爲之。如福州便教林少穎這般人做，士子也歸心，他教也必不苟。」又云：「只見泉州教官却老成，意思却好。然他教人也未是，如教人編抄甚長編文字。」又曰：「今教授之職只教人做科舉時文。若科舉時文，他心心念念要争功名。若不教他，你道他自做不做？何待設官置吏，費廩禄教他做？也須是當職底人怕道人不曉義理，須是要人教[六四]識些。如今全然無此意，如何恁地！」賀孫。

坐中有説赴賢良科。曰：「向來作時文應舉，雖是角虚無實，然猶是白直[六五]，却不甚害事。今來最是號喚[六六]賢良者，有[六七]所作策論更讀不得。緣世上只有許多時事，已前一齊話了，自無可得説。如笮酒相似，第一番淋了，第二番又淋了，第三番又淋了。如今只管又去許多糟粕裏面[六八]只管淋，有甚麽得話！既無可得話，又只管要新。最切害處是輕德行，毁名節，崇智術，尚變詐，讀之使人痛心疾首。不知是甚世變到這裏。這[六九]可畏！這[七〇]可畏！這都是不祥之兆，隆興以來不恁地。自隆興以後有恢復之説，都要求[七一]説功名，初不曾濟得些事，今看來反把許多元氣都耗却。管子，孔門所不道，而其言猶曰『禮義廉耻，是謂四維』，如今將禮義廉耻一切掃除了，却來説事功。」賀孫。

葉正則、彭大老欲放混補，廟堂亦可之，但慮艱食，故不果行。二人之意大率爲其鄉人地耳。廟堂云「今日太學文字不好」，却不知所以不好之因，便使時文做得十分好後，濟得甚事？某有一策：諸州解額取見三舉終場最多人數，以寬處爲準，皆與添上。省試取數却不增，其補試却用科舉年八月十五日引試，若要就補，須舍了解試始得。如此，庶幾人有固志，免得如此奔競喧鬨。閎祖。

説趙丞相欲放混補，歎息云：「方今大倫恁地不成模樣。身爲宰相，合是以何爲急？却要急去理會這般事，如何恁地不識輕重。此皆是衰亂之態。只看宣和末年蕃人將至，宰相説甚事，只看實録頭一版便見。且説太學裏[七二]秀才做時文不好，你道是識世界否？且如[七三]如今待補取士有甚不得？如何道恁地便取得人才，如彼便取不得人才。只是亂説。待補之立也恰似擲骰子一般？且試采，擲得便得試，擲不得便不得試，且以爲節制？那裏得底便是，不得底便不是？這般做事都是枉費氣力。某嘗説均解額，只將逐州三舉終場人數，用其最多爲額，每百人取幾人，太學許多濫恩一齊省了。元在學者聽依舊恩例。諸路牒試皆罷了，士人如何也只安鄉舉，如何自家却立個物事引誘人來奔趨！下面又恁地促窄無入身處，如何又只就微末處理會！若均解額取人數多，或恐下梢恩科數多，則更將分數立一長限，以前得舉人却只依舊限，有甚不得處？他只説近日學中緣有行[七四]補不得廣取，以致學中無好文字。不知時文之弊已極，雖鄉舉又何嘗有好文字膾炙人口舌[七五]。若是要取人才，那裏將這幾句冒頭見得。只是胡説！今時文日趨於弱，日趨於巧小，將士人這些志氣都消削得盡。莫説以前，只是宣和末年三舍法纔罷，學舍中無限好人才，如胡邦衡之類是甚麽樣有氣魄，做出那文字是甚豪壯。當時亦自煞有人。及紹興渡江之初亦自有人才，那時士人所做文字極粗，更無委曲柔弱之態，所以亦養得氣宇。只看如今秤斤注兩作兩句破頭如此，是多少衰氣。」賀孫。

或問：「趙子直行[七六]三舍法：補入縣學，自縣學比試入於州學，貢[七七]至行在補試方入太學。如何？」先生曰：「這是顯然不可行底事。某嘗作書與之[七八]説，他自謂行之有次第，這下梢須大乖。今只州縣學裏小小補試，動不動便只是請囑之私，若便把這個爲補試[七九]之地，下梢須至於興大獄。趙子直[八〇]這般所在都不詢訪前輩。如向者三舍之弊，某嘗及見老成人説，劉聘君云縣學嘗得一番分肉，肉有內舍、外舍多寡之差。偶齋僕下錯了一分，學生便以界方打齋僕，高聲大怒云：『我是內舍生，如何却只得外舍生肉？』如此等無廉耻事無限，只是蔡京法度如此。嘗見胡珵德輝有言曰：『學校之設，所以教天下之人爲忠爲孝也。國家之學法始於熙寧，成於崇觀。熙寧之法李定爲之，崇觀之法蔡京爲之也。李定者天下之至不孝者也，蔡京者天下之至不忠者也。豈有不忠、不孝之人而其所立之法可行於天下乎！』今欲行三舍之法亦本無他説，只爲所取待補多滅裂，真正老成士人多不得太學就試，太學緣此多不得人。然初間所以立待補之意，只爲四方士人都來就試，行在壅隘，故爲此法。又[八一]須思量所以致得四方士人苦死都要來赴這個[八二]太學試爲個[八三]甚麽，這是個弊端，須從這根頭理會去。某與子直書曾云，若怕人都來赴太學試，須思量士人所以都要來做甚麽。皆是秀才，皆非有古人教養之實，而仕進之途如此其易。正試既優，又有舍選，而恩慶數厚，[八四]較之諸州或五六百人解送一人，何其不平至於此也[八五]！此[八六]自是做得病痛如此，不就這處醫治，却只去理會其末。今要好，且明降指揮，自今太學並不許以恩例爲免，若在學人援執舊例，則以自今[八七]新補入爲始，他未入者幸得入而已，未暇計此恩命[八八]。太學既無非望之恩，又於鄉舉額窄處增之，則又[八九]自安鄉里，何苦都要入太學？所以要入太學只緣是如此，[九〇]不就此整理更説甚？高抑崇渡江初[九一]，秦相舉之爲司業。抑崇乃龜山門人，龜山於學校之弊煞有説話，渠爲門人[九二]非不習聞講論，到好做處却略不施爲。秦本惡程學，後見其用此人，人莫不相慶，以爲庶幾善類得相汲引。後乃大不然，却一向苟合取媚而已。學校以前整頓固難，當那時兵興之後，若從頭依自家好規模整頓一番，豈不可爲？他當時於秦相前亦不敢説及此。」賀孫。

【校勘記】

［一］有　成化本作「亦」。

〔二〕似　成化本無。

〔三〕士自四方來遠至太學　成化本爲「士自四方遠來至太學」。

〔四〕今　成化本無。

〔五〕爲之　成化本無。

〔六〕向　朱本作「尚」。

〔七〕某　成化本爲「可學」。

〔八〕之　成化本無。

〔九〕魏公　成化本爲「陳魏公」。

〔一〇〕陳作陳魏公　成化本無。

〔一一〕淳録同　成化本無。

〔一二〕語　成化本作「論」。

〔一三〕固　成化本無。

〔一四〕其所　成化本無。

〔一五〕之　成化本作「三」。

〔一六〕之　成化本無。

〔一七〕人　成化本無。

〔一八〕只是念這個物事　成化本爲「只念這物事」。
〔一九〕是　成化本無。
〔二〇〕哉　成化本作「或」，屬下讀。
〔二一〕也　成化本無。
〔二二〕底　成化本無。
〔二三〕在　成化本無。
〔二四〕自有　成化本爲「已自」。
〔二五〕夾　成化本作「來」，文淵本作「求」。
〔二六〕但　成化本此下有「以」。
〔二七〕一　成化本作「七」。
〔二八〕怒　成化本無。
〔二九〕人　成化本作「又」。
〔三〇〕他州　成化本無。
〔三一〕是　成化本無。
〔三二〕他　成化本無。
〔三三〕至　成化本無。

［三四］你　成化本無。

［三五］討　成化本無。

［三六］地　成化本無。

［三七］都　成化本無。

［三八］包　成化本爲「包顯道」。

［三九］他　成化本無。

［四〇］後　成化本無。

［四一］三　成化本作「二」。

［四二］之　成化本無。

［四三］之　成化本無。

［四四］庚　成化本無。

［四五］自　成化本無。

［四六］言　成化本此上有「原道」。

［四七］原道　成化本爲「本論」。

［四八］顧　成化本作「故」。

［四九］如　成化本無。

［五〇］此　成化本無。
［五一］政　成化本作「兵」。
［五二］格　成化本作「革」。　之　成化本無。
［五三］補　成化本作「稍」。
［五四］此條伯豐録成化本無。
［五五］遂　成化本無。
［五六］法　成化本無。
［五七］且如　成化本無。
［五八］成化本此下注有「賀孫」。
［五九］咤異　成化本爲「差異」。下二同。
［六〇］此條賀孫録成化本載於卷十三。
［六一］猶自　成化本無。
［六二］都　成化本無。
［六三］是　成化本無。
［六四］人教　成化本爲「教人」。
［六五］白直　此二字原缺，據成化本補。

[六六] 號喚　成化本爲「喚做」。
[六七] 有　成化本作「其」。
[六八] 面　成化本無。
[六九] 這　成化本無。
[七〇] 這　成化本無。
[七一] 求　成化本作「來」。
[七二] 裹　成化本無。
[七三] 且如　成化本無。
[七四] 行　成化本作「待」。
[七五] 舌　成化本無。
[七六] 行　成化本此上有「建議」。
[七七] 貢　成化本此上有「自州學」。
[七八] 之　成化本無。
[七九] 動不動便只是請囑之私若便把這個爲補試　此十八字原脱，據上下文及成化本補。
[八〇] 趙子直　成化本無。
[八一] 又　成化本此上有「然」。

〔八二〕這個　成化本無。
〔八三〕個　成化本無。
〔八四〕而恩慶數厚　成化本爲「恩數厚」。
〔八五〕也　成化本無。
〔八六〕此　成化本無。
〔八七〕今　成化本作「合」。
〔八八〕恩命　成化本無。
〔八九〕又　成化本爲「人人」。
〔九〇〕所以要入太學只緣是如此　成化本無。
〔九一〕渡江初　成化本無。
〔九二〕爲門人　成化本無。

晦庵先生朱文公語類卷第一百十

朱子七

論兵

今郡[一]無兵無權。先王之制，内有六鄉、六遂、都鄙之兵，外有方伯、連帥之兵，内外相維，緩急相制。賀孫。

本强則精神折衝，不强則招殃致凶。僩。

或言：「古人之兵，當如子弟之衛父兄。而孫吴之徒必曰與士卒同甘苦而後可，是子弟必待父兄施恩而後報稱[二]也。」先生曰：「巡而拊之，『三軍之士皆如挾纊』，此意也少不得。」賀孫。木之同。

凡爲守帥者，止教閲將兵足矣。程其年力，汰斥癃老衰弱，招補壯健，足可爲用，何必更添寨置軍？其間衣糧或厚或薄，遂致偏廢。如此間將兵，則皆差出接送矣。方子。按寶從周録略同，附於

下。云：「近世守帥不於見有軍兵程其年力，汰斥衰弱，招補壯健，乃添寒創額。其間衣糧或厚或薄，遂至偏廢。」[三]

「辛棄疾頗諳曉兵事。云：『兵老弱不汰可慮。向在湖南收茶寇，令統領揀人皆要一可當十者，待押得人來[四]更看不得，盡是老弱。問之[五]何故如此，對[六]云：「只揀得如此。間有稍壯者，諸處借事去。州郡既[七]弱，皆以大軍可恃，又如此！爲今之計，大段着揀汰，但所汰者又未有安[八]頓處。』某向見張魏公，說以分兵殺虜之勢。只緣虜人調發極難，元顏要犯江南，整整兩三[九]年方調發得聚。彼中雖是號令簡，無此[一〇]許多周遮，但彼中人纔逼迫得太急亦易變，所以要調發甚難。只是[一一]沿淮有許多捍禦之兵。爲吾之計，莫若分幾軍趨關陝，他必擁兵於關陝；又分幾軍向西京，他必擁兵於西京；又分幾軍望淮北，他必擁兵於淮北，其他去處必空弱。又使海道兵擣海上，他又着擁兵捍海上。吾密揀精鋭幾萬在此，度其勢力既分，於是乘其稍弱處，一直收山東。虜人首尾相應不及，再調發來添助，又[一二]卒未聚，而吾已據山東。纔據山東，中原及燕京自不消得大段用力，盡[一三]精鋭萃於山東而虜勢已截成兩段去。又先下明詔，使中原豪傑自爲響應計[一四]。是時魏公答以『某只受一方之命，此事恐不能主之』。」蔡云：「今兵政如此，終當如何？」曰：「須有道理。」蔡曰：「莫着改更法制？」先生曰：「這如何得？如同父云『將今法制重新洗換一番方好』。某看來，若便使改換得井牧其田，民皆爲兵，若無人統率之，其爲亂道一也。」「然則如之何？」曰：「只就這腔裏自有道理，這極易。只呼吸之間，便可以弱爲强，變怯爲勇，振柔爲剛，易敗爲勝，直如反掌耳。」賀孫。

今日兵不濟事。兵官不得人，專務刻削兵，且驕弱安養，不知勞苦，一旦將如何用得！〔一五〕某嘗言，宜散京師之兵，却練諸郡之兵。依太祖法，每年更戍趲去淮上衛邊。謂如福建之兵趲去饒州，饒州之兵趲去衢信，衢信趲去行在，迤邐趲去淮上。今年如此，明年又趲去，如此，〔一六〕則京師全無養兵之費，豈不大好！㽦。

言今兵政之弊，曰：「唐制節度、兵。觀察、財。處置等使，即節鎮也；使持節某州諸軍事、兵。某州刺史，民。即支郡也。支郡隸於節鎮，而〔一七〕支郡各有衙前左右押衙，管軍都頭，並掌兵事，又皆是士人爲之。其久則根勢深固，反視節度有客主之勢。有〔一八〕誅逐其上，而更代爲之。凡陸梁跋扈之事，因兹而有。其間〔一九〕惟是節度得人，方能率服人心，歸命朝廷。若論唐初兵力最盛，斥地最廣，乃在於統兵者簡約而無牽制之患。然自唐末，大抵節鎮之患深，如人之病，外强中乾，其勢必有以通其變而後可。故太祖皇帝知其病而疏理之，於是削其支郡以斷其臂指之勢，當時至有某州某縣直隸京師而不屬節度者。置通判以奪其政，命都監監押以奪其兵，立倉場庫務之官以奪其財。向之所患，今皆無憂矣。其後又有路分、鈐轄、總管等員，神宗時又增置三十七將，亂離之後又有都統、統領、統制之名。大抵今日之患又却在於主兵之員多，朝廷雖知其無所〔二〇〕用，姑存其名目，費國家之財不可勝計。又有〔二一〕刻剥士卒，使士卒困怨於下。若更不變而通之，則其害未艾也。要之，此事但可責之郡守，他自亦[二二]分明謂之郡將，若使之練習士卒、修治器甲、築固城壘，以爲一方之守，豈不隱然有備而可畏！古人謂『生之者衆，食之者寡，爲之者疾，用之者舒』，今一切反之。」道夫。

問：「後世雖養長征兵，然有緩急，依舊徵發於民，終是離民兵不得。兼長征兵終不足靠，如杜子美石壕吏詩可見。」曰：「自秦漢以下至六國皆未有長征兵，都是徵發於民。及唐府衛法壞，然後方有長征兵。」良久，[二三]因又[二四]論荆襄義勇，州縣官吏反擾之。當時朝廷免徵科，與[二五]官吏不得役使指揮[二六]。今徵科既不得免，民反倍有費[二七]，又官吏役使如故。曰：「某當初見劉共父説，他制得義勇極好，且是不屬官吏，官不得擾之。某應之曰：『無緣有不屬州縣之理。』固疑其末流如此。」僩。

今朝廷盡力養兵，而兵常有不足之患。自兵農既分之後，計其所費，却是無日不用兵也。時舉。

論財賦，曰：「財用不足皆起於養兵。十分，八分是養兵，其他用度止在二分之中。古者刻剥之法，本朝皆備，所以有靖康之亂。已前未有池陽[二八]江鄂之兵，止謂張宣撫兵、某人兵。今增添許多兵。合當精練禁兵，汰其老弱，以爲厢兵。」節。

今天下財用費於養兵者十之八九，一百萬貫養一萬人。此以一成[二九]計。僩。

范伯達有文字，説淮上屯田須與畫成一井，中爲公田以給軍；令軍中子弟分耕，取公田所入以給軍。德明。

因言：「淮上屯田，前此朝廷嘗差官理會。其人到彼都不曾敢起人所與者，却只令人築起沿江閑地以爲屯，此亦太不立。大抵世事須是出來擔當，不可如此放倒。人是天地中最靈之物。天能覆而不能載，地能載而不能覆。恁地大事，聖人猶能裁成輔相之，况於其他。」因舉齊景[三〇]答夫子「君君臣臣」之語，又與晏子言「美哉室」之語，皆放倒説話。且如五代時兵驕甚矣，周世宗高平一戰既敗却矣，忽然誅戮[三一]不用命者七十餘人，三軍大振，遂復合戰而克之。凡事都要人有志。處謙。

屯田須是分而屯之，統帥田[三二]屯甚[三三]州，總司屯甚州，漕司屯甚州。上面即[三四]以户部尚書爲屯田使，使各考其所屯之多少以爲殿最，則無不可行者。今則不然，每欲行一文字，則經由數司僉押相牽制，事何由成！道夫。

論刑

天下事最大而不可輕者，無過於兵刑。臨陣時是胡亂錯殺了幾人。所以老子云：「夫佳兵者，不祥之器，聖人不得已而用之。」獄訟，面前分曉事易看，其情僞難通。或旁無佐證，各執兩説，繫人性命[三五]須喫緊思量，猶恐有誤也。」僩。

論刑云：「今人説輕刑者，只見所犯之人爲可憐[三六]憫，而不知被傷之人尤可念也。且如劫盗殺人者，人多爲之求生，殊不念死者之爲無辜。如此則[三七]是知爲盗賊計，而不爲良民地也。若如酒税僞會子，及飢荒竊盗之類，猶可以情原其輕重小大[三八]而處之。」時舉。

今之法家惑於罪福報應之説，多喜出人罪以求福報。夫使無罪者不得直，而有罪者得倖免，是乃所以爲惡爾，何福報之有？書曰：「欽哉！欽哉！惟刑之恤哉！」所謂欽恤者，欲其詳審曲直，令有罪者不得免而無罪者不得濫刑也。今之法官惑於欽恤之説，以爲當寬人之罪而出其死，故凡罪之當殺者必多爲可出之塗，以俟奏裁，則率多減等：當斬者配，當配者徒，當徒者杖，當杖者笞。是乃賣弄條貫，舞法而受賕者耳！何欽恤之有？罪之疑者從輕，功之疑者從重。所謂疑者，非法令之所能決，則罪從輕而功從重，惟此一條爲然耳，非謂凡罪皆可以從輕，而凡功皆可以從重也。今之律令亦有此條，謂法所不能決者則俟奏裁。今乃明知其罪之當死，亦莫不爲可生之塗以上之。惟壽皇不然，其情理重者皆殺之。僩。

【校勘記】

[一] 郡　成化本爲「州郡」。

〔二〕報稱　成化本作「稱」。

〔三〕按實從周録略同……遂至偏廢　成化本無。

〔四〕待押得人來　成化本爲「押得來」。

〔五〕之　成化本無。

〔六〕對　成化本無。

〔七〕既　成化本此上有「兵」。

〔八〕安　成化本無。

〔九〕三　成化本無。

〔一〇〕此　成化本爲「此間」。

〔一一〕是　成化本作「有」。

〔一二〕又　朱本作「彼」。

〔一三〕盡　成化本作「蓋」。

〔一四〕計　成化本無。

〔一五〕一旦將如何用得　成化本爲「一旦如何用」。

〔一六〕如此　成化本無。

〔一七〕而　成化本此下有「節鎮」。

〔一八〕有　成化本此上有「至」。

〔一九〕其間　成化本無。

〔二〇〕所　成化本無。

〔二一〕有　成化本無。

〔二二〕自亦　成化本無。

〔二三〕良久　成化本無。

〔二四〕又　成化本無。

〔二五〕與　成化本無。

〔二六〕指揮　成化本無。

〔二七〕費　成化本爲「所費」。

〔二八〕池陽　王本爲「徐揚」。

〔二九〕成　王本作「歲」。

〔三〇〕齊景　成化本爲「齊景公」。

〔三一〕戮　成化本無。

〔三二〕田　成化本無。

〔三三〕甚　朱本作「某」。

〔三四〕上面即　成化本無。

〔三五〕命　成化本此下有「處」。

〔三六〕憐　成化本無。

〔三七〕如此則　成化本無。

〔三八〕小大　成化本爲「大小」。

晦庵先生朱文公語類卷第一百十一

朱子八

論民

因説建寧府四月八日社火之盛，云：「民有舉債入社終歲不能償者，有自遠處來燒香而溺死者。孟子言『我亦欲正人心』，今民間眼前利害猶曉不得，況責其曉禮義乎？」人傑。[一]

今欲行古制，欲法三代，煞隔霄壤。今説爲民減放，幾時減[二]放得到他元脱浄[三]處。且如今[四]轉運使每年發十萬貫，若大段輕減，減至五萬貫，可謂大恩。然減放那五萬貫内只是無名額外錢，[五]須一切從民正賦，凡所增名色一齊除盡，民方始得脱浄，這裏方可以議行古制。若如[六]如今民生日困，頭只管重，更起不得。爲人君，爲人臣，又不以爲急，又不相知，如何得好！這須是上之人一切掃除妄費，卧薪嘗膽，合天下之智力日夜圖求，一起而更新之方始得。某在行在不久，若在彼稍久，須更見得事體可畏處。不知名園麗圃其費幾何，日費

幾何，下面頭會箕斂以供上之求。又有上不至[七]天子，下不在民，只在中間白乾消没者何限。[八]賀孫。[九]

程正思言當今守令取民之弊。渠能言其弊，畢竟無策，就使臺官果用其言而陳於上前，雖戒敕州縣，不過虛文而已。先生云：「今天下事只礙個失人情，便都使不得。蓋事理只有一個是非。今朝廷之上不敢辨别這[一〇]是非，如宰相固不欲逆上意，上亦不欲忤宰相意。今聚天下之不敢言是非者在朝廷，又擇其不敢言之甚者爲臺諫，習以成風，如何做得事。」人傑。

今之賦，輕處更不可重，只重處減似那輕處可矣。淳。

今世産賦百弊極甚[一一]。砧基簿只是人户私本。在官中本，天下更無一處有。税賦本末更無可稽尋處。義剛。淳録同。[一二]

福建賦税猶易辨。浙中全是白撰，横斂無數，民甚不聊生，丁錢至有人[一三]千五百者。人便由此多去計會中使，作宫中名字以免税。向見辛幼安説，糞船亦插德壽宫旗子。其[一四]初不信，後提舉浙東，親見果是[一五]如此。嘗見[一六]人充保正來論某人[一七]當催秋税，某人當催夏税。某初以爲催税只一般，何争秋、夏？從而[一八]問之，乃知秋税苗産有定色，易催；夏税是和買絹，最爲重苦。蓋始者一疋，官先支得六百錢。後來變得令人先納絹，後請錢，已自費力了。後又無錢可請，只得白納絹。今又不納絹，只令納價錢，錢數又重[一九]。催不到者保正出之，一番當役則爲之困矣。故福建不如江西，江西不如江東，江東不如浙東，浙東不如浙西。〔二〇〕越近都處越不好。義剛。陳淳録同。〔二一〕

浙東之病，如和買之害，酒坊之害，置酒坊者，做不起破家，做得起害民。如鹽倉之害，如溫州有數處鹽倉，置官吏甚多，而一歲所買不過數十〔二二〕斤，自可省罷。更欲白之朝。出鹽之地納白户鹽，却令過私鹽。升卿。〔二三〕

今賑濟之事利七而害三，則當冒三分之害而全七分之利。不然，必欲求全，恐併與所謂利者失之矣。人傑。

直卿言：「辛幼安帥湖南，賑濟榜文祇用八字，曰：『劫禾者斬，閉糶者配。』」先生曰：「這便見得他有才。此八字，若做兩榜便亂道。」又曰：「要之，只是粗法。」道夫。

「余正甫説時煞説得好，雖有智者爲之計亦不出於此。然所説救荒賑濟之意固善，而上面取出之數不節不可。」直卿云：「制度雖只是這個制度，用之亦在其人。如糴米賑饑，此固是，但非其人，則做這事亦將有不及事之患。」先生曰：「然。」賀孫。

檢放之弊，只在後時失實。敬仲。〔二四〕

嘗謂爲政者當順五行、修五事以安百姓。若曰賑濟於凶荒之餘，縱饒措置得善，所惠者淺，終不濟事。道夫。〔二五〕

李丈問：「保正可罷得[二六]否？」曰：「這個如何罷得？但處之無擾可矣。」曰：「此自王荆公始否？」曰：「保正自古有，但所管人户數有限。今只論都則人數不等，然亦不干人數多寡。若無擾，雖所管千百家亦不爲勞苦；若重困之，雖二十家亦不勝矣。」淳。

因論保伍法，或曰：「此誠急務。」曰：「固是。先王比閭保伍之法便是此法，都是從這裏做起，所謂『分數』是也。兵書云『御衆有多寡，分數是也』，看是統馭幾人，只是分數明，所以不亂。王介甫鋭意欲行保伍法以去天下坐食之兵，不曾做得成。范仲達名如璋，太史之弟。爲袁州萬載令，行得保伍極好，自來言保伍法無及之者。此人有心力，行得極整肅。雖有姦細，更無所容，每有疑似無行止人，保伍不敢著，互相傳送至縣，縣驗其無他方令傳送出境。訖任滿，無一寇盜。頃張定叟知袁州，託其詢[二七]問則其法已亡，偶有一縣吏略記大概。」僩。

因論役法，曰：「差役法善。晁以道嘗有劄子論差役有十利。」僩。

「彭仲剛子復作台州臨海縣，理會役法甚善。朝廷措置役法，看如何措置終是不公。且如鄉有寬狹，寬鄉富家多，狹鄉富家少。狹鄉富家靳靳自足，一被應役，無不破家蕩産，極可憐憫！彭計一縣有幾鄉，鄉有闊狹，某鄉多富家，某鄉少富家，却中分富家以畀兩鄉，令其均平。其有不均處，則隨其道里遠近分割裨補令其恰好，人甚便之。」或曰：「恐致人怨。」曰：「不怨。蓋其公心素有以信於民，民自樂之。雖非法令之所得爲，然使民宜之，亦終不得而變也。又有少保長，有人訴不肯爲保長，某在紹興，其擾極多。蓋保長催税，所在利於爲保正而不利於爲保長者，蓋保長催税，其擾極多。某在紹興，有人訴不肯爲保長，少間却計會情願做保正，某甚嘉之，以爲捨易而就難。及詢之士人，乃云保長難於保正。又有計會欲爲保正[二八]保長者，蓋有所獲於其中。所在風俗不同，看來只用倍法：若産錢滿若干當爲保正，外又計其餘産若干當爲保長，若産錢倍多則須兩番爲保正。如此則無争。又催税之法，頃見崇安趙宰使人俵由子，分爲幾限，令百姓依限當廳來納，甚無擾。及過隆興，見帥司令諸邑俵由子催税而責以十限。縣但委之吏手，是時饑餓，民甚苦之，恣爲吏人乞覓。或所少止七百而限以十限，每限自用百錢與吏；或欲作一項輸納，吏又以違限拒之；或所少不滿千錢，而趁限之錢則已踰千矣。其擾不可言。所以做官難，非通四方之風俗情僞，如何了得。」僩。

朋友言，某官失了税簿。先生曰：「此豈可失了。此是根本，無這個後如何稽考？所以周官建官便皆要那史，所謂史便是掌管那簿底。」義剛。

楊通老相見，論納米事。先生曰：「今日有一件事最不好：州縣多取於民，監司知之當禁止，却要分一分。此是何義理！」又論廣西鹽。曰：「其法亦不密。如立定格，六斤不得過百錢，不知去海遠處搬擔所費重。此乃許子之道，但當任其所之，隨其所嚮，則其價自平。天下之事所以可權衡者，正謂輕重不同。乃今一定其價，安得不弊！」又論汀寇止四十人，至調泉建福三州兵，臨境無寇，須令汀守分析。先生曰：「纔做從官不帶職出，便把這事做欠闕。見風吹草動便喜做事，不顧義理，只是簡利多害少者爲之。今士大夫皆有此病。」可學。

論財

今朝廷之財賦不歸一，分成兩三項，所以財匱。且如諸路總領贍軍錢，凡諸路財賦之入總領者，户部不得而預也。其他則歸户部，户部又未得。凡天下之好名色錢容易取者、多者，皆歸於内藏庫、封樁庫。惟留得名色極不好、極難取者乃歸户部，故户部所得者皆是枷棒栲箠得來，所以户部愈見匱乏。封樁、内藏，孝宗時鋭意恢復，故愛惜此錢不肯妄用，間欲支則有司執奏，旋悟而止。及至今日則供浮費不復有矣。今之户部、内藏正如漢之大農、少府錢。大農則國家經常之費，少府則人主之私錢。

因致道説國家財用耗屈，某人曾記得在朝文臣每月共支幾萬貫，武臣及内侍等五六十萬貫。曰：「唐初節度使皆是臨陳對敵，平定禍亂，故得此官。今因唐舊而節使之名不罷，皆安居暇食，安然受節度使之重禄，豈不是無謂！似聞蔡京當國曾欲罷之。」賀孫。

宗室俸給一年多一年，駸駸四五十年後何以當之？事極必有變。如宗室生下便有孤遺請給，初立此條止爲貧窮全無生活計者，那曾要得恁地泛及。賀孫。

因言宗室之盛，曰：「頃在漳州，因壽康登極恩，宗室量[二九]試出官，一日之間出官者凡六十餘人。州郡頓添許多給俸[三〇]，幾無以支梧。朝廷不慮久遠，宗室自[三一]盛，爲州郡之患，今所以已有一二州郡倒了。緣宗室請受浩瀚，直是孤遺多，且如一人有十子便用十分孤遺請受，有子孫多則寧不肯出官者[三二]，蓋出官則其子孫孤遺之俸皆止，而一官之俸反不如孤遺衆分之多也。在法，宗室無依倚者方得請孤遺俸，有依倚者不得請。有依倚，謂其叔伯兄弟之親[三三]有官可以相依倚，而不至於困乏。今則有伯叔兄弟爲官者，反得憑勢以請孤遺之俸，而其直[三四]孤遺無依倚者反艱於請，以其無援而州郡沮抑之也。不知當初立法如何煞有不公處。如宗室丁憂依舊請俸，又宗室選人之待闕者[三五]亦有俸給，恩亦太重矣。朝廷更不思久遠，它日爲州郡之害未涯也。如漢法：宗室惟天子之子則裂土地而王之，其王之子則嫡者一人繼王、庶子則皆封侯，侯惟嫡子繼侯而其諸子則皆無封。故數世之後皆與庶人無異，其勢無以自給則不免躬農畝之事，如光武少年自販米是也。漳、泉宗室最多。南外、西外，在彼宮中不能容，則皆出居於外也。」因問西外、南外。曰：「創於徽宗朝。[三六]徽宗以宗室衆多，京師不能容，故令秦王位下子孫出居西京，謂之『西外』；太祖位下子孫出居南京，謂之『南外』。及靖康之亂，遭虜人殺戮虜掠之餘，能渡江自全者，高宗亦遣州郡收拾。於是皆分置福、泉二州，西外在福州，南外在泉州。[三七]依舊分太祖、秦王位下而居之也。居於京師者則[三八]皆太宗以下子孫。太宗子孫是時世次未遠，皆有緦麻服，故皆處於京師。而太宗以下又自分兩等，濮園者尤親，蓋濮邸比那又争兩從也。濮園之親，所謂『南班宗室』是也。近年如趙不流之屬皆是南班，其恩禮又優。故濮園位下女子[三九]事人者，其夫皆有官。」因言：「京師破時，黄唐傳爲宗正官，以宗室簿籍獻於虜人[四〇]，虜人[四一]依簿搜索，無一人能逃匿者。又徽宗淵聖諸子皆是宦[四二]者指名取索，亦無一人能免者。言之痛傷。虜人初破京城時，只見來索近上寵倖用事底宦者數人，人莫測之，但疑其欲效此間置官，依倣宫闈間事耳。乃是盡[四三]呼去問諸王諸公主所在，宫人有幾位，諸王有幾位，兩宫各有多少，并宫中寶玉之藏各有幾所。宦[四四]者一一聲説，略不敢隱。其有宫中秘藏寶玉之物外人不得知者，虜人皆來索取，皆是宦[四五]者指名[四六]教之也。方搜捕諸王宗室時，吴革獻議於孫傅，欲藏匿淵聖太子[四七]，淵聖是時一子[四八]年十許歲，以續趙祀，而取外人一子其[四九]狀貌年數相似者殺之以獻虜人[五〇]，云皇子出閤爲衆人争奪蹂踐而死。孫傅不敢擔當，竟不敢爲，只得兩手付之，無一個骨肉能免者。可痛！可痛！[五一]」問：「吴革是時結連義兵欲奪二聖，爲范瓊誘殺之。不知當時若從中起能有濟否？」曰：「也做不得，大勢去矣。古人云『懍乎若朽索之馭六馬』，豈不是如此？只這裏纔操縱少緩，其終便有此禍，可不栗栗危懼！從古以來如此。如唐高祖、太宗之子孫被武后殺盡，其間不絶如綫。唐明皇奔迸流離，其子孫皆餓死，中更幾番禍亂，殺戮無遺。哀哉！」卓。

運使本是愛民之官，今以督辦財賦，反成殘民之職。提刑本是仁民之官，今以經、總制錢，反成不仁之具。淳。[五二]

「總領一司乃趙忠簡所置，當時之意甚重。蓋緣韓、岳統兵權重，方欲置副貳，又恐啓他之疑，故特置此一司，以總制財賦爲名，其實却是[五三]專切報發御前兵馬文字，其意[五四]蓋欲陰察之也。」或謂：「總領之職，自可併歸漕司。」先生曰：「財賦散在諸路，漕司却都呼吸不來。亦如坑冶，須是創立都大提點，方始呼吸得聚。」道夫。[五五]

經、總制錢，因一時軍興權宜所立，後遂不罷。要之，當今兵官愈多，兵愈不精。道夫。[五六]

或欲通銅錢出淮，先生深以爲不然。云：「東南銅錢已是甚少，其壞之又多端。私鑄銅器者，動整四五緡壞了。只某鄉間舊有此等[五七]，想見别處更多，此壞錢之端。[五八]又有海舶之泄，海船高大，多以貨物覆其上，其内盡載銅錢轉之外國。朝廷雖設官禁，那曾檢點得出。其不廉官吏反以此爲利。又其一則淮上透漏，監官點閱税物，但得多納幾錢，他不復問。銅錢過彼極有利，六七百文可得好絹一匹。若更不禁，那個不要帶去？又聞入川中用，若放入川蜀，其透漏之路更多。」賀孫。

論淮西鐵錢交子，曰：「交子本是代錢，今朝廷只以紙視之。今須是銅錢交子不得用於淮，鐵錢交子不得用於江南。又須江南官司置場兑换銅錢交子，乃可行耳。」人傑。

【校勘記】

［一］此條人傑録成化本無。但成化本卷一百十一載必大録曰：「建寧迎神。先生曰：『孟子言「我亦欲正人心，息邪説，距詖行，放淫辭」，今人心都喎邪了，所以如此。泉州一富室捨財造廟，舉室乘舟往廟所致祭落成，中流舟溺，無一人免者。民心不得其正，眼前利害猶曉不得，況欲曉之以義理哉！』」且其録尾注曰：「必大。人傑録略。教民。」

［二］減　成化本無。

［三］脱淨　成化本爲「肌膚」。

［四］今　成化本無。

［五］然減放那五萬貫内只是無名額外錢　成化本爲「然未減放那五萬貫尚是無名額外錢」。

［六］若如　成化本無。

［七］至　朱本作「在」。

［八］限　成化本此下注曰：「因言賦重民困，曰：『此去更須重在。』」

［九］成化本此下注有「取民」。

［一〇］這　成化本無。

［一一］極甚　成化本無。

〔一二〕淳録同　成化本無。

〔一三〕人　成化本作「三」。

〔一四〕其　成化本作「某」。

〔一五〕果是　成化本無。

〔一六〕見　成化本作「有」。

〔一七〕人　成化本無。

〔一八〕從而　成化本無。

〔一九〕重　此字原脱，據上下文及成化本補。

〔二〇〕故福建不如江西……浙東不如浙西　成化本爲「浙中不如福建浙西又不如浙東江東又不如江西」。

〔二一〕義剛陳淳録同　成化本爲「淳義剛同」。

〔二二〕十　此字原缺，據賀本補。

〔二三〕此條升卿録成化本載於卷一百六。

〔二四〕此條敬仲録成化本無。

〔二五〕成化本此下注有「賑民」。

〔二六〕得　成化本無。

〔二七〕詢　朱本作「訊」。

〔二八〕保正　成化本無。

〔二九〕量　朱本作「重」。

〔三〇〕給俸　成化本爲「俸給」。

〔三一〕自　成化本作「日」。

〔三二〕者　成化本無。

〔三三〕叔伯兄弟之親　成化本爲「伯叔兄弟」。

〔三四〕其直　成化本作「真」。

〔三五〕又宗室選人之待闕者　成化本爲「宗室選人待闕」。

〔三六〕創於徽宗朝　成化本無。

〔三七〕西外在福州南外在泉州　成化本無。

〔三八〕則　成化本無。

〔三九〕子　成化本無。

〔四〇〕人　成化本無。

〔四一〕人　成化本無。

〔四二〕宦　原作「官」，據下文及朱本改。

〔四三〕盡　成化本無。

〔四四〕宦　原作「官」，據上文及朱本改。

〔四五〕宦　原作「官」，據上文及朱本改。

〔四六〕指名　成化本無。

〔四七〕太子　成化本作「之子」。

〔四八〕淵聖是時一子　成化本無。

〔四九〕其　成化本無。

〔五〇〕人　成化本無。

〔五一〕可痛　成化本無。

〔五二〕此條淳録成化本載於卷一百二十八。

〔五三〕其實却是　成化本作「却」。

〔五四〕其意　成化本無。

〔五五〕此條道夫録成化本載於卷一百二十八。

〔五六〕此條道夫録成化本載於卷一百十，且僅「今兵官愈多，兵愈不精」九字。

〔五七〕等　成化本無。

〔五八〕此壞錢之端　成化本無。

晦庵先生朱文公語類卷第一百十二

朱子九

論官

「方今朝廷只消置一相，三參政兼六曹，如吏兼禮、户兼工、兵兼刑。樞密可罷，如此則事易達。又如宰相擇長官，長官却擇其寮。今銓曹注擬小官，繁劇而又不能擇賢。使[一]每道只令監司差除亦好，每道仍只用一個[二]監司。」人傑因舉陸宣公之言，以爲「豈有爲臺閣長官則不能擇一二屬吏，爲宰相則可擇千百具寮？」先生云：「此説極是。當時如沈既濟亦有此説之意。」人傑。

「古人云左史書言，右史書動。今也恁地分不得，只合合而記之。」直卿曰：「所可分者事而已。」曰：「也分不得，所言底便行出此事來。」道夫。

銓擇之法，只好京官付之監司，選人付之郡守，各令他隨材擬職。州申監司，監司申吏部，長貳審察聞奏，下授其職。却令宰相擇監司，吏部擇郡守。如此則朝廷亦可無事，又何患其不得人。道夫。

陳亮同父[三]謂：「今要得國富兵强，須是分諸路爲六段，六曹尚書領之，諸州有事祗經諸曹尚書奏裁取旨。又每一歲或二歲使一巡歷，庶幾下情可達。」先生曰：「若廣中、四川之類，使之巡歷，則其本曹亦有廢弛之患。」陳曰：「劇曹則所領者少，若路遠則兵、工部可爲也。」先生曰：「此亦是一説。」道夫。

「自秦置守、尉、監，漢有郡守、刺史[四]，刺史如今監司，專主按察。至漢末令刺史掌兵，遂侵郡守之權，兼治民事，而刺史之權獨重。後來或置或否。漢有十二州、百三郡，郡有太守，州有刺史。歷代添置州名愈多而郡愈少。又其後也遂去郡而爲州，故刺史兼治軍民而守廢。至隋又置郡守。後又廢守置刺史，而刺史遂爲太守之職。某嘗説不用許多監司，每路只置一人，復刺史之職，正其名曰按察使，令舉刺州縣官吏。其下却置判官數員以佐之，如轉運判官、刑獄判官、農田判官之類。農田專主婚、田，轉運專主財賦，刑獄專主盜賊、刑獄，而刺史總之。稍重諸判官之權，資序視通判而刺史視太守，判官有事欲奏聞，則刺史爲之發奏，刺史不肯發，則許判官自徑申御史臺、尚書省，以分刺史之權。蓋刺史之權獨專則又不便，若其人昏濁則害貽一路，百姓無出氣處，故又須略重判官之權。諸判官下却置數員屬官，如職幕官之類。如此則事[五]權歸一，太守自治州事而刺史得舉刺一路，豈不簡徑省事，而無煩擾耗蠹之弊乎？」問：「今之主管資格亦視通判？」曰：「然，但權輕不能有所爲，只得奉承運使而已。若分爲判官，俾得專達則其權重，而監司亦不敢妄作矣。」僩。

或問：「漢三公之官與周制不同，何耶？」先生曰：「漢初未見孔壁古文尚書中周官一篇説太師、太傅、太保爲三公，[六]但見伏生口授牧誓、立政篇中所説司徒、司馬、司空，遂誤以是爲三公而置之。愚按：「漢高后元年初置少傅，平帝元始元年又置太保、太師。然當時所建三公實司徒、司馬、司空，非此之謂，但因其字義以爲師、保之職，故亦甚等[七]崇之，位在三公上。東漢稱爲上公，後世易爲三師，皆是意也。使西漢明見周官，有所據依，必不若是舛矣。」又按：漢書百官表中却曰：「太師、太傅、太保是爲三公。」又曰：「或説司馬主天，司徒主人，司空主土，是爲三公。」其説與周官合者，豈孔氏書所謂「傳之子孫，以貽後代」者，至是私有所謂專役[八]，故班固得以述之歟？抑但習聞其説無所折衷，故兩存之而不廢耶？古文尚書至東晉時因内史梅頤始行于世，東晉之前如揚雄以酒誥爲虛談，趙岐、杜預以説命、皋陶謨等篇爲逸書，則其證也。古者，諸侯之國只得置司徒、司馬、司空三卿，惟[九]天子方得置三公三孤六卿。牧誓、立政所紀，周是時方爲諸侯，乃侯國制度。周官所紀則在成王時，所以不同。三公三孤以師道輔佐天子，本是加官。周公以太師兼冢宰，召公以太師[一〇]兼宗伯，是以加官而兼宰相之職也。上數語疑有未圓處。後世官職益紊，今遂以三公三孤之官爲階官貼職之類，不復有師保之任、論道經邦之責矣。舊來猶是文臣之有勳德重望者方得除此[一一]，以其有輔教天子之名故也。後世或以諸王子[一二]、或以武臣爲之，既是天子之子與武臣，豈可任師保之責耶？説[一三]謬承襲，不復釐正。祖宗之法除三孤三公者必須建節，[一四]加檢校太子少保、少師之類，然後除開府儀同三司，既除開府，然後除三孤三公。南渡以來，如張、韓、劉、岳諸武臣猶是如此。今則不然，既建節後便抹過檢校，徑除開府至三孤三公矣。」[一五]又曰：[一六]「神宗贈韓魏公尚書令，後世不得更加侍中中書令，著爲定制，其禮極隆。本朝惟韓公爲然。[一七]後來蔡京改官制，遂奏云：『昔太宗皇帝嘗爲尚書令。[一八]』殊不知爲尚書令者乃唐太宗，非本朝太宗[一九]也。故唐不除尚書令，惟郭子儀功高特除，子儀堅辭[二〇]不敢受，曰：『昔者太宗皇帝嘗爲此官，非人臣敢居。』朝廷遂加『尚父』之號。蔡京名爲紹述熙豐故事，却恣意紛更，不知訛舛，舉朝莫不笑之，而不敢指其非。又奏徽宗云：『嘗面奉神宗聖旨，令改造尚書省。』尚書省者，神宗所造，規模雄[二一]偉，國朝以來官府所未有。迄工，神宗幸之，見壯麗如此，出令云：『今後輒敢改易[二二]者，以違制論。』自後宰相居之輒不利，王珪病死，章子厚、韓忠彥、蔡確皆相繼斥去。京惡之。是時蜀中有一士人姓家迎合其意，獻唐尚書省圖，云：『唐尚書省正廳在前，六曹諸司多[二三]在後，今皆反是。又土地堂在正廳之前，今却在後。所以宰相數不利。』京信其說，遂毀拆重造，比前苟簡逼仄之甚，無忌憚如此。」又曰：「本朝太宗嘗以中書令爲開封尹，由開封尹入禪大統，故後來不除中書令。其[二四]開封府者亦不敢正除，必加『權』字。蔡京改官制遂除中書令，當除底不除，謂尚書令也。不當除底却除。又，尹開封者更不帶『權』字。其悖亂無知皆此類也。又京以三公爲宰相，令人以『公相』呼己而不得呼『相公』。後來秦檜亦如此，蓋倣此也。」

儒用。〔二五〕

或問：「僕射名義如何？」曰：「舊云秦時置僕射官〔二六〕專主射，恐不然。禮云『僕人師扶左，射人師扶右』，即周官太僕之職。君薨以是舉』，僕射之名蓋起於此。以其朝夕親近人主，後世承誤，輒失其真，遂以爲宰相之號。如侍中、中書令、尚書令亦是如此。侍中秦官，漢因之，多是侍衛人主，〔二七〕行則參錯於宦官之間。其初猶以儒者爲之，如武帝時孔安國爲侍中，嘗掌唾壺是也。以其人〔二八〕日與人主相親，故浸以用事。尚書是掌群臣書奏，如州郡開拆司，管進呈文字，宰相如都吏。〔二九〕凡四方章奏皆由之以達。其初亦甚微，只如尚衣、尚食、尚輦、尚藥之類，亦緣居中用事，所以權重〔三〇〕。按秦時少府遣吏四人在殿中主發書，故謂之尚書。尚猶主也。中書，因漢武帝游宴後庭，去外庭遠，始用宦者典事，謂之『中書謁者』。〔三一〕置令、僕射尤與人主親狎，故其權愈重。元帝時洪恭爲令，石顯爲僕射，嘗權傾内外。按蕭望之云：「中書政本，更〔三二〕宜用士人。」蓋自武帝始用宦官出入奏事，非舊制也。及光武即位，政事不任三公而盡歸臺閣，〔三三〕三公皆擁虛器，凡天下之事盡入於中書。〔三四〕嘗見後漢群臣章奏首云臣某『奏疏尚書』，猶今言『殿下』『陛下』之類，雖是不敢指斥而言，亦足以見其居要地而秉重權矣。當時事無巨細皆是尚書行下三公，或不經由三公徑下九卿。〔三五〕故在〔三六〕東漢時不惟尚書之權重，九卿之權亦重者，此也。按，光武不任三公，事歸臺閣者，蓋當時謂六尚書臺猶今言尚書省也。曹操開魏王府，未敢即擬朝廷建官，〔三七〕但置秘書令，〔三八〕篡漢之後始改爲中書監。以其素承寵任，故荀勗自中書遷尚書監，人賀之。勗曰：『奪我鳳凰池，諸君何賀耶！』[三九]西漢時中書之權重，東漢時尚書之權重，至此則中書之權復重而尚書之權漸輕矣。」問：「尚書省，[四〇]『省』字何義？」曰：「省即禁也。舊謂之『禁』，避魏卞后[四一]父諱，遂改爲『省』。猶今言省中、禁中。」[四二]儒用。[四三]

漢御史大夫如本朝參知政事。義剛。

監司，每路只須留一人，揀其風力者而與[四四]一郡而漸去之。伯豐。

朝廷設教官一件大未是，後生爲教官便做大了，只歷一兩任教官便都不了世事。須是不拘科甲，到五十方可爲之，不然亦須四十五。淳。

古者人主左右攜提執賤役，若虎賁、綴衣之類皆是士大夫，日相親密，所謂「待御僕從罔匪正人，以旦夕承弼厥辟。出入起居罔有不欽，發號施令罔有不臧」。不似而今大隔絶，人主極尊嚴，真如神明；人臣極卑屈，望拜庭下，不交一語而退。漢世禁中侍衛亦皆[四五]是士大夫，以孔安國大儒而執唾盂，雖儀盆亦是士人執之。宋文帝時，大臣某人[四六]入見則與坐話[四七]，初間愛之，視日影之斜惟恐其去；後來厭之，視日影之斜惟恐其不去，後竟殺之。魏明帝初説：「大臣太重則國危，小臣太親則身蔽。」[四八]後來左右小臣親密，至使中書令某人上床執手强草遺詔，流弊便有此事。漢宣帝[四九]懲霍光之弊，事必躬親，又有宦者恭、顯出來。光武懲王莽之

弊，不任三公，事歸臺閣。尚書、御史大夫、謁者謂之「三臺」。淳。[五〇]

天下事須是人主曉得通透了，自要去做，方做[五一]得。某嘗説，[五二]如一事八分是人主要做，只有一二分是爲宰相了做，亦做不得。廣。[五三]

問：「或言今日之告君者皆能言『修德』二字，不知教人君從何處修起？必有其要。」曰：「安得如此説。只看合下心無[五四]不是私，即轉爲天下之大公，將一切私底意盡屏去，所用之人非賢即別搜求正人用之。」問：「以一人耳目，安能盡知天下之賢？」曰：「只消用一個好人作相，自然推排出來，有一好臺諫知他不好人，自然住不得。」德明。[五五]

趙幾道云：「本朝宰相但一味度量而已。」答[五六]曰：「『寬裕温柔，足以有容』固好，又須『發强剛毅，足以有執』則得。」[五七]

「古者三公坐而論道，方可子細説得。如今莫説教宰執坐，然[五八]奏對之時頃刻即退，所有[五九]文字懷於袖間，只説得幾句便將文字對上宣讀過，那得子細指點。且説無坐位，也須有個案子令開展在上指畫利害，上亦知得子細。看如[六〇]今頃刻便退，君臣如何得同心理會事。六朝時尚有『對案畫敕』之語，若有一案，猶使大臣略憑倚細説，如今公吏門呈文字相似，亦得子細。」又云：「直要理會事，且如一事屬吏部，其官長奏對時下面許多屬官一齊都着在殿下，逐事付與某人，某人便着有個區處，當時便可參考是非利害，即時施行，此一事便了。其他諸部有事皆如此，豈不了事？如今只隨例送下某部看詳，遷延推托，無時得了，或一二月，或四五月，或一年，或兩三年，如何得了。某在漳州要理會某事，集諸同官商量，皆逡巡泛泛，無敢向前，如此幾時得了。於是即取紙來，某自先寫起，教諸同官都[六一]各隨所見寫出利害，只就這裏便見得分明，便了得此一事。少間若更有甚商量，亦只是就這上理會，寫得在這裏定了便不到推延。若只將口説來説去，何時得了。朝廷萬事只緣各家都不説要了，但隨時延歲月作履歷遷轉耳，那得事了。古者人君『自朝至於日中昃不遑暇食，用咸和萬民』，『一日二日萬幾』。如今群臣進對頃刻而退，人主可謂甚逸。古人豈是故爲多事？」又云：「漢唐時，御史彈劾人多抗聲直數其罪於殿上，又如要劾某人先榜於闕外，直指其名不許入朝。這須是如此。如今要説一事，要去一人，千委百曲，多方爲計而後敢説，説且不盡，是甚麽[六二]模樣！六朝所載『對案畫敕』下又云『後來不如此，有同謟愬』，看如今言事者，雖所言皆是，亦只類於[六三]謟愬。」賀孫。[六四]

客有爲固始尉，言淮甸無備甚。先生曰：「大臣慮四方，若位居宰相也須慮周於四方始得，如今宰相思量得一邊，便全然掉却那一邊。如人爲一家之長，一家上下也須常常都計掛在自家心下始得。」賀孫。

又曰：[六五]「官無大小，凡事只是一個公。若公時做得來也精采，便若小官，人也望風畏服。若不公，便是宰相，做來做去也只得個没下梢。」與立。

因說今官府文移之煩。先生曰：「國初時事甚簡徑，無許多虛文。嘗見太祖時，樞密院一卷公案行遣得簡徑。必竟英雄底人做事自別，甚樣索性。聞番中却如此，文移極少。且如今駕過景靈宮，差從官一人過盞子，有甚難事？只消宰相點下便了。須要三省下吏部，吏部下太常，太常擬差申部，部申省，動是月十日不能得了，所差又即是眼前人。趙丞相在位甚有意要去此等弊，然十不能去一二，可見上下皆然也[六六]。」太祖時公案，乃是蜀中一州軍變，後[六七]申來乞差人管攝兵[六八]馬。樞密院且[六九]已經差使臣及未經差使姓名，內一人姓樊。注云「樊愛能孫」。又[七〇]有一人，注「此人清廉可使」。太祖就此人姓上點一點，就下批四字云：「只教他去。」後面有券狀云：「親[七一]隨四人，某甲某乙。」太祖又批其下云：「只帶兩人去。」「小底兩人，某童某童。大紫騶馬一疋并鞍轡，小紫騮馬一疋并鞍轡。」太祖又批其下云：「不須帶紫騶馬去[七二]，只騎騶[七三]馬去。」又乞下銓曹疾速差知州，後面有銓曹擬差狀，約只隔得一二日，又有到任申狀，其兵馬監押纔到時，其知州亦到了。其行遣得簡徑捷速多[七四]如此。[七五]

舊來敕令文辭典雅，近日殊淺俗。裏面是有幾多病痛。方子。[七六]

先生閱報狀，見臺中有論列章疏，歎曰：「『射人須射馬，擒賊須擒王』，如何却倒了？」道夫。

今群臣以罪去者不能全其退處之節。凡辭避必再三，不允，直待章疏劾之，遂從罷黜。人傑。[七七]

舊法，貶責人若是庶官，亦須帶別駕或司馬，無有帶階官者。今呂子約却是帶階官安置。

人傑。〔七八〕

問選擇將帥之術。曰："當無事之時，欲識得將須是具大眼力，如蕭何識韓信方得。不然，邊警之時兩兵相抗，恁時人才自急。且如國家中興，張、韓、劉、岳突然而出，豈平時諸公所嘗識者？不過事期到此厮拶出來耳。"道夫。〔七九〕

趙昌父相見，因論兵事。先生曰："兵以用而見其强弱，將以用而見其能否。且如本朝諸公游陝西者多知邊事，此亦是用兵之故。今日諸將〔八〇〕坐於屋下何以知其能？縱有韓、白復生亦何由辨之？"可學。〔八一〕

今日將官全無意思，只似人家驕子弟了。褒衣博帶，談道理，説詩書，寫好字，事發遣，如此何益於事？謙。〔八二〕

今諸道帥臣只曾作一二任監司即以除之，有警則又欲其親督戰士，此最不便。萬一爲賊所虜，爲之奈何！彼固不足卹，然失一帥，其勢豈不張大？前輩謂祖宗用帥取以二路，一是曾歷邊郡，一是帥臣子弟曾諳習兵事者。此最有理。或謂戎幕宜用文臣三四員，此意亦好，蓋經歷知得此等利害，向後皆可爲帥。然必須精選而任，不可泛濫也。道夫。〔八三〕按童伯羽録同而略，今附，云："今皆不擇帥才，只曾作一二任監司者即爲之，甚不便。且又有警即令親戰，尤不便，萬一被賊捉了，□固不足恤，然失了帥臣之體，豈不益張賊勢乎？前輩論帥謂只有二路取之，一曾歷邊郡，一是帥臣子弟曾諳習帥事者。外此皆不可。此言最

有理。」〔八四〕

或問：「諸公論置二大帥以統諸路之帥，如何？」曰：「不消如此。只是擇得一個人了，君相便專意委任他，却使之自擇參佐，事便歸一。今若更置大帥以監臨之，少間必有不相下之意，徒然紛擾。須是得一個人委任他，聽他自漸漸理會許多軍政，將來自有條理。」恪。〔八五〕

蜀遠朝廷萬有餘里，擇帥須用嚴毅，素有威名，足以畏壓人心，則喜亂之徒不敢作矣。道夫。〔八六〕

瀘州之事，朝廷既是命委清强官體究，帥司若有謀，只那體究官便是捉賊官。且如揀差體究官，帥司祇密着一不下司文字與之，令到地頭體究，隨宜便與處分。若體究官到彼，他見朝廷之意未十分來煎迫，亦須開門放入。但只與之言：「今日之事既是如此，若大兵四合勦滅亦不難。今亦未能如是，但你這頭首人，合當出來陳説始初是如何。」及其既至，則收而梟之，事即定矣。若遽然進兵掩捕，則事勢須激，城中之人不可保，而州郡必且殘破。道夫。〔八七〕

治愈大則愈難爲，監司不如做郡，做郡不如做縣。蓋這裏有仁愛心，便隔這一重。要做件事，他不爲做，便無緣得及民。淳。

某嘗謂今做監司不如做州郡，做州郡不如做一邑，事體却由自家。監司雖大於州，州雖大於邑，然都被下面做翻了，上面如何整頓。道夫。

辛幼安爲閩憲，問政。答曰：「臨民以寬，待士以禮，馭吏以嚴。」〔八八〕

爲守令，第一是民事爲重，其次則便是軍政。今人都不理會。道夫。

監司薦人，後犯贓罪〔八九〕，須與鐫三五資，正郎則降爲員郎，員郎則降爲承議郎以下。若已爲侍從或無職名可鐫，則鐫其俸，或一切不與奏薦。如此則方始得它痛，恁地也須怕。今都不損它一毫。道夫。

問德粹：「婺源旱如何？」滕答云云。先生曰：「最有一件事是今日大弊，旱則申雨，檢荒則云熟，火燒民家則減數奏。到處如此。」可學。

「人居官要應副親戚，非理做事。因説道囑託所得貨賄，親戚受之。這是甚麼底事，敢胡亂做！」因説：「吴公路爲本路憲，崇安宰上世與之有契，在邑恣行，無所不至。有訴於吴，其罪甚衆。吴〔九〇〕謂其上世有恩於我，我今居官，終不成以法相繩，遂寬釋訟者遣之。斯人益肆其暴虐，邑民皆無所告訴。看來固當不忘上世之恩，若以私恩一向廢法，又如何當官？漢武帝不以隆慮公主之故而赦其子昭平君，雖其初以金錢豫贖死罪，後竟付之法。云：『法令者，先帝之所造也。奈何以弟故廢先帝法，吾何面目入高廟乎！』東方朔上壽曰：『臣聞聖王〔九一〕爲政，賞不避仇讐，誅不擇骨肉。書曰「不偏不黨，王道蕩蕩」，此二帝三王之所重也。陛下行之，天下幸甚！』夫『天討有罪』是大小之事，豈可以私廢？」直卿云：「若是吴憲待崇安宰，雖當一付之法，還亦有少委曲否？」曰：「如恩舊在部屬，未欲一寘于法，亦須令尋醫去可也。」賀孫。

某人爲太守，當見客。日分，先見迎[九二]客，方接同官及寄居官。人問其故。曰：「同官有稟議待商量區處，頗費時節。過客多是略見即行，若停軓[九三]在後，恐妨行色。」此事可法。賀孫。詣學，學官以例講書。歸謂諸生曰：「且須看他古人道理意思如何。今却只做得一篇文字讀了，至[九四]他古人道理意思處都不曾見。」道夫。[九五]

俞亨宗云：「某做知縣只做得五分。」曰：「何不連那五分都做了着[九六]？」自修。

有一朋友作宰，通監司等[九七]書先説無限道理。陳公亮作帥，謂之曰：「若要理會職事，且不須如此迂闊。」其[九八]以爲名言。人傑。

「胡侍郎[九九]言：『吏人，不可使他知我有恤他之意。』此説極好。」節問：「胡侍郎是誰？」曰：「做管見底。」[一〇〇]又曰：「此已是恤他不可恤。小處可恤，大處不可恤。」又曰：「三五十錢底可恤，若有人來理會，亦須去[一〇一]治他。」節。

如看道理，辨是非，又須是自高一着方判法[一〇二]得別人説話。如堂上之人方能看堂下之人，若身在堂下如何看見子細！又如今兩人厮炒，自家要去決斷他，須是自家高得他。若與他相似，也斷他不得，況又不如他。李雖不與熟，嘗於其見先人時望見之，先人稱其人有才略。因云：「今做官人幾時個個是闒冗人？多是要立作向上。那個不説道先着馭吏？少間無有不拱手聽命於吏者。這只是自家不見得道理，事來都區處不下。吏人弄得慣熟，却見得高於他，只得委任之。」云：〔一〇三〕「如圍棋一般，兩人初着，那個不要勝？誰肯去就死地自做活計？這只是見不高，無奈何。」賀孫。

謂李思永曰：「衡陽訟牒如何？」思永曰：「無根之訟甚多。」先生曰：「與他研窮道理，分別是非曲直，自然訟少。若厭其多，不與分別，愈見事多。」蓋卿。

嘗歎：「州縣官碌碌，民無所告訴。兼民情難知，耳目難得其人，看來如何明察，亦多有不知者。以此觀之，若是見得分明決斷時，豈可使有毫髮不盡！」又歎云：「民情難知如此，只是將甚麽人爲耳目之寄。」賀孫。

「韓延壽傳云『以期會爲大事』，某舊讀漢書，合下便喜他這一句。」直卿曰：「『敬事而信』也是這意。」曰：「然。」道夫。〔一〇四〕

前輩説話可法。某嘗見吴丈〔一〇五〕公路云：「他作縣不敢作旬假。一日假則積下一日事，到底自家用做，轉添得繁劇，則多粗率不子細，豈不害事？」道夫。

某與諸公説，下梢去仕宦不可不知，須是有旁通曆，逐日公事開項逐一記。了即勾之，未了須理會教了，方不廢事。賀孫。

當官文書簿曆須逐日結押，不可拖下。僩。

前輩檢驗皆有書，當官者不可不知。極多様。僩。

「開落丁口，推割産錢」是治縣八字法。詞牒無情理者不必判。先減書鋪及勒供罪狀不得告訐之類。葉子昂催税只約民間逐限納錢上州，縣不留錢。德明。

因民户計較阻撓社倉倉官，而知縣不恤，曰：「此事從來是官吏見這些米糧出入於士民[一〇六]，不歸於官吏，所以皆欲沮壞其事。今若不存倉官[一〇七]，數年之間立便敗壞。雖二十來年之功，俱爲無益。」賀孫。

「爲税官，若是父兄宗族舟船過，只得稟白州府請别委官檢税，不[一〇八]可直拔放去。所以祖宗立法許相回避。」又曰：「臨事須是分毫莫放過。如某當官，或有一相識親戚之類，如此越用分明，不肯放過。」道夫。

【校勘記】

[一] 使　成化本無。

[二] 個　成化本無。

[三] 陳亮同父　成化本爲「陳同父」。

〔四〕刺史　成化本無。

〔五〕事　成化本作「重」。

〔六〕公　成化本此下注曰：「或録云：『自古文尚書出方有周官篇。伏生口授二十五篇無周官，故漢只置太尉、司徒、司空爲三公，而無周三公、三少，蓋未見古文尚書。』」

〔七〕等　成化本作「尊」。

〔八〕所謂專役　成化本爲「所傳授」。

〔九〕惟　成化本作「爲」。

〔一〇〕太師　成化本爲「太保」。

〔一一〕得除此　成化本作「除」。

〔一二〕王子　成化本作「王」。

〔一三〕説　成化本作「訛」。

〔一四〕節　成化本此下注曰：「或録云：『今加三公者又須加節度使，朝廷又極惜節度使，蓋節度使每月請俸千餘緡，所以不輕授人。本朝如韓、富、文、杜諸公，欲加三公、少須建節，不知是甚意。』」

〔一五〕矣　成化本此下注曰：「或録云：『「或和開府抹過加三公三少者有之。」又曰：「檢校開府以上，蔭子便得文官。文臣爲樞密直學士者，蔭子反得武官，如富鄭公家子弟有爲武官者是也。五代以武臣爲樞密使，武臣或不識字，故置樞密直學士，令文臣輔之，故奏子皆得武官，本朝因而不廢。文臣自金紫轉特進開府，然後加三公三少，如富、韓諸公是如此。本朝置三太三少而無司徒、司馬、司空之三公。然韓、杜諸公有兼司徒、司空，又有守司空者，皆不可曉。」』」

［一六］又曰　成化本無。

［一七］然　成化本此下注曰：「饒録云：『蓋已前贈者皆是以中書令兼尚書令，神宗特贈尚書令者，其禮極重。』」

［一八］令　成化本此下有「今後更不除尚書令」。

［一九］非本朝太宗　成化本無。

［二〇］辭　成化本無。

［二一］雄　成化本此上有「極」。

［二二］改易　成化本爲「少有更易」。

［二三］多　成化本作「房」。

［二四］其　成化本作「尹」。

［二五］儒用　成化本無。且成化本此條與下條合爲一條。

［二六］官　成化本無。

［二七］主　成化本此下注曰：「或録云：『或執唾壺虎子之屬，行幸則從，其初職甚微。』」

［二八］人　成化本無。

［二九］宰相如都吏　成化本無。

［三〇］重　成化本爲「日重」。

［三一］者　成化本此下注曰：「或録云：『故置中尚書，以宦者爲之。』」

［三二］更　成化本無。

［三三］閣　成化本此下注曰：「或録云：『臺即尚書，閣即禁中也。』」

［三四］書　成化本此下注曰：「或録作『中尚書』。」

［三五］卿　成化本此下注曰：「或録云：『三公之權反不如九卿，所以漢世宦者弄權用事。』」

［三六］在　成化本無。

［三七］官　成化本此下注曰：「或録云：『置中書。』」

［三八］令　成化本此下注曰：「或録作『監』。」

［三九］耶　成化本此下注曰：「或録云：『「蓋尚書又不如中書之居中用事親密也。」問：「侍中是時爲何官？」曰：「黄門監即今之門下省。左右散騎常侍皆黄門監之屬也。」』」

［四〇］尚書省　成化本無。

［四一］魏下后　成化本爲「漢元后」。

［四二］猶今言省中禁中　成化本無。

［四三］成化本此下注曰：「或録少異。」按，此條所注「或録」，底本另作一條載於卷七十九，參該卷「問司馬

司徒司空三公三少之官……如今云陛下殿下之類」條。

〔四四〕其風力者而與　成化本爲「其無風力者且與」。又，「與」字原缺，據成化本補。

〔四五〕皆　成化本無。

〔四六〕某人　成化本爲「劉湛」。

〔四七〕話　成化本作「語」。

〔四八〕蔽　成化本此下有「當時於大臣已爲之處置」。

〔四九〕漢宣帝　成化本爲「漢宣」。

〔五〇〕淳　成化本爲「義剛」。

〔五一〕做　成化本無。

〔五二〕某嘗説　成化本無。

〔五三〕此條廣録成化本載於卷一百八。

〔五四〕無　成化本無。

〔五五〕此條德明録成化本載於卷一百八。

〔五六〕答　成化本無。

〔五七〕成化本此下注有「大雅」。且此條載於卷一百二十九。

〔五八〕然　成化本無。

〔五九〕所有 成化本無。
〔六〇〕看如 成化本無。
〔六一〕都 成化本無。
〔六二〕麽 成化本無。
〔六三〕於 成化本無。
〔六四〕此條賀孫録成化本載於卷一百二十八。
〔六五〕又曰 成化本無。
〔六六〕也 成化本無。
〔六七〕後 朱本作「復」。
〔六八〕兵 成化本作「軍」。
〔六九〕且 成化本作「具」。
〔七〇〕又 成化本作「只」。
〔七一〕親 成化本作「雜」。
〔七二〕紫騮馬去 成化本爲「紫騮馬」。
〔七三〕騮 朱本、賀本作「騮」。
〔七四〕多 成化本無。

［七五］成化本此下注有「雉」。且此條載於卷一百二十七。
［七六］此條方子録成化本載於卷一百二十八。
［七七］此條人傑録成化本載於卷一百二十八。
［七八］此條人傑録成化本載於卷一百二十八。
［七九］此條道夫録成化本載於卷一百十。
［八〇］將　朱本作「生」。
［八一］成化本此下注有「擇將帥」。且此條可學録載於卷一百十。
［八二］此條謙録成化本載於卷一百十。
［八三］此條道夫録成化本載於卷一百十。
［八四］按童伯羽録同而略……此言最有理　成化本無。
［八五］此條恪録成化本載於卷一百十。
［八六］此條道夫録成化本載於卷一百十。
［八七］此條道夫録成化本載於卷一百三十三。
［八八］嚴　此條成化本載於卷一百三十二。成化本此下有「恭甫再爲潭帥，律己愈謹，御吏愈嚴。某謂如此方是」，此部分内容底本另作一條載於卷一百三十二。
［八九］罪　成化本爲「犯罪」。

〔九〇〕吴　朱本作「只」。

〔九一〕王　朱本作「主」。

〔九二〕迎　成化本作「過」。

〔九三〕軌　成化本作「軋」。

〔九四〕至　成化本作「望」。

〔九五〕此條道夫録成化本載於卷一百六。

〔九六〕着　成化本無。

〔九七〕等　成化本無。

〔九八〕其　成化本作「某」。

〔九九〕胡侍郎　成化本爲「胡致堂」。

〔一〇〇〕節問胡侍郎是誰曰做管見底　成化本無。

〔一〇一〕去　成化本無。

〔一〇二〕判法　成化本爲「判決」。

〔一〇三〕云　成化本爲「又云」。

〔一〇四〕此條道夫録成化本載於卷一百三十五。

〔一〇五〕丈　成化本無。

［一〇六］糧出入於士民　成化本無。
［一〇七］倉官　成化本爲「官倉」。
［一〇八］不　成化本作「豈」。

晦庵先生朱文公語類卷第一百十三

朱子十

訓門人上之上[一]

問：「前承先生書云：『李先生云「賴天之靈常在目前」，如此安得不進？蓋李先生爲默坐澄心之學，持守得固。後來南軒深以默坐澄心爲非，自此學者工夫愈見散漫，反不如默坐澄心之專。』」先生曰：「只爲李先生不出仕，做得此工夫。若是仕宦，須出來理會事。向見吳公濟爲此學，時方授徒，終日在裏默坐，諸生在外都不成模樣，蓋一向如此不得。」問：「龜山之學曰『以身體之，以心驗之，從容自得於燕閑靜一之中』。李先生學於龜山，其源流是如此。」曰：「龜山只是要閑散，然却讀書。尹和靖便不讀書。」以下訓德明。[二]

問：「涵養於未發之初，令不善之端旋消沉，[三]則易爲力，若發後則難制。」先生云：「聖賢之論正要就發處制，惟子思説『喜怒哀樂之[四]未發謂之中』，孔孟教人多從發處説。未發時固當涵養，不成發後便却都不管他[五]。」德明云：「這處最難。」因舉横渠「戰退」之説。先生曰：「此亦不難，只要明得一個善惡。每日遇事須是體驗，見得是善從而保養取，自然不肯走在惡上去。」

次日又云：「雖是涵養於未發，源清則流清，然源清却未見得，被它流出來已是濁了。須是因流之濁以驗源之未清，就本原處理會。未有源之濁而流之能清者，亦未有流之濁而源清者。今人多是偏重了，只説[六]涵養於未發，而已發之失乃不能制，是有得於静而無得於動；只知制其已發，而未發時不能涵養，則是有得於動而無得於静也。」

先生舉遺書云：「根本須是[七]先培擁，然後可立趨向。」又云：「學者須敬守此心，不可急迫，當栽培深厚，涵泳於其間，然後可以自得。今且要收斂此心，常提撕省察。且如坐間説時事，逐人説幾件，若只管説，有甚是處！便截斷了，提撕此心令在此。凡遇事應物皆然。」問：「當官事多，膠膠擾擾，奈何？」曰：「他自膠擾，我何與焉？濂溪云『定之以中正仁義而主静』，中與仁是發動處，正是當然定理處，義是截斷處，常要主静。豈可只管放出不收斂？『截斷』二字最緊要。」

又云：「須培擁根本令豐壯。以此去理會學，三代以下書、古今世變治亂存亡皆當理會。今只看此數書，又半上落下。且如編禮書不能就，亦是此心不壯，須是培養令豐碩。吕子約『讀三代以下書』之説，亦有謂大故有書要讀，有事要做。」

臨別，再言：「學者須是有業次，須專讀一書了又讀一書。」德明起稟：「數日侍行，極蒙教誨。若得師友常提撕警省，自見有益。」先生曰：「如今日議論，某亦因而得温起一遍。」問：「山居頗適，讀書罷，臨水登山，覺得甚樂。」先生曰：「只任閑散不可，須是讀書。」又言上古無閑民。其説甚多，不曾記録。大意似謂閑散是虛樂，不是實樂。

因説某人「開廣可喜，甚難得，只是讀書全未有是處。學者須是有業次。竊疑諸公亦未免如此」。德明與張顯父在坐，竦然聽教。先生言：「前輩諸賢多只是略綽見得個道理便休，少有苦心理會者。須是專心致意，一切從原頭理會過。且如讀堯、舜典『曆象日月星辰』、『律度量衡』、『五禮』、『五玉』之類，禹貢山川、洪範九疇須一一理會令透。又如禮書冠昏喪祭、王朝邦國許多制度逐一講究。」因言：「趙丞相論廟制不取荆公之説，編奏議時已删去[八]。不知荆公所論，深得三代之制，又不曾講究毁廟之禮，當[九]時除拆已甚不應儀禮。可笑！子直一生工夫只是編奏議。今則諸人之學又只做奏議以下工夫，[一〇]無人就堯舜三代原頭處理會來。」又與敬之説：「且如做舉業，亦須苦心理會文字，方可以決科。讀書若不苦心去求，不成業次，終不濟事。」

問：「看先生所解文字略通大義，只是意味不如此浹洽。」曰：「只要熟看。」又云：「且將正文熟誦，自然意義生。有所不解，因而記録，它日却有反覆。」

「今學者皆是就册子上鑽，却不就本原處理會，只成講論文字，與自家身心都無干涉。須是將身心做根柢。」德明問：「向承見教，須一面講究一面涵養，如車兩輪，廢一不可。」先生云：「今只就文字理會，不知涵養，便是一輪轉，一輪不轉。」[一一]

問：「今只論涵養却不講究，雖能閑邪存誠、懲忿窒慾，至處事差失，則奈何？」曰：「未説到差處，且如所謂『居處恭，執事敬』，若不恭敬便成放肆，如此類不難知，人却放肆不恭敬。如一個大公至正之路甚分明，不肯行，却尋得一綫路與自家私意合，便稱是道理。今人每每如此。」

德明問：「編喪祭禮當依先生指授，以儀禮爲經，戴記爲傳，周禮作旁證。」曰：「和通典也須看，就中却又議論更革處。」語畢，却云：「子晦正合且做切己工夫。只管就外邊文字上走，支離雜擾，不濟事。孔子曰『操則存，捨則亡』，孟子曰『學問之道無他，求其放心而已矣』，須如此做家計。程子曰『心要在腔子裏，不可騖外』，此個心須是管着他始得。且如曾子於禮上纖細無不理會過，及其語門弟子[一二]，則曰『動容貌，斯遠暴慢矣；正顔色，斯近信矣；出辭氣，斯遠鄙倍矣。籩豆之事則有司存』，須有緩急先後之序。須有一[一三]本末，須將操存工夫做本，然後逐段逐義去看方有益。也須有倫序，只管支離雜看，却[一四]不成事去。『行有餘力，則以學文』，

『志於道，據於德，依於仁』然後『游於藝』。今只就册子上理會，所以每每不相似。」又云：「正要克己上做工夫。」

問橫渠「得尺守尺，得寸守寸」之説。曰：「不必如此，且放寬地步。不成讀書得一句且守一句，須一面居敬持養將去。」〔一五〕

問：「五典之彝、四端之性推尋根原，既知爲我所固有，日用之間大倫大端自是不爽，少有差失，只是爲私慾所撓，其要在窒慾。」曰：「有一分私慾，便是有一分見不盡，見有未盡便勝他私慾不過。若見得脱然透徹，私慾自不能留。大要須是知至，纔知至便到意誠、心正一向去。」又舉虎傷事。當時再三深思所見，及推太極動静、陰陽五行與夫仁義中正之所以主静者求教。先生曰：「據説亦只是如此，思索亦只到此，然亦無可思索。此乃『雖欲從之，末由也已』處。只要時習，常讀書，常講貫，令常在目前，久久自然見得。」

問：「氣質弱者如何涵養到剛勇？」曰：「只是一個勉强，然變化氣質最難。」〔一六〕

初七日稟辭，因求一言爲終身佩服，先生未答。且出，晚謁再請。先生曰：「早間所説用功事，細思之，只是昨日説『戒謹不睹，恐懼不聞』是要切工夫。佛氏説得甚相似，然而不同。佛氏要空此心，道家要守此氣，皆是安排。子思之時異端並起，所以作中庸發出此事，只是戒謹恐懼便自然常存，不用安排。『戒謹恐懼』雖是四個字，到用着時無它，只是緊緊〔一七〕鞭約，令歸此窠曰來。」問：「佛氏似亦能謹獨。」曰：「它只在静處做得，與此不同。佛氏只是占便宜，討閑静處去。老莊只是占姦，要它自身平穩。」先生又自言：「二三年前見得此事尚鶻突，爲它佛説得相似。近年來方見得分曉，只是『戒謹所不睹，恐懼所不聞』好〔一八〕，顔子約禮事是如此。佛氏却無此段工夫。」

先生極論戒謹恐懼，以爲學者要切工夫。因問：「遺書中『敬義夾持直上達天德』之語亦是要切工夫？」先生曰：「不理會得時，凡讀書語言各各在一處，到〔一九〕底只是一事。」又問：「『必有事焉而勿正』一段亦是不安排，亦是戒謹恐懼則心自存之意？」曰：「此孟子言養氣之事。『必有事焉』謂集義也，集義則氣自長，亦難正他，亦難助他長。必有事而勿忘於集義，則積漸自長去。」以上德明自録，下見諸録。〔二〇〕

廖德明赴潮倅，來告别，臨行求一安樂法。曰：「聖門無此法。」僩。

廖子晦得書來，云「有本原，有學問」。某初曉不得，後來看得他門都是把本原處是别有一塊物來模樣。聖人教人只是致知、格物，不成真個是有一個物事如一塊水銀樣走來走去那裏。這便是禪家説「赤肉團上自有一個無位真人」模樣。義剛。

問存心。曰：「存心不在紙上寫底，且體認自家心是何物。聖賢説得極分曉。孟子恐後人不識，又説四端，於此尤好玩索。」以下訓季札。〔二一〕

再問存心。曰：「非是別將事物存心。[二二]如[二三]孔子曰『居處恭，執事敬，與人忠』，便是存心之法。如説話覺得不是便莫説，如[二四]做事覺得不是便莫做，亦是[二五]存心之法。」以上季札自録。[二六]

大雅謁先生於鉛山觀音寺。納贄拜謁後[二七]，先生問所學，大雅因質所見。先生曰：「所謂『事事物物各得其所，乃所謂時中』之義却是[二八]，但所説大意却錯雜。據如此説乃是欲求道於無形無象之中，近世學者大抵皆然。聖人語言甚實，且即吾身日用常行之間可見。惟能審求經義，將聖賢言語虛心以觀之，不必要著心去看他，如此[二九]久之，待他[三〇]道理自見，不必求之太高也。今如所論却只於渺渺茫茫處想見一物懸空在，更無捉摸處，却[三一]將來如何頓放，更没收殺也[三二]。如此則與身中日用自然判爲二物，何緣得有諸己？只看論語一書，何嘗有懸空説底話？只爲漢儒一向尋求訓詁，更不看聖人[三三]意思，所以二程先生不得不發明道理、開示學者，使激昂向上求聖人用心處，故放得稍高。不期今日學者乃捨近求遠，處下窺高，一向懸空説了，扛得四[三四]脚都不着地，其爲害反甚於向者之未知尋求道理，依舊祇在大路上行。今之學者却求捷徑，遂至鑽山入水。吾友要知，須是與他古本相似者，方是本分道理；若不與古本相似，盡是亂道。」以下訓大雅。

臨別請教以爲服膺之計。答[三五]曰：「老兄已自歷練，但目下且須省閑事就簡約上做工夫。若舉業亦自[三六]是本分事。且如前日令老兄作告子未嘗知義論，其說亦自好，但終是摶量，非實見得。如今人說人文字辭太多，却[三七]不是辭多，自緣意少。若據某所見，『義內』即是『行有不慊於心則餒』，便自見得義在內。若徹頭徹尾一篇說得此理明，便是吾人日用事，豈特一篇時文而已。」

再見，因陳[三八]所撰論語精義備說。觀一二章畢，即曰：「大抵看聖賢語言不必[三九]須作課程，但平心定氣孰[四〇]看，將來自有得處。今看老兄此書只是拶成文字，元不求自得。且如『學而時習之[四一]』一章，諸家說各有長處，亦有短處。如云『「鷹乃學習」之謂』與『時復思繹浹洽於中則說矣』，此程說最是的當處。如云『以善服[四二]人而信從者衆，故可樂』，此程說正得夫子意。如云『學在己，知不知在人』，尹子之言當矣。如游說『宜其令聞廣譽施於[四三]身，而人乃不知焉。是有命，「不知命，無以爲君子」』，此最是語病。果如此說，則是君子爲人所不知，退而安之於命，付之無可奈何，却如何見得真不愠處出來。且聖人之意儘有高遠處，轉窮究轉有深義。今作就此書則遂不復看精義矣，自此隔下了，見識止如此，上面一截道理更不復見矣。大抵看聖賢言語[四四]須徐徐俟之，待其可疑而後疑之。如庖丁解牛，它只尋罅隙處游刃以往而衆理自解，芒刃亦不鈍。今一看文字便就上百端生事，謂之起疑，是解牛而用斧鑿，鑿開成痕，所以刃屢鈍。如此，如何見得聖賢之[四五]本意？且前輩講求非不熟，初學須是自處於無能，遵稟他前輩説話漸見實處。今一看未見意趣便争手奪脚，近前争説一分。以某觀之，今之作文者但口不敢説耳，其意直是謂聖賢説有未至，他要説出聖賢一頭地去[四六]，曾不知於自己本無所益。鄉曾[四七]令老兄虛心平氣看聖人語言，不意今如此支離。大抵中年以後爲學且須愛惜精神，如某在官所亦不敢屑屑留情細務者，正恐耗了精神，忽有大事來則無以待之。」[四八]

再見，因言：「去冬請違之後因得一詩，云『三見先生道愈尊，言提切切始能安。如今決破本根説，不作從前料想看。有物有常須自盡，中倫中慮覺猶難。願言克己工夫熟，要得周旋事仰鑽』。」看畢，云：「甚好。」大雅云：「近却盡去得前病，又覺全然安了，忒煞無疑，恐難進步。且如南軒説『無適無莫』，『適是有所必，莫是無所上[四九]』，便見得不妥貼。程氏謂『無所往，無所不往，且要「義之與比」處重』，便安了。」答[五〇]曰：「此且做得一個粗粗底基址在，尚可加功[五一]。但古人訓釋字義，無用『適』字爲『往』字者，此『適』字當如[五二]『吾誰適從』之『適』，音『的』，是端的之意。言無所定亦無不定耳。張欽夫云：『「無適無莫」，釋氏謂有適、莫。』此亦可通。」問：「如何是粗粗底基址？」答云：[五三]「無所往亦無所不往，亦無深害，但認得『義』字重亦是。所謂粗者，如匠人出治材料且成樸在，然後刻畫可加也。如云『義』字，豈可便止？須要見之於事，那裏是義，那裏是不義。不可謂心安於此便是義，如宰我以食稻衣錦爲安，不成便是義？今所以要得[五四]於聖賢語言上精加考究，從而分別輕重、辨明是非，見得燦[五五]然有倫，是非不亂，方是所謂『文理密察』是也。自此應事接物，各當事幾而不失之過，不失之不及，此皆精於義理之效也。」問：「此是『精義入神以致用』否？」曰：「所謂『精義入神』，不過要思索令精之又精，則見於日用自然合理。所謂『入神』即此便是，非此外別有入神處也。如老兄詩云『中倫中慮』，只恁泛説何益？倫慮只是個倫理所在，要使言行有倫理爾。須是平時精考後躬行之，使凡一言一行皆出乎此理，則這邊自重。所謂『仰不愧，俯不怍』，浩然之氣亦從是生。若用工如此方有進處，若如此進時一齊俱進。聖賢見處雖卒未可遽盡，然進進不已，隨力量自當有到處。若非就這上見得義理之正，則非特所學不可見於行，亦非此道之至。」因問：「『苟不至德，至道不凝焉』，離事物、舍躬行以爲道，則道自道，我自我，尚不能合一，安得有進？」曰：「然。」

再見，即問曰：「三年不相見，近日如何？」對云：「獨學悠悠，未見進處。」答[五六]曰：「悠悠於學者最有病。某前此説話亦覺悠悠，而學於某者皆不作切己工夫，故亦少見特然可恃者。且如孟子初語滕文公只道『性善』，善學者只就這上便做工夫，自應有得。及後再見孟子則不復更端矣，只説『世子疑吾言乎？夫道一而已矣』。顔淵曰『舜何人也？予何人也？有爲者亦若是』，以至『若藥弗瞑眩，厥疾弗瘳』，其言激切如此，意[五七]只是欲其着緊下工夫耳。又如語曹交一段，意亦同此。大抵爲學須是自家發憤振作鼓勇做去，直是要到，一日須見一日之效，一月須見一月之效。諸公若要做，便從今日做去，不然便截從今日斷，不要務爲説話，徒無益也。」大雅云：「從前但覺寸進，不見特然之效。」答[五八]曰：「正爲如此，便不曾離得舊窠[五九]窟，何緣變化得舊氣質？」

又曰：[六〇]「只[六一]孟子説『學問之道無它，求其放心而已矣』，此最爲學第一義也。故程先生[六二]云：『聖賢千言萬語，只是欲人將已放之心約之，使反復入身來，自能尋向上去。』某近因病中兀坐存息，遂覺有進步處。大抵人心流濫四極，何有定止？一日十二時中有幾時在軀殼内？與其四散閑走無所歸着，何不收拾令在腔子中？且今縱其營營思慮，假饒求有所得，譬如無家之商四方營求，得錢雖多，若無處安頓，亦是徒費心力耳。」[六三]

又曰：「學者做切己工夫要得不差，先須辨義利所在。如思一事，非特財利、利欲，只每事求自家安利處便是，推此便不可與[六四]入堯舜之道。切須勤勤提省，察之於纖微毫忽之間，不得放過，如此便不會錯用工夫。」

問：「程先生云『周羅事者先有周羅之病在心，多疑者先有疑病在心』，大雅則浩然無疑，但不免有周羅事之心。」答[六五]曰：「此正是無切己工夫，故見他人事須攬一分。若自己曾實做工夫，則如忍痛然，我自痛且忍不暇，何暇管他人事？自己若把得重，則彼事自輕也[六六]。」

因論古今聖賢千言萬語不過只要睹是爾。答曰：「睹是固好，然却只是結末一着，要得睹是須去求其所以。」大雅曰：「不過致知窮理。」答[六七]曰：「實做去便見得所以處。」

再見，即曰：「吾輩此個事，世俗理會不得。凡欲爲事，豈可信世俗之言爲去就！彼流俗何知？所以王介甫一切屏之。他做事雖是過，然吾輩自守所學，亦豈可爲流俗所梗？如今浙東學者多陸子静門人，類能卓然自立，相見之次便毅然有不可犯之色，自家一輩朋友又覺不振[六八]，一似『忘』相似，彼則又似『助長』。」又曰：「大抵事只有一個是非，是非既定，却揀一個是處行將去。必欲回互得人人道好，豈有此理！然事之是非久却自定。時下須是在我者無慊，仰不愧，俯不怍。别人道好道惡，管它！」

臨别請益。答[六九]曰：「大要只在『求放心』。此心流濫[七〇]無所收拾，將甚處做管轄處？其他用工總閑慢，要須先就自立[七一]上立得定、決定不雜，則自然光明四達、照用有餘，己[七二]所謂是非美惡，亦不難辨矣。况天理人欲決不兩立，須得全在天理上行方見人慾消盡，義之與利不待分辨而明。至若所謂利者，凡有分毫求自利便處皆是，便與克去，不待顯著方謂之利。此心須令純，純只在一處，不可令有外事參雜。遇事而發，合道理處便與果決行去勿顧慮，若臨事見義方復遲疑，則又非也。仍須勤勤把將做事，不可俄頃放寬，日日[七三]時時如此便須見驗，人之精神習久自成。大凡人[七四]心若勤緊收拾，莫令[七五]寬縱逐物，安有不得其正者！若真個提得緊，雖半月見驗可也。」

再見，首見教云：「今日用功且當以格物爲事。不曰『窮理』却説『格物』者，要得就事物上看教道理明。見得是處便斷然行將去，不要遲疑。將此逐日做一段工夫，勿令作輟，夫是之謂『集義』。天下只要一個是，若不研究得分曉，如何行得？書所謂『惟精惟一』最要，是它上聖相傳來底，只是如此。」

問：「吾輩之貧者令不學子弟經營，莫不妨否？」答[七六]曰：「止經營衣食亦無甚害。陸家亦作舖買賣。」因指其門閾云：「但此等事如在門限裏作[七七]，一動着脚便在此門限外矣。緣先以利存心，做時雖本爲衣食不足，後見利入稍優便多方求餘，遂生出[七八]萬般計較，做出礙理事來。須思量止爲衣食，爲仰事俯育耳。此計稍足便須收斂，莫令出元所思處，則粗可救過。」因令看「利用安身，以崇德也」。答[七九]曰：「孔子遭許多困厄，身亦危矣，而德亦進，何也？」大雅云：「『利者義之和也』，順利此道以安此身，則德亦從而進矣。」大雅云：「身安而後德進者，君子之常。孔子遭變，權之以宜，寧身不安，德則須進。」答[八〇]曰：「然。」[八一]劉仲升云：「横渠説『「精義入神」，事豫吾内、求利吾外也；「利用安身」，素利吾外、致養吾内也』。」答[八二]曰：「他説自分明。」以上並大雅自録。[八三]

屢與人傑説「謹思之」一句，言思之不謹，便有枉用工夫處。以下訓人傑。[八四]

先生問别後工夫。對[八五]曰：「謹守教誨，不敢失墜。舊來於先生之説猶不能無疑，自昨到五更後，乃知先生之道斷然不可易。近看中庸，見得道理只從下面做起，愈下愈實。」先生曰：「道理只是如此，但今人須要説一般深妙，直以爲不可曉處方是道。展轉相承，只得[八六]一個理會不得底物事互相欺謾，如主管假會子相似。如二程説經義直是平常，多與舊説相似，但意味不同。伊川曰：『予年十七八時已曉文義，讀之愈久，但覺意味深長。』蓋只是這個物事，愈説愈明，愈看愈精，非別有個要妙不容言者也。近見湖南學者非復欽夫之舊，當來若到彼中，須與整理一番，恨不能遂此意耳。」

先生問人傑：「學者多入於禪，何也？」人傑答以「彼蓋厭吾儒窮格工夫，所以要趨捷徑」。先生曰：「『操則存，捨則亡』，吾儒自有此等工夫，然未有不操而存者。今釋子謂我有個道理能不操而存，故學者靡然從之。蓋爲主一工夫，學者徒能言而不能行，所以不能當抵他釋氏之説也。」人傑曰[八七]：「因[八八]人傑之所見却不徒言，乃真得所謂操而存者。」先生曰：「畢竟有欠闕。」人傑曰：「工夫欠闕則有之，然此心則未嘗不存也。」先生曰：「正淳只管來争，便是源頭有欠闕。」反覆教誨數十言。人傑曰：「荷先生教誨，然説人傑不着。」先生曰：「正淳自主張，以爲道理只如此。然以某觀之，有德[八九]者自然精明不昧。正淳更且静坐思之，能知所以欠闕，則斯有進矣。」因言：「程門諸公，如游、楊者見道不甚分明，所以説着做工夫處都不緊切。須是操存之際常見[九〇]得在這裏，則愈益精明矣。」次日見先生，曰：「昨日聞教誨，方知實有欠闕。」先生曰：「聖人之心如一泓止水，遇[九一]事時但見個影子，所以發必中節。若自心黑籠籠地，則應事安能中節！」

禪學一喝一棒都掀翻了，也是快活。却看二程說話，可知道不索性。豈特二程，使[九二]夫子言之[九三]亦如此，「學而時習之，不亦說乎」，看得好支離。[九四]

看人傑論語疑義，云：「正淳之病多要與衆說相反。譬如一柄扇子，衆人說這一面，正淳便說那一面以詰之；及衆人說那一面，正淳却說這一面以詰之。舊見欽夫解論語多有如此處。某嘗語之云，如此是別爲一書與論語相詰難也。」

靜時見此理，動時亦當見此理。若靜時能見，動時却見不得，恰似不曾。

常人之學多是偏於一理、主於一說，故不見四旁，以起爭辯。聖人則中正和平，無所偏倚。[九五]

問：「索理有[九六]未到精微處，如何？」曰：「此是[九七]平日思慮夾雜不能虛明，用此昏底心，欲以觀天下之理而斷天下之疑，豈能究其精微乎！」

人傑將行，請教。先生曰：「平日工夫須是做到極[九八]，四邊皆黑，無路可入，方是有長進處，大疑則可大進。若自覺有些長進便道我已到了，是未足以爲大進也。顔子仰高鑽堅、瞻前忽後，及至『雖欲從之，末由也已』，直是無去處了，至此方可[九九]語進矣。」

問「曾點、漆雕開已見大意」。先生云：「曾點、漆雕開是合下求〔一〇〇〕見得大了，然但見大意，未精密也。」因語人傑曰：「正淳之病大概説得渾淪，都不曾嚼破殼子，所以多有纏縛，不索性，絲來綫去，更不直截，無那精密潔白底意思。若是實識得，便自一言兩語斷得分明。如今工夫須是一刀兩段，所謂『一棒一條痕，一摑一掌血』，如此做得〔一〇一〕底方可無疑慮。如項羽救趙，既渡，『沈船破釜甑〔一〇二〕，持三日糧，示士卒必死，無還心』，故能破秦。若更瞻前顧後，便不可也。」因舉禪語云：「『寸鐵可殺人』，無殺人手段則載一車鎗刀，逐件弄過，畢竟無益。」〔一〇三〕

「看文字不可落於偏僻，須是周匝，看得四通八達無些窒礙，方有進益。」又云：「某解語孟，訓詁皆存。學者觀書不可只看緊要處，閑慢處要都周匝。今説『求放心』，未問其他，只此便是『博學而篤志，切問而近思，仁在其中矣』。『博學〔一〇四〕篤志，切問〔一〇五〕近思』，方是讀書，却説『仁在其中』，蓋此便是『求放心』也。」以上並人傑自録，下見諸録。〔一〇六〕

「觀〔一〇七〕書不可貪多，常使自家力量有餘。」正淳云：「欲將諸書循環看。」先生曰：「不可如此，須看得一書徹了，方再看一書，若雜然並進，却反爲所困。如射弓，有五斗力且用四斗弓，便可拽滿也〔一〇八〕，已力欺得他過。今學者不忖自己力量去觀書，照〔一〇九〕管他不過。」僩。〔一一〇〕

「學問亦無個一超直入之理，直是銖積寸累做將去。某是如此喫辛苦從漸做來，若要得知亦須是喫辛苦了做，不是可以坐談僥倖而得。」正淳曰：「連日侍先生，教自做工夫，至要約貫通處似已詳盡。」先生曰：「只欠做。」畓。

丙午四月初[一一一]五日見先生，坐定，問：「從何來？」某云：「自丹陽來。經由都下，曾見游誠之。」問：「舊不相識？」某説：「無以爲先容。知游判院仙里人，同講學，故往相見。」「公又經長平？」某説：「得游判院書，見其兄，留一日。今自長平、麻沙到此。」問：「公城居，郊居？」某説：「村居。」「居彼幾年？」某説：「五世居。」「彼莫是北人燕山之後？」「某祖上漂流，遂與族人相隔，亦難稽考。」問：「江南今即絶少竇氏。」某説：「平江亦有。」[一一二]問：「仙鄉莫有人講學？」某説：「鄉里多理會文辭之學。」問：「公如何用心？」某説：「收放心。仰[一一三]慕顔子克己氣象。游判院教某常收放心，常察忘與助長。」曰：「固是。前輩煞曾講説，差之毫釐，繆以千里。今之學者理會經書便流爲傳注，理會史學便流爲功利，不然即入佛老。最怕差錯。」問：「公留意此道幾年？何故向此？」某説：「先妣不幸，某憂痛無所措身。因讀西銘，見説『乾父坤母』，終篇皆見説得是，遂自此棄科舉。某十年願見先生，緣有薄産頗多，多是祖業，不敢不繼承，兒子又幼小。今兒子[一一四]二十歲，曉世務，有幹人。新婦又了問内事。[一一五]某[一一六]於世務絶無累，又無功名之念，正是侍教誨之時。」先生説：「公已得操心之要。某數日不快，更没理會，這兩日却得。只是脚疼。公可挈行李過來書院相聚。」某相謝。即起到旅邸，先生遺詹保義來取，食後，遂般過，見先生三子與館客坐。移時，先生請入内書院坐定，同見二客。[一一七]先生[一一八]問：「公常讀何書？」答云：「看伊川易傳、語孟精義、程氏遺書、近思録。」先生說：「語孟精義皆諸先生講論，其間多異同，非一定文字，又在人如何看。公畢竟如何用心？」某說：「仰慕顏子，見其氣象極好，如『三月不違仁』、『得一善則拳拳服膺』，如克己之目。某即察私心，欲去盡，然而極難。頃刻不存則忘，纔着意又助長，覺得甚難。」先生云：「且只得恁地。」先生問：「君十年用功，莫須有見處？」某謝：「資質愚鈍，未有見處，望先生教誨。」先生云：「也只是這道理，先輩都說了。」問：「仙鄉莫煞有人講學？」某說：「鄉里多從事文詞。」先生說：「早來說底，學經書者多流爲傳注，學史者多流爲功利，不則流入釋老。」某即說：「游判院說釋氏亦格物，亦有知識，但所見不精。」先生說：「近時[一一九]學佛者又生出許多知解，各立知見，又却都不如它佛元來說得直截。」問：「都下曾見誰？」某說：「只見游判院。薛象先略曾見。」先生說：「聞說薛象先甚好，却[一二〇]只是不相識，曾有何說？」某說：「薛太博教某『居仁由義』，『仁者人之安宅，義者人之正路』。」「別有何說？」某說：「薛太博論顏子克己之目，舉伊川箴[一二一]。」某又說：「薛太博說近多時不聞人說這話，某[一二二]學問實頭，但不須與人說。退之言不可公傳。道之在孟子，『已私淑諸人』。」先生云：「却不如此。孟子說『君子之教者五』，上四者皆親教誨之，如『私淑艾』乃不曾親見，私傳此道自治，亦由[一二三]我教之一等。如『私淑諸人』，孟子[一二四]說：『我未得爲孔子徒也，但私傳孔子之道淑諸人。』」又說與同座二客：「如賓君説話，此公別，〔一二五〕不用心於外。」晚見先生，同坐廖教授子晦敬之。先生説：「向來人見尹和靖先生，先生云：『諸公理會得個「學」字不〔一二六〕？只是學做個人。人也難做，如堯舜方是做人〔一二七〕。』」某説：「天地人謂之三極，人纔有些物欲害氣〔一二八〕處，不〔一二九〕與天地流通，如何得相似？誠爲難事。」先生曰：「是。」問：「鎮江耿守如何？」某説：「民間安土樂業。」云：「見説好，只是不與〔一三〇〕相識。」先生説與廖子晦：「適間文卿説，明道語學者『要鞭辟近裏，切問而近思，仁在其中矣』，又曰『「言忠信，行篤敬，雖蠻貊之邦行矣；言不忠信，行不篤敬，雖州里行乎哉？立則見其參於前也，在輿則見其倚於衡也，夫然後行」。只此是學。質美者明得盡，查滓便渾化〔一三一〕，却與天地同體。其次莊敬持養，及其至則一也』。明得盡時查滓已自化了。莊敬持養，未能與己合。」以下訓從周。〔一三二〕

問：〔一三三〕「曾理會『敬』字不〔一三四〕？」對云：〔一三五〕「程先生説『主一之謂敬，無適之謂一』。」曰：「畢竟如何見得這『敬』字？」答〔一三六〕曰：「端莊嚴肅，則敬便存。」曰：「須是將敬來做本領。涵養得貫通時，纔『敬以直内』便『義以方外』。義便有敬，敬便有義。如居仁便由義，由義便居仁。」某説：「敬莫只是涵養？義便分別是非？」曰：「不須恁地説。不敬時便是不義。」

敬有死敬，有活敬。若只守着主一之敬，遇事不濟之以義，辨其是非，則不活。若熟後，敬便有義，義便有敬。靜則察其敬與不敬，動則察其義與不義。如「出門如見大賓，使民如承大

祭」，不敬時如何？「坐如尸，立如齊」，不敬時如何？須敬義夾持、循環無端則內外透徹。〔一三七〕

讀〔一三八〕書如煉丹，初時烈火鍛煞，然後漸漸慢火養。如〔一三九〕煮物，初時烈火煮了，後來〔一四〇〕却須慢火養。讀書初勤敏着力，子細窮究，後來却須緩緩溫尋，反復玩味，道理自出。又是不得貪多欲速，直須要熟，工夫自熟中出。又〔一四一〕卿病在貪多欲速。

看文字〔一四二〕失之太寬。譬如小者用〔一四三〕大籠罩，終有轉動。又如一物，上下四旁皆有所牽〔一四四〕引，如此則必不精矣。當如射者，專心致志只看紅心。若看紅心又覷四邊，必不能中。列子說一射者懸蝨於户，視之三年，大如車輪。想當時用心專一，不知有他。雖實無這事，要當如此，所見方精。

某說：「『克、伐、怨、欲』，此四字察得〔一四五〕却絕少。昨日又思量『剛』字，先聖所取甚重，曰『吾未見剛者』，某驗之於身，亦庶幾焉。且如有邪、正二人，欲某曲〔一四六〕之，雖死不可。」先生曰：「不要恁地說。惟天性剛强之人不爲物欲所屈。如『克、伐、怨、欲』亦不要去尋來勝他，如此則胸中隨從者多，反害事，只此便是『克、伐、怨、欲』。只是虛心看物，物來便知是與非，事事物物皆有個透徹無隔礙方是，纔事〔一四七〕不透便做病。且如公說不信陰陽家說，亦只孟浪不信。夜來說神仙事不能得了當，究竟知否？」某對：「未知的當。請問。」先生曰：「伊川先生曾說『地美，神靈安，子孫盛』。如『不爲』五者，今之陰陽家却不知。惟近世呂伯恭不信，然亦是橫説。伊川之〔一四八〕言方爲至當。古人卜其宅兆，是有吉凶方卜。譬如草木，理會根源則知千條萬葉上各有個道理。事事物物各有一綫相通，須是曉得。敬夫説無神仙，也不消得，便有也有甚奇異！彼此無相干，又當〔一四九〕什麽？却便〔一五〇〕要理會是與非。且如説閑話多亦是病，尋不是處去勝他亦是病，便〔一五一〕『克、伐、怨、欲』看了，一切掃除。若此心湛然，常如明鏡，物來便見方是。如公前日有些見處，只管守着歡喜，則甚如漢高祖得關中，若見寶貨、婦女喜後便住，則敗事矣。又如既取得項羽，只管喜後不去經畫天下，亦敗事。正如過渡，既已上岸則當向前，不成只管讚嘆渡船之功。」五峰先生曾説，如齊宣王不忍觳觫之心乃良心，當〔一五二〕存此心。敬夫説「觀過知仁」，當〔一五三〕察過心則知仁。二説皆好意思。却〔一五四〕是尋良心與過心也不消得，只此心常明不爲物蔽，物來自見。上並從周録，下見諸録。〔一五五〕

先生問竇云：「尋常看『敬』字如何？」曰：「心主於一而無有它適。」先生曰：「只是常要提撕，令胸次湛然分明。若只塊然獨坐守着個敬，却又昏了。須是常提撕，事至物來便曉然判別得個是非去。」竇云：「每常胸次湛然清明時覺得可悦。」先生曰：「自是有可悦之理。只是敬好，『敬以直内』便能『義以方外』。有個敬便有個不敬，常如此戒懼。方不睹不聞、未有私欲之際已是戒懼了，及至有少私意發動又却謹獨，如此即私意不能爲吾害矣。」德明。

竇問：「讀大學章句、或問，雖大義明白，然不似聽先生之教親切。」曰：「既曉得此意思，須持守相稱方有益，『誠敬』二字是涵養它底。」德明。

賨自言夢想顛倒。先生曰：「魂與魄交而成寐，心在其間依舊能思慮，所以做成夢。」因自言：「數日病，只管夢解書。向在官所，只管夢爲人判狀。」賨曰：「此猶是日中做底事。」先生曰：「只日中做底事亦不合形於夢。」德明。

【校勘記】

［一］訓門人上之上　成化本爲「訓門人一」。

［二］以下訓德明　成化本無。

［三］沉　成化本無。

［四］之　成化本無。

［五］却都不管他　成化本爲「都不管」。

［六］説　朱本作「是」。

［七］是　成化本無。

［八］删去　成化本爲「編作細注」。

〔九〕當　朱本爲「當是」。

〔一〇〕夫　成化本此下有「一種稍勝者又只做得西漢以下工夫」。

〔一一〕此條與下條成化本合爲一條。

〔一二〕門弟子　成化本爲「孟敬子」。

〔一三〕一　成化本無。

〔一四〕却　成化本作「都」。

〔一五〕成化本此下注有「德明」，且此條德明録載於卷九十九。

〔一六〕成化本此下注曰：「以下訓德明。」

〔一七〕緊緊　成化本作「緊」。

〔一八〕好　朱本作「如」，承下讀。

〔一九〕到　原脱，據上下文及成化本補。

〔二〇〕以上德明自録下見諸録　成化本無。

〔二一〕以下訓季札　成化本爲「季札」，且此條季札録載於卷十二。

〔二二〕心　成化本此下注曰：「賜録云：『非是活捉一物來存着。』」

〔二三〕如　成化本無。

〔二四〕如　成化本無。

〔二五〕是　成化本此下注曰：「賜録作『只此便是』。」

〔二六〕以上季札自録　成化本爲「季札賜同」，且此條季札録載於卷十二。

〔二七〕後　成化本無。

〔二八〕却是　成化本無。

〔二九〕如此　成化本無。

〔三〇〕待他　成化本無。

〔三一〕却　成化本無。

〔三二〕也　成化本無。

〔三三〕人　朱本作「賢」。

〔三四〕四　成化本作「兩」。

〔三五〕答　成化本無。

〔三六〕自　成化本無。

〔三七〕却　成化本無。

〔三八〕陳　成化本作「呈」。

〔三九〕必　成化本無。

〔四〇〕孰　成化本作「熟」。

〔四一〕之　成化本無。

〔四二〕服　成化本作「及」。

〔四三〕於　成化本作「其」。

〔四四〕言語　成化本爲「語言」。

〔四五〕之　成化本無。

〔四六〕去　成化本無。

〔四七〕曾　成化本無。

〔四八〕成化本此下注有「大雅」，且此條大雅録載於卷二十，而底本卷二十重複載録。參底本該卷大雅録「再見因呈所撰論語精義備説……忽有大事來則無以待之」條。

〔四九〕上　成化本作「主」。

〔五〇〕答　成化本無。

〔五一〕功　朱本作「工」。

〔五二〕如　朱本作「爲」。

〔五三〕答云　成化本作「曰」。

〔五四〕得　成化本無。

〔五五〕燦　成化本作「粲」。

［五六］答　成化本無。
［五七］意　成化本無。
［五八］答　成化本無。
［五九］窠　成化本無。
［六〇］又曰　成化本無。
［六一］只　成化本無。
［六二］程先生　成化本爲「程子」。
［六三］成化本此下注有「大雅」，且此條大雅録載於卷五十九。
［六四］與　成化本無。
［六五］答　成化本無。
［六六］也　成化本無。
［六七］答　成化本無。
［六八］挀　成化本作「振」。
［六九］答　成化本無。
［七〇］濫　朱本作「亂」。
［七一］要須先就自立　成化本作「須先就自心」。

〔七二〕己　成化本作「凡」。
〔七三〕日日　原作「曰」，據上下文及成化本改。
〔七四〕人　底本闕，據上下文及成化本補。
〔七五〕令　朱本爲「令放」。
〔七六〕答　成化本無。
〔七七〕作　成化本無。
〔七八〕出　成化本無。
〔七九〕答　成化本無。
〔八〇〕答　成化本無。
〔八一〕然　成化本此下注曰：「答曰『然』，意似未盡。」
〔八二〕答　成化本無。
〔八三〕以上並大雅自録　成化本無。
〔八四〕以下訓人傑　成化本無。按，成化本「訓人傑」載於卷一百十五，故此下各條「訓人傑」除另注者外，皆載於成化本卷一百十五。
〔八五〕對　成化本無。
〔八六〕得　成化本作「將」。

［八七］曰　成化本作「因」。

［八八］因　成化本作「曰」。

［八九］德　成化本作「得」。

［九〇］見　成化本作「看」。

［九一］遇　成化本此下有「應」。

［九二］使　成化本作「便」。

［九三］言之　成化本爲「之言」。

［九四］此條成化本載於卷一百二十六。

［九五］成化本此下注有「人傑」，且此條載於卷八。

［九六］有　成化本無。

［九七］此是　成化本無。

［九八］極　成化本爲「極時」。

［九九］方可　成化本爲「可以」。

［一〇〇］求　成化本無。

［一〇一］得　成化本作「頭」。

［一〇二］甌　成化本無。

〔一〇三〕成化本此下注曰：「以下訓人傑。」

〔一〇四〕學　成化本此下有「而」。

〔一〇五〕問　成化本此下有「而」。

〔一〇六〕以上並人傑自録下見諸録　成化本爲「人傑」，且此條人傑録載於卷十一。

〔一〇七〕觀　成化本作「讀」。

〔一〇八〕也　成化本無。

〔一〇九〕照　成化本此上有「恐自家」。

〔一一〇〕此條una録成化本載於卷十。

〔一一一〕初　成化本無。

〔一一二〕經由都下……平江亦有　成化本無。

〔一一三〕仰　成化本無。

〔一一四〕子　成化本無。

〔一一五〕緣有薄産頗多……新婦又了問内事　成化本爲「緣家事爲累今家事盡付妻子」。

〔一一六〕某　成化本無。

〔一一七〕某數日不快……同見二客　成化本無。

〔一一八〕先生　成化本無。

〔一一九〕時　成化本無。

〔一二〇〕却　成化本無。

〔一二一〕箴　成化本爲「四箴」。

〔一二二〕某　成化本此上有「某」。

〔一二三〕由　成化本作「猶」。

〔一二四〕孟子　成化本此上有「乃」。

〔一二五〕別　成化本此下注曰：「池録作『此公却別』。」

〔一二六〕不　成化本作「否」。

〔一二七〕做人　成化本爲「做得個人」。

〔一二八〕氣　成化本無。

〔一二九〕不　成化本此上有「便」。

〔一三〇〕與　成化本無。

〔一三一〕化　成化本作「然」。

〔一三二〕此條成化本載於卷一百十四。按，成化本「訓從周」載於卷一百十四，故此下各條「訓從周」除另注者外，皆載於成化本卷一百十四。

〔一三三〕問　成化本爲「先生問」。

［一三四］不　成化本作「否」。

［一三五］對云　成化本作「曰」。

［一三六］答　成化本無。

［一三七］成化本此下注有「從周」，且此條從周録載於卷十二。

［一三八］讀　成化本此上有「『學者理會道理當深沉潛思。』又曰」。

［一三九］如　成化本此上有「又」。

［一四〇］後來　成化本無。

［一四一］又　成化本作「文」。

［一四二］看文字　成化本爲「公看道理」。

［一四三］小者用　成化本爲「小物而用」。

［一四四］牽　成化本作「添」。

［一四五］此四字察得　成化本爲「此四事自察得」。

［一四六］曲　成化本爲「曲言」。

［一四七］事　成化本爲「一事」。

［一四八］之　成化本無。

［一四九］當　成化本爲「管他」。

〔一五〇〕便　成化本作「須」。

〔一五一〕便　成化本此下有「將來做」。

〔一五二〕當　成化本作「常」。

〔一五三〕當　成化本作「常」。

〔一五四〕却　成化本爲「然却」。

〔一五五〕上並從周録下見諸録　成化本爲「從周」，且此條從周録分爲兩條，其中「某説克伐怨欲……不成只管讚嘆渡船之功」爲一條，載於卷一百十四；「五峰曾説……物來自見」爲一條，載於卷一百一。

晦庵先生朱文公語類卷第一百十四

朱子十一

訓門人二

謨[一]於鄉曲自覺委靡隨順處多，恐不免有同流合污之失。先生曰：「『孔子於鄉黨，恂恂如也，似不能言者』，處鄉曲固要人情周盡，但須分別是非，不要一向[二]隨順，失了自家。天下事只有一個是一個非，是底便是，非底便非。」問曰[三]：「是非自有公論歟[四]？」曰：「如此説便不是了。是非只是是非，如何是非之外，更有一個公論？纔説有個公論，便又有個私論也。此[五]不可不察。」以下訓謨。[六]

「謨於私欲未能無之，但此意萌動時却知用力克除，覺方寸累省頗勝前日，更當如何進修[七]？」先生曰：「此只是强自降伏，若未得天理純熟，一旦失覺察，病痛出來，不可不知也。」問曰[八]：「五峰所謂『天理人欲，同行異情』，莫須這裏要分別否？」曰：「『同行異情』只如飢食渴飲等事，在聖賢無非天理，在小人無非私欲，所謂『同行異情』者如此。此事若不曾尋着本領，只是説得他名義儘分曉，[九]畢竟無與我事。須就自家身上實見得私欲萌動時如何，天理發見時如何，其間正有好用工夫處。蓋天理在人，亘萬古而不泯；選[一〇]甚如何蔽固，[一一]而天理常自若，無時不自私意中發出，但人不自覺。正如明珠大貝混雜沙礫中，零零星星逐時出來，但只於這個道理發見處當下認取，簇合零星漸成片段。到得自家好底意思日長月益，則天理自然純固。向之所謂私欲者自然消靡退散，久之不復萌動矣。若專務克治私欲而不能充長善端，則吾心所謂私欲者日相鬭敵，縱一時按伏得下，又當復作矣。初不道隔去私意，後別尋一個道理主執而行，纔如此又只是自家私意。只如一件事見得如此爲是，如此爲非，便從是處行將去，不可只恁便休了[一二]。誤[一三]一事必須知悔，只這知悔處便是天理。孟子説『牛山之木』，既曰『若此其濯濯也』，又曰『萌蘖生焉』；既曰『旦晝梏亡』，又曰『夜氣所存』。如説『求放心』，心既放了，如何求又來得[一四]？只爲這些道理根於一性者渾然至善，故發於日用者多是善底。道理只要人自識得至，雖惡人亦只患他頑然不知省悟，若心裏稍知不穩便從這裏改過，亦豈不可做好人？孟子曰『人之所以異於禽獸者幾希。庶民去之，君子存之』，去只是去着這些子，存只是存得[一五]這些子，學者所當深察也。」議論至此，[一六]謨再三稱贊所言之善[一七]。先生曰：「未可如此便做領略過去。有些説話且留在胸次烹治鍛煉，教這道理成熟。若只一時以謂[一八]

説得明白便道是了，又恐只做一場説話[一九]。」

寒泉之别，請所以教。曰：「議論只是如此，但須務實。」請益。曰：「須是下真實工夫。」未幾復以書來，曰：「臨别所説務實一事，途中曾致思否？觀之[二〇]今日學者不能進步，病痛全在此處，不可不知也。」

謨[二一]問：「未知學問，知有人欲，不知有天理。既知學問，則克己工夫有着力處。然應事接物之際，苟失存主則心不在焉，及既知覺，已爲間斷，故因天理發見而收合善端，便成片段。雖承見教如此，而工夫最難。」先生曰：「此亦學者常理，雖顔子亦不能無間斷。正要常常點檢，力加持守，使動静如一，則工夫自然接續。」問：「中庸或問，所謂『誠者物之終始』以理之實而言也，『不誠無物』以此心不實而言也，謂此心不存，則見於行事雖不悖理亦爲不實，正謂此歟？」曰：「大學所謂『知至』、『意誠』者，必須知至然後能誠其意也。今之學者只説操存而不知講明義理，則此心憒憒，何事於操存也！某嘗謂『誠意』一節正是聖、凡分别關隘去處，若能誠意則是透得此關[二二]，透得此關後滔滔然自在，此[二三]爲君子。不然則崎嶇反側，不免爲小人之歸也。」「致知所以先於誠意者，如何？」曰：「致知者須是知得盡，尤要切[二四]。尋常只將『知至』之『至』作『盡』字説，近來看得合是作『切至』之『至』。知之者切，然後貫通得誠意底意思，如程先生所謂『真知』者是也。」[二五]

問致知讀書之序。先生曰：「須先看大學。然六經亦皆難看，所謂『聖人有隱書[二六]，後世多燕書[二七]』是也。如尚書收拾於殘缺之餘，却必要句句義理相通，必至穿鑿。不若且看他分明處，其他難曉者姑缺之可也。程先生謂讀書之法『當平其心，易其氣，闕其疑』，是也。且先看聖人大意，未須便以己意參之。如伊尹告太甲便與傅説告高宗不同，伊尹之言諄切懇到，蓋太甲資質低，不得不然。若高宗則無許多病痛，所謂『黷於祭祀，時謂弗欽』之類，不過此等小事爾。學者亦然，看得自家病痛大，則如伊尹之言正用得着，蓋有這般病須是這般藥。讀聖賢書皆要體之於己，每如此。」[二八]

問：「大抵學便[二九]踐履，如何？」曰：「不可。[三〇]易云『學以聚之，問以辯[三一]之』，既探討得是當，且[三二]放頓寬大田地，待觸類自然有會合處，故曰『寬以居之』，且未可説[三三]『仁以行之』。」[三四]

問功夫節目次第。先生曰：「尋常與學者[三五]做功夫甚遲鈍，但積累得多，自有貫通處。且如論孟須從頭看，以正文爲正，却看諸家説狀得正文之意如何。且如此[三六]自平易處作功夫，觸類有得，則於難處自見得意思。如『養氣』之説豈可驟然理會？候玩味得七篇了漸覺得意思。如一件木頭，須先剗削平易處，至難處一削可除也。今不先治平易處而徒用力於其所難，所以未有得而先自困也。」[三七]

既受詩傳，併力抄録，頗疏侍教。先生曰：「朋友來此多被册子困倒，反不曾做得工夫。何不且過此説話？彼皆紙上語爾。有所面言，資益爲多。」又問：「與周元茂[三八]同邸，所論何事？」以周宰所言對曰：[三九]「先生著書立言義理精密。既得之，熟讀深思，從此力行，不解有差。」先生曰：「周宰才質甚敏，只有些粗疏，不肯去細密處求。説此便可見，載之簡牘縱説得甚生[四〇]分明，那似當面議論一言半句便有通達處？所謂『共君一夜話，勝讀十年書』，若説到透徹，[四一]何止十年之功也。」以上並周謨自録，下見諸録。[四二]

周舜弼[四三]以書來問仁，及以仁義禮智與性分形而上下。先生答書略曰：「所謂仁之德即程子『穀種』之説，愛之理也。愛乃仁之已發，仁乃愛之未發。若於此認得，方可説與天地萬物同體，不然恐無交涉。仁義禮智，性之大目，皆形而上者，不可分爲二也。」因云：「舜弼爲學自來不切己體認，却只是尋得三兩字來撑拄，亦只説得個皮殼子。」㽦。

一日同周舜弼[四四]遊屏山歸，因説山園甚佳。曰：「園雖佳，而人之志則荒矣。」方子。

先生問曰：[四五]「看甚文字？」文蔚[四六]曰：「看論語。」曰：[四七]「看得論語如何？」曰：「自看論語後，逼[四八]得做工夫緊，不似每常悠悠。」曰：「做甚工夫？」文蔚[四九]曰：「只是存養。」曰：「自見住不得時便是。某怕人説『我要做這個事』。見飯便喫，見路便行，只管説『我要做這個事』何益。」文蔚又言：「近來覺有一進處：畏不義，見不義事不敢做。」先生曰：「甚好，但亦要識得義與不義。若不曾睹當得是，顛前錯後，依舊是胡做。」又曰：「須看大學。聖賢所言皆是自家元有此理，但人不肯着意看，若稍自着意便自見得，却不是自家無此理他鑿空撰來。」以下訓文蔚。

問致知涵養先後。先生曰：「須先致知而後涵養。」問：「伊川言『未有致知而不在敬者[五〇]』，如何？」曰：「此是大綱說。要窮理須是着意，不着意，如何會理會得分曉。」[五一]問：「私意竊發，隨即鉏治，雖去枝葉，本根更在，感物又發，如何？」曰：「只得如此，所以曾子『戰戰兢兢，如臨深淵，如履薄冰』。」

一日侍食，先生曰：「只易中『節飲食』三字，人不曾行得。」

文蔚以所與邵武[五二]李守約答問書請教。先生曰：「大概亦是如此。只是『尊德性』功夫却不在紙上，在人自做。自『尊德性』至『敦厚』凡五件，皆是德性上工夫。自『道問學』至『崇禮』皆是問學上工夫，須是橫截斷看，問學功夫節目却多。尊德性功夫甚簡約，且如伊川只說一個『主一之謂敬，無適之謂一』，只是如此，別更無事。某向來自說得尊德性一邊輕了，今覺見未是。上面一截便是一個坯了，有這坯子，學問之功方有措處。」文蔚曰：「昔人多以前面三條分作兩截。至『温故而知新』却說是問學事，『敦厚以崇禮』却說是尊德性事。惟先生一徑截斷，初若可疑，子細看來却甚精密。」先生曰：「温故大段省力，知新則所造益深。敦厚是德性上事，纔說一個『禮』字便有許多節文，所以前面云『禮儀三百，威儀三千』，皆是禮之節文。『大哉聖人之道。洋洋乎，發育萬物，峻極于天』却是上面事。下學上達，雖是從下學始，要之只是一貫。」[五三]

「子融、才卿是許多文字看過，今更巡一遍，所謂『温故』。再巡一遍又須較見得分曉。譬[五四]如人有許[五五]多田地，須自照管還[五六]曾耕得不曾耕得[五七]，若有荒廢去[五八]處，須用耕墾。」子融曰：「每自思之：今亦不可謂之[五九]不知，但知之未至；不可謂之[六〇]不誠，但其誠未至；不可謂不行，但行之未至。若得這三者皆至，便是了得此事。」先生曰：「須有一個至底道理。」

因説僧家有規矩各自[六一]嚴整，士人却不循禮，先生曰：「他却是心有用處。今之[六二]士人雖有好底不肯爲非，亦是他資質偶然如此。要之，其心實無所用，每日閑慢時多。且[六三]如欲理會一個[六四]道理，理會不得便掉過三五日、半月日不當事，鑽不透便休了。既是來這一門，鑽不透又須别尋一門；不從大處入，須從小處入；不從東邊入，須[六五]從西邊入。及其入得却只是一般。今頭頭處[六六]鑽不透便休了，如此則無説矣。有理會不得處須是皇皇汲汲然，無有理會不得者。譬如人有大寶珠，失了，不着緊尋取，[六七]如何會得！」以上並陳文蔚自録，下見諸録。[六八]

問：「『色容莊』最難。」先生曰：「心肅則容莊，非是外面做那莊出來。」陳才卿亦說「九容」。次早，復見先生，[六九]才卿以右手拽涼衫，左袖口偏於一邊。先生曰：「公昨夜說『手容恭』，今却如此。」才卿赧然，急叉手鞠躬，曰：「忘了。」先生曰：「爲己之學有忘耶？向徐節孝見胡安定，退，頭容少偏，安定忽厲聲云：『頭容直！』節孝自思：『不獨頭容要直，心亦要直。』自此更無邪心。學者須是如此始得。」友仁。按，黄卓録此條云：「郭兄問：『「色容莊」甚難。』曰：『非用功於外，如心肅則容莊。』」[七〇]

次日相見，先生偶脚氣發。因蘇宜久欲歸，先生蹙然曰：「觀某之疾如此，非久於世間者，只是一兩年間人。亦欲接引後輩一兩人傳續此道，荷公門遠來，亦欲有所相補助，只是覺得如此苦口都無一分相啓發處。不知如何，横說竪說都說不入。如昨夜才卿問程先生如此謹嚴，何故諸門人皆不謹嚴？因隔夜說程門諸弟子及後來失節者。某答云：『是程先生自謹嚴，諸門人自不謹嚴，干程先生何事？』某所以發此者，正欲才卿深思而得反之於身，如針之劄身，皇恐發憤，無地自存，思其所以然之故，却再問某延平[七一]李先生資質如何，全不相干涉。非惟不知針之劄身，便是刀鋸在身，也不知痛了。每日讀書，心全不在上，只是要自說一段文義便了。如做一篇文義相似，心中全無所作爲。恰是[七二]一個無圖之人，飽食終日，無所用心。若是心在上面底人，說得話來自别，自相湊合。敢說公門無一日心在上面。莫說一日，便十日心也不在。莫說十日，便是數月心也不在。莫説數月，便是整年心也不在。每日讀書只是讀過了便了，更不知將此心去體會，所以説得來如此疏。」先生意甚蹙然[七三]。僩。

袁州臨別請教。先生曰：「守約兄弟皆太拘謹，更少放寬。謹固好，然太拘則見道理不盡，處事亦往往急迫。道理不只在一邊，須是四方八面看始盡。」訓閎祖，自録。[七四]

「邵武人個個急迫，此是氣稟如此。學者先須除去此病方可進道。」先生謂方子曰：「觀公資質自是寡過。然閑闊[七五]中又須縝密，寬緩中又須謹敬。」訓方子，自録。[七六]

問：「嘗讀何書？」答：[七七]「讀語孟。」先生曰：「如今看一件書須是着力至誠去看一番。將聖賢説底一句一字都理會過，直要見聖賢語脈所在，這一句一字是如何道理。[七八]直是用力與他理會，如做冤讐相似，理會教分曉然後將來玩味，方盡見得意思出來。若是泛然[七九]，今次又見是好，明次又見是好，終是無功夫[八〇]。」以下訓甾。[八一]

先生問甾與二友[八二]：「此去做甚工夫？」伯豐曰：「政欲請教，先易後詩，可否？」先生曰：「既嘗讀詩，不若先詩後易。」甾曰：「亦欲看詩。」曰：「觀詩之法，且虛心熟讀尋繹之，不要被舊説粘定看得不活。伊川解詩亦説得義理多了。詩本只是恁地説話，一章言了，次章又從而歎詠之，雖別無義而意味深長。不可於名物上尋義理。後人往往見其言只如此平淡，只管添上義理，却窒塞了他。如一源清水，只管將物事堆積在上，便壅隘了。某觀諸儒之説，唯上蔡云

『詩在識六義體面，却諷味以得之』，深得詩之綱領，他人所不及。所謂『以意逆志』者，『逆』如迎待之意，若未得其志只得待之，如『需于酒食』之義。後人讀詩便要去捉將志來，以至束縛之。吕氏詩記有一條收數説者，却不定，云，此説非詩本意，然自有個安頓用得他處，今一概存之。正如一多可底人，來底都是。如所謂『要識人情之正』，夫『詩可以觀』者，正謂其間有得有失、有黑有白，若都是正，却無可觀。今不若且置小序于後，熟讀正文爲善[八三]。如收得一詩，其間説香、説白、説寒時開，雖無題目，其爲梅花詩必矣。每日看一經外，大學、論語、孟子、中庸四書自依次序循環看，然史亦不可不看。若且[八四]看通鑑，通鑑却[八五]是連長記去，一事只一處説，別無互見，又散在編年。雖是大事，其初却小，後來漸漸做得大，故人初看時不曾着精神，只管看向後去，却記不得。不若先草草看正史一過，正史各有傳，可見始末，又有他傳可互考者[八六]，所以易記。每看一代正史訖，却去看通鑑，亦須作綱目，隨其大事劄記某年有某事之類，準春秋經文書之。温公亦有本朝大事記，附稽古録後。」

先生問嚮及二友：「俱嘗看易傳，看得他[八七]如何是好？何處是緊要？看得愛也不愛？愛者是愛他甚處？」嚮等各對訖。先生曰：「如此只是葫蘆[八八]提看，元不曾實得其味。此書自是難看，須經歷世故多，識盡人情物理，方看得入。蓋此書平淡，所説之事皆是見今所未嘗有者。如言事君處[八九]及處事變患難處，今[九〇]皆未嘗當着，可知讀時無味。蓋他説得闊遠，未有底事預包載[九一]在此。學者須[九二]讀詩、書，他經自[九三]有個見處，及曾經歷過前件[九四]此等事方可以讀之，得其無味之味，此初學者所以未可便看。某屢問讀易傳人，往往皆無所得，可見此書難讀。如論語所載皆是事親、取友、居鄉黨，目下便用得者，所言皆對著學者即今實事。孟子每章先言大旨了，又自下注脚。大學則前面三句總盡致知、格物而下一段綱目，『欲明明德』以下一段又總括了傳中許多事，一如鎖子骨，纔提起便總統得來。所以教學者且看三書，若易傳，則卒乍裏面無提起處，蓋其間義理闊多，伊川所自發與經文又似隔一重皮膜，所以看者無個貫穿處。蓋自孔子所傳時，解『元亨利貞』已與文王之詞不同，伊川之説又自[九五]與經文不相着。讀者須是文王自作文王意思看，孔子自作孔子意思看，伊川自作伊川意思看。況易中所言事物已是譬喻，不是實指此物而言，固自難曉。伊川又別發明出義理來。今須先得經之[九六]本意了，則看程傳便不至如門扇無臼轉動不得，亦是一個大底胸次、識得世事多者方看得出。大抵程傳所以好者，其言平正，直是精密，無小[九七]過處，不比他書[九八]有抑揚，讀者易發越。如上蔡論語，義理雖未盡，然人多喜看，正以其説有過處，啓發得人，看者易入。若程傳則不見其抑揚，略不驚人，非深於義理者未易看也。」[九九]

是日[一〇〇]拜違先生，先生相送出門[一〇一]曰：「所當講者亦明[一〇二]備矣，更宜愛惜光陰，以副願望。」又曰：「正[一〇三]好自做工夫，趲積下。一旦相見，庶可舉出商量，勝如旋來理會。」

以上並當自録。[一〇四]

道夫以疑目質之先生，其別有九。先生曰：「正願得之。」[一〇五]「其一曰，涵養、體認，致知、力行，雖云互相發明，然畢竟當於甚處着力？」先生[一〇六]曰：「四者據公看，如何先後？」曰：「據道夫看，學者當以致知爲先。」先生[一〇七]曰：「四者本不可先後，又不可無先後，須當以涵養爲先。若不涵養而專於致知，則是徒然思索；若專於涵養而不致知，却鶻突去了。以某觀之，四事只是三事，蓋體認便是致知也。」「二曰，居常持敬於靜時最好，及臨事或[一〇八]厭倦，或於臨事時着力則愈着[一〇九]紛擾。不然，則於正存敬時忽忽爲思慮引去。是三者將何以勝之？」先生[一一〇]曰：「今人將敬來別做一事，所以有厭倦，爲思慮引去。敬只是自家一個心常醒醒便是，不可將來別做一事。又豈可指擎跽曲拳、塊然在此而後爲敬。」又曰：「今人將敬、致知來做兩事。持敬時只塊然獨坐，更不去思量。却是今日持敬，明日去思量道理也，豈可如此？但一面自持敬，一面去思量[一一一]道理，二者本不相妨。」「三曰，人之心，或爲人激觸，或爲利欲所誘，初時克得下。不覺突起，更不可禁禦，雖痛遏之，卒不能勝，或勝之而已形於辭色。此等爲害不淺，望先生明教。[一一二]」先生[一一三]曰：「只是養未熟爾。」「四曰，知言云『天理人欲，同體而異用，同行而異情』，道夫[一一四]切謂凡人之生，粹然天地之心，不與物爲對，是豈與人欲同體乎？五峰之言必有深意，望先生詳諭。[一一五]」先生[一一六]曰：「五峰『天理人欲，[一一七]同體而異用』，此〔一一八〕一句説得不是，天理人欲如何同得？故張欽夫嶽麓書院記只使他『同行而異情』一句，却是他合下便見得如此。他蓋嘗曰『凡人之生，粹然天地之心，道義完具，無適無莫，不可以善惡辯，不可以是非分』，所以有『天理人欲，同體而異用』之一〔一一九〕語。只如『粹然天地之心』，即是至善，又如何不可分辯？天理便是性，人欲便不是性，自是他合下見得如此。當時無人與他理會，故恁錯了。」「五曰，遺書云：『今志於義理而心不安樂者，何也？此則正是剩一個助之長。雖則心「操之則存，捨之則亡」，然而持之太甚便是「必有事焉」而正之也。亦須且恁地去。如此者只是德孤。「德不孤，必有鄰」，到德盛後自無窒礙，左右逢其原也。』此一段多所未解，乞賜詳諭。〔一二〇〕」先生〔一二一〕曰：「遺書〔一二二〕這個也自分明，只有『且恁〔一二三〕去』此一句教人〔一二四〕難曉。其意只是不可説道持之太甚便放下了，亦須且恁持去。德孤只是單丁有這些道理，所以不可靠，易爲外物侵奪。緣是處少，不是處多。若是處多，不是處少，便不爲外物侵奪，到德盛後自然『左右逢其原』也。」「六曰，南軒先生答吴晦叔書云『反復其道』，正言消長往來乃是道也。程子所謂『聖人未嘗復，故未嘗見其心』，蓋有往則有復。以天地言之，陽氣之生所謂復也。固不可指此爲天地心，然於其復也可見天地心焉，蓋所以復者是也。在其〔一二五〕人有失則有復。復，賢者之事也，於其復也亦可見其心焉。道夫〔一二六〕切謂聖人之心，天地之心也。天地之心可見，則聖人之心亦可見，況夫復之爲卦，一陽復於積陰之下，乃天地生物之心也。聖人雖無復，然是心之用因時而彰，故堯之不虐、舜之好生、禹之拯溺、湯之救民於水火、文王之視民如傷，是皆以天地之心爲心者也。故聖賢之所推尊、學者之所師慕，亦以其心顯白而無暗曖之患耳。而謂不可見，何哉？張先生發明程子之指雖云昭著，然愚意終所未諭，用敢攄其臆説以求正於先生焉。〔一二七〕」先生曰：「不知程子當時説如何，欽夫却恁説。大抵易之言陰陽有指君子小人而言，有指天理人欲而言，有指動静之機而言，初不可以一偏而論。如天下皆君子而無小人，皆天理而無人欲，其善無以加。有若動不可以無静，静不可以無動，蓋造化不能以獨成，而〔一二八〕或者見其相資而不可相無也，〔一二九〕遂以爲天下不可皆君子而無小人，不能皆天理而無人欲，此得其一偏之論。只如『有不善未嘗不知，知之未嘗復行』，夫〔一三〇〕賢者之心因復而見者。至〔一三一〕若聖人則無此，故其心不可見。然亦有因其動而見其心者，正如公所謂堯之不虐、舜之好生，皆是因其動而見其心者。只當時欽夫之語亦未分明。」「七曰，李延平教學者於静坐時看喜怒哀樂未發之氣象爲如何。伊川謂『既思即是已發』。道夫謂李先生之言主於體認，程先生之言專在涵養，其大要實相爲表裏。然於此不能無疑。夫所謂體認者，若曰體之於心而識之，猶所謂默會也，信如斯言，則未發自是一心，體認又是一心，以此一心認彼一心，不亦膠擾而支離乎？李先生所言決不至是，但道夫愚陋，切所未曉，幸先生詳教。〔一三二〕」先生〔一三三〕曰：「李先生所言，自是他當時所見如此。」問：「二先生之説何從？」曰：「也且只得依程先生之説。」

八問邵康節男子吟。先生[一三四]曰：「康節詩乃是說他[一三五]先天圖中數之所從起處。『天根月窟』指復、姤二卦而言。」「九問，濂溪遺事載邵伯温記康節論天地萬物之理以及六合之外，而伊川稱歎。東見録云『人多言天地外，不知天地如何說内外？外面畢竟是個甚？若言著外，則須似有個規模』，此說如何？伏乞明教。[一三六]」先生[一三七]曰：「六合之外，莊周亦云『聖人存而不論』，是[一三八]以其難說故也。舊嘗見漁樵對問[一三九]：『問：「天何依？」曰：「依乎地。」曰：[一四〇]「地何附？」曰：「附乎天。」曰：[一四一]「天地何所依附？」曰：「自相依附。天依形，地附氣，其形也有涯，其氣也無涯。」』意者當時所言不過如此。某嘗欲注此語於遺事之下，欽夫苦不許，細思無有出是說者。」因問：「向得此書，而或者以爲非康節所著。」先生曰：「其間儘有好處，非康節不能著也。」以下訓道夫。[一四二]

道夫[一四三]請問爲學之要。先生曰：「公所條者便是。大凡須是[一四四]於日用間下工，只恁說歸虛空不濟事。温凊定省，這四事亦須實行方得，只指摘一二事亦豈能盡？若一言可盡，則聖人言語豈止一事？聖人言語明白載之書者不過孝弟忠信，其實精粗本末衹是一理。聖人言『致知』、『格物』亦豈特一二而已？如此則便是德孤。致，推致也；格，到也。亦須一一推到那裏方得。」又曰：「如[一四五]『人君止於仁』，姑息也是仁，須當求其所以爲仁；『爲臣止於敬』，擎跽曲拳也是敬，亦當求其所以爲敬。且如公自浦城來崇安，亦須遍歷崇安境界方且[一四六]到崇安。大凡[一四七]人皆有是真[一四八]知，而前此未嘗知者，只爲不曾推去爾。愛親從兄，誰無是心？於此推去，則温清定省之事亦不過是愛，自其所知推而至於無所不知，皆由人推耳。」子昂曰：「敢問推之之説？」先生曰：「且如孝只是從愛上推去，凡所以愛父母者無不盡其至。不然，則曾子問孝至末梢却問『子從父之令，可以爲孝乎』，蓋父母有過，己所當諍，諍之亦是愛之所推。不成道我愛父母，姑從其令。」

爲學之道在諸公自去着力。且如這裏有百千條路都茅塞在裏，須自去揀一條大底行。如仲思昨所問數條，第一條涵養、致知、力行，這裏[一四九]便是爲學之要。[一五〇]

道夫云：[一五一]「向見先生教童蜚卿於心上着工夫。數日來專一静坐，澄治此心。」先生曰：「若如此塊然都無所事，却如浮屠氏矣。所謂存心者，或讀書以求義理，或分别是非以求至當之歸，只那所求之心便是已存之心，何俟塊然以處而後爲存耶？」

道夫[一五二]問：「尋常操存處，覺纔着力則愈紛擾，這莫是太把做事了？」曰：「自然是恁地。能不操而常存者是到甚麽地位！孔子曰『操則存，捨則亡』，操則便在，這個『存』字亦不必深着力。[一五三]這物事本自在，但自家略加提省則便得，『必有事焉，而勿正，心勿忘，勿助長也』。」

道夫言：「羅先生教學者静□中坐看[一五四]『喜怒哀樂未發謂之中』，未發作何氣象。李先生以爲此意不惟於進學有力，兼亦是養心之要。而遺書有云『既思則是已發』，昔嘗疑其與前所舉有礙，細思亦甚緊要，不可以不考。」直卿曰：「此問亦甚切，但程先生剖析毫釐，體用明白；羅先生探索本源，洞見道體。二者皆有大功於世，善觀之則亦『並行而不相悖』矣。況羅先生於靜坐觀之，乃其思慮未萌，虛靈不昧，自有以見其氣象，則初無害於未發。蘇季明以『求』字爲問，則求非思慮不可，此伊川所以力辨其差也。」先生曰：「公雖是如此分解，羅先生說終恐做病。如明道亦說靜坐可以爲學，謝上蔡亦言多着靜不妨。此說終是小偏，纔偏便做病。道理自有動時，自有靜時。學者只是『敬以直內，義以方外』，見得世間無處不是道理，雖至微至小處亦有道理，便以道理處之。不可專要去靜處求，所以伊川謂『只用敬，不用靜』便說得平。也是他經歷處[一一五五]多，故見得恁地正而不偏。若以世之大段紛擾人觀之，若會靜得，固好。若講學則不可有毫髮之偏也。如天雄、附子，冷底人喫得也好，如要通天下喫便不可。」[一一五六]

大率爲學雖是立志，然書亦不可不讀，須將經傳本文熟復。如仲思早來所說，專一靜坐正如他[一一五七]浮屠氏塊然獨處，更無酬酢，然後爲得。吾徒之學正不如此，遇無事則靜坐，有書則讀書，以至於[一一五八]接物處事常教此心光晗晗地便是存心。豈可凡百放下祇是靜坐。向日童蜚卿[一一五九]有書亦說如此。某答之云：「見其[一一六〇]事自那裏過却不理會，却祇要如此，如何是實下工夫？」

仲思言：「正大之體常〔一六一〕存。」曰：「無許多事。古人已自說了，言語多則愈支離。只〔一六二〕如公昨來所問涵養、致知、力行三者，便是以涵養做頭，致知次之，力行次之，不涵養則無主宰。如做事須用人，纔放下或困睡，這事便無人做主，都由别人，不由自家。既涵養又須致知，既致知又須力行，若致知而不力行，與不知同。亦須一時並了，非謂今日涵養、明日致知、後日力行也。要當皆以敬爲本，敬却不是將來做一個事，今人多先安一個『敬』字在這裏，如何做得？敬只是提起這心莫教放散，恁地則心便明〔一六三〕。自〔一六四〕這裏便窮理、格物，見得當如此便是，不當如此便不是，既見了便行將去。今且將大學來讀，便見爲學次第初無許多屈曲。」又曰：「某於大學中所以力言小學者，以古人於小學中已自把捉成了，故於大學之道無所不可。今人既無小學之功，却當以敬爲本。」〔一六五〕

道夫〔一六六〕問：「敬而不能安樂者，何也？」曰：「只是未熟在。如飢而食，喫得多則須飽矣。」

「讀書要須耐煩努力，翻了巢穴。譬如煎藥，初煎時須猛着火，待衮了却退着以慢火養之。讀書亦須如此。」頃之，復謂驤曰：「觀令弟却自耐煩讀書。」〔一六七〕

問：「處鄉鄙宗族，見他有礙理不安處，且欲與之和同則又不便，方〔一六八〕欲正己以遠之，又失之孤介而不合中道。如何？」曰：「這般處也是難，也只得無忿疾之心爾。」

先生一日謂飛卿與道夫曰：「某老矣。公輩欲理會義理好着緊用工，早商量得定。將來自求之未必不得，然早商量得定尤好。」

道夫〔一六九〕問：「道夫在門下雖數年，覺得病痛甚〔一七〇〕多。」曰：「自家病痛，他人如何知得盡？但今〔一七一〕見得義理稍不安，便勇決而〔一七二〕改之而已。」久之，復曰：「看來用心專一、讀書子細則自然會長進，病痛自然消除。」

道夫辭拜還侍，先生曰：「更硬着脊梁骨。」

先生問各人庚甲，既而曰：「歲月易得，後生不覺老了。」〔一七三〕

「慤實有志而又才敏者可與爲學。」道夫曰：「苟慤實有志則剛健有力，如此，雖愚必明矣，何患不敏！」先生曰：「要之，也是恁地，但慤實有志者於今實難得。」〔一七四〕

「大凡人須是存得此心。此心既存，則雖不讀書亦有一個長進處；纔一放蕩，則放下書册便其中無一點學問氣象。舊來在某處朋友〔一七五〕，及今見之，多茫然無進學底意思，皆恁放蕩了。」道夫曰：「心不存，雖讀萬卷，亦何所用。」曰：「若能讀書，就中却有商量。只他連這個也無，所以無進處。」道夫曰：「以此見得孟子『求放心』之説緊要。」曰：「如程子所説『敬』字，亦緊要也。」此併前段蓋先生自政和縣省墓回，因言之。〔一七六〕

道夫問：「劉季文所言心病，道夫常恐其志不立，故心爲氣所動。不然，則志氣既立，思慮凝静，豈復有此？」曰：「此亦是不讀書、不窮理，故心無所用，遂生出這病。某昨日之言不曾與説得盡。」道夫因言：「季文自昔見先生後，敦篤謹畏，雖居於市井，人罕有見之者。自言向者先生教讀語、孟，後來於此未有所見，深以自愧，故今者復來。」曰：「得他恁地也好。或然窮來窮去，久之自有所見，亦是一事。」又曰：「讀書須是專一，不可支蔓。且如讀孟子，其間引援詩、書處甚多。今雖欲檢本文，但也只須看此段，[一七七]便依舊自看本來章句，庶幾此心純一。」道夫曰：「此非特爲讀書之方，抑亦存心養性之要法也。」

於今爲學之道更無他法，但能熟讀精思，久久自有見處。「尊所聞，行所知」則久久自有至處。以上並道夫自録。[一七八]

【校勘記】

[一]　謨　成化本此上有「問」。

[二]　向　朱本作「面」。

[三]　曰　成化本無。

［四］歟　成化本無。

［五］此　成化本無。

［六］以下訓謨　成化本無，且此條載於卷一百十七。按，成化本「訓謨」載於卷一百十七，故此下各條「訓謨」除另注者外，皆載於成化本卷一百十七。

［七］進修　成化本無。

［八］曰　成化本無。

［九］只是説得他名義儘分曉　成化本爲「只是説得他名義而已説得名義儘分曉」。

［一〇］選　朱本作「恁」。

［一一］固　朱本作「錮」。

［一二］便休了　成化本作「休」。

［一三］誤　成化本爲「誤了」。

［一四］求又來得　成化本爲「又求得」。

［一五］得　成化本作「着」。

［一六］議論至此　成化本無。

［一七］所言之善　成化本無。

［一八］謂　成化本作「爲」。

〔一九〕說話　成化本爲「話說」。

〔二〇〕觀之　成化本無。

〔二一〕謨　成化本無。

〔二二〕透得此關　成化本無。

〔二三〕此　成化本作「去」，屬上讀。

〔二四〕切　成化本爲「親切」。

〔二五〕此條「曰大學所謂知至意誠者……如程先生所謂真知者是也」成化本卷十五重複載録，可參。

〔二六〕隱書　成化本爲「郢書」。

〔二七〕燕書　成化本爲「燕説」。

〔二八〕成化本此下注有「謨」，且此條謨録載於卷七十八。

〔二九〕便　成化本爲「便要」。

〔三〇〕不可　成化本爲「固然是」。

〔三一〕辯　成化本作「辨」。

〔三二〕且　成化本爲「又且」。

〔三三〕且未可説　成化本爲「何嘗便説」。

〔三四〕成化本此下注有「謨」，且此條謨録載於卷十三。又，此條底本卷十三重複載録。

〔三五〕者　成化本此下有「説」。
〔三六〕如此　成化本無。
〔三七〕成化本此下注曰：「以下訓謨。」
〔三八〕周元茂　成化本爲「周茂元」。
〔三九〕以周宰所言對曰　成化本爲「曰周宰云」。
〔四〇〕生　成化本無。
〔四一〕徹　成化本此下有「處」。
〔四二〕以上並周謨自録下見諸録　成化本無。
〔四三〕周舜弼　成化本爲「舜弼」。
〔四四〕周舜弼　成化本爲「舜弼」。
〔四五〕曰　成化本無。
〔四六〕文蔚　成化本無。
〔四七〕曰　成化本無。
〔四八〕逼　朱本作「覺」。
〔四九〕文蔚　成化本無。
〔五〇〕者　成化本無。

〔五一〕成化本此下注有「文蔚」，且此條文蔚録載於卷九。

〔五二〕邵武　成化本無。

〔五三〕成化本此下注有「文蔚」，且此條文蔚録載於卷六十四。

〔五四〕譬　成化本無。

〔五五〕許　成化本無。

〔五六〕還　成化本無。

〔五七〕不曾耕得　原脱，據上下文及成化本補。

〔五八〕去　成化本無。

〔五九〕之　成化本無。

〔六〇〕之　成化本無。

〔六一〕各自　成化本無。

〔六二〕之　成化本無。

〔六三〕且　成化本無。

〔六四〕一個　成化本無。

〔六五〕須　成化本作「便」。

〔六六〕處　成化本爲「處處」。

［六七］取　成化本無。

［六八］以上並陳文蔚自録下見諸録　成化本無。

［六九］復見先生　成化本無。

［七〇］按黄卓録此條云……如心肅則容莊　成化本無。

［七一］延平　成化本無。

［七二］是　成化本作「似」。

［七三］蹙然　成化本爲「不樂」。

［七四］自録　成化本無。

［七五］閑闊　成化本爲「開闊」。

［七六］自録　成化本無。

［七七］答　成化本作「曰」。

［七八］理　成化本此下有「及看聖賢因何如此説」。

［七九］泛然　成化本爲「泛濫看過」。

［八〇］夫　成化本此下有「不得力」。

［八一］此條成化本載於卷一百十七。按，成化本「訓畄」載於卷一百十七，故此下各條「訓畄」除另注者外，皆載於成化本卷一百十七。

〔八二〕二友　成化本爲「伯豐正淳」。
〔八三〕爲善　成化本無。
〔八四〕且　成化本作「只」。
〔八五〕却　朱本作「都」。
〔八六〕者　成化本無。
〔八七〕他　成化本無。
〔八八〕葫蘆　成化本爲「鶻盧」。
〔八九〕處　成化本無。
〔九〇〕今　成化本無。
〔九一〕載　成化本無。
〔九二〕須　成化本爲「須先」。
〔九三〕自　成化本無。
〔九四〕前件　成化本無。
〔九五〕自　成化本無。
〔九六〕之　成化本作「文」。
〔九七〕小　成化本作「少」。

〔九八〕書　成化本作「處」。
〔九九〕成化本此下注曰：「人傑録略，見易類。」
〔一〇〇〕是日　成化本無。
〔一〇一〕先生相送出門　成化本無。
〔一〇二〕明　成化本作「略」。
〔一〇三〕正　成化本此上有「别後」。
〔一〇四〕以上並嵤自録　成化本無，且此條語録置於「訓必大」下。
〔一〇五〕先生曰正願得之　成化本無。
〔一〇六〕先生　成化本無。
〔一〇七〕先生　成化本無。
〔一〇八〕或　成化本作「則」。
〔一〇九〕愈着　成化本作「覺」。
〔一一〇〕先生　成化本無。
〔一一一〕量　朱本作「慮」。
〔一一二〕望先生明教　成化本無。
〔一一三〕先生　成化本無。

［一一四］道夫　成化本無。

［一一五］五峰之言必有深意望先生詳論　成化本無。

［一一六］先生　成化本無。

［一一七］天理人欲　成化本無。

［一一八］此　成化本無。

［一一九］一　成化本無。

［一二〇］乞賜詳論　成化本無。

［一二一］先生　成化本無。

［一二二］遺書　成化本無。

［一二三］恁　朱本爲「恁地」。

［一二四］教人　成化本無。

［一二五］其　成化本無。

［一二六］道夫　成化本無。

［一二七］張先生發明程子之指……以求正於先生焉　成化本無。

［一二八］而　成化本無。

［一二九］也　成化本無。

〔一三〇〕夫　成化本作「此」。
〔一三一〕至　成化本無。
〔一三二〕但道夫愚陋……幸先生詳教　成化本無。
〔一三三〕先生　成化本無。
〔一三四〕先生　成化本無。
〔一三五〕他　成化本無。
〔一三六〕伏乞明教　成化本無。
〔一三七〕先生　成化本無。
〔一三八〕是　成化本無。
〔一三九〕對問　朱本爲「問對」。
〔一四〇〕曰　成化本無。
〔一四一〕曰　成化本無。
〔一四二〕此條成化本載於卷一百十五。按，成化本「訓道夫」載於卷一百十五，故此下各條「訓道夫」除另注者外，皆載於成化本卷一百十五。
〔一四三〕道夫　成化本無。
〔一四四〕大凡須是　成化本作「須」。

［一四五］如　朱本作「爲」。

［一四六］且　成化本作「是」。

［一四七］大凡　成化本無。

［一四八］真　成化本作「良」。

［一四九］裏　成化本無。

［一五〇］成化本此下注有「驤」。

［一五一］道夫云　成化本作「問」。

［一五二］道夫　成化本無。

［一五三］操則便在這個存字亦不必深着力　成化本爲「操則便在這裏若着力去求便蹉過了今若説操存已是剩一個存字」。

［一五四］静□中坐看　「静」下缺一字。成化本爲「静坐中看」。

［一五五］處　成化本無。

［一五六］成化本此下注有「道夫」，且此條道夫録載於卷一百二。

［一五七］正如他　成化本作「如」。

［一五八］於　成化本無。

［一五九］童蜚卿　成化本爲「蜚卿」。

〔一六〇〕其　成化本作「有」。
〔一六一〕常　成化本作「難」。
〔一六二〕只　成化本無。
〔一六三〕明　成化本作「自」。
〔一六四〕自　成化本作「明」。
〔一六五〕成化本此下注有「驤」。
〔一六六〕道夫　成化本無。
〔一六七〕成化本此下注有「驤」。
〔一六八〕方　成化本無。
〔一六九〕道夫　成化本無。
〔一七〇〕甚　成化本作「尚」。
〔一七一〕但今　成化本爲「今但」。
〔一七二〕而　成化本無。
〔一七三〕此條成化本無。
〔一七四〕成化本此下注有「驤」。
〔一七五〕朋友　原脱，據上下文及成化本補。

〔一七六〕此併前段蓋先生自政和縣省墓回因言之　成化本無。

〔一七七〕段　成化本爲「一段」。

〔一七八〕以上並道夫自録　成化本爲「若海蜀本作道夫録」。

晦庵先生朱文公語類卷第一百十五

朱子十二

訓門人三

庚戌五月，初見先生于臨漳。問：「前此從誰學？」寓答：「自少只在鄉里從學。」先生曰：「此事本無嶢崎，只讀聖賢書，精心細求，當自得之。今人以爲此事如何秘密，不與人說，何用如此。」問看易。答云：「未好看易[一]，易自難看。易本因卜筮而設，推原陰陽消長之理、吉凶悔吝之道，先儒講解失聖人意處多，待用心力去求是費多少時光。不如且先讀論語等書[二]。」又問讀詩。答云：「詩固可以興，然亦自難，先儒之說亦多失之。某枉費許多年工夫，近來於詩、易略得聖人之意。今學者不如且看大學、語、孟、中庸四書，且就見成道理精心細求，自應有得。待讀此四書精透，然後去讀他經，却易爲力。」寓擧子宜宗兄云：「人最怕拘迫，易得小成。」且言「聖賢規模如此其大」。先生答云：「未好說聖賢，但隨人資質亦多能成就。如伯夷高潔不害爲聖人之清，若做不徹亦不失爲謹厚之士，難爲徇虚名。」以下訓寓。

問：「初學精神易散，静坐如何？」曰：「此亦好，但不專在静處做工夫，動作亦當體驗。聖賢教人豈專在打坐上？要是隨處着力，如讀書，如待人處事，若動若静，若語若默，皆當存此。無事時只合静心息念，且未説做他事，只自家心如何令把捉不定？恣其散亂走作何有於學？孟子謂『學問之道無他，求其放心而已矣』。不然，精神不收拾則讀書無滋味，應事多齟齬，豈能求益乎！」

問：「人氣力怯弱，於學有妨否？」曰：「爲學在立志，不干氣禀强弱事。」又云：「爲學何用憂惱，但放〔三〕令平易寬快去。」寓舉聖門弟子之衆〔四〕，唯稱顔子好學，其次方説及曾子，他人則不及之，〔五〕以知此〔六〕事大難。先生云：「某〔七〕看來有〔八〕甚難？有甚易？只是堅立着志，順義理做去，别無嶢崅。〔九〕」

寓〔一〇〕問：「有事時應事，無事時心如何？」曰：「無事時只得無事，有事時也如無事時模樣。只要此心常在，所謂『動亦定，静亦定』也。」問程子言「未有致知而不在敬者」。曰：「心若走作不定，何緣見得道理？如理會這一件事未了，又要去理會那事，少間都成無理會。須是理會這事了，方好去理會那事，須是主一。」問：「思慮難一，如何？」曰：「徒然思慮濟得甚事？某謂若見得道理分曉，自無閑雜思慮。人所以思慮紛擾，只緣未見道理耳。『天下何思何慮』，是無閑思慮也。」問：「程子常教人靜坐，如何？」曰：「亦是他見人要多慮，且教人收拾此心耳。初學亦當如此。」

寓[一一]問：「如古人詠歌舞蹈到動盪血脈、流通精神處，今既無之，專靠着[一二]義理去研究，恐難得悦樂。不知如何？」答[一三]曰：「只是看得未熟耳。若熟看，待浹洽則悦矣。」先生因説寓：「讀書看義理，須是開豁胸次令磊落明快，恁地憂愁作甚底？亦不可先責效。纔責效便見有憂愁底意思，只管如此，胸中結聚一餅子不散。須是胸中寬閑始得。而今且放置閑事不要閑思量，只專心去玩味義理便會心精，心精便會熟。『涵養當用敬，進學則在致知』，無事時且存養在這裏，提撥[一四]警覺，不要放肆。到那講習應接便當思量義理，用義理做將去。無事時便着存養收拾此心。」

林一之問：「先生説動静，莫只是動中有静、静中有動底道理？」曰：「固是如此。然何須將來引證？某僻性最不喜人引證。動中静、静中動，古人已説了，今更引來要如何引證得是？但與此文義不差耳，有甚深長？今自家理會這處便要將來得使，恁地泛泛引證作何用。明道先生言介甫説塔，不是上塔。如[一五]今人正是説塔，須是要直上那頂上去始得，説得濟甚事？如要去取咸陽，一直去取便好，何必要問咸陽是如何廣狹、城池在那處、宫殿在那處？亦何必説是雍州之地？但取得其地便是。今恁地引證，恰似要説咸陽，元不曾要取他地。」[一六]

寓[一七]問：「前夜先生所答一之動静處，曾舉云『譬如與兩人同事，須是相救始得』，寓看來静却救得動，不知動如何救得静？」曰：「人須通達萬變，心常湛然在這裏。亦不是閉門静坐，塊然自守。事物來也須去應，應了依然是静。看事物來，應接去也不難，便是『安而後能慮』。動了静，静了動，動静相生，循環無端。如人之嘘吸，若只管嘘，氣絶了，又須吸；若只管吸，氣無去處，便不相接了。嘘之所以爲吸，吸之所以爲嘘，『尺蠖之屈，以求伸也；龍蛇之蟄，以存身也』，屈伸消長，闔闢往來，其機不曾停息。大處有大闔闢，小處有小闔闢；大處有大消息[一八]，小處有小消息[一九]。此理萬古不易。如目有瞬時，亦豈能常瞬？定又須開，不能常開。定又須瞬，瞬了又開，開了又瞬。至纖至微，無時不然。」又問：「此説相救是就義理處説動静，不知就應事接物處説動静如何？」曰：「應事得力則心地静；心地静，應事分外得力。便是動救静，静救動。其本只在湛然純一，素無私心始得。無私心，動静一齊當理，纔有一毫之私，便都差了。」按：陳淳是一時所同聞而略詳不同，今附，云：[二〇]「徐問：『前夜説動静功用相救。静可救得動，動如何救得静？』曰：『亦[二一]須是明得這理便無不盡，直到萬理明徹之後，此心湛然純一，便能如此。如静也不是閉門獨坐，塊然自守，事物來都不應。若事物來亦須應，既應了此心便又静。心既静，虚明洞徹，無一毫之累，便從這裏應將去，應得便徹，便不難，便是『安而後能慮』。事物之來須去處置他，這一事合當恁地做便截然斷定，便是『慮而後能得』。得是静，慮便[二二]是動。如『艮其止』，止是静，所以止之便是動。如『君止於仁，臣止於敬』，仁、敬是静，所以思要止於仁、敬便是動。固是静救動、動救靜，然其本又自此心湛然純一，無私，〔一三〕動靜便一齊當理，心若自私便都差了。動了又靜，靜了又動，動靜只管相生，如循環之無端，若要一於動靜不得。如人之噓吸，若一向噓，氣必絶了，須又當吸；若一向吸，氣必滯了，須又當噓。噓之所以爲吸，吸之所以爲噓。「尺蠖之屈，以求伸也；龍蛇之蟄，以存身也；精義入神，以致用也；利用安身，以崇德也」，一屈一伸，一闢一闔，一消一息，一往一來，其機不曾停。大處有大闢闔、大消息，小處有小闢闔、小消息，此理更萬古而不息。如目豈能不瞬？時亦豈能常瞬？又須開。開了定，定了又瞬，瞬了又定，只管恁地去。消息闔闢之機至纖至微，無物不有。』」

先生謂寓曰：「文字可汲汲看，悠悠不得。急看方接得前面看了底，若放慢則與前面意思不相接。莫學某看文字，看到六十一歲，方略見得道理恁地。〔一四〕今老矣，看得做甚使得？學某不濟事，公宜及早向前。」

寓臨漳告歸取〔一五〕，稟云：「先生所以指教，待歸子細講求。」曰：「那處不可用功？何待歸去用功？古人於患難尤見得着力處。今夜在此，便是用功處。」以上並寓自録，以下見諸録。〔一六〕

居甫請歸作工夫，曰：「即此處便是工夫。」可學。

居甫問：「平日只是於大體處未正。」曰：「大體，只是合衆小理會成大體。今不窮理，如何便理會大體？」可學。

「居甫、敬之是一種病，都緣是弱。仁父亦如此，定之亦如此。只看他前日信中自説『臨事而懼』，不知孔子自説行三軍。自家平居無事，只管恁地懼個甚麽？」賀孫説：「定之之意是當先生前日在朝，恐要從頭拆洗，決裂做事，故説此。」曰：「固是。若論來，如今事體合從頭拆洗，合有決裂做處，自是定着如此。只是自家不曾當這地位，自是要做不得。若只管懼了，到合説處都莫説。」賀孫。

居父如僧家禮懺，今日禮多少拜，説懺甚罪過；明日又禮多少拜，又説懺甚罪過。日日只管説，如浙中朋友，只管説某今日又如此，明日又説如此。若是見得不是，便須掀翻却[二七]做教是當，若只管恁地徒説，何益！如宿這客店不穩便，明日便[二八]須進前去好處宿。若又只在這裏住，又只説不好，豈不可笑？賀孫。

淳冬至以書及自警詩爲贄見先生[二九]，翌日延[三〇]入郡齋，與語曰：「某踰分到此，恨識面之晚。」淳起稟曰：「淳年齒壯長，蹉跎無立，仰視聖賢，大有愧心，今日初侍，未知所以爲問，望先生指示其工夫要處。」[三一]先生曰：「學固在乎讀書，而亦不專在乎讀書。公詩甚好，可見其志，亦是[三二]曾用工夫。然以何爲要？有要則三十五章可以一貫。若皆以爲要，又成許多頭緒，便如東西南北禦寇一般。」曰：「淳[三三]晚生妄意，未知折衷，惟先生教之。」先生問：「平日如何用工夫？」曰：「只就己上用工夫。」曰：[三四]「己上如何用工夫？」曰：「只日用間察其天理、人欲之辨。」曰：[三五]「如何察之？」曰：「只就秉彝良心處察之。」曰：「心豈直是發？莫非心也。今這裏説話也是心，對坐也是心[三六]，何者不是心？然則緊要着力在何處？」扣之再三，淳思未答。先生縷縷言曰：「凡看道理，須要窮個根源來處。如爲人父如何便止於慈，爲人子如何便止於孝，爲人君如何便止於仁，爲人臣如何便止於敬。[三七]如論孝須窮個孝根原來處，論慈須窮個慈根原來處，仁、敬亦然，凡道理皆從根原來處尋[三八]究，方見得確定，不可只道我操修踐履便了。多見士人有謹守質[三九]好者，此固是好。及到講論義理便是[四〇]執己見，自立一般門户，移轉不得，又大可慮也。道理要見得直，[四一]須是表裏首末極其透徹，無有不盡，真見得是如此決然不可移易始得，不可只見[四二]一班半點便以爲是。如爲人父須真知是決然止於慈而不可易，爲人子須真知是決然止於孝而不可易。善，須真見得是善方始決然必做；惡，須真見得是惡方始決然必不做。如看不好底文字固是不好，須自家真見得是不好；好底文字固是好，須自家真見得是好。聖賢言語須是[四三]看得十分透徹，如從他肚裏穿過，一字或輕或重移易不得始是。看理徹則我與理一，然一下未能徹，須是浹洽始得。這道理甚活而[四四]其體渾然，而其中粲然，上下數千年真是昭昭在天地間，前聖後聖相傳，所以斷然而不疑。夫子之所教者，教乎此也；顏子之所樂者，樂乎此也。圓轉處儘圓轉，直截處儘直截。先知所以覺後知，先覺所以覺後覺。」問：「顏子之樂只是天地間至富至貴底道理樂去，樂可求之否？」曰：「非也。此一下未可便知，須是窮究萬理，要令極徹。」已而曰：「程子謂『將這身來放在萬物中一例看，大小大快活』，又謂『人於天地間並無窒礙處，大小大快活』，此便是顏子樂處。這道理在天地間須是真窮到底，至纖至悉，十分洞[四五]徹，無有不盡，則與萬物爲一，無所窒礙，胸中泰然，豈有不樂！」以下訓淳。[四六]

問：「日用間今且如何用工夫？」曰：「大綱只是恁地，窮究根原來處直要透徹。又且須『敬以直内，義以方外』，此二句爲要。」

「『擇善而固執之』，如致知、格物便是擇善，誠意、正心、修身便是固執，只此二事而已。」淳因舉南軒[四七]「知與行互相發」。先生[四八]曰：「知與行須是齊頭做方能互相發，程子曰『涵養須用敬，進學則在致知』，下『須』字、『在』字，便是皆要齊頭着力，不可道知得了後[四九]方始行。有一般人儘聰明，知得而行不得，[五〇]是資質弱。又有一般人儘行得而知不得。」因問：「某[五一]資質懦弱，行意常緩於知[五二]，克己不嚴，進道不勇，不審何以能嚴能勇？」曰：「大綱亦只是適間所説。於那根原來處真能透徹，這個自都了。」

問：「静坐觀書則義理浹洽，到幹事後看義理又生，如何？」曰：「只是未熟。」

問：「看道理須尋根原來處，只是就性上看否？」曰：「如何？」曰：「天命之性，萬理完具，總其大目則仁義禮智，其中遂分別成許多萬善。大綱只如此，然就其中須件件要徹。」曰：「固是如此，又須看性所因是如何？」曰：「當初天地間元有這個渾然道理，人生稟得便是性。」曰：「性只是理，萬理之總名。此理亦只是天地間公共之理，稟得來便爲我所有。天之所命如朝廷指揮差除人去做官。性如官職，官便有職事。」

問：「欲專一看[五三]書，以何爲先？」曰：「先讀大學，可見古人爲學首末次第。且就實處理會却好，不消得專去無形無[五四]影處理會。」[五五]

天下萬事都是合做底，而今也不能殺定合做甚底事。聖賢教人也不曾殺定教人如何做，只自家日用間看甚事來便做工夫。今日一樣事來，明日又一樣事來，預定不得。若指定是事親而又有事長焉[五六]，指定是事長而又有事君焉[五七]。只日用間看有甚事來便做工夫。

這道理不是如那[五八]堆金積寶在這裏，便把分付與人去，亦只是説一個路頭教人自去討，討得便是自底，討不得也無奈何。須是自着力，着些精彩去做，容易不得。

譬如十里地[五九]，自家行到五里，見人説十里地頭事便把爲是，更不進去。那人説固不我欺、不我誣[六〇]，然自家不親到那裏，不見得真，終是信不過。

須是理會得七八分[六一]了，被人决一决便有益，説十分話便領得。若不曾這裏[六二]做工夫，雖説十分話，亦了不得。

生[六三]做一世人，不可泛泛隨流地便當了得人道，[六四]須思量到如何便超凡而達聖。今日爲鄉人，明日爲聖賢，如何會到此？便是[六五]一聳拔！[六六]如此方有長進。若[六七]理會不得也好，便悠悠了。

讀書理會一件[六八]又一件。不止是讀書，如遇一件事，且就這事上思量合當如何做，處得來當方理會别一件。書不可只就皮膚上看，事亦不可只就皮膚上理會。天下無書不是合讀底，無事不是合做底。若一個書不讀，這裏便缺此一書之理；一件事不做，這裏便缺此一事之理。大而天地陰陽，細而昆蟲草木，皆當理會。一物不理會，這裏便缺此一物之理。

天下無不可説底道理。如爲人謀而忠，朋友交而信，傳而習，亦都是眼前事，皆可説，[六九]只有一個熟處説不得，除了熟之外無不可説者。且[七〇]未熟時頓放這裏又不穩帖，拈放那邊又不是。然終不成住了，也須從這裏更著力始得。到那熟處，頓放這邊也是，頓放那邊也是，七顛八倒無不是，所謂「居之安則資之深，資之深則左右逢其原」。譬如梨柿，生時酸澀喫不得，到熟後自是一般甘美，相去大遠，只在熟與不熟之間。寓録同。

謂淳曰：「大學已是讀過書，宜朝夕常常温誦勿忘。」

諸友只有個學之意，都散慢[七一]，不恁地勇猛。恐度了日子，須著火急痛切意思，嚴了期限，趲了工夫，作[七二]幾個月日氣力去攻破一過，便就裏面旋旋涵養。如攻寨，須出萬死一生之計攻破了關限始得，而今都打開[七三]未破，只循寨外走。道理都咬不斷，何時得透？[七四]

問：「看文字只就本句固是見得古人本意，然不推廣之則用處又易得不相浹，如何？」曰：「須是本句透熟方可推，若本句不透熟不惟推便錯，於未推時已錯了。」

學則處事都是理，不學則看理便不恁地周匝，不恁地廣大，不恁地細密。然理亦不是外面硬生底[七五]道理，只是自家固有之理。「堯舜性之」，即[七六]此理元無欠[七七]失；「湯武反之」，已有些子失但復其舊底。學只是復其舊底而已。蓋向也交割得來，今却失了，何[七八]不汲汲自修而反之乎！此其所以爲急。不學則只是硬隄防，處事不見理，只是[七九]任私意。平時却也强勉去得，到臨事變便亂了。

問：「持敬、致知互相發明否？」曰：「古人如此說，必須是如此。更問他發明與不發明要如何？古人言語寫在册子上，不解錯了，只如此做工夫便見得滋味。不做持敬，只說持敬作甚？不做致知，只說致知作甚？譬如他人做得飯熟，盛在椀裏自是好喫，不解毒人。是定自家但喫將去便知滋味，何用問人？不成自家這一邊做得些小持敬工夫，計會那一邊致知發明與未發明；那一邊做得些小致知工夫，又來計會這一邊持敬發明與未發明。如此有甚了期？」[八〇]

看道理須要[八一]那大處看，便前面開闊。不要就壁角裏，地步窄，一步便觸，無去處了。而今且要看天理人欲、義利公私，分別得明，將自家日用底與他勘驗，須漸漸有見處，前頭漸漸開闊。那個大壇場，不去上面做，不去上面行，只管在壁角裏，縱理會得一句，只是一句透，道理小了。如破斧詩，須看那「周公東征，四國是皇」，見得周公用心始得。

諸友問疾，請退。先生曰：「堯卿、安卿且坐。相别十年，有甚大頭項工夫、大頭項疑難可商量處？」淳曰：「數年來見得日用間大事小事分明件件都是天理流行，無一事不是合做底，更不容挨推閃避。吾身[八二]撞着這事，以理斷定，便小心盡力做到尾去。兩三番後，此心磨刮出來便漸漸堅定。雖有大底，不見其爲大；難底，不見其爲難；至磽确、至勞苦處不見其爲磽确，不見其爲[八三]勞苦；橫逆境界，不見其有憾恨底意；可愛羡難割捨底，不見其有粘滯底意。見面前只是理，覺如水到船浮，不至有甚慳澀，而夫子與點之意、顔子樂底意、漆雕開信底意、中庸鳶飛魚躍底意、周子洒落及程子活潑潑底意，覺見都在面前，真個是如此；而『禮儀三百，威儀三千』，亦無一節文非天理流行。易三百八十四爻時義，便正是就日用上剖析個天理流行底條目。前聖後哲都是一揆，而其所以爲此理之大處却只在人倫，而身上工夫切要處却只在主敬。敬則此心常惺惺，大綱卓然不昧，天理無時而不流行，而所以爲主敬工夫直是不可少時放斷，心常敬則常仁。」先生曰：「恁地泛説也容易。」久之，曰：「只恐勞心落在無涯可測之處。」[八四]

因問：「向來所呈與點説一段如何？」曰：「某平生便是不愛人説此話。論語一部自『學而時習之』至『堯曰』，都是做工夫處，不成只説了『與點』便將許多都掉了。聖賢説事親便要如此，事君便要如此，事長便要如此，言便要如此，行便要如此，都是好用工夫處。通貫浹洽，自然見得在面前。若都掉了，只管説『與點』，正如喫饅頭只撮個尖處，不喫下面餡子，許多滋味都不見。向[八五]此等無人曉得，説出來也好。今説得多了都[八六]是好笑，不成模樣。近來覺見説這樣話都是閑説，不是真積實見。昨廖子晦亦説『與點』、鬼[八七]神，反覆問難，轉見支離没合殺了。」

聖賢教人無非下學工夫。一貫之旨如何不便説與曾子？直待他事事都曉得方説與他。子貢是多少聰明！到後來方與説：「『汝以予爲多學而識之者與？』曰：『然，非與？』曰：『非也，予一以貫之。』」此意是如何？萬理雖只是一理，學者且要去萬理中千頭百緒都理會，四面湊合來自見得是一理。不去理會那萬理，只管去理會那一理，説「與點」、顔子之樂如何。程先生語録事事都説，只有一兩處説此，何故説得恁地少？而今學者何故説得恁地多？只是空想象。程先生曰「學者識得仁體實有諸己，只要義理栽培」，恐人不曉栽培，更説「如求經義，皆栽培之意」。吕晉伯問伊川：「語、孟且將緊要處理會如何？」伊川曰：「固是好。若有所得，終不浹洽。」後來晉伯終身坐此病，説得孤單，入禪學去。

聖賢立言垂教無非着實。如「博我以文，約我以禮」，如「尊德性而道問學，致廣大而盡精微，極高明而道中庸，温故而知新，敦厚以崇禮」，如「博學之，審問之，謹思之，明辨之，篤行之」，如「君子食無求飽，居無求安，敏於事而慎於言，就有道而正焉」，其[八八]類皆一意也。

「看[八九]道理要得寬平廣博，平心去理會。若實見得，只說一兩段亦見得許多道理。要[九〇]將一個大底語言都來罩了，其間自有輕重不去照管，說大底說得太大，說小底又說得都没[九一]巴鼻。如昨日說破斧詩，恐平日恁地枉用心處多。」淳曰：「昨聞[九二]先生教誨，其他似此樣處無所疑矣。」先生曰：「學問不比做文字，不好便改了。此却是分別善惡邪正，須要十分是當方與聖賢契合。如破斧詩，恁地說也不錯，只是不好。說得一角，不落正腔窠，喝斜了。若恁地看理[九三]淺了不濟事。恰似撑船放淺處，不向深流運動不得，須是運動游泳於其中。」

淳又曰：「聖人千言萬語都是日用間本分合做底工夫。只是立談之頃要見總會處，未易以一言決。」先生曰：「不要說總會。如『博我以文，約我以禮』，博文便是要一一去用工，何曾說總會處？又如『深造之以道，欲其自得之也』，深造以道便是要一一用工，到自得方是總會處。如顏子『克己復禮』，亦須是『非禮勿視，非禮勿聽，非禮勿言，非禮勿動』，不成只守個克己復禮，將下面許多都除了。如公說易，只大綱說個三百八十四爻皆天理流行。若如此，一部周易只一句便了，聖人何故作許多，十翼從頭說『大哉乾元』云云，『至哉坤元』云云？聖賢之學非老氏之比，老氏說『通於一而[九四]萬事畢』，其他都不說，少間又和那一都要無了方好。學者固是要見總會處。而今只[九五]說個總會處，如『與點』之類，只恐孤單没合殺，下梢流入釋老去，何[九六]有『詠而歸』底意思！」[九七]

晚再入卧内，淳禀曰：「適間蒙先生痛切之誨，退而思之，大要『下學而上達』。下學與[九八]上達固相對是兩事，然下學却當大段多著工夫。」先生曰：「聖賢教人多説下學事，少説上達事，[九九]但只理會下學又局促了。須事事理會過，將來也要知個貫通處。不去[一〇〇]理會下學，只去[一〇一]理會上達，即都無事可做，只[一〇二]恐孤單枯燥。程先生曰『但是自然，更無玩索』，既是自然，便都無可理會了。譬如耕田，須是種下[一〇三]種子便去耘鋤灌溉，然後到那熟處。而今只想象那熟處，却不曾下得種子，如何會熟？如『一以貫之』是聖人論到極處了，而今只去想象那『一』，不去理會那『貫』。譬如討一條錢索在此，都無錢可穿去聲。[一〇四]」[一〇五]

淳又問曰[一〇六]：「爲學工夫大概在身則有個心，心之體爲性，心之用爲情，外則目視耳聽、手執[一〇七]足履；在事則自事親事長以至於待人接物、洒掃應對、飲食寢處，件件都是合做工夫處。聖賢千言萬語，便只是其中細碎條目。」先生曰：「講論時是如此講論，做工夫時須是著實去做。凡[一〇八]道理聖人都説盡了。論語中有許多，詩、書中有許多，須是一一與理會過方得。程先生謂『或讀書講明道義，或論古今人物而别其是非，或應事接物[一〇九]而處其當否』，如何而爲孝，如何而爲忠，以至天地之所以高厚，一物之所以然，都逐一理會，不是只一個都了。[一一〇]」

先生召諸友至卧内，曰：「安卿更有甚説話？」淳曰：「兩日思量爲學道理。日用間做工夫所以要步步縝密者，蓋緣天理流行乎日用之間，千條萬緒無所不在，故不容有所欠缺。若工夫有所欠缺，便於天理不湊得著。」先生曰：「也是如此。理只在事物之中。做工夫須是密，然亦須是那疏處斂向密，又就那密處展放開，若只拘要那縝密處又〔一一一〕局促了。」淳〔一一二〕問：「放開底樣子如何？」先生曰：「亦只是見得天理是如此，人欲是如此，便做將去。」〔一一三〕

子思說「尊德性」又却說「道問學」，「致廣大」又却說「盡精微」，「極高明」又却說「道中庸」，「温故」又却說「知新」，「敦厚」又却說「崇禮」，這五句，爲〔一一四〕學用功精粗全體說盡了。如今所說却只偏在「尊德性」上去，揀那便宜多底占了，無「道問學」底許多工夫。〔一一五〕恐只是〔一一六〕自了之學，出門動步便有礙，做一事不得。今人之患在於徒務末而不究其本，然只去理會那本而不理會那末〔一一七〕亦不得。時變日新而無窮，安知他日之事非吾輩之責乎？〔一一八〕若只是自了，便待工夫做得二十分到，終不足以應變，牽强去應又成杜撰，既是杜撰便是人欲。〔一一九〕又有誤認人欲作天理處。應〔一二〇〕變不合義理，平〔一二一〕日許多工夫依舊都是錯了。

又曰：〔一二二〕「吾友僻在遠方，無師友講明，又不接四方賢士，又不知遠方事情，又不知古今人事之變，這一邊易得暗昧〔一二三〕。小〔一二四〕而一身有許多事，一家又有許多事；大而一國，又大而天下，事業又〔一二五〕恁地多，都要人與他做，〔一二六〕不成我只管得自家。若將此樣學問去應變，如何通得許多事情，做出許多事業？須〔一二七〕是立定此心，泛觀天下之事，精粗巨細無不周遍。下梢打成一塊，是〔一二八〕一個物事，方可見於用。不是揀那精底放在一邊，揀那〔一二九〕粗底放在一邊。」

又曰：〔一三〇〕「胡文定答曾吉甫書有『人只要存天理、去人欲』之論，後面一向稱贊，都不與之分析，此便是前輩不會爲人處。此處正好捉定與他剖判始得。『天〔一三一〕理人欲』只是一個大綱如此，下面煞有條目。須是就事物上辨别那個是天理，那個是人欲。不可恁地空説，將大綱夾〔一三二〕罩却，籠統無界分，恐一向暗昧，更動不得。如做器具，固是教人要做得好，不成要做得不好。好底是天理，不好底是人欲，然須是較量所以好處、如何樣做方好始得。」〔一三三〕

又曰：〔一三四〕「今且將平日看甚書中見得古人做甚事，那處是，那處不是，那處可疑，那處不可疑，自見得又〔一三五〕是如何。於平日做甚〔一三六〕底事，甚麽處是，舉一〔一三七〕段來便見得所以爲天理、所以爲人欲。」淳因舉：「向年居喪，喪事重難，自始至終皆自擔當，全無分文責備舍弟之意。」先生曰：「此也是合做底。」淳曰：「到臨葬時，同居爲長〔一三八〕皆以年月不利爲説，淳皆無所徇，但治壙事辦則卜一日爲之。」先生曰：「同居〔一三九〕此樣天理又是硬了。」李丈曰：「亦是尊長説得下。」先生曰：「幸而無齟齬耳。若有不能相從，則少加委曲亦無妨。」淳曰：「大祥次日，族中尊長爲酒食之會，淳走避之。後來聞尊長鎮日相尋，又令人皇恐。如何？」先生曰：「不喫也好，然此亦無緊要。禮『君賜之食則食之，父之友食之則食之，不避粱肉』，某始嘗疑此，

後思之只是當時一食，後依舊不食爾。父之友既可如此，則尊長之命，一食亦無妨，若有酒醴則辭。」〔一四〇〕

是夜再召淳與李丈入卧内，曰：「公歸期不久，更有何較量？」淳讀與點説與先生聽〔一四一〕。先生曰：「大概都是，亦有小小一兩處病。」又讀廖倅書所難與點説。先生曰：「有得有失。」又讀淳所回廖倅書。先生曰：「天下萬物當然之則便是理，所以然底便是原頭處。今所説固是如此，但聖人平日也不曾先説個天理在那裏方教人做去湊，只是説眼前事教人平平恁地做工夫去，自〔一四二〕到那有見處。」淳曰：「只〔一四三〕做工夫後見得天理也無妨，只是未做工夫，不要先去討見天理否？」先生曰：「畢竟先討見天理立定在那裏，則心意便都在上面行，易得將下面許多工夫放緩了。」〔一四四〕

子晦之説無頭。如吾友所説從原頭來，又却要先見個天理在前面方去做，此正是病處。子晦疑得也是，只説不出。吾友合下來説話便有此病，是先〔一四五〕「有所立卓爾」，然後「博文約禮」也。若把這天理不放下相似，把一個空底物放這邊也無頓處，放那邊也無頓處；放這邊也恐攧破，放那邊也恐攧破。這天理説得蕩樣，相〔一四六〕似一塊水銀，衮來衮去捉他〔一四七〕不着；又如水不沿流溯源，合下便要尋其源，鑿來鑿去終是鑿不着〔一四八〕。「下學上達自有次第，於下學中又有次第，致知有〔一四九〕多少次第，力行有〔一五〇〕多少次第。」

淳曰：「下學中如致知時，亦有理會那上達底意思否？」曰：「非也。致知，今且就這事上理會個合做底是如何，少間又就這事上思量合做底因甚是恁地，便見得這事道理合恁地。又思量因甚道理合恁地，便見得這事道理原頭處。逐事都如此理會，便件件知得個原頭處。」淳曰：「件件都知得個原頭處，湊合來便成一個物〔一五一〕否？」先生曰：「不怕那〔一五二〕不成一個物〔一五三〕。只管逐件恁地去，千件成千個物事，萬件成萬個物事，將來自然撞着成一個物事，方如水到船浮。」

今〔一五四〕且去放下此心平平恁地做，把文字來平看，不要得高。第一番且平看那一重文義是如何；第二番又揭起第一重，看那第二重是如何；第三番又揭起第二重，看那第三重是如何。看來看去，二十番三十番便自見得道理有穩處。不可纔看一段便就這一段上要思量到極，要尋見原頭處。如中庸〔一五五〕「天命之謂性」，初且恁地平看過去，便看下面「率性之謂道」。若〔一五六〕反倒這「天命之謂性」一句，便無工夫看「率性之謂道」了。「喜怒哀樂未發之謂中」亦且平看過去，便看「發而皆中節謂之和」。若只反倒這「未發之中」，便又無工夫看「中節之和」了。

聖〔一五七〕人教人只是一法，教萬民及公卿大夫士之子皆如此。如「父子有親，君臣有義」，初只是〔一五八〕兩句。後來又就「父子有親」裏面推説許多，「君臣有義」裏面推説許多。而今見得有親有義合恁地，又見得因甚有親、因甚有義道理所以合恁地，節節推上去便自見原頭處。只管恁地做工夫去，做得合殺便有采。

聖[一五九]人教人只是說下面一截，少間到那田地又挨上些子，不曾直說到上面。「子以四教：文、行、忠、信」，又曰「博學而篤志，切問而近思，仁在其中矣」，做得許多，仁自在其中。[一六〇]

有一般人亦已做得工夫，道理上已有所見，只因他有些小近似處不知只是近似，便把做一般，這裏纔一失脚便陷他裏去了。此等不能皆然，亦有皆然者。[一六一]

淳[一六二]問：「前夜承先生[一六三]教誨不可先討見天理，私心更有少疑，蓋一事各有一個當然之理，真見得此理則做此事便確定，不然則此心末梢又會變了。不審如何？」曰：「這自是一事之理。前夜所說，只是不合要先見一個渾淪大底物捺[一六四]在這裏，方就這裏放出去做那萬事；不是於事都不顧理一向冥行而已。事親中自有個事親底道理，事長中自有個事長底道理。這事自有這個道理，那事自有那個道理，各理會得透則萬事各成萬個道理，四面湊合來便只是一個渾淪道理。而今只先去理會那一，不去理會那貫，將尾作頭，將頭作尾，沒理會了。曾子平日工夫只先就貫上事事做去到極處，夫子亦[一六五]喚醒他說我這道理只用一個去貫了，曾子便理會得。不是只要抱一個渾淪底物事，教他自流出去。」[一六六]

淳有問目段子拜呈[一六七]。先生讀畢，曰：「大概説得也好，只是一樣意思。」[一六八]又曰：「所[一六九]説道理只[一七〇]撮那頭一段尖底，末梢便要到那『大而化之』極處，中間許多都把做查滓。[一七一]相似把個利刀[一七二]截斷。」[一七三]

問：「事各有理，而理各有至當十分處。今看得七八分，只做到七八分處，上面欠了分數。莫是窮來窮去，做來做去，久而且熟，自能長進到十分否？」曰：「雖未能從容，只是熟後便自會從容。」再三詠一「熟」字。

諸友入侍，坐定，先生目淳申前説，曰：「若把這些子道理只管守定在這裏，則相似山林苦行一般，便都無事可做了，所謂『潛心大業』者何有哉？」淳曰：「已知病痛，大段欠了下學工夫。」先生曰：「近日陸子靜門人寄得數篇詩來，只將顏淵、曾點數件事重疊説，其他詩書禮樂都不説。如吾友下學也是[一七四]揀那尖利底説，粗鈍底都掉了，今日下學，明日便要上達。如孟子，從梁惠王以下都不讀，只揀告子、盡心來説，只消此兩篇，其他五篇都删了。緊要便讀，閑慢底便不讀；精底便理會，粗底便不理會。書自是要讀，恁地揀擇不得。如論語二十篇，只揀那曾點底意思來涵泳，都要蓋了。單單説個『風乎舞雩，詠而歸』，只做個四時景底[一七五]，論語何用説許多事？」[一七六]

問：[一七七]「某有八字『優游涵泳，勇猛精進』，[一七八]如何？」曰：「也不須如此做題目，[一七九]也不須如此[一八〇]起草，只做將去。」

問：[一八一]「應事當如何？」曰：「士人在家有甚大事？只是着衣喫飯，理會眼前事而已。其他天下事，聖賢都說得[一八二]十分盡了。今無他法，爲上[一八三]必因丘陵，爲下必因川澤，自家只就他說話上寄搭些工夫，便都是我底。」[一八四]

大凡[一八五]事要思量，學要講。如古人一件事有四五人共做，自家須看那人做得是，那人做得不是。又如眼前一件事有四五人共議，甲要如此，乙要如彼。自家須見那人說得是，那人說得不是。便待思量得不是，此心曾經思量一過，有時得[一八六]那不是底發我這是底。如十個物事，摶[一八七]九個不着，那一個便着，則九個不着底也不是枉思量。又如講義理有未通處，與朋友共講，十人十樣說，自家平心看那個是，[一八八]那個不是。或他說是底却發得自家不是底，或十人都說不是，有時因此發得自家是底。所以適來說，有時是這處理會得，有時是那處理會得，少間便都理會得。只是自家見識到，別無法。學者須是撒開心胸，事事逐件都與理會過。未理會得底且放下，待無事時復將來理會，少間那件[一八九]事理會不得？[一九〇]

諸友揖退，先生留淳獨語，曰：「何故無所問難？」淳曰：「數日承先生教誨，已領大意，但當歸去作工夫。」先生曰：「此別定不再相見。」淳問曰：「已分上事已理會，但應變處更望提誨。」先生曰：「今且當理會常，未要理會變。常底許多道理未能理會得盡，如何便要理會變！

聖賢説[一九一]許多道理平鋪在那裏，且要闊着心胸平去看，通透後自能應變。不是硬捉定一物便要討常，便要討變。」

今也須如僧家行脚，接四方[一九二]賢士，察四方之事情，覽山川之形勢，觀古今興亡治亂得失之迹，這道理方見得周遍。「士而懷居，不足以爲士矣」，不是塊然守定這物事在一室，關門獨坐便了，便可以爲聖賢。自古無不曉事情底聖賢，亦無不通變底聖賢，亦無關門坐地[一九三]底聖賢。

聖賢無所不通，無所不能，那個事理會不得？如中庸「天下國家有九經」，便要理會許多物事。如武王訪箕子陳洪範，自身之視、聽、言、貌、思極至於天人之際，以人事則有八政，以天時則有五紀，稽之於卜筮，驗之於庶證[一九四]，無所不備。如周禮一部書載周公許多經國制度，那裏便有國家當自家做？只是古聖賢許多規模，大體也要識。蓋這道理無所不該，無所不在。且如禮、樂、射、御、書、數，許多周旋升降，文章品節之繁，豈有妙道精義在？只是也要理會，理會得熟時道理便在上面。又如律曆、刑法、天文、地理、軍旅、官職之類都要理會，雖未能洞究其精微，然也要識個規模大概，道理方浹洽通透。若只守個些子捉定在這[一九五]裏，把許多都做閑事，便都無事了，如此只理會得門内[一九六]，門外之[一九七]事便了不得。

聖[一九八]人教人要博學。二字力説。須是「博學之，審問之，謹思之，明辨之，篤行之」。子曰

「我非生而知之者，好古敏而[一九九]求之者也」，「文武之道布在方册」，「在人，賢者識其大者，不賢者識其小者。夫子焉不學？而亦何常師之有」，聖人雖是生知，然也事事理會過，無一之不講。

這道理不是只就一件事上理會見得便了。學時無所不學，理會時却是逐件上理會去，凡事雖未理會得詳密，亦有個大要處，縱詳密處未曉得，而大要處已被自家見了。今公只就一綫上窺見天理，便説天理只恁地了[二〇〇]，便要去通那萬事，不知如何得？萃百物然後觀化工之神，聚衆材然後知作室之用，於一事一義上欲窺聖人之用心，非上智不能也。須撒開心胸去理會。

天理大，所包得亦大。且如五常之教，自家而言只有個父子夫婦兄弟，纔出外便有朋友。朋友之中，事已煞多。及身有一官，君臣之分便定，這裏面又煞多事，事事都合講過。他人未做工夫底亦不敢向他説，如吾友於己分上已自見得，若不説與公又可惜了。他人於己分上不曾見[二〇一]，泛而觀萬事固是不得。而今已有個本領，只[二〇二]捉定這些子便了也不得。如今只道是持敬，收拾身心，日用要合道理無差失，此固是好。然則[二〇三]出而[二〇四]應這事得時，應那事又不得。

學之大本，中庸、大學已説盡了。大學首便説「格物致知」。爲甚要格物致知？便是要無所不格，無所不知。物格知至方能意誠、心正、身修，推而至於家齊、國治、天下平，自然滔滔去都

無障礙。[二〇五]

淳稟曰：「伏承教誨，深覺大欠下學工夫。恐遐陬僻郡，孤陋寡聞，易致差迷，無從就正。望賜下學説一段以爲朝夕取準。」先生曰：「而今也不要先討那[二〇六]差處，待到那差地頭便旋旋理會。下學只是放闊去做，局促在那一隅便窄狹了，須出四方游學一遭，這朋友處相聚兩三[二〇七]月日看如何，又那朋友處相聚三兩月日看如何。」胡問：[二〇八]「游學四方固好，恐又隨人轉了。」曰：「要我作甚？[二〇九]不合便去。若[二一〇]隨人轉又不如在[二一一]屋裏孤陋寡聞。」按，黄義剛録少異，今附，云：「陳安卿下學説有恐差了之語。先生曰：『也不須説，而今也不要先計那差處，待到地頭旋旋理會。下學只是放開去做，局促去那一段便窄狹了。須是出四方游一遭，這朋友處相聚三兩月日看如何，又那朋友處三兩月日看如何。恁地便見。』胡叔器曰：『游學固好，恐又被不好底人壞了。』先生曰：『我須是先知得他是甚麽樣人，及見後不與他相處數月便見，若是不合，便去。若恁地隨人轉，不如只在屋裏孤陋寡聞。』」[二一二]

先生謂淳曰：「安卿須是『友天下之善士爲未足，又尚論古之人』，須是開闊方始展拓。若只如此恐也不解十分。」

先生餞席，酒五行，中筵，親酌一杯勸李丈云：「相聚不過如此，退去反而求之。」次一杯與淳。起，趍而前。先生力止之，坐。[二一三]曰：「安卿更須來一遭[二一四]。村裏坐，不覺壞了人。昔陳了翁説，一人棋甚高，或邀之入京參國手。日久在側並無所教，但使之隨行擕棋局而已。

或人詰其故，國手曰：『彼棋已精，其高著已盡識之矣，但淺[二一五]著未曾識，教之隨行，亦要都經歷一過。』」

臨行拜別，先生曰：「安卿今年已許人書會，冬間更須出行一遭。不然，亦望自愛。[二一六]」李丈稟曰：「書解乞且放緩，願早成禮書以幸萬世。」先生曰：「書解甚易，只等蔡三哥來便了。禮書大段未也。」以上並淳自録，下見諸録。[二一七]

陳安卿[二一八]問：「前日先生與廖子晦書云『道不是有個物事閃閃爍爍在那裏』，固是如此，但所謂『操則存，捨則亡』，畢竟也須是有個物事。」先生曰：「操存只是教你收斂，教你心莫胡思亂量，幾曾捉定有個物事在這[二一九]裏！」又問：「『顧諟天之明命』，畢竟是個甚麽？」先生曰：「此只是説要得道理在面前，不被物事遮障了。『立則見其參於前，在輿則見其倚於衡』，皆只是見得理如此，不成别有一[二二〇]個物事光爍在那裏。」

漳州陳淳會問，方有可答，方是疑。[二二一]

賀孫問：「陳安卿[二二二]近得書否？」曰：「緣王子合與他答問，諱他寫將來，以此漳州朋友都無問難來。」因説：「王子合[二二三]無長進，在學中却[二二四]將實録課諸生，全不識輕重先後。許多學者近來覺得都不濟事。」賀孫云：「也是世衰道微，人不能自立，纔做官便顛沛。」曰：「如做官、科舉皆害事。」或曰：「若在此説得甚好，做却如此。」曰：「只緣無人説得好，説得好乃是知得到。若知得到，雖摩頂至足，也只是變他不得。」因言：「器之昨寫來問幾條，已答去。今再說來亦未分曉。『公』之爲『仁』，『公』不可與『仁』比並看。『公』只是無私，纔無私這『仁』便流行。程先生云『唯公爲近之』，却不是近似之『近』。纔『公』，『仁』便在此，故云『近』。猶云『知所先後則近道矣』，不是『道』在『先後』上，只知『先後』便近於『道』。如去其壅塞則水自流通，水之流通却不是去壅塞底物事做出來。水自是元有，只被塞了，纔除了塞便流。仁亦〔二二五〕自是元有，只被私意隔，纔克去己私，做底便是仁。」賀孫云：「公是仁之體，仁是理。」曰：「不用恁底〔二二六〕說，徒然不分曉。只公是無私，無私則理無或蔽。今人喜也是私喜，怒也是私怒，哀也是私哀，懼也是私懼，愛也是私愛，惡也是私惡，慾也是私慾。苟能克去己私，廣然大公，則喜是公喜，怒是公怒，哀、懼、愛、惡、慾莫非公矣。此處煞係利害。顏子所授於夫子只是『克己復禮爲仁』。讀書最忌以己見去說，但欲合己見，不知非本來旨意。須是且就他說，說教分明，有不通處，却以己意較量。」賀孫。

【校勘記】

〔一〕易　成化本無。

〔二〕等書　成化本無。
〔三〕放　成化本作「於」。
〔四〕之衆　成化本無。
〔五〕他人則不及之　成化本無。
〔六〕以知此　成化本爲「以此知」。
〔七〕某　成化本此上有「固是如此」。
〔八〕有　成化本爲「亦有」。
〔九〕別無嶢崕　成化本爲「他無蹺欹也」，「也」下注有「寓」，且此條寓録載於卷八，底本卷八重複載録，但文字略有差異。
〔一〇〕寓　成化本無。
〔一一〕寓　成化本無。
〔一二〕着　成化本無。
〔一三〕答　成化本無。
〔一四〕撥　朱本作「撕」。
〔一五〕如　成化本無。
〔一六〕成化本此下注有「寓」，且此條寓録載於卷一百二十。

〔一七〕寓　成化本無。
〔一八〕息　朱本作「長」。
〔一九〕息　朱本作「長」。
〔二〇〕按陳淳是一時所同聞而略詳不同今附云　成化本爲「淳録云」。
〔二一〕亦　成化本無。
〔二二〕便　成化本無。
〔二三〕無私　成化本爲「素無私始得心無私」。
〔二四〕地　成化本此下注曰：「賀孫録作『方略見得通透』。」
〔二五〕取　成化本無。
〔二六〕以上並寓自録以下見諸録　成化本無。
〔二七〕却　成化本無。
〔二八〕便　成化本無。
〔二九〕先生　成化本無。
〔三〇〕延　成化本無。
〔三一〕與語曰……指示其工夫要處　成化本爲「問功夫大要」。
〔三二〕其志亦是　成化本作「亦」。

［三三］淳　成化本無。

［三四］曰　成化本無。

［三五］曰　成化本無。

［三六］心　成化本此下有「動作也是心」。

［三七］爲人君如何便止於仁爲人臣如何便止於敬　成化本爲「爲人君爲人臣如何便止於仁止於敬」。

［三八］尋　成化本作「窮」。

［三九］質　成化本爲「資質」。

［四〇］是　成化本作「偏」。

［四一］直　成化本作「真」。

［四二］見　成化本爲「窺見」。

［四三］是　成化本此下有「真」。

［四四］而　成化本無。

［四五］洞　成化本作「透」。

［四六］成化本此下注曰：「饒録作五段。」且此條載於卷一百十七。按，成化本「訓淳」載於卷一百十七，故此下各條「訓淳」除另注者外，皆載於成化本卷一百十七。

［四七］因舉南軒　成化本爲「舉南軒謂」。

〔四八〕先生　成化本無。
〔四九〕後　成化本無。
〔五〇〕得　成化本作「及」。
〔五一〕某　成化本作「淳」。
〔五二〕知　原脱，據上下文及成化本補。
〔五三〕專一看　成化本爲「專看一」。
〔五四〕無　成化本無。
〔五五〕成化本此下注有「淳」，且此條淳録載於卷十四。
〔五六〕焉　成化本無。
〔五七〕焉　成化本無。
〔五八〕那　成化本無。
〔五九〕地　成化本爲「地頭」。
〔六〇〕不我誣　成化本無。
〔六一〕分　成化本此下有「功夫」。
〔六二〕這裏　成化本無。
〔六三〕生　成化本此上有「若道」。

［六四］不可泛泛隨流地便當了得人道　成化本爲「不可泛泛隨流須當了得人道便有可望若道不如且過了一生更不在説」。

［六五］是　成化本無。

［六六］拔　成化本此下注曰：「聳身着力言。」

［六七］若　成化本此下有「理會得也好」。

［六八］件　成化本此下有「了」。

［六九］皆可説　原脱，據成化本補。

［七〇］且　成化本無。

［七一］慢　成化本作「漫」。

［七二］作　成化本作「辦」。

［七三］開　成化本作「寨」。

［七四］成化本此下注有「淳」，且此條淳録載於卷一百二十一。

［七五］底　成化本無。

［七六］即　成化本無。

［七七］欠　成化本無。

［七八］何　成化本作「可」。

〔七九〕只是　成化本爲「一向」。

〔八〇〕期　成化本此下有「季文問：『持敬、致知莫是並行而不相礙否？』曰：『也不須如此都要做將去』」。

〔八一〕要　成化本此下有「就」。

〔八二〕吾身　成化本無。

〔八三〕不見其爲　成化本無。

〔八四〕此條與此下六條，成化本合爲一條。

〔八五〕向　成化本爲「向來」。

〔八六〕都　成化本作「却」。

〔八七〕鬼　成化本此上有「及」。

〔八八〕其　成化本作「等」。

〔八九〕看　成化本此上有「大抵」。

〔九〇〕要　成化本爲「不要」。

〔九一〕没　成化本作「無」。

〔九二〕間　成化本「聞」。

〔九三〕理　成化本爲「道理」。

〔九四〕而　成化本無。

〔九五〕只　成化本爲「只管」。

〔九六〕何　成化本爲「如何會」。

〔九七〕成化本此下注有「義剛同」。

〔九八〕與　朱本作「而」。

〔九九〕事　成化本此下有「説下學工夫要多也好」。

〔一〇〇〕去　朱本作「要」。

〔一〇一〕去　成化本無。

〔一〇二〕只　成化本無。

〔一〇三〕種下　朱本爲「下了」。

〔一〇四〕去聲　成化本無。

〔一〇五〕此條與下條，成化本合爲一條。

〔一〇六〕淳又問曰　成化本爲「又問」。

〔一〇七〕執　成化本作「持」。

〔一〇八〕凡　成化本無。

〔一〇九〕應事接物　成化本爲「應接事物」。

〔一一〇〕不是只一個都了　成化本録文詳，云「『不只是個一便都了。』胡叔器因問：『下學莫只是就切近處求否？』曰：『也不須恁地揀，事到面前便與他理會。且如讀書，讀第一章便與他理會第一章，讀第二章便與他理會第二章。今日撞着這事便與他理會這事，明日撞着那事便理會那事。萬事只是一理，不成只揀大底、要底理會，其他都不管。譬如海水，一灣一曲、一洲一渚無非海水，不成道大底是海水，小底不是。程先生曰「窮理者非謂必盡窮天下之理，又非謂止窮得一理便到。但積累多後，自當脱然有悟處」，又曰「自一身之中以至萬物之理，理會得多，自當豁然有個覺處」。今人務博者却要盡窮天下之理，務約者又謂反身而誠，則天下之物無不在我，此皆不是。且如一百件事，理會得五六十件了，這三四十件雖未理會，也大概可曉了。某在漳州有訟田者，契數十本，自崇寧起來，事甚難考。其人將正契藏了，更不可理會，某但索四畔衆契比驗，四至昭然。及驗前後所斷，情僞更不能逃。』又説：『嘗有一官人斷争田事，被其掇了案，其官人却來那穿款處考出。窮理亦只是如此』」。且成化本於録尾注有「義剛同」。又按，以上部分内容底本載於卷四十四，參該卷「胡叔器問下學……其他都不管」條。

〔一一一〕又　成化本此下有「却」。

〔一一二〕淳　成化本無。

〔一一三〕去　成化本此下有「李丈説廖倅惠書……亦自未嘗得息」，此部分内容底本另作一條載於卷六十二，可參。又，此條與此下四條，成化本合爲一條。

〔一一四〕爲　成化本此上有「是」。

［一一五］夫　成化本此下注曰：「義剛録作『無緊要看了』。」

［一一六］是　成化本此下有「占便宜」。

［一一七］末　成化本此下注曰：「義剛作『颺下了那末』。」

［一一八］乎　成化本此下有「若是少間事勢之來當應也只得應」。

［一一九］牽强去應又成杜撰既是杜撰便是人欲　成化本爲「到那時却怕人説道不能應變也牽强去應應得便只成杜撰便只是人欲」。

［一二〇］應　成化本此上有「若」。

［一二一］平　成化本此上有「則」。

［一二二］又曰　成化本無。

［一二三］昧　成化本此下有「了」。

［一二四］小　成化本此上有「一日之間事變無窮」。

［一二五］又　成化本無。

［一二六］做　成化本此下有「不是人做，却教誰做」。

［一二七］須　成化本此上有「學者」。

［一二八］是　成化本爲「亦是」。

［一二九］揀那　成化本無。

〔一三〇〕又曰　成化本爲「嘗見」。

〔一三一〕天　成化本此上有「所謂」。

〔一三二〕夾　成化本作「來」。

〔一三三〕得　成化本此下注曰：「義剛録云：『然亦大概是如此。如做這湯瓶，須知是如何地是好，如何地是不好。而今只儱侗説道好，及我問你好處是如何時，你却又不曉，如何恁地得！』」

〔一三四〕又曰　成化本無。

〔一三五〕又　成化本此下有「看」。

〔一三六〕甚　成化本無。

〔一三七〕一　成化本作「數」。

〔一三八〕爲長　成化本爲「尊長」。

〔一三九〕同居　成化本無。

〔一四〇〕成化本此下注有「義剛同」。

〔一四一〕與先生聽　成化本無。

〔一四二〕自　成化本爲「自到」。

〔一四三〕只　成化本作「因」。

〔一四四〕成化本此下有「孔門惟顔子、曾子、漆雕開、曾點見得這個道理分明。顔子固是天資高，初間『仰之瀰高，鑽之瀰堅』亦自討頭不着，從『博文約禮』做來，『欲罷不能，竭吾才』方見得『如有所立卓爾』，向來髣髴底到此都合聚了。曾子初亦無討頭處，只管從下面捱來捱去，捱到十分處方悟得一貫。漆雕開曰『吾斯之未能信』，斯是何物？便是他見得個物事。曾點不知是如何，合下便被他綽見得這個物事。『曾點、漆雕開已見大意』，方是程先生恁地説。漆雕開較静，曾點較明爽，亦未見得他無下學工夫，亦未見得他合殺是如何，只被孟子喚做狂。及觀檀弓所載，則下梢只如此而已。曾子父子之學自相反，一是從下做到，一是從上見得。子貢亦做得七八分工夫，聖人也要喚醒他，喚不上。聖人不是不説這道理，也不是便説這道理，只是説之有時、教人有序」。按，此部分内容底本另作二條，參卷三十六淳録「孔門惟顔子曾子漆雕開曾點……下梢只如此而已」條，卷四十淳録「曾子與曾點父子之學自相反……教之有序」條。且此條與此下六條，成化本合爲一條。

〔一四五〕先　成化本爲「先見」。

〔一四六〕相　成化本無。

〔一四七〕他　成化本作「那」。

〔一四八〕着　朱本作「得」。

〔一四九〕有　成化本爲「又有」。

〔一五〇〕有　成化本爲「又有」。

〔一五一〕物　成化本爲「物事」。

〔一五二〕那　成化本無。

〔一五三〕物　成化本爲「物事」。

〔一五四〕今　成化本爲「而今」。

〔一五五〕中庸　成化本無。

〔一五六〕若　成化本此下有「只」。

〔一五七〕聖　成化本此上有「又曰」。

〔一五八〕是　成化本此下有「有」。

〔一五九〕聖　成化本此上有「又曰」。

〔一六〇〕成化本此下有「『志於道，據於德，依於仁』又且『游於藝』，不成只一句便了，若只一句便了何更用許多説話？如『詩三百，一言以蔽之，曰「思無邪」』，聖人何故不只存這一句，餘都删了？何故編成三百方説『思無邪』？看三百篇中那個事不説出來？」又曰：「莊周列禦寇亦似曾點底意思。他也不是專學老子，吾儒書他都看來，不知如何被他綽見這個物事，便放浪去了。今禪學也是恁地。」又曰：「『二三子以我爲隱乎？吾無隱乎爾。吾無行而不與二三子者，是丘也』，向見衆人説得玄妙，程先生説得絜。黄作「切但」。後來子細看，方見得衆人説都似禪了，不似程先生説得穩」。按，此部分内容底本另作三條，分别載於卷三十四、卷一百二十五，參卷三十四淳録「志於道……看三百篇中那個事不説來」條，卷三十四淳録「二三子以我爲隱乎……不似程先生説得穩」條，卷一百二十五淳録「又曰莊周列禦寇……今禪學也是恁地」條。

［一六一］此條淳録成化本無，但卷一百三十七載義剛同聞所録，參該卷義剛録「先生考訂韓文公與大顛書……亦間有然者」條。

［一六二］淳　成化本無。

［一六三］先生　成化本無。

［一六四］捺　成化本作「攤」。

［一六五］亦　成化本作「方」。

［一六六］成化本此下注有「義剛同」。

［一六七］拜呈　成化本無。

［一六八］思　成化本此下注曰：「義剛録云：『先生曰：「末梢自反之説，説『大而化之』做甚麽？何故恁地儱侗。」』」

［一六九］所　成化本作「公」。

［一七〇］只　成化本爲「只要」。

［一七一］滓　成化本此下有「不要理會」。

［一七二］刀　成化本作「刃」。

［一七三］斷　成化本此下有「『中間都不用了，這個便是大病。曾點、漆雕開不曾見他做工夫處，不知當時

如何被他逴見這道理。然就二人之中，開却是要做工夫。「吾斯之未能信」，「斯」便是見處，「未能信」便是下工夫處。曾點有時是他做工夫，但見得未定，或是他天資高，後被他瞥見得這個物事亦不可知。雖是恁地，也須低着頭，隨衆從「博學、審問、慎思、明辨、篤行」底做工夫，襯貼起來方實，證驗出來方穩，不是懸空見得便了。博學、審問五者工夫，終始離他不得，只是見得後做得不費力也。如曾子平日用工極是子細，每日三省只是忠信傳習底事，何曾說著「一貫」？曾子問一篇都是問喪、祭變禮微細處。想經禮，聖人平日已說底都一一理會了，只是變禮未說，也須逐一問過。「一貫」之說，夫子只是謾提醒他。縱未便曉得，且放緩亦未緊要，待别日更一提之。只是曾子當下便曉得，何曾只管與他說！如論語中百句，未有數句說此。孟子自得之說，亦只是說一番，何曾全篇如此說！今却是懸虛說一個物事，不能得了。只要那一去貫，不要從貫去到那一。如不理會散錢，只管要去討索來穿。如此則中庸只消「天命之謂性」一句及「無聲無臭至矣」一句便了，中間許多「達孝」、「達德」、「九經」之類，皆是粗迹，都掉却，不能耐煩去理會了。如「禮儀三百，威儀三千」，只將一個道理都包了，更不用理會中間許多節目。今須是從頭平心讀那書，許多訓詁名物度數一一去理會，如禮儀須自一二三四數至於三百，威儀須自一百二百三百數至三千，逐一理會過，都恁地通透始得。若只恁懸虛不已，恰似村道說無宗旨底禪樣，瀾翻地說去也得，將來也解做頌，燒時也有舍利，只是不濟得事。』又曰：『一底與貫底都只是一個道理。如將一貫已穿底錢與人及將一貫散錢與人只是一般，都用得。不成道那散底不是錢』」。按，此部分内容，底本分爲兩條載於卷二十七、卷二十八。

〔一七四〕是　成化本爲「只是」。

〔一七五〕景底　成化本爲「景致」。

〔一七六〕事　成化本此下有「前日江西朋友來問，要尋個樂處。某説：『只是自去尋，尋到那極苦澀處便是好消息。人須是尋到那意思不好處，這便是樂底意思來，却無不做工夫自然樂底道理。』而今做工夫只是平常恁地去理會，不要把做差異看了。粗底做粗底理會，細底做細底理會，不消得揀擇。論語、孟子恁地揀擇了，史書及世間粗底書如何地看得」。

〔一七七〕問　成化本此上有「胡叔器患精神短。曰：『若精神少也只是做去，不成道我精神少便不做。公只是思索義理不精，平日讀書只泛泛地過，不曾貼裏細密思量。公與安卿之病正相反。安卿思得義理甚精，只是要將那粗底物事都掉了。公又不去義理上思量，事物來皆奈何不得，只是不曾向裏去理會。如入市見鋪席上都是好物事，只是自家没錢買得。如書册上都是好説話，只是自家無奈他何。如黄兄前日説忠恕。忠恕只是體用，只是一個物事，猶形影，要除一個除不得。若未曉且看過去，却時復把來玩味，少間自見得。』叔器曰：『安之在遠方。望先生指一路脈去，歸自尋。』曰：『見行底便是路，那裏有別底路來？道理星散在事物上，却無總在一處底。而今只得且將論、孟、中庸、大學熟看。如論語上看不出，少間就孟子上看得出。孟子上底只是論語上底，不可道孟子勝論語。只是自家已前看不到，而今方見得到。』又」。

〔一七八〕某有八字優游涵泳勇猛精進　成化本爲「優游涵泳勇猛精進字」。

〔一七九〕如此做題目　成化本爲「恁地立定牌牓」，且其下又注曰：「淳録作『做題目』」。

[一八〇] 如此　成化本爲「恁地」。

[一八一] 問　成化本爲「又問」。

[一八二] 得　成化本無。

[一八三] 上　成化本作「高」。

[一八四] 底　成化本此下有「某舊時看文字甚費力。如論孟，諸家解有一箱，每看一段必檢許多，各就諸説上推尋意脈，各見得落着，然後斷其是非。是底都抄出，一兩字好亦抄出。雖未如今集注簡盡，然大綱已定。今集注只是就那上删來，但人不着心，守見成説，只草草看了。今試將精義來參看一兩段所以去取底是如何，便自見得。」此部分内容，底本另作一條載於卷一百四，參該卷淳録「某時看文字甚費心力……便自見得」條。

[一八五] 凡　成化本作「抵」。

[一八六] 得　成化本無。

[一八七] 搏　成化本作「團」。

[一八八] 那個是　成化本無。

[一八九] 那件　成化本作「甚」。

[一九〇] 成化本此下注有「義剛」，且此條與此上兩條合爲一條，載於卷一百二十。

[一九一] 説　成化本爲「説話」。

［一九二］方　成化本此下有「之」。

［一九三］坐地　成化本爲「獨坐」。

［一九四］證　朱本作「徵」，避宋仁宗趙禎諱。

［一九五］這　朱本作「那」。

［一九六］内　成化本此下有「事」。

［一九七］之　成化本無。

［一九八］聖　成化本此上有「所以」。

［一九九］而　成化本作「以」。

［二〇〇］了　朱本爲「樣子」。

［二〇一］見　成化本爲「見得」。

［二〇二］只　成化本爲「却只」。

［二〇三］則　成化本無。

［二〇四］而　成化本此下有「應天下事」。

［二〇五］成化本此下注有「義剛同」，且此條與此上六條合爲一條。

［二〇六］那　成化本無。

［二〇七］兩三　成化本爲「三兩」。

〔二〇八〕胡問　成化本爲「胡叔器曰」。

〔二〇九〕甚　成化本此下注曰：「義剛録云：『胡叔器曰：「恐又被不好底人壞了。」先生曰：「我須是先知得他是甚麽樣人，及見後與他相處數日便見，若是不合，便去。」』」底本將義剛録附於録末，參下文。

〔二一〇〕若　成化本此下有「恁地」。

〔二一一〕在　成化本爲「只在」。

〔二一二〕按黄義剛録少異……不如只在屋裏孤陋寡聞　成化本爲「義剛同」。

〔二一三〕起趍而前先生力止之坐　成化本無。

〔二一四〕須來一遭　成化本爲「須出來行一遭」。

〔二一五〕淺　朱本作「低」。

〔二一六〕不然亦望自愛　成化本無。

〔二一七〕以上並淳自録下見諸録　成化本無。

〔二一八〕陳安卿　成化本爲「安卿」。

〔二一九〕這　成化本無，朱本作「那」。

〔二二〇〕一　成化本無。

〔二二一〕成化本此下注有「賀孫」。

〔二二二〕陳安卿　成化本爲「安卿」。

［二三三］王子合　成化本爲「子合」。

［二三四］却　成化本無。

［二三五］亦　成化本無。

［二三六］底　成化本作「地」。

晦庵先生朱文公語類卷第一百十六

朱子十三

訓門人四

先生曰：[一]「前日得公書，備悉雅意。聖賢見成事迹一一可考而行。今日之來，若捨六經之外求所謂玄妙之説則無之。近世儒者不將聖賢言語爲切己可行[二]之事，必於上面求新奇可喜之論，屈曲纏繞，詭秘變怪，不知聖賢之心本不如此。既以自欺，又轉相授受，復以欺人。某嘗謂，雖使聖人復生，亦只將六經、語、孟之所載者循而行之，必不更有所作爲。伏羲再出依前只畫八卦，文王再出依前只衍六十四卦，禹再出依前只是洪範「九疇」，此外更有甚詫異事？如今要緊只是將口讀底便做身行底，説出底便是心存底。居父相聚幾一年，覺得渠只怕此事有難者，某終曉渠意不得。」以下訓賀孫。[三]

問在卿：「如何讀書？」賀孫答[四]云：「少失怙恃，凡百失教。既壯，所從師友不過習爲科舉之文，然終不肯安心於彼，常欲讀聖賢之書。自初得先生所編論孟精義，讀之至今不敢忘。然中間未能有所決擇，故未有定見。」先生曰：「大凡人說要去從師，然未及從師之時也須先自着力做工夫及六七分，到得聞緊切說話易得長進。若是平時不曾用力，終是也難一頓下手。」

問：「看大學覺得有[五]未透，心也尚自[六]粗在。」曰：「這粗便是細，只是恁地看熟了自通透。公往前在陳君舉處如何看文字？」曰：「也只就事上理會，將古人所說來商量，須教可行得[七]。」曰：「怕恁地不得。古人見成法度不用於今，却[八]自是如今有用不得處，然不可將古人底折合來就如今爲可用之計。如鄭康成所說井田，固是難得千里平地如此方正可疆理溝洫之類，但古人意思必是如此方得，不應零零碎碎做得成。古人事事先去理會大處正處，到不得已處方有變通，今却先要去理會變通之說。」

今須先正路頭，明辨爲己爲人之别，直見得透，却旋旋下工夫，則思慮自通，知識自明，踐履自正。積日累月漸漸熟，漸漸自然。若見不透，路頭錯了，則讀書雖多，爲文日工，終做事不得。比見浙間朋友或自謂能通左傳，或自謂能通史記，將孔子置在一壁，却將左氏、司馬遷駁雜之文鑽研推尊，謂這個是盛衰之由，這個是成敗之端。反而思之，干你身己甚事？你身己[九]有多多少少底病未曾去，却來說甚盛衰興亡治亂，這個直是自欺。

「如今理會道理且要識得個頭。若不識得個頭，只恁地散散逐段說不濟事。假饒句句說得，段段記得，有甚精微奥妙？都理會得也都是閑話。若識得個頭上有源，頭下有歸着，看聖賢書便句句着實，句句爲自家身己設，如此方可以講學。要知這源頭是甚麽，只在身己上看，許多道理盡是自家固有底。仁義禮智，『知皆廣而充之，若火之始然、泉之始達』，這個是源頭，見得這個了方可講學，方可看聖賢説話。恰如人知得合當行，只假借聖賢言語作引路一般，不然徒然[一〇]記得、説得都是外面閑話。聖賢急急教人只在這些子，纔差過那邊去便都無些子着身己，都是要將去附合人，都是爲別人，全不爲自家身己。纔就這邊來便是自工夫。這正是爲己、爲人處。公今且要理會志趣是要如何。若不見得自家身己道理分明，看聖賢言語那裏去捉摸！」又云：「如今有[一一]見得這個[一二]道理了，到得進處，有用力慤實緊密者進得快，有用力慢底便自[一三]進得鈍。何况不見得這個[一四]源頭道理，若[一五]便緊密也徒然不濟事。何况慢慢地，便全然是空。如今拽轉亦快，如船遭逆風吹向別處去，若得風翻轉，是這一載不問甚麽物色一齊都拽轉，若不肯轉時一齊都不轉。見説『無[一六]不敬』便定定着『無不敬』始得，見説『思無邪』便定定着『思無邪』始得。書上説『無不敬』，自家口讀『無不敬』，身心自恁地怠慢放肆；詩上説『思無邪』，自家口讀『思無邪』，心裏却胡思亂想。這不是讀書。口即是心，心即是口。又如説『足容重』，須着重是天理，合下付與自家便當重，自家若不重便自壞了天理了；『手容恭』，須着恭是天理，合下付與自家便當恭，自家若不恭便自壞了天理；『目容端』，須着端是天理，合下付與自家便當端，自家若不端便自壞了天理；『口容止』，須著止是天理，合下付與自家便當止，自家若不止便自壞了天理；『聲容静』，須着静是天理，合下付與自家便當静，自家若不静便自壞了天理；『頭容直』，須著直是天理，合下付與自家便當直，若不直便自壞了天理；『氣容肅』，須著肅是天理，合下付與自家便當肅，自家若不肅便自壞了天理；『立容德』，須着德是天理，合下付與自家便當德，自家若不德便自壞了天理；『色容莊』，須著莊是天理，合下付與自家便當莊，自家若不莊便自壞了天理。〔一七〕把聖賢説話將來學，便是要補填得元初底教好。又如説『非禮勿視』自是天理，付與自家雙眼，不曾教自家視非禮，纔視非禮便不是天理；『非禮勿聽』自是天理，付與自家雙耳，不曾教自家聽非禮，纔聽非禮便不是天理；『非禮勿言』自是天理，付與自家一個口，不曾教自家言非禮，纔言非禮便不是天理；『非禮勿動』自是天理，付與自家一個身心，不曾教自家動非禮，纔動非禮便不是天理。」

賀孫〔一八〕問：「初學心下恐空閑未得。試驗之平日，常常看書，否則便思量義理，其他邪妄不見來。纔心下稍空閑便要〔一九〕思量别所在去。這當奈何得〔二〇〕？」曰：「纔要閑便不閑，纔要静便不静，某向來正如此。可將明道答横渠書看。」因舉其間「非外是内」之説。

問：「往前承誨，只就窮理説較多。此來如『尊德性、致廣大、極高明』上一截，數數蒙提警，此意是如何？」曰：「已前也説了，只是夾雜説。如大學中亦自説，但覺得近日諸公去理會窮理工夫多，又自漸漸不着身己。」

賀孫[二一]問：「前日承教辨是非，只交遊中便有是有非，自家須便分別得，且不須誦言。這莫是只說尋常泛交？若朋友則有責善琢磨之義。」曰：「固是。若是等閑人亦自不可說，只自家胸次便要得是非分明。事事物物上都有個道理，都有是有非，所以『舜好問而[二二]察邇言』。雖淺近閑言語中莫不有理，都要見得破。『隱惡而揚善』，自家這裏善惡便分明。然以聖明昭鑒，纔見人不好便說出來也不得，只是揚善，那惡底自有不得掩之理。纔說揚善，自家已自分明，這亦聖人與人爲善之意。」又云：「一件事走過眼前，匹似閑也有個道理，也有個是非。緣天地之間上蟠下際都無別事，都只是這道理。」

謂諸生曰：「公說欲遷善改過而不能，只是公不自去做工夫，若恁地安安排排只是做不成。如人要赴水火，這心纔發便入裏面去，若說道在這裏安排便只不成。看公來此，逐日只是相對默坐無言，恁地慢滕滕如何做事？」數日後，復云：「坐中諸公有會做工夫底，有病痛處[二三]底，某逐一都看見些[二四]，逐一救正他。惟公恁地循循默默，都理會公心下不得，這是幽冥暗弱，這是大病。若是剛勇底人，見得善便還他做得透，做不是處也顯然在人耳目間[二五]，人皆見之。前日公說『風雷益』，看公也無些子風意思，也無些子雷意思。」[二六]

賀孫請問，語聲末後低，先生不聞。因云：「公仙鄉人，何故聲氣都恁地？說得個起頭，後面賴將去。子夏曰『聽其言也厲』。公只管恁地，下梢不好，見道理不分明，將漸入於幽暗，含含胡胡，不能到得正大光明之地。說話須是一字是一字，一句是一句，便要見得是非。」

先生謂賀孫：「也只是莫巧。公鄉間有時文之習，易得巧。」「浙中朋友，一等底只理會上面道理，又只理會一個空底物事，都無用，少間亦只是計較利害；一等又只就下面理會事，眼前雖粗有用，又都零零碎碎了，少間只見得利害。如橫渠說釋氏有『兩末之學』，兩末，兩頭也，都是那中間事物轉關處都不理會。」賀孫問：「如何是轉關處？」曰：「如致知、格物便是就事上理會道理。理會上面底，却棄置事物爲陳迹，便只說個無形影底道理；然若還被他放下來，更就事上理會又却易。只是他已見得上面一段物事不費氣力，省事了，又那肯下來理會？理會下面底又都細碎了，這般道理須是規模大方理會得。」遂舉伊川說，「曾子易簀便與『有天下，行一不義、殺一不辜，不爲』一同。後來說得來便無他氣象。大底却可以做小，小底要做大却難，小底就事物細碎上理會。」[二七]

先生因學者少寬舒意，曰：「公讀書恁地縝密固是好，但恁地逼截成一團，此氣象最不好，這是偏處。如一項人恁地不子細，固是不成個道理。若一向蹙密，下梢却展拓不去。明道一見顯道，曰：『此秀才展拓得開，下梢可望。』」又曰：「於辭氣間亦見得人氣象。如明道語言固無甚激昂，看來便見寬舒意思。龜山，人只道恁地寬，看來不是寬，只是不解理會得，不能理會得。

范純夫語解比諸公説理最平淺，但自有寬舒氣象，儘好。」

嘗見陸子静説「且恁地依傍看」，思之，此語説得好。公看文字亦且就分明注解依傍看教熟，待自家意思與他意思相似，自通透。也自有一般人敏捷，都要看過，都會通曉。若不恁地，只是且就曉得處依傍看。如公讀論語，還常文義曉得了未？若文義未曉得，又且去看某家如此説，某家如彼説，少間都攪得一塲没理會。尹和靖只是依傍伊川許多説話，只是他也没變化，然是他[二八]守得定。

辭先生，同黄敬之歸鄉赴舉。先生曰：「仙里士人在外孰不經營僞牒？二公獨逕還鄉試，殊强人意。」

人合是疑了問，公今却是揀難處來問，教人如何描摸？若説得，公又如何便曉得？若升高必自下。今人要入室奥須先入門入庭，見路頭熟，次第入中間來。如何自階裏一造要做後門出？伊川云「學者須先就近處」。[二九]

仁父、味道却是别，立得一個志趨却正，下工夫却易。以上並賀孫自録。[三〇]

與立問[三一]：「常苦志氣怯弱，恐懼太過，心下常若有事，然[三二]少悦豫底意思，不知此病痛是如何？」先生曰：「試自[三三]思自家是有事，是無事？」應[三四]曰：「本無事，自覺得如此。」先生曰：「若是無事便是無事，又恐懼個甚？只是見理不徹後如此，若見得理徹，自然心下無事。然此亦是心病。」因舉遺書捉虎及滿室置尖物事。又曰：「且如今人潔病[三五]，那裏有潔病[三六]？只是疑病，疑後便如此。不知在君父之前還如此得否？」鯎又因論氣質各有病痛不同。曰：「纔明理後氣質自然變化，病痛都自不見了。」以下訓鯎[三七]。

先生誨與立等曰：「爲學之道無他，只是要理會得目前許多道理，世間事無大無小皆有道理。如中庸所謂『率性之謂道』也只是這個道[三八]，『道不可須臾離』也只是這個道[三九]。見得是自家合當做底便做將去，不當做底斷不可做，只是如此。」又曰：「爲學無許多事，只是要持守身心、研究道理、分別得是非善惡，直是『如好好色，如惡惡臭』，到這裏方是踏着實地，自住不得。」又曰：「經書中所言只是這一個道理，都重三疊四説在裏，只是許多頭面出來。如語、孟所載也只是這許多話。一個聖賢出來説一番了，一個聖賢又出來從頭説一番。如書中堯之所説也只是這個，舜之所説也只是這個，以至於禹、湯、文、武所説也只是這個，又如詩中周公所贊頌文、武之盛德亦只是這個。便若桀、紂之所以危亡，亦只是反了這個道理。若使別撰得出來，古人須自撰了。惟其撰不得，所以只共這個道理。」又曰：「讀書須是件件讀。理會了一件方可換一件，這一件理會得通徹是當了，則終生[四〇]更不用再理會，後來只須把出來温尋涵泳便了。若不與逐件理會，則雖讀到老依舊是生底，又却如不曾讀一般，又[四一]濟甚事。正[四二]如喫飯，不成一日都要喫得盡，須與分做三頓喫，只恁地頓頓喫去，知一生喫了多少飯！讀書亦如此。」

黻因說：「學者先立心志爲難。」先生曰：「也無許多事，只是一個敬，徹上徹下只是這個道理。到得剛健，便自然勝得許多物慾之私。」温公謂：「人以爲如制驛馬、如斡磐石之難也。靜而思之，在我而已。如轉戶樞，何難之有？」以上黻自録，下見諸録。〔四三〕

楊黻〔四四〕問：「『思無邪』，固要得如此，不知如何能得如此？」曰：「但邪者自莫思便了。」又問：「且如持敬，豈不欲純一於敬？然自有不敬之念固欲與己相反，愈制則愈甚。或謂只自持敬，雖念慮妄發莫管他，久將自定，還如此得否？」曰：「要之，邪正本不對立，但恐自家胸中無個主。若有主，邪自不能入。」又問：「不敬之念非出於本心。如忿慾之萌，學者自〔四五〕當自克，雖聖賢亦無如之何。至於思慮妄發，欲制之而不能。」曰：「纔覺恁地，自家便挈起了，但莫先去防他。然此只是自家見理不透，做主不定，所以如此。大學曰『物格而後知至，知至而後意誠』，纔意誠則自然無此病。」與立。〔四六〕

一日因論讀大學，答以每爲念慮攪擾，頗妨工夫。先生〔四七〕曰：「只是不敬。敬是〔四八〕惺惺底法，以敬爲主則百事皆從此做去。今人都不理會我底，自不知心所在，都要理會他事，又要齊家、治國、平天下。心者，身之主也。撐船須用篙，喫飯須使匙，不理會心是不用篙、不使匙之謂也。攝心只是敬。纔敬，看做甚麼事，登山亦只這個心，入水亦只這個心。」訓懇，自録。〔四九〕

先生問時舉〔五〇〕云：「子善別後做甚工夫？」時舉云：「自去年書院看孟子至告子，歸後雖日在憂患中，然夜間亦須看一二章。至今春看了，却看中庸。見讀程易。此讀書工夫如此。若裏面工夫，尚多間斷，未接續成片段，將如之何？」先生曰：「書所以維持此心，若一時放下則一時德性有懈，若能時時讀書，則此心庶可無間斷矣。」因問：「『日夜之所息』，舊兼止息之義，今只在[五一]生息之義，如何？」先生云：「近看得只是此義。」時舉云：「凡物日夜固有生長，若良心既放而無操存之功，則安得自能生長？」先生曰：「放去未遠故亦能生長，但夜間長得三四分，日間所爲又做了七八分，却摺轉來，都消磨了這些子意思，此所以終至於梏亡也。」以下訓時舉。[五二]

先生問時舉：「觀書如何？」時舉自言：「常苦於粗率，無精密之功，不知病根何在？」先生曰：「不要討甚病根，但知道粗率，便是病在這上，祇便更加子細便了。今學者亦多來求甚[五三]病根，某向他說頭痛灸頭，脚痛灸脚。病在這上只治這上便了，更別討甚病根也。」[五四]

問「管仲之器小哉」處，說及王伯之所以異。先生曰：「公看文字好立議論，是先以己意看他，却不以聖賢言語來澆灌胸次，争[五五]這些子不好。自後只要白看乃好。」

先生歷言諸生之病甚切。謂時舉：「看文字也却細膩親切，也却去身上做工夫，但只是不去正處看，却去偏傍處看。如與人說話相似，不向面前看他，却去背後尋索，以爲面前說話皆不足道，此亦不是些小病痛。想見日用工夫也只去小處理會，此亦是立心不定故爾，切宜戒之。」

時舉請問云：[五六]「久侍師席，今將告違，不勝依戀。[五七]然氣質偏蔽，不能自知，尚望先生[五八]賜以一言，使終身知所佩服。」先生曰：「凡前此所講論者不過如此，亦別無他説，但於大本上用力，凡讀書窮理須要看得親切。某少年曾有一番專看親切處，其他器數都未暇考。此雖未爲是，却與今之學者泛然讀過者似亦不同。」

早拜朔，先生説：「諸友相聚已半年，光陰易過。其間看得文義分明者所見亦未能超詣，不滿人意。兼是爲學須是己分上做工夫，有本領，方不作言語説。若無存養，儘説得明，自成兩片，亦不濟事，況未必説得明乎？要須發憤忘食，痛切去做身分上功夫，莫荏苒，歲月可惜也！」是日，問時舉：「看詩外別看何書？」時舉答：「欲一面看近思録。」先生曰：「大凡爲學有兩樣，一者是自下面做上去，一者是自上面做下來。自下面做上者便是就事事上旋旋[五九]尋個道理湊合將去，得到上面極處亦只一理。自上面做下者便是[六〇]先見得個大體，却自此而觀事物，見其莫不有個當然之理，此所謂自大本而推之達道也。若會做工夫者也[六一]須從大本上面[六二]理會將去便好。昔明道在扶溝謂門人曰：『爾輩在此只是學某言語，盍若行之？』謝顯道請問焉。却云：『且静坐。』」時舉因云：「『雷在地中，復。先王以至日閉關，商旅不行，后不省方』，在學者分上説便是要安静涵養，這些子善端耳定生。[六三]」曰：「若着實做工夫，要知這説話也不用説，若會做工夫便一字也來這裏使不着。此説某不欲説與人，却恐學者聽去便做空虚認了。且如程門中如游定夫，後來説底話大段落空無理會處，未必不是在扶溝時只恁地聽了。」時舉因言平日學問次第云云。先生曰：「此心自不用大段拘束他，既[六四]在這裏，又要向那裏討他？要知只是争個醒與睡着耳。人若醒時耳目聰明，應事接物便自然無差錯處。若被私慾引去，便一似睡着相似，只更與他唤醒來[六五]，纔醒又便無事矣。」時舉因云：「釋氏有豁然頓悟之貌[六六]，不知使得否？不知倚靠得否？」先生曰：「某也曾見叢林中有言頓悟者，然[六七]後來看這人也只尋常。如陸子静門人，初見他時常云有所悟，後來所爲却更顛倒錯亂。看來所謂豁然頓悟者，乃是當時略有所見，覺得果是浄潔快活，然稍久則却漸漸淡去了。何嘗倚靠得來？[六八]」時舉云：「舊時也有過般狂戒[六九]時節，以爲聖人便即日可到。到後來果如先生所云漸漸淡了，到今日却只得逐旋挨去。然早上聞先生賜教云『諸生工夫不甚超詣』，時舉退而思之，不知如何便得超詣？」先生云：「只從大本上理會，亦是逐旋挨去，自會超詣。且如今學者考理一如在淺水上撑船相似，但覺辛苦不能鄉前。須是從上面放得些水來添，便自然撑得動，不用費力，滔滔然去矣。今有學者在某門者，其於考理非不精當，説得來置水不漏，直是理會得好。然所爲却顛倒錯繆，全然與所知者相反。人只管説[七〇]道某不合引他，如今被他累却不知。渠實是理會得，某如何不與他説？他凡所説底話，今世俗人往往有全曉不得者。他之所説非不精明，然所以所爲背曉[七一]者，只是不曾在源頭上用力故也。往往他一時明敏，隨處理會，便自曉得分明，然源頭上不曾用功，只是徒然耳。」時舉因云：「如此者，不是知上工夫欠，乃是行上全然欠耳。」先生曰：「也又緣他[七二]知得不實，故行得無力。」時舉云：「惟其不見於行，是以知不能實。」時舉嘗謂，知與行互相發明之説，誠不可易之論。」先生又云：「此心虛明，萬理具足，外面理會得者即裏面本來有底，只要自大本而推之達道耳。」先生又謂時舉曰：「朋友相處要得更相規戒，有過則相[七三]告。」時舉應喏。先生曰：「然小過只嘵嘵底説，又似没緊要相似。大底過失又恐他已深固[七四]，不容易説。要知只盡公之誠意耳。」又云：「本領上欠了工夫，外面都是閑。須知道大本若立，外面應事接物上道理都是大本上發出。如人折這一枝花，只是這花根本上物事。」以上並時舉自録。按董銖録同，但次序小異，更不復出。[七五]

洪慶將歸，先生召入與語。出洪慶前所問[七六]卷子，示曰：「議論也平正。兩日來反覆爲看，所説者非不是，但其中言語多似不自胸中流出。原其病痛[七七]只是淺耳，故覺見枯燥，不甚條達。合下原頭欠少工夫，今先須養其源始得。此去且存養，要這個道理分明常在這裏，久自有覺，覺後自是此物洞然通貫圓轉。」乃舉孟子「求放心」、「操則存」兩節，及明道先生語録中「聖賢教人千言萬語，下學上達」一條云：「自古聖賢教人也只就這理上用功。所謂放心者，不是走作向別處去。蓋一瞬目間便不見，纔覺得便又在面前，不是苦難收拾，公且自去提撕便見得是如此[七八]。」又曰：「如今要下工夫且須端莊存養，獨觀昭曠之原，不須枉費工夫鑽紙上語。待存養得此中昭明洞達，自覺無許多窒礙。恁時方取文字來看，則自然有意味，道理自然透徹，遇事時自然迎刃而解，皆無許多病痛。此等[七九]不欲對諸人說，恐他不肯去看文字，又不實了。且教他看文字，撞來撞去將來自有撞着處。公既年高，又做這般工夫不得，若不就此上面着緊用工，恐歲月悠悠，竟無所得。」又曰：「近來學者，如漳泉人物於道理上發得都淺，却[八〇]是作文時文采發越粲然可觀；謂堯卿、至之。[八一]浙間士人又却好就道理上壁角頭着工夫，如某人輩，子善、叔恭。恐也是風聲氣習如此。」又云：「今之學者有三樣人才，一則資質渾厚，却於道理上不甚透徹，一則儘理會得道理，又生得直是薄，一則資質雖厚，却飄然說得道理儘多，又似承當不起。要個恰好底，難得。此間却有一兩個朋友理會得好。如公資質如此，何不爲？只爲源頭處用工較少，而今須喫緊著意做取。尹和靖在程門直是十分鈍底，被他只就一個『敬』字上做工夫，終被他做得成。」因說及陳後之、陳安卿二人爲學頗得蹊徑次第。又曰：「顔子與聖人不争多，便是聖人地位，但顔子是水初平、風浪初静時，聖人則是水已平、風恬浪静時。」又曰：「爲學之道須先有[八二]得這個道理方可講究。若居處必恭、執事必敬、與人必忠，要如顔子直須就視聽言動上警戒到復禮處。仲弓『出門如見大賓，使民如承大祭』，是無時而不主敬。如今亦不須較量顔子、仲弓如何會如此，只將他那事就自家切己處便做他底工夫，然後有益。」又曰：「爲學之道如人耕種一般，先須辨了一片地在這裏了，方可在上耕種。今却就別人地上鋪排許多種作底物色，這田地元不是我底。又如人作商，亦須先安排許多財本方可運動，若財本不贍則運動未得。到論道處，如説冰[八三]只説是冷，不能以『不熱』字説得；如説湯只説是熱，不能以『不冷』字説得。又如飲食，喫着酸底便知是酸底，喫着鹹底便知是鹹底始得。」語多不能盡記，姑述其大要者如此。訓洪慶，自録[八四]。按林恪亦録此條，前略而後異，今附，云：[八五]「石子餘將告歸，先生留飯，飯罷，召入與語，將子餘所問目出，[八六]曰：『兩日反覆與公看，見得公所説非是不是，其病痛處只是淺耳。淺，故覺得枯燥，不恁條達，是源頭處元不曾用工夫來。今須是整肅[八七]，存養得這個道理分明，常在這裏，持之以[八八]久，自然有得。看文字自然通徹，遇事自然圓轉，不見費力。』乃舉孟子『學問之道無它，求其放心而已矣』、『操則存，捨則亡，出入無時，莫知其鄉』一節，及明道先生語録『聖賢千言萬語，只是欲人將已放之心約之使反覆入自[八九]來，下學而上達』，云：『自古聖賢教人只是就這個道理上用功。放心不是走作別處去。一劄眼間即便不見，纔覺便又在面前，不是難收拾，公後來[九〇]自去提撕，便見得是如此[九一]。今要下工夫，告[九二]且獨觀昭曠之原，不須得[九三]枉用工夫鑽紙上語。存得此中昭明條暢，自覺無許多窒礙，方取文字來看，便見有味。道理通透，遇事則迎刃而解，無許多病痛。然此等語不欲對諸公説，且教它自用工夫，撞來撞去自然撞着。公既年高，若不如此下工夫，恐悠悠歲月，竟無所得。』又云：『某少時爲學。十六歲便好理學，十七歲便有如今學者見識。後得謝顯道論語，甚喜，乃熟讀。先將朱筆抹出語意好處；又熟讀得趣，覺見朱抹處太煩，再用墨抹出；又熟讀得趣，別用青筆抹出；又熟讀得其要領，乃用黃筆抹出。至此，自見所得處甚約，只是一兩句上，却日夜就此一兩句上用意玩味，胸中自是洒落。』」

節[九四]問學問之端緒。答[九五]曰：「且讀書依本分做去。」以下訓節。[九六]

節[九七]問：「事有合理而有意爲之者[九八]，如何？」答[九九]曰：「事雖義而心則私。如路，好人行之亦是路，賊行之亦是路。合如此者是天理，起計較便不是。」

「只是揮扇底，只是不得背着他。」節問曰：「只順他？」先生曰：「只是循理。」

節[一〇〇]問：「應事心便去了。」答[一〇一]曰：「心在此應事，不可謂之出在外。」

節[一〇二]問：「欲求大本以總括天下萬事。」答[一〇三]曰：「江西便有這個議論。須是窮得理多，然後方[一〇四]有貫通處。今理會得一分便得一分受用，理會得二分便得二分受用。若『一以貫之』，儘未在。陸子靜要盡掃去，從簡易。某嘗說，且如做飯，也須趁柴理會米，無道理合下便要簡易。」

不曾說教胡亂思，說「謹思」。

將與人看不得。公要討個無聲無臭底道，雖視之不見、聽之不聞，然却開眼便看見、開口便說着。雖「無極而太極」，然只是眼前道理。若有個高妙底道理而聖人隱之，便是聖人大無狀。不忠不信，聖人首先犯着。

節[一〇五]問：「篤行允蹈皆是作爲，畢竟道自道，人自人，不能爲一。」答[一〇六]曰：「爲一則聖人矣，『不勉而中，不思而得，從容中道』。」節[一〇七]又問：「顏子『不遠復』，『擇乎中庸』。顏子亦未到此地。」答[一〇八]曰：「固是。只爲後人把做易了，後遂流爲異端。」

節[一〇九]問：「事事當理則必不能容，能容則必不能事事當理。」答[一一〇]曰：「容只是寬平不狹。如這個人當殺則殺之，是理合當殺，非是自家不容他。」

節[一一一]問：「節昔以觀書爲致知之方，今又見得是養心之法。」曰：「較寬，不急迫。」又曰：「一舉兩得，這邊又存得心，這邊理又到。」節復問：「心在文字，則非僻之心自入不得？」先生應。

節[一一二]問：「觀書或曉其意而不曉字義。如『從容』字，或曰『橫出爲從，寬容爲容』，如何？」曰：「這個見不得。莫要管他橫出、包容，只理會言意。」

節初到一二日，問「君子義以爲質」一章。曰：「不思量後只管去問人，有甚了期？向來某人自欽夫處來，録得一册將來看。問他時，他説道那時陳君舉將伊川先生易傳在看，檢兩版又問一段，檢兩版又問一段。欽夫他又率略，只管爲他説。據某看來自當不答。大抵問人，必説道古人之説如此，某看得[一一三]來是如此，未知是與不是。不然，便説道據某看得[一一四]來不如此，古人又如此説是如何。不去思量，只管問人，恰如到人家見人家[一一五]有[一一六]倚子，却[一一七]去問他説道：[一一八]『你安頓這倚子是如何？』」

節[一一九]問：「何以驗得性中有仁義禮智信？」先生怒曰：「觀公狀貌不離乎嬰孩，高談每及於性命。」與衆人曰：「他只管來這裏摸這性，性若是去捕捉他則愈遠。理本實有條理，五常之體不可得而測度，其用則爲五官[一二〇]，孝於親，忠於君。」又曰：「必有本，如惻隱之類，知其自仁中發；事得其宜，知其自義中出；恭敬，知其自禮中出；是是非非，知其自智中出；信者，實有此四者。眼前無非性，且於分明處作工夫。」又曰：「體不可得而見，且於用上着工夫則體在其中。」次夜曰：「吉甫昨晚問欲要見得性[一二一]中有仁義禮智。無故不解發惻隱之類出來，有仁義禮智，故有惻隱之類。」

以某觀之，做個聖賢，千難萬難。如釋氏則今夜痛説一頓，有利根者當下便悟，只是個無星之秤耳。

節[一二二]問：「精神收斂便昏，是如何？」曰：「也不妨。」又曰：「昏畢竟是慢。如臨君父、淵崖，必不如此。」又曰：「若倦且瞌睡些時，無害。」節[一二三]問：「非是讀書過當倦後如此，是纔收斂來稍久便困。」曰：「便是精神短後如此。」

義剛[一二四]問：「打坐也是工夫否？」先生曰：「也有不要打坐底，如杲老之屬，他最説打坐不是。」又問：「而今學者去打坐後，坐得瞌睡時心下也大故定。」先生曰：「瞌睡時却不好。」以下訓義剛。[一二五]

問説「漆雕開章」云云，先生不應。又説「與點章」云云，先生又不應。久之，却云：「公那江西人只管要理會那漆雕開與曾點，而今且莫要理會。所謂道者，只是君之仁、臣之敬、父之慈、子之孝便是。而今只去理會『言忠信，行篤敬』、『博學而篤志，切問而近思，仁在其中矣』，須是要『坐如尸』、『立如齊』。[一二六]而今却只管去理會那流行底，是[一二七]甚麽物事！又不是打破一桶水，隨科隨坎皆是。」

義剛[一二八]又問：「格物工夫至爲浩大。如義剛氣昏，也不解泛然格得。欲且將書細讀，就上面研究義理，如何？」先生應云：[一二九]「那[一三〇]書上也便有那[一三一]面前道理在。」義剛又言：「古人爲學皆是自小得人教之有方，所以長大來易入於道。如[一三二]義剛日前只是習作舉子[一三三]業，好書皆不曾講究。而今驟收其放心，覺用力倍難。今欲且將那[一三四]小學等書理會，從洒掃應對進退與夫[一三五]禮、樂、書、數、射、御，從頭再理會起來[一三六]，不知如何？」先生曰：「也只是事事知致謹，常常持養，莫教放慢了便是。若是自家有個操柄時，便自不解到得十分走作了。」

義剛啓曰：「向時請問平生多悔之病，蒙賜教，謂第二番莫爲便了，也不必長長存在胸中。義剛固非欲悔，但作一事時千思萬量，若思量不透處又與朋友相度。合下做時自謂做得謹[一三七]密了，及事纔過，又便猛省着有欠缺處。纔如此略[一三八]着，則便[一三九]氣動了志，便是三兩日價[一四〇]精神不定。不知此病生於何處？」先生曰：「便是難。」又言：[一四一]「便是難。

不能得那〔一四二〕恰好處。顏子『仰之彌高，鑽之彌堅，瞻之在前，忽焉在後』，便是如此，便是不能得見這個物事定帖。這個〔一四三〕也無着力處，聖人教人但不過是『博文約禮』，須是平時只管去講明，講明得熟時，後却解漸漸不做差了。」

「半〔一四四〕年得侍灑掃，曲蒙提誨，自此得免小人之歸，但氣質昏蒙，自覺易爲流俗所遷。今此之歸，且欲閉門不出，刻意讀書。皆未知所向，欲乞指示。」先生曰：「只杜門便是所向，別也無所向。只是就書上子細玩味、考究義理便是。」又云：「初拜先生，〔一四五〕具述平日之非與所以遠來之意，力求陶鑄及所以爲學之序。」先生曰：「人不自訟則没奈他何〔一四六〕。今公既自知其過，則講書窮理，便是爲學也，無他陶鑄處。」問：「讀書以何者爲先？」曰：「且將論語、大學共看。」至是，又請曰：「大學已看了，先生解得分明，也無甚疑。論語已看九篇。今欲看畢此書更看孟子，如何？」先生曰：「好。孟子也分明，甚易看。」

「侍教半年，仰蒙曲賜〔一四七〕提誨。自正月間看論語，自〔一四八〕覺得略知〔一四九〕入頭處。先生所以教人只要逐章逐句理會，不要揀擇。敬遵明訓，豈敢違越！〔一五〇〕但此番歸去，恐未便得再到侍下，如語孟中設有大疑則無可問處。今欲於此數月揀大頭段來請教，不知可否？」先生曰：「好。」以上並義剛自録。〔一五一〕

蓋卿因言：「致知、格物工夫既到，然後應事接物始得其宜。若工夫未到，雖於應事接物之際未盡合宜，亦得[一五二]隨時爲應事接物之計也。」先生曰：「固是如此。若學力未到時，不成不去應事接物得[一五三]！且如某在長沙時，處之固有一個道理；今在路途，道理又別。人若學力未到，其於應事接物之間且隨吾學力所至處之。善乎明道之言曰『學者全體此心。學雖未盡，若事物之來不可不應，但隨分限應之，雖不中，不遠矣』。」以下訓蓋卿。[一五四]

蓋卿言於先生曰：「向來讀大學、語、孟、中庸四書，如水投石。近年得先生所論四書讀之，反覆潛玩，始覺意味深長。」先生曰：「且如此做工夫，有未透處且須放下，別理會一件。」[一五五]

蓋卿稟辭，且乞贈言。先生曰：「逐日所相與言者皆所[一五六]宜着工夫，不用重說。」蓋卿又請[一五七]曰：「此來幸甚，侍傳約之誨，所得洪多，然於承教之願猶未深愜。來歲儻尚未死，繼得爲遠謁函丈之計。[一五八]」先生曰：「人事不可預期。歸日宜一面着實做工夫。」蓋卿猶在先人服中。[一五九]

甲寅八月三日，蓋卿以書見先生於長沙郡齋，請曰：「蓋卿願從學久矣，乃今得遂所圖。然先生以召命戒途有日，殊爲匆匆，即欲隨諸生遇晚聽講。」先生曰：「甚好！甚好！」[一六〇]是晚請教者七十餘人。或問先生云[一六一]：「向蒙見教，讀書須要涵泳，須要浹洽。因看孟子千言萬語只是論心。七篇之書如此看，是涵泳工夫否？」先生曰：「某爲見此中人讀書大段鹵莽，所以說讀書須當涵泳，只要子細尋繹，令胸中有所得爾。如吾友所說又襯貼一件意思，硬要差排，看書豈是如此？」又有〔一六二〕一士友曰：「先生『涵泳』之說乃杜元凱『優而柔之』之意。」先生曰：「固是如此，亦不用如此解說。所謂涵泳者，只是子細讀書之異名也。大率與今人說話便是難處〔一六三〕。某只是〔一六四〕說一個『涵泳』，一人硬來差別〔一六五〕，一人硬來解說。此是隨諸生解，支離延蔓，閑說閑講，少間展轉，只是添得多、說得遠，却要做甚？〔一六六〕若是〔一六七〕如此講書、如此聽人說話，全不是自做工夫，全無巴鼻，可知是使人說學是空談。此中人所問大率如此，好理會處不理會，不當理會處却支離去說，說得全無意思。」以上蓋卿自録。〔一六八〕

初見，先生云：「某自到此，與朋友亦無可說，古人學問只是爲己而已。聖賢教人具有倫理。學問是人合理會底事，學者須是切己方有所得。今世有人〔一六九〕知爲學者，聽人說一席好話亦解開悟，到切己工夫却全不曾做，所以悠悠歲月，無可理會。若使切己下工，聖賢言語雖散在諸書，自有個通貫道理，須實有見處，自然休歇不得。如人趁養家一般，一日不去趁便受飢餓。今人事無小大皆老〔一七〇〕草過了。只如讀書一事，頭邊看得兩段便揭過後面，或看得一二段，或看得三五行，或都不看，〔一七一〕殊不曾子細理會，如何會有益？」或問：「人講學不明，用處全差了。」先生云：「不待酬酢應變時。若學不切己，自家一個渾身自無處着，雖三魂七魄亦不知下落，何待用時方差？」坐間有言及傅子囦者。先生云：「人雖見得他偏，見得他不是，此邊却未有肯着力做自家工夫，如何不爲他所謾？近世人大被人謾，可笑！見人胡亂一言一動便被降下了，只緣自無工夫，所以如此。便又有不讀書之説可以誘人，宜乎陷溺者多。」先生又云：「彼一般説話雖是説禪，却能鞭逼得人緊。後生於此邊既無所得，一溺其説便把做件事做，如何可回？終竟他底不是，愈傳愈壞了人。」或又云：「近世學者多躐等。」先生云：「亦更有不及等人。」以下訓謙。

謙〔一七二〕問：「爲學工夫，以何爲先？」先生云：「亦不過如前所説，專在人自立志。既知這道理，辨得堅固心，一味向前，何患不進？只患立志不堅，只恁聽人言語，看人文字，終是無得於己。」或云：「須是做工夫，方覺言語有益。」先生云：「別人言語亦當子細窮究。孟子説『我知言，我善養吾浩然之氣』，知言便是窮理〔一七三〕別人言語。他自邪説，何與我事？被他謾過，理會不得，便有陷溺。所謂『生於其心，害於其政；作於其政，害於其事』，蓋謂此也。」

「德之看文字尖新，如見得一路光明便射從此一路去。然爲學讀書寧詳毋略，寧近毋遠，寧下毋高，寧拙毋巧。若一向罩過，不加子細，便看書也不分曉。然人資質亦不同，有愛趨高者，亦有好務詳者。雖皆有得，然詳者終是看得溥博浹洽。」又言：「大學等書向來人只説某説得詳，如何不略説使人自致思？此事大不然。人之爲學只是争個肯不肯耳。他若無得，不肯向這邊，略亦不解致思；他若肯向此一邊，自然有味，愈詳愈有意味。」以上皆謙自録，下見諸録。〔一七四〕

廖兄請曰：「某遠來求教，獲聽先生雅言至論，退而涵泳，發省甚多。旅中只看得先生大學章句、或問一過，所以誨人者至矣。爲學入德之方無以加此，敢不加心！明日欲別誨席，更乞一言之賜。」先生曰：「他無説，只是自下工夫便有益。此事元不用許多安排等待，所謂『造次顛沛必於是』也，人只怕有悠悠之患。」廖兄復對曰：「學者之病多在於[一七五]悠悠，極荷提策。」先生云：「見得分曉便當下工夫。時難得而易失，不可只恁地過了。」蓋卿。

先生問自修云[一七六]：「前此得書，甚要講學，今有可説否？」自修云：「適值先生去國匆匆，不及款承教誨。」先生云：「自家莫匆匆便了。」訓自修，自録。[一七七]

紹熙甲寅四月二十一日晦庵朱先生[一七八]奉天子命就國於潭，道過臨江。長孺自吉州吉水縣[一七九]山間越境迎見先生，與之進，[一八〇]某四拜，先生受半答半。某[一八一]跪進劄子，其[一八二]略云：「某嘗謂問答之際，此最學者之大機也。蓋問必有疑，疑必有釋，答必有要，要不容隱。[一八三]竊觀聖賢之間惟兩答[一八四]最親切極至，學者不可忽也。[一八五]『子路、曾皙、冉有、公西華侍坐。子曰：「居則曰不吾知也，如或知爾則何以哉？」子路以使勇對，冉有以足民對，子華以小相對。三子者，夫子皆未之領許也。獨曾點下一轉語：「異乎三子者之撰。莫春者，春服既成，冠者五六人，童子六七人，浴乎沂，風乎舞雩，詠而歸。」夫子喟然嘆曰：「吾與點也！」』此是一問答。『子貢問：「有一言而可以終身行之者乎？」子曰：「其恕乎！」』此是一問答。是故善答者莫如點，善問者莫如賜。點之答□□而有德，賜之問搜徑而無歧。其有德者，顏子不改其樂之意；其無歧□□□道一以貫之之意。故曰善答者莫如點，善問者莫如賜。〔一八六〕晚進末學〔一八七〕懵不知道，先生若曰：『如或知爾則何以哉？』長孺未有以對也。長孺狂妄，將有請問於先生曰：『有一言而可以終身而〔一八八〕行之者乎？』先生推先聖之心，慰學者之望，不孤某〔一八九〕所以委身受教之誠，賜金聲玉振之音。」舉中說云「通於夫子，受罔極之恩」。〔一九〇〕先生閱劄子畢，欣然一笑〔一九一〕曰：「恁地却不得。子貢問夫子：『得〔一九二〕一言而可以終身行之者乎？』子曰：『其恕乎！』此只是就子貢身上與他一個『恕』字。若其他學者要學聖人，煞有事件，如何將一個字包括得盡。」某〔一九三〕問曰：「先生云一個字包不盡，極是，但大道茫茫，何處下手？也〔一九四〕須有一個切要可以用功夫處。願先生指教。〔一九五〕」先生乃舉中庸一章云：「大哉聖人之道。洋洋乎發育萬物，峻極於天，優優大哉。禮儀三百，威儀三千，待其人而後行。故曰苟不至德，至道不凝焉。故君子尊德性而道問學，致廣大而盡精微，極高明而道中庸，溫故而知新，敦厚以崇禮。」〔一九六〕既〔一九七〕誦訖，遂言曰：「『尊德性，道問學；致廣大，盡精微；極高明，道中庸；溫故，知新；敦厚，崇禮』，只從此下工夫理會。」某問〔一九八〕曰：「何者是德性？何者是問學？」先生曰：「不過是『居處恭，執事敬』、『言忠信，行篤敬』之類，都是德性。至於問學則煞闊，條項甚多。事事物物皆是問學，無窮無盡。」某〔一九九〕曰：「德性却如何尊？問學却如何道？」先生曰：「尊德性做一件重事，莫輕忽他，只此是尊。」時先生手中持一扇，因舉扇而言：「且如這一柄扇，自家不會做，去問人扇如何做。人教之以如何做，既聽得了須是自〔二〇〇〕去做這扇便得，如此方是道問學。若問〔二〇一〕得去便〔二〇二〕掉下不去做，如此便不是道問學。」某〔二〇三〕曰：「如先生之言，『道』字莫只是訓『行』否？」先生頷之，而曰：「自『尊德性』而下，雖是五句，却是一句總四句；雖是十件，却是〔二〇四〕兩件總八件。」某問曰：〔二〇五〕「如何是一句總四句？」先生曰：「『尊德性，道問學』，這一句爲主，都總得『致廣大，盡精微；極高明，道中庸；温故，知新；敦厚，崇禮』四句。」某問曰：〔二〇六〕「如何是兩件統八件？不知分別那個四件屬『尊德性』？那個四件屬『道問學』？」先生曰：「致廣大、盡精微、極高明、道中庸，這四件屬尊德性。温故、知新、敦厚、崇禮，這四件屬道問學。」〔二〇七〕某問曰：〔二〇八〕「如何『致廣大』？如何『盡精微』？」先生曰：「自家須要做聖賢事業，致〔二〇九〕聖賢地位，這是『致廣大』。然須是從洒掃應對進退間色色留意方得，這是『盡精微』。」某曰：〔二一〇〕「如何『極高明』，尚〔二一一〕『道中庸』？」先生曰：「此身與天地並，這是『極高明』。若只説却不踏實地，無進步〔二一二〕處，亦只是胡説。也須是自家周旋委曲於規矩準繩之中，到俯仰無愧怍處始得，這是『道中庸』。」某問曰：〔二一三〕「如何『温故』？如何『知新』？」先生曰：「譬如讀論語，今日讀這一段所得是如此，明日再讀這一段所得又如此。兩日之間所讀同而所得不同，這便是『温故知新』。」某問曰：[二一四]「如何『敦厚』？如何『崇禮』？」先生曰：「若只是恁地敦厚，却塊然無用也，須見於[二一五]運量酬酢、施爲注措之間發揮出來始得。」某謝曰：[二一六]「先生[二一七]教誨親切明白，後學便可下工夫。極感！[二一八]」先生又諷誦「大哉聖人之道。洋洋乎發育萬物，峻極于天，優優大哉。禮儀三百，威儀三千，待其人然後行。故曰『苟不至德，至道不凝焉』」等數語而贊之，曰：「這全在人。且如『發育萬物，峻極于天』、『禮儀三百，威儀三千』，甚次第大事，只是一個人做了。然而下面又待[二一九]地拈出，謂『苟不至德，至道不凝焉』，結這兩句最爲要切。須先了得『禮儀三百，威儀三千』，然後到得『發育萬物，峻極于天』去處。這一個『凝』字最緊，若不能凝，則更無些子屬自家，須是凝時方得。所謂『至德』便是『禮儀三百，威儀三千』，所謂『至道』便是『發育萬物，峻極于天』，切須着力理會。」[二二〇]某[二二一]請曰：「先生之教，某既得而聞之矣。[二二二]恒某[二二三]愚陋，恐不能盡記先生之言論風指[二二四]，不知先生或[二二五]可以書爲一說，使某奉承而退，朝夕服膺，[二二六]如何？」先生復[二二七]笑曰：「某不立文字，尋常只是講論。適來所說盡之矣。若吾友得之於心，推而行之，一向用工，儘有無限，何消某寫出！若於心未決[二二八]，縱使寫在紙上，看來是甚麽物事！吾友見[二二九]在紙上尋討，又濟甚事！」某[二三〇]謝曰：「先生之誨，敢不敬聽！當自此探討力行。[二三一]」先生曰：「且着力勉之！勉之！」某將[二三二]起，先生留飯，置酒三行，燕語久之，飯罷辭去，退而記之。訓長孺，自録。[二三三]

【校勘記】

［一］先生曰　成化本無。

［二］可行　成化本無。

［三］此條成化本載於卷一百十四。按，成化本「訓賀孫」載於卷一百十四，故此下各條「訓賀孫」除另注者外，皆載於成化本卷一百十四。

［四］答　成化本無。

［五］有　成化本無。

［六］自　成化本無。

［七］得　成化本無。

［八］却　成化本無。

［九］己　成化本此下有「有多多少少底事合當理會」。

［一〇］然　成化本無。

［一一］有　成化本無。

［一二］個　成化本無。

［一三］自　成化本無。

〔一四〕個　成化本無。

〔一五〕若　成化本無。

〔一六〕成化本作「毋」。下三同。

〔一七〕目容端須着端……自家若不莊便自壞了天理　成化本爲「目容端口容止聲容静頭容直氣容肅立容德色容莊云云」。

〔一八〕賀孫　成化本無。

〔一九〕要　成化本無。

〔二〇〕得　成化本無。

〔二一〕賀孫　成化本無。

〔二二〕而　成化本此下有「好」。

〔二三〕處　成化本無。

〔二四〕逐一都看見些　成化本爲「一一都看見」。

〔二五〕間　成化本無。

〔二六〕成化本此下注有「賀孫」，且此條賀孫録載於卷一百二十一。

〔二七〕成化本此下注有「賀孫」，且此條賀孫録載於卷一百二十一。

〔二八〕他　成化本無。

[二九] 成化本此下注有「賀孫」，且此條賀孫録載於卷一百二十一。

[三〇] 以上並賀孫自録　成化本無。

[三一] 問　成化本爲「同問」。

[三二] 然　成化本無。

[三三] 自　成化本無。

[三四] 應　成化本無。

[三五] 潔病　成化本爲「害淨潔病」。

[三六] 潔病　成化本爲「淨潔病」。

[三七] 㦸　成化本爲「與立㦸」。按，成化本「訓與立㦸」載於卷一百十八，此下二條同。

[三八] 道　成化本爲「道理」。

[三九] 道　成化本爲「道理」。

[四〇] 生　成化本作「身」。

[四一] 又　成化本無。

[四二] 正　成化本無。

[四三] 以上㦸自録下見諸録　成化本無。

[四四] 楊㦸　成化本作「㦸」。

〔四五〕自　成化本作「固」。

〔四六〕與立　成化本無。

〔四七〕先生　成化本無。

〔四八〕是　成化本此下有「常」。

〔四九〕自録　成化本無，且此條載於卷一百十八。

〔五〇〕時舉　成化本無。

〔五一〕在　成化本作「作」。

〔五二〕以下訓時舉　成化本無。按，成化本「訓時舉」載於卷一百十四，此下五條同。又，此條有部分内容成化本卷五十九重複載録，但文字稍有差異，參成化本該卷「或問日夜之所息……所以至於梏亡也」條。

〔五三〕甚　成化本無。

〔五四〕成化本此下注有「以下訓時舉」。

〔五五〕争　成化本作「中」，屬上讀。

〔五六〕時舉請問云　成化本作「問」。

〔五七〕不勝依戀　成化本無。

〔五八〕先生　成化本無。

〔五九〕事事上旋旋　成化本爲「事上旋」。
〔六〇〕便是　成化本無。
〔六一〕也　成化本無。
〔六二〕面　成化本無。
〔六三〕定生　成化本無。
〔六四〕既　成化本此上有「他」。
〔六五〕來　成化本無。
〔六六〕貌　成化本作「説」。
〔六七〕然　成化本無。
〔六八〕來　成化本無。
〔六九〕過般狂戒　成化本作「這般狂底」。
〔七〇〕説　成化本無。
〔七一〕背曉　成化本爲「背馳」。
〔七二〕又緣他　成化本作「緣」。
〔七三〕相　成化本無。
〔七四〕固　成化本作「痼」。

〔七五〕以上並時舉自録……更不復出　成化本無。

〔七六〕洪慶前所問　成化本作「前」。

〔七七〕痛　成化本無。

〔七八〕是如此　成化本無。

〔七九〕等　成化本此下有「語」。

〔八〇〕却　朱本作「都」。

〔八一〕謂堯卿至之　成化本無。

〔八二〕有　成化本作「存」。

〔八三〕冰　成化本及各本皆作「水」，據上下文似當作「冰」。

〔八四〕自録　成化本無，且此條載於卷一百十五。

〔八五〕按林恪亦録此條……今附云　成化本爲「恪録云」。

〔八六〕先生留飯……將子餘所問目出　成化本「先生將子餘問目出」。

〔八七〕肅　成化本此下有「主一」。

〔八八〕以　朱本作「已」。

〔八九〕自　成化本作「身」。

〔九〇〕後來　成化本無。

[九一] 是如此　成化本無。

[九二] 告　成化本無。

[九三] 得　成化本無。

[九四] 節　成化本無。

[九五] 答　成化本無。

[九六] 按，成化本「訓節」載於卷一百十五，故此下十四條皆載於卷一百十五。

[九七] 節　成化本無。

[九八] 者　成化本無。

[九九] 答　成化本無。

[一〇〇] 節　成化本無。

[一〇一] 答　成化本無。

[一〇二] 節　成化本無。

[一〇三] 答　成化本無。

[一〇四] 方　成化本無。

[一〇五] 節　成化本無。

[一〇六] 答　成化本無。

[一〇七] 節 成化本無。
[一〇八] 答 成化本無。
[一〇九] 節 成化本無。
[一一〇] 答 成化本無。
[一一一] 節 成化本無。
[一一二] 節 成化本無。
[一一三] 得 成化本無。
[一一四] 得 成化本無。
[一一五] 人家 成化本無。
[一一六] 有 朱本作「著」。
[一一七] 却 成化本無。
[一一八] 却去問他説道 成化本爲「去問他道」。
[一一九] 節 成化本無。
[一二〇] 官 成化本作「教」。
[一二一] 欲 成化本無。
[一二二] 節 成化本無。

〔一二三〕節　成化本無。

〔一二四〕義剛　成化本無。

〔一二五〕以下訓義剛　成化本無。

〔一二六〕須是要坐如尸立如齊　成化本爲「須是步步理會坐如尸便須要常常如尸立如齊便須要常常如齊」。

〔一二七〕是　成化本此上有「不知」。

〔一二八〕義剛　成化本無。

〔一二九〕先生應云　成化本作「曰」。

〔一三〇〕那　成化本無。

〔一三一〕那　成化本無。

〔一三二〕如　成化本無。

〔一三三〕子　成化本無。

〔一三四〕且將那　成化本作「將」。

〔一三五〕與夫　成化本無。

〔一三六〕來　成化本無。

〔一三七〕謹　成化本作「圓」。

〔一三八〕略　成化本作「思」。
〔一三九〕便　成化本此下有「被」。
〔一四〇〕價　成化本無。
〔一四一〕又言　成化本無。
〔一四二〕那　成化本作「到」。
〔一四三〕個　成化本無。
〔一四四〕半　成化本此上有「義剛啓曰」。
〔一四五〕又云初拜先生　成化本爲「義剛之初拜先生也」。
〔一四六〕奈他何　成化本爲「奈何他」。
〔一四七〕曲賜　成化本無。
〔一四八〕自　成化本無。
〔一四九〕知　朱本作「得」。
〔一五〇〕豈敢違越　成化本無。
〔一五一〕以上並義剛自録　成化本無。
〔一五二〕得　成化本爲「只得」。
〔一五三〕得　成化本無。

〔一五四〕以下訓蓋卿　成化本無。

〔一五五〕此條蓋卿録成化本無。

〔一五六〕皆所　成化本無。

〔一五七〕蓋卿又請　成化本無。

〔一五八〕此來幸甚……繼得爲遠謁函丈之計　成化本爲「得爲遠謁函丈之計」。

〔一五九〕蓋卿猶在先人服中　成化本無。

〔一六〇〕請曰蓋卿願從學久矣……甚好甚好　成化本爲「隨諸生遇晚聽講」。

〔一六一〕先生云　成化本無。

〔一六二〕有　成化本無。

〔一六三〕處　成化本無。

〔一六四〕是　成化本無。

〔一六五〕别　成化本作「排」。

〔一六六〕却要做甚　成化本無。

〔一六七〕若是　成化本無。

〔一六八〕以上蓋卿自録　成化本爲「以下訓蓋卿」。

〔一六九〕今世有人　成化本爲「今人」。

〔一七〇〕老　朱本作「潦」。

〔一七一〕或都不看　成化本無。

〔一七二〕謙　成化本無。

〔一七三〕理　朱本作「究」。

〔一七四〕以上皆謙自録下見諸録　成化本無。

〔一七五〕於　成化本無。

〔一七六〕自修云　成化本無。

〔一七七〕自録　成化本無。

〔一七八〕紹熙甲寅四月二十一日晦庵朱先生　成化本爲「先生」。

〔一七九〕吉州吉水縣　成化本爲「吉水」。

〔一八〇〕先生與之進　成化本無。

〔一八一〕某　成化本無。

〔一八二〕其　成化本無。

〔一八三〕某嘗謂問答之際……要不容隱　成化本無。

〔一八四〕答　成化本爲「答問」。

〔一八五〕學者不可忽也　成化本無。

［一八六］點之答□□而有德……善問者莫如賜　成化本無。按，底本「答」下有兩字缺，「歧」下有三字缺。

［一八七］晚進末學　成化本爲「長孺」。

［一八八］而　成化本無。

［一八九］某　成化本爲「長孺」。

［一九〇］舉中説云通於夫子受罔極之恩　成化本無。

［一九一］欣然一笑　成化本作「笑」。

［一九二］得　成化本作「有」。

［一九三］某　成化本無。

［一九四］也　成化本無。

［一九五］願先生指教　成化本無。

［一九六］先生乃舉中庸一章云……敦厚以崇禮　成化本爲「先生乃舉中庸大哉聖人之道至敦厚以崇禮一章」。

［一九七］既　成化本無。

［一九八］某問　成化本無。

［一九九］某　成化本無。

［二〇〇］自　成化本無。

[二〇一] 問 成化本爲「只問」。

[二〇二] 便 成化本作「却」。

[二〇三] 某 成化本無。

[二〇四] 是 成化本無。

[二〇五] 某問曰 成化本無。

[二〇六] 某問曰 成化本作「問」。

[二〇七] 學 成化本此下注曰：「按，章句：『「尊德性所以存心」，致廣大、極高明、温故、敦厚皆存心之屬也。「道問學所以致知」，盡精微、道中庸、知新、崇禮皆致知之屬也。』此録蓋誤。」

[二〇八] 某問曰 成化本作「問」。

[二〇九] 致 成化本作「到」。

[二一〇] 某曰 成化本作「問」。

[二一一] 尚 成化本爲「如何」。

[二一二] 進步 成化本爲「漸進」。

[二一三] 某問曰 成化本作「問」。

[二一四] 某問曰 成化本作「問」。

[二一五] 須見於 成化本爲「須是見之」。

〔二一六〕某謝曰　成化本爲「長孺謝云」。

〔二一七〕先生　成化本無。

〔二一八〕極感　成化本無。

〔二一九〕待　成化本作「特」。

〔二二〇〕會　成化本此下注曰：「按章句，至德指其人，至道指『發育萬物，峻極于天』與『禮儀三百，威儀三千』兩節。此録亦誤。」

〔二二一〕某　成化本爲「長孺」。

〔二二二〕先生之教某既得而聞之矣　成化本無。

〔二二三〕恒某　成化本無。

〔二二四〕言論風指　成化本作「言」。

〔二二五〕或　成化本無。

〔二二六〕使某奉承而退朝夕服膺　成化本無。

〔二二七〕復　成化本無。

〔二二八〕决　成化本作「契」。

〔二二九〕見　成化本作「只」。

〔二三〇〕某　成化本爲「長孺」。

［一三一］先生之誨……探討力行　成化本爲「敢不自此探討力行」。

［一三二］某將　成化本爲「長孺」。

［一三三］自録　成化本無，且此條載於卷一百十八。

晦庵先生朱文公語類卷第一百十七

朱子十四

訓門人五

先生問："看論語了未？"廣云："已看一遍了。"先生曰："太快。若如此看只是理會文義，不見得他深長底意味。所謂深長意味又也[一]別無説話，只是涵泳久之自見得。"以下訓廣。[二]

先生謂廣："看文字傷太快，恐不子細。雖是理會得底更須將來看，此不厭熟，熟後更看方始其滋味出。"因笑曰："此是做僞學底工夫。"

或問"誠敬"二字云云。先生曰："也是如此，但不去做工夫，徒説得不濟事。且如公一日間曾有幾多時節去體察理會來？若不曾如此下工夫，只據册上寫底把來口頭説，雖説得是，何益？某常説與學者，此個道理須是用工夫自去體究。講論固不可缺，若只管講，不去體究，濟得甚事？蓋此義理儘廣大無窮盡，今日恁地説亦未必是，又恐他只説到這裏，入深也更有在，若便領略將去，不過是皮膚而已，又不入思慮，則何緣會進？須是把來橫看豎看，子細窮究，都理會不得底固當去看，便是領略得去者亦當如此看，看來看去方有疑處也。此個物事極密，毫釐間便相争，如何恁地疏略説得？若是那真個下工夫到田地底人，説出來自别。漢卿所問雖若近似，也則看得淺。須是理會來理會去，理會得意思到似被膠漆粘住時，方是長進也。」因問：「『誠敬』二字如何看？」廣云：「先敬然後誠。」曰：「且莫理會先後。敬是如何？誠是如何？」廣曰：「敬是把捉工夫，誠則到自然處。」曰：「敬也有把捉時，也有自然時；誠也有勉爲誠時，亦有自然誠時。且説此二字義，敬只是個收斂畏懼不縱放，誠只是個樸直慤實不欺誑。初時須著如此不縱放、不欺誑，到得工夫到時，則自然不縱放、不欺誑矣。」[三]

或問：「人之思慮有邪有正，若是大段邪僻之思却容易制，惟是許多無頭無[四]面不緊不[五]要底思慮，不知何以制之？」曰：「此亦無他，只是覺得不當思量底便莫要思，便從脚下做將去，久久純熟自然無此等思慮矣。譬如人生[六]不定者兩脚常要行，但纔要行時便自省覺莫要行，久久純熟亦自然不要行而坐得定矣。前輩有欲澄治思慮者，於坐處置兩器，每起一善念則投白豆一粒於器中，每起一惡念則投黑豆一粒於器中。初時黑豆多、白豆少，後白豆多、黑豆少，後來遂不復有黑豆，最後則雖白豆亦無之矣。然此只是個死法。若更加以讀書窮理底工夫，則去那般不正當底思慮，何難之有？又如人有喜好[七]做不要緊事，如寫字、作詩之屬。初時念念要做，更遏捺不得。若能將聖賢言語來玩味，見得義理分曉，則漸漸覺得此重彼輕，久久不知不覺自然剥落消殞去。何必横生一念，要得别尋一捷徑盡去了意見然後能如此？隔夕嘗有爲「去意見」之説者。此皆是不奈煩去修治他一個身心了作此見解。譬如人做官則當至誠去做職業，却不奈煩去做，須要尋個倖門去鑽，道鑽得這裏透時便可以超躐將去。今欲去意見者皆是這個心。學者但當就意見上分真妄，存其真者、去其妄者而已。若不問真妄盡欲除之，所以游游蕩蕩，虚度光陰，都無下工夫處。」因舉中庸曰：「『喜怒哀樂未發謂之中，發而皆中節謂之和。中也者天下之大本，和也者天下之達道。致中和，天地位焉，萬物育焉』。只如喜怒哀樂皆人[八]所不能無者，如何要去得？只是要發而中節爾。所謂致中，如孟子之『求放心』與『存心養性』是也；所謂致和，如孟子論平旦之氣與充廣其仁義之心是也。今却不奈煩去做這樣工夫，只管要求捷徑去意見，只恐所謂去意見者正未免爲意見也。聖人教人如一條大路平平正正，自此直去可以到聖賢地位，只是要人做得徹，做得徹時也不大驚小怪，只是私意剥落浄盡，純是天理融明爾。」又曰：「『興於詩，立於禮，成於樂。』聖人做出這一件物事來，使學者聞之自然歡喜，情願上這一條路去。四方八面攛掇他去這路上行。」又曰：「所謂致中者，非但只是在中而已，纔有些子偏倚便不可，須是常在那中心十字上立方是致中。譬如射，雖射中紅心，然在紅心邊側亦未當，須是正當紅心之中，乃爲中也。」廣云：「此非常存戒謹恐懼底工夫不可。」先生曰：「固是。只是個戒謹恐懼，便是工夫。」廣云：「數日敬聽先生教誨做工夫處，左右前後、内外本末無不周密，所謂盛水不漏。」先生曰：「『博我以文，約我以禮』，聖門教人只此兩事，須是互相發明。約禮底工夫深則博文底工夫愈明，博文底工夫至則約禮底工夫愈密。」

問：「『必有事焉』，在孟子論養氣只是謂『集義』也，至程子以之説鳶飛魚躍之妙乃是言此心之存耳。」曰：「孟子所謂『必有事焉』者言養氣當用工夫，而所謂工夫則集義是也，非便以此句爲集義之訓也。至程子則借以言是心之存而天理流行之妙，其[九]只此一句已足。然又恐人大以爲事得重則天理反塞而不得行，故又以『勿正心』言之，然此等事易説得近禪去。」廣云：「所謂『易説得近禪』者，莫是如程子所謂『事則不無，擬心則差』之説否？」先生曰：「也是如此。」廣云：「若只以此一句説則易得近禪，若以全章觀之，如『費而隱』與『造端乎夫婦』兩句便自與禪不同矣。」先生曰：「須是事事物物上皆見得此道理方是。是[一〇]他釋氏也説『佛事門中，不遺一法』，然又却只是如此説，及[一一]看他做事，却全不如此。」廣云：「舊來説，多以聖人天地之所不知不能及鳶飛魚躍爲道之隱，所以易入於禪。唯謝氏引夫子『與點』之事以明之，實爲精切，故程子謂：『「浴乎沂，風乎舞雩，詠而歸」，言樂而得其所也。蓋孔子之志在於「老者安之，朋友信之，少者懷之」，要使萬物各得其性。曾點知之，故孔子喟然歎曰「吾與點也」。』」先生曰：「曾點他於事事物物上真個見得此道理，故隨所在而樂。」廣云：「若釋氏之説，鳶可以躍淵，魚可以戾天，則反更逆理矣。」曰：「是。他須要把道理來倒説方是玄妙。」廣云：「到此已兩月，蒙先生教誨，不一而足，不勝感激！［一二］近來静坐時收斂得心意稍定，讀書時亦覺頗有意味，但廣老矣，望先生痛加教誨！」先生笑曰：「某亦不敢不盡誠。如今許多道理也只得恁地説。然所以不如古人者，只欠個古人真見爾。且如曾子説忠恕，是他開眼便見得真個可以一貫。忠爲體，恕爲用，萬事皆可以一貫。如今人須是對册子上安排對副方始説得近似，少間不説又都不見了，所以不濟事。」正淳云：「某雖不曾理會禪，然看得來聖人之説皆是實理，故君君臣臣、父父子子、夫夫婦婦，皆是實理流行。釋氏則所見偏，只管向上去，只是空理流行爾。」曰：「他雖是説空理，然真個見得那空理流行。自家雖是説實理，然却只是説耳，初不曾真個見得那實理流行也。釋氏空底却做得實，自家實底却做得空，緊要處只争這些子。如今伶俐者雖理會得文義，又理［一三］不曾真見，質樸者又和文義都理會不得。譬如撑船，着［一四］淺了看如何撑，無緣撑得動，此須是去源頭决開，放得那水來，則船無大小，無不浮矣。韓退之説文章亦説到此，故曰『氣，水也；言，浮物也。水大則物之小大皆浮，氣盛則言之短長與聲之高下皆宜』。」廣云：「所謂『源頭工夫』，莫只是存養修治底工夫否？」曰：「存養與窮理工夫皆要到，然存養中便有窮理工夫，窮理中便有存養工夫。窮理便是窮那有［一五］得底，存養便是養那窮得底。」［一六］

先生諭廣曰：「今講學也只如此，更須於主一上做工夫。若無主一工夫，則所講底義理無安着處，都不是自家物事； 若有主一工夫，則外面許多義理方始爲我有，都是自家物事。工夫到時，纔主一便覺意思好，卓然精明。不然便緩散消索了，没意思。」廣云：「到此侍教誨三月，雖昏愚，然亦自覺得與前日不同，方始有個進修底田地，歸去當閉户自做工夫。」曰：「也不問在這裏不在這裏，也不説要如何頓段做工夫，只自脚下便做將去。固不免有散緩時，但纔覺便收斂將來，漸漸做去。但得收斂時節多，散緩之時少，便是長進處。故孟子説『學問之道無他，求其放心而已』，所謂『求放心』者，非是别去求個心來存着，只纔覺放，心便在此。孟子又曰『雞犬放則知求之，心放則不知求』，某嘗謂雞犬猶是外物，纔放了須去外面捉將來； 若是自家心更不用别求，纔覺便在這裏。雞犬放猶有求不得時，自家心則無求不得之理。」因言：「横渠説做工夫處，更精切似二程。二程先生資禀高，潔浄，不大段用工夫，只恁地便可到。[一七] 若横渠資禀則有[一八] 偏駁夾雜處，他大段用工夫來，觀其言曰『心清時少、亂時多。其清時視明聽聰，四體不待羈束而自然恭謹。其亂時反是』，説得來大段精切。」

廣云：「昨日聞先生教誨做工夫底道理。自看得來所以無長進者，政緣不曾如此做工夫，故於看文字時不失之膚淺，則入於穿鑿。今若據先生之説便如此着實下工夫去，則一日須有一日之功，一月須有一月之功，决不到虚度光陰矣。」先生曰：「昨日也偶然説到此。某將謂凡人讀書都是如此用功，後來看得却多不如此。蓋此個道理問也問不盡，説也説不盡，頭緒儘多，須是自去看。看來看去則自然一日深似一日，一日分曉似一日，一日簡易似一日，只是要熟。孟子曰『仁，亦在乎熟之而已』，熟則一喚便在面前。不熟時，纔被人問着便須旋去尋討，迨尋討得來時，意思已不如初矣。」

先生又謂廣：「見得義理雖稍快，但言動之間覺得輕率處多。子曰『仁者其言也訒』，仁者之言自不恁地容易，謝氏曰『視聽言動不可易，易則多非禮』。須自[一九]時時自省覺、自收斂，稍緩縱則失之矣。」翌日廣請曰：「先生昨日言廣言動間多輕率，無那『其言也訒』底意思，此深中廣之病。蓋舊年讀書，到那[二〇]適然有感發處，不過贊歎聖言之善耳，都不能玩以養心。自到師席之下，一日見先生泛説義理不是面前物，皆吾心固有者，如道家説存想法，所謂『鉛汞龍虎』之屬，皆人身内所有之物。又數日因廣誦義理又向外去，先生云：『前日説與公，道皆吾心固有，非在外之物。』廣不覺怵然有警於心。又一日侍坐，見先生説『如今學者大要在喚醒上』，自此方知得個[二一]做工夫底道理。而今於静坐時，讀書玩味時，則此心常在。一與事接則其[二二]心便緩散了。所以輕率之病見於言動之間，有不能掩者。今得先生警誨，自此更當於此處加省察收攝之功。然待教只數日在，更望先生痛加教飭。」先生良久，舉伊川説曰：「『人心有主則實，無主則虚』，又一説却曰『有主則虚，無主則實』。公且説看是如何？」廣云：「有主則實，謂人具此實然之理，故實。無主則實，謂人心無主，私欲爲主，故實。」先生曰：「心虛則理實，心實則理虛。『有主則實』，此『實』字是好，蓋指理而言也；『無主則實』，此『實』字是不好，蓋指私欲而言也。以理爲主則此心虛明，一毫私意着不得。譬如一泓清水，有少許砂土便見。」

廣請於先生，求「居敬窮理」四字。曰：「自向裏做工夫可也[二三]，何必此？」因言：「昔羅隱從錢王巡錢塘城，見樓櫓之屬，陽爲不曉而問曰：『此何等物？』錢曰：『此爲樓櫓。』又問：『何用？』錢曰：『所以禦寇。』曰：『果能爾則當移向内施之。』蓋風之以寇在内故也。」

先生問廣：「到此得幾日矣？」廣云：「八十五日。」曰：「來日得行否？」廣曰：「來早拜辭。」先生曰：「有疑更問。」廣云：「今亦未有疑。自此做工夫去，須有疑却得拜書請問。」曰：「且自勉做工夫。學者最怕因循，莫説道一下便要做成。今日知得一事亦得，行得一事亦得，只不要間斷，積累之久自解做得徹去。若有疑處且須自去思量，不要倚靠人，道待去問他。若無人可問時不成便休也？人若除得個倚靠人底心，學也須會進。」以上並廣自録，下見諸録。[二四]

先生語漢卿：「有所疑未决可早較量。」答云：「眼下亦無所疑。且看做去，有礙方敢請問。」先生因云：「人説道頓段做工夫，亦難得頓段工夫。莫説道今日做未得且待來日做。若做得一事便是一事工夫，若理會得這些子便有這些子工夫，若見處有積累則見處自然貫通，若存養處有積累則存養自然透徹。」賀孫。

八日，見文之，甲戌生。午後過東書院侍坐。[二五] 問平日工夫，泳對：「理會時文。」先生曰：「時文中亦自有工夫。」請讀何書。曰：「看大學。」以下訓泳。[二六]

九日，挈行李過崇報精舍，晚過樓下。[二七] 説大學首章不當意。先生説：「公讀書，如騎馬不會鞭策得馬行，撐船不會使得船動。」

「讀大學畢，次論、孟及中庸，兼看近思録。」先生曰：「書讀到無可看處恰好看。」

先生與泳説：「看文字罷，常且静坐。」以上泳自録。[二八]

初投先生書，以此心不放動爲主敬之説。先生曰：「『主敬』二字只恁地做不得，須是内外交相養。蓋人心活物，吾學非比釋氏，須是窮理。」書中有云：「近乃微測爲學功用，此事乃切己事，所係甚重。」先生舉以語朋友云：「誠是如此。」以下誠士毅。[二九]

士毅[三〇]問：「先生訓以窮理，疑謂莫如先隨事致察以求其當然之則。[三一]」先生曰：「是如此。」士毅[三二]問：「人固有非意於爲過而終陷於過者，此則不知之失。然當不知之時正私意物欲方蔽固，切恐雖欲致察而不得其真。」先生曰：「却恁地兩相擔閣不得，須是察。」士毅問：「程子所謂『涵養須用敬，進學則在致知』，是二句[三三]不可除一句。」先生曰：「如此方始是。」又曰：「知與敬是先立底根脚。」

人之本心不明，一如睡人都昏了，不知有一身，須是唤醒方知。恰如瞌[三四]睡，强自唤醒，

喚之不已終會醒。某看來，大要工夫只在喚醒上，然如此等處須是體驗教自分明。〔三五〕

士毅問：「喚醒是覺放肆時收斂否？」先生曰：「是。」又云：「喚醒是昏迷時。」又云：「放肆便是昏迷。」〔三六〕

「講論自是講論，須是將來自體驗。説一段過又一段，何〔三七〕補？某向來從師，一日説話，晚頭如温書一般須子細看過，有疑則明日又問。」士毅〔三八〕問：「士毅尋常讀書須要將説心處自體之以心，言處事處推之以事，隨分量分曉方放過，莫得體驗之意思〔三九〕否？」先生曰：「亦是。」又曰：「體驗是自心裏暗自講量一次。」按輔廣録同而少異，今附，云：〔四〇〕「或問：『先生謂講論固不可無，須是自去體認。如何是體認？』曰：『體認是把那聽得底自去心裏重複思繹過，伊川先生曰「時復思繹，浹洽於中則悦〔四一〕矣」。某向來從師，一〔四二〕日間所聞説話，夜間如温書一般，一一子細思量過，纔有疑，明日又明〔四三〕。』」

士毅禀歸，請教。先生曰：「只前數日説底便是，只要去做工夫。如飲食在前，須是去喫他，方知滋味。」又曰：「學者最怕不知蹊徑，難與他説。今日有一朋友將書來，説從外面去，不知何益。不免説與他教看孟子『存心』一段。人須是識得自家物事，且如存，若不識得他，如何存得？如今既知蹊徑，且與他做去。只如主敬、窮理不可偏廢，這兩件事如踏一物一般，踏着這頭，那頭便動；如行步，左足起，右足自來。」又曰：「更有一事，如今學者須是莫把做外面事看。人須要學，不學便欠缺了他底，學時便得個恰好。」以上士毅自録。〔四四〕

問思慮紛擾。先生曰：「公不思慮時不識個心是何物。須是思慮時知道這心如此紛擾，漸漸見得，却有下工夫處。」以下訓賜。〔四五〕

問：「存心多被物欲奪了。」先生曰：「不須如此說，且自體認自家心是甚物？自家既不曾識得個心，而今都說未得。纔識得，不須操而自存。如水火相濟，自不相離。聖賢說得極分明，夫子說了，孟子恐後世不識，又說向裏。後之學者依舊不把做事，更說甚閑話。孟子四端處儘有可玩索。」以上賜自録。〔四六〕

問：「而今看道理不出，只是心不虛静否？」先生曰：「也是不曾去看。會看底就看處自虛静，這個互相發。」以下訓夔孫。〔四七〕

先生謂夔孫云：「公既久在此，可將一件文字與衆人共理會，立個程限，使敏者不得而先，鈍者不得而後。且如這一件事，或是甲思量不得，乙或思量得，這便是朋友切磋之義。」夔孫請所看底文字。曰：「且將西銘看。」及看畢，夔孫依先生所〔四八〕解説過。先生曰：「而今解得分曉了便易看，當初直是難曉〔四九〕。」夔孫請再看底文字。先生〔五〇〕索近思録披數板，云：「也揀不得，便漏了他底也不得。」遂云：「『無極而太極』，而今人都想象有個光明閃爍底物事在那裏。却不知本是說無這物事，只是有個理，解如此動静而已。及至一動一静便是陰陽，一動一静循環無端，『太極動而生陽』亦只是從動處說起。其實動之前又有静，静之前又有動。推而上之其始無端，推而下之以至未來之際其卒無終。自有天地便只是這物事在這裏流轉，一日便有一日之運，一月便有一月之運，一歲便有一歲之運，都只是這個物事袞袞將去。如水車相似，一個起，一個倒，一個上，一個下。其動也便是中、是仁，其静也便是正、是義。不動則静，不静則動。如人不語則默，不默則語，中間更無空處。又如善惡，不是善便是惡，不是惡便是善。『聖人定之以中正仁義』，便是主張這個物事。蓋聖人之動便是元亨，其静便是利貞，都不是閑底動静，所謂『繼天地之志，述天地之事』便是如此。如知得恁地便生，知得恁地便死，知得恁地便消，知得恁地便長，此皆是繼天地之志。隨他恁地進退消息盈虛，與時偕行。小而言之，飢食渴飲，出作入息；大而言之，君臣便有義，父子便有仁，此都是述天地之事，只是這個道理，所以君子修之便吉，小人悖之便凶。這物事機關一下撥轉便攔他不住，如水車相似，纔踏發這機更住不得。所以聖賢『兢兢業業，一日二日萬幾』，戰戰兢兢，至死而後知免。大化恁地流行，只得隨他恁地，故曰『存心養性，所以事天也；夭壽不貳，修身以俟之，所以立命也』，這與西銘都相貫穿，只是一個物事。如云：『五行，一陰陽也；陰陽，一太極也；太極，本無極也。五行之生也，各一其性。無極之真，二五之精，妙合而凝。乾道成男，坤道成女。二氣交感，化生萬物，萬物生生而變化無窮焉。』便只是『天地之塞吾其體，天地之帥吾其性』，只是説得有詳略、緩急耳。而今萬物到秋冬時各自斂藏便恁枯瘁，忽然一下春來，各自發生條暢，這只是一氣，一個消，一個息。那個滿山青黃碧綠，無非天地之化流行發見，而今自家喫他、着他、受用他，起居食息都在這裏，離他不得，所以仁者見之便謂之仁，智者見之便謂之智，無非是此個物事。『繼之者善』，便似日日裝添模樣；『成之者性』，便恰似造化都無可做了，與造化都不相關相似。到得『成之者性』，就那上流行出來，又依前是『繼之者善』。譬如穀，既有個穀子，裏面便有米，米又會生出來。如果子皮裏便有核，核裏便有仁，那仁又會發出來。人物莫不如此。如人方其在胞胎中受那父母之氣，則是『繼之者善』。及其生出來便自成一個性了，便自會長去，這後又是『繼之者善』，只管如此。仁者謂之仁，便是見那發生處；智者謂之智，便是見那收斂處。『百姓日用而不知』，便是不知所謂發生，亦不知所謂收斂，醉生夢死而已。周先生太極通書便只是衮幾句[五二]，易之爲義也只是如此，只是陰陽交錯，千變萬化皆從此出，故曰『易有太極』。這一個便生兩個，兩個便生四個，四個便生八個，八個便生十六個，十六個便生三十二個，三十二個便生六十四個，故『八卦定吉凶，吉凶生大業』。聖人所以説出時，只是使人不迷於利害之途耳。」少頃，又舉「誠幾德」一章，説云：「『誠無爲』，只是自然有實理恁地，不是人做底都不曾犯手勢。『幾善惡』便是心之所發處有個善、有個惡了。『德』便只是善底，爲聖爲賢只是這材料做。」又舉第三「大本達道章」説云：「未發時便是那靜，已發時便是那動。方其靜時便是有個體在裏了，如這卓子，未用時已有這卓子在了，及其已發，便有許多用。一起一倒無有窮盡。若靜而不失其體便是天下之大本立焉，動而不失其用便是天下之達道行焉。若其靜而或失其體則天下之大本便昏了，動而或失其用則天下之達道便乖了。說來說去只是這一個道理。」夔孫問云：「此個道理，孔子只說『一陰一陽之謂道，繼之者善，成之者性』，都不會分別出性是如何。孟子乃分別出，說是有[五二]四者，然又只是以理言。到周先生說方始盡，方始見得人必有是四者，這四者亦有所附着。」先生曰：「孔子說得細膩，說不曾了。孟子說得粗疏略，只是說『成之者性』，不曾從原頭推說來。然其界分自孟子方說得分曉。」陳仲蔚因問：「龜山說『知其理一，所以爲仁；知其分殊，所以爲義』，仁便是體，義便是用否？」先生曰：「仁只是流出來底，義是合當做底。如水流動處是仁，流爲江河、匯爲池沼便是義。如惻隱之心便是仁；愛父母、愛兄弟、愛鄉黨、愛朋友故舊有許多等差，便是義。且如敬只是一個敬，到敬君、敬長、敬賢便有許多般樣。禮也是如此，如天子七廟、諸侯五廟，這個便是禮；其或七或五之不同便是義。禮是理之節文，義便是事之所宜處。呂與叔說『天命之謂性』：『自斬而緦，喪服異等而九族之情無所憾；自王公至皂隸，儀章異制而上下之分莫敢爭。自是天性合如此。』且如一堂有十房父子，到得父各慈其子、子各孝其父而人不嫌者，自是合如此也。其慈、其孝，這便是仁；各親其親、各子其子，這便是義。這個物事分不得，流出來便是仁。仁打一動，義禮智便隨在這裏了，不是要仁使時又[五三]却留在後面，少間放出來。便是實[五四]只是一個道理，論着界分便有許多分別。且如心性情虛明應物，知得這事合恁地，那事合恁地，這便是心；當這事感則這理應，當那事感則那理應，這便是性；出頭露面來底便是情，其實只是一個物事。而今這裏略略動，這三個便都在，子細看來亦好則劇。」又舉邵子「性者道之形體」處，曰：「道雖無所不在，然如何地去尋討他？只是回頭來看都在自家性分之內。自家有這仁義禮智，便知得他也有仁義禮智，千人萬人，一切萬物無不是這道理，推而廣之亦無不是這道理。他說『道之形體』便是說得好。」以上夔孫自錄，錄下見諸錄。[五五]

林子武初到時，先生問義剛云：「子武[五六]在何處安下？」劉[五七]曰：「未曾移入堂長房。」先生曰：「也須是個有[五八]思量底。蘇子容押『花』字常要在下面，後有一人官在其上，却挨得他『花』字向上面去，他遂終身悔其初無思量，不合押『花』字在下面[五九]。」及包顯道等來，遂命子武作堂長。[六〇]義剛。

慶元丁巳三月見先生於考亭。先生曰：「甚荷遠來，此意良厚，[六一]然而不是時節。」又曰：[六二]「公初從何人講學？」曰：「少時從劉衡州問學。」先生曰：「見衡州如何？」曰：「衡州開明大體，使人知所向慕。」先生曰：「如何做工夫？」曰：「却是無下手處。」先生曰：「向來亦見廬陵諸公有問目之類，大綱寬緩，不是斬釘截鐵，真個可疑可問，彼此只做一場話說休了。若如此悠悠，恐虛過歲月。某已前與朋友往來亦是如此。後來欽夫說道：『凡肯向此者，吾二人只如此放過了，不特使人泛然來行一遭，便道我曾從某人處講論一向胡説，反爲人取笑，亦是壞了許多[六三]好氣質底。若只悠悠地去，可惜。今後須是截下，看晚年要成就得一二人，不妨是吾輩事業。』自後相過者，這裏直是不放過也。」祖道又曰：「頃年亦嘗見陸象山。」先生笑曰：「這却好商量。公且道象山如何？」對[六四]曰：「象山之學，祖道曉不得，更是不敢學。」先生曰：「如何不敢學？」祖道對[六五]曰：「象山與祖道言：『目能視，耳能聽，鼻能知香臭，口能知味，心能思，手足能運動，如何更要甚存誠持敬，硬要將一物去治一物？須要如此做甚？詠歸舞雩自是吾子家風。』祖道對象山[六六]曰：『是則是有此理，恐非初學者所到地位。』象山曰：『吾子有之而必欲外鑠以爲本，可惜也！』祖道曰：『此恐只是先生見處。今使祖道便要如此，恐成猖狂妄行，蹈乎大方者矣！』象山曰：『纏繞舊習如落陷穽，卒除不得。』」先生曰：「陸子靜所學分明是禪。」又曰：「江西人大抵秀而能文，若得人點化，是多少明快！蓋有不得不任其責者，然今黨事方起，能無所畏乎！忽然被他來理會，礙公進取時如何？」對[六七]曰：「此是自家身己上事，進取何足議？」先生曰：「可便遷入精舍。」以下訓祖道。[六八]

先生謂祖道曰：「讀書且去鑽研求索，及反覆認得時且蒙頭去做，久久須有功效。吾友看文字忒快了，却不沉潛見得他子細意思。莫要一領他大意便去摶摸，此最害事。且熟讀，就他注解爲他説一番。説得行時却又爲他精思，久久自落窠臼。略知瞥見便立見解，終不是實，恐他時無把捉，虛費心力。」

問〔六九〕進德之方。先生曰：「大率要修身窮理。若修身上未有工夫，亦無窮理處。」問：「修身如何？」曰：「且先收放心。如心不在，無下手處，要去體察你平昔用心是爲己爲人。若讀書計較求〔七〇〕利祿，便是爲人。」

「資稟純厚者須要就上面做工夫。」問：「如何？」曰：「人生與天地一般，無些欠缺處。且去子細看秉彝常性是如何，將孟子言性善處看是如何善，須精細看來。」

一日拜別先生〔七一〕，先生云：「歸去各做工夫，他時相見却好商量也。某所解論孟和訓詁注在下面，要人精粗本末、字字爲咀嚼過。此書某自三十歲便下工夫，到而今改猶未了，不是草草者，看且歸子細。〔七二〕」以上並祖道自録。〔七三〕

木之〔七四〕問：「承先生賜教讀書之法，如今看來，聖賢言行本無相違。其間所以有可疑者，只是不逐處研究得通透，所以見得牴牾。若真個逐處逐節逐段見得精切，少間却自到貫通地位。」曰：「固是。如今若苟簡看過，只一處便自未曾理會得了，却要別生疑義，徒勞無益。」訓木之。自録。〔七五〕

「書只貴讀，讀多自然曉。今只思量得，寫在紙上底也不濟事，終非我有。只貴乎讀，這個不知如何，自然心與氣合，舒暢發越，自是記得牢。縱饒熟看過，心裏思量過，也不如讀。讀來讀去，少間曉不得底自然曉得，已曉得者越有滋味。若是讀不熟，都没這般滋味。而今未説讀得注，且只熟讀得正經，行住坐卧，心嘗[七六]在此，自然曉得。嘗思之，讀是[七七]學。夫子説『學而不思則罔，思而不學則殆』，學便是讀。讀了又思，思了又讀，自然有意。若讀而不思，又不知其意[七八]。」又[七九]曰：「公不可欲速，且讀一小段。若今日讀不得，明日又讀；明日讀不得，後日又讀，須被自家讀得。若只記得字義訓釋，或其中有一兩字漏落，便是那腔子不曾填得滿。如一個物事欠了尖角處相似，少明[八〇]自家做出文字便也有所欠缺，不成文理。嘗見蕃人及武臣文字常不成文理，便是如此。他心中也知得要如此説，只被[八一]是字義有所欠缺，下得不是。這個便是『不得於言，勿求於心』之患，是他心有所蔽，故如此。司馬遷史記用字也有下得不是處。賈誼亦然，如治安策説教太子處云『太子少長知妃色則入于學』，這下面承接便用解説此義，忽然掉了，却説上學去云『學者所學之官也』，又説『帝入東學，上親而貴仁』一段了，却方説上太子事，云『及太子既冠成人，免於保傅之嚴』云云，都不成文義，更無段落。他只是乘才快，胡亂寫去，這般文字也不可以學。董仲舒文字却平正，只是又困善。仲舒、康衡、劉向諸人文字則皆善弱無氣燄。司馬遷、賈生文字雄豪可愛，只是逞快，下字時有不穩處，段落不分明。康衡文字却細密，他看得經書極子細，能向裏做工夫，只是做人不好，無氣節。仲舒讀書不如衡子細，疏略甚多，然其人純正開闊，衡不及也。」又曰：「荀子云[八二]誦數即今人讀書記遍數也，古人讀

書亦如此。只是荀卿做得那文字不帖律處也多。」以下訓僩。〔八三〕

問：「尋常遇事時也知此爲天理，彼爲人欲。及到做時乃爲人欲引去，事已却悔，此是〔八四〕如何？」曰：「此便是無克己工夫，這樣處極要與他掃除打疊方得。如一條大路，又有一條小路，自我也明知得〔八五〕合行大路，然小路面前有個物引着，自家不知不覺行從小路去，及至前面荆棘蕪穢又却生悔。此便是天理人欲交戰之機。須是遇事之時便與克下，不得苟且放過。此須明理以先之，勇猛以行之。若是上智聖人底資質，他〔八六〕不用着力，自然循〔八七〕天理而行，不流於人欲。若賢人之〔八八〕資質次於聖人者，到得〔八九〕遇事時固不會錯，只是先也用分別教是而後行之。若是中人之資〔九〇〕須大段着力，無一時一刻不照管克治始得。曾子曰：『仁以爲己任，亦不〔九一〕重乎！死而後已不亦遠乎！』又曰：『戰戰兢兢，如臨深淵，如履薄冰。而今而後，吾知免夫。小子。』直是恁地用功方得。」

問每日做工夫處。曰：「每日工〔九二〕夫只是常常喚醒，如程子所謂『主一之謂敬』、謝氏所謂『常惺惺法』是也。然這裏便有致知底工夫。程子曰『涵養須用敬，進學則在致知』，須居敬以窮理，若不能敬，則講學又無安頓處。」

又問：「『色容莊』持久甚難。」曰：「非用功於外也，心肅而容莊。」問：「若非聖人說下許多道理，則此身四支耳目更無安頓處。」曰：「然。古人因嘗言之『非禮則耳目手足無所措』。」此

條卓同。[九三]

道理極是細膩。公門心都粗大，入那細底不得。今公掀然有飛揚之心，以爲治國、平天下如指諸掌。不知自家一個身心都安頓未有下落，如何説功名事業？怎生治人？古時英雄豪傑不如此。張子房不問着他不説。諸葛孔明甚麽樣端嚴！公浙中一般學，是學爲英雄之學，務爲跅弛豪縱，全不點檢身心。某這裏須是事事從身心上理會起，舉止動步事事有個道理，一毫不然便是欠闕了他道理。固是天下事無不當理會，只是有先後緩急之序，須先立其本，方以次推及其餘。今公門學都倒了，緩其所急，先其所後，少間使得這身心飛揚悠遠，全無收拾處。而今人不知學底，他心雖放，然猶放得近。今公雖曰知爲學，然却放得遠，少間會失心去，不可不覺。

問：「『鳶飛魚躍』，南軒云『「鳶飛魚躍」，天地之中庸也』。」曰：「只看公如此説便是不曾理會得了。莫依傍他底説，只問取自家是真實見得不曾，自家信是信得個甚麽。這個道理精粗小大、上下四方一齊要着到，四邊合圍起理會，莫令有些小[九四]走透，少間方從四[九五]邊理會得些小有個見處，有個入頭處。若只靠一邊去理會，少間便偏枯了，尋捉那物事不得。若是如此悠悠，只從一路去攻擊他而又不曾着力，何益於事！」李敬子曰：「覺得已前都是如此悠悠過了。」曰：「既知得悠悠，何不便莫要悠悠？便是覺得意思都不曾痛却。每日看文字，只是輕輕地拂過，寸進尺退都不曾依傍築磕着那物事來。此間説時旋紐捏湊合説得些小，纔過了又便忘了。或他日被人問起又遂旋紐捏説得些小，過了又忘記了。如此濟得甚事？早間説如負痛相似。因言：「持敬如書所云『若有疾』，如此方謂之持敬。」如人負一個大痛，念念在此，日夜求所以去之之術。理會這一件物須是徹頭徹尾全文記得，始是如此，末是如此，中間是如此；如此謂之是，如此謂之非。須是理會教透徹，無些子凝滯方得。若只是如此輕輕拂過是濟甚事！如兩軍擂起鼓了，[九六]只得拚命進前，有死無二，方有個生路，更不容放慢，若纔放慢，便被他殺[九七]。」

某嘗喜那鈍底人，他若是做得工夫透徹時極好。却煩惱那敏底，他只是略綽看過，不曾深去思量。當下説也理會得，只是無滋味，工夫不耐久，如莊仲便是如此。某嘗煩惱這樣底，少間不濟事。敏底人又却用做那鈍底工夫方得。[九八]

讀書之法，既先識得他外面一個皮殼了，又須識得他裏面骨髓方好。如公看詩只是識得個模象如此，他裏面好處全不見得。自家此心都不曾與他相黏，所以眊燥無味[九九]，譬[一〇〇]如人開溝而無水，如此讀得何益！未論讀古人書，且如讀[一〇一]近世名公詩，也須知得他好處在那裏。如何知得他好處？亦須吟哦諷詠而後得之。今人都不曾識，好處也不識，[一〇二]不好處以爲不[一〇三]好者有之矣，好者亦未必以爲好也。其有知得某人詩好、某人詩不好者，亦只是見已前人如此説，便承虚接響説取去。如矮子看戲相似，他[一〇四]見人道好，他也説[一〇五]好。及至問着他那裏是好處？他[一〇六]元不曾識。舉世皆然。只是不曾讀，熟讀後自然見得。「人而不爲周南、召南，其猶正墻面而立也與」，今公讀二南了，還能不正墻面而立否？意思都不曾相黏，濟得甚事！前日所舉韓退之、蘇明允二公論作文處，他都是下這般工夫，實見得那好處，方做出這般文章，他都是將三代以前文字熟讀後故能如此。如向者吕子約書來，説近來看詩甚有味，録得一册來，盡是寫他讀詩有得處。及觀之，盡是説詩序。如關雎只是説一個「后妃之德也」，葛覃只是説得個「后妃之本」與「化天下以婦道也」，自「關關雎鳩」、「葛之覃兮」已下更不説着。如此讀詩是讀個甚麽？吕伯恭大事記亦是如此，盡是編排詩序、書序在上面。他門讀書盡是如此草草，以言事則不實，以立辭則害意。

公而今只是説他人短長，都不自反己看。如公適間説學者來此不講誦，蚤來莫去是理會甚事？自初來至去是有何所得？聽得某説話有何警發？每日靠甚麽做本？從那裏做去？公却會説得個頭勢如此大，及至末梢，又却只是檢點他人某事云云[一〇七]，元未有緊要，那人亦如何服公説？且去理會自己身心，煞有事在。以上並僩自録。[一〇八]

友仁初參拜畢，出疑問一册，皆大學、語、孟、中庸平日所疑者。先生略顧之，謂友仁曰：「公今須是逐一些子細理會始得，不可如此鹵莽。公之意自道此是不可曉者故問，然其他不問者恐亦未必是，豈能便與聖賢之意合？須是理會得底也來整理過方可。」以下訓友仁。[一〇九]

先生曰：「公向道甚切，也曾學禪來。」曰：「非惟學禪，如老、莊及釋氏教典，亦曾涉獵。自說法華經至要處乃在『是法非思量分別之所能解』一句。」先生曰：「我這正要思量分別，能思量分別方有豁然貫通之理。如公之學也不易。」因以手指書院曰：「如此屋相似，只中間潔淨，四邊也未在。未能博學便要約禮，窮理處不曾用工，守約處豈免有差！若差之毫忽，便有不可勝言之弊。」又顧同舍曰：「德元却於此理見得彷彿，惜乎不曾多讀得書。」却謂友仁曰：「更須痛下工夫讀書始得。公今所看大學或問格物致知傳，程子所説許多説話都一一記得，方有可思索玩味。」

張問：「先生論語或問甚好，何故不肯刊行？」先生曰：「便是不必如此。文字儘多，學者愈不將做事了，只看得集注儘得。公還盡記得集注説話否？非唯集注，恐正文亦記不全，此皆是不曾子細用工夫。且如邵康節始學於百原，堅苦刻厲，冬不爐，夏不扇，夜不就席者有年，公門曾如此否？論語且莫説別處，只如説仁處，這裏是如此説，那裏是如此説，還會合得否？」友仁曰：「先生有一處解『仁』字甚曉然，言：『仁者，人心之全德，必欲以身體而力行之，可謂重矣。一息尚存，此志不容少懈，可謂遠矣。』」先生不應。次日，却問：「公昨夜舉所解仁説在何處？」友仁〔二一〇〕曰：「在泰伯篇〔二一一〕曾子言『仁以爲己任』章。」先生曰：「德元看文字却能記其緊要處。有萬千人看文字者却不能於緊要處理會，只於瑣細處用工。前日他問中庸或問『不一其內，無以制其外；　不齊其外，無以養其中；　静而不存，無以立其本；　動而不察，無以勝其私』，此皆是切要處。學者若能於切要處做工夫，又於細微處不遺闕了，久之自然有得。」

問「邦畿千里，惟民所止」。先生曰：「此是大率言物各有所止之處。且如公，其心雖止得是，其迹則未在，心迹須令爲一方可。豈有學聖人之道，服非法之服、享非禮之祀者？程先生謂『文中子言心迹之判便是亂説』者，此也。」友仁曰：「舍此則無資身之策。」先生曰：「『君子謀道不謀食』，豈有爲人而憂此者！」

拜辭，先生曰：「公識性明，精力短，每日文字不可多看。又記性鈍，但用工不輟，自有長進矣。」以上友仁自録，下見諸録。〔一一二〕

因誨郭兄云：「讀書者當將此身葬在此書中，行住坐卧念念在此，誓以必曉徹爲期。看外面有甚事我也不管，只恁一心在書上，方謂之善讀書。若但欲來人面前説得去，不求自熟，如此濟得甚事！須是着起精神，字字與他看過。不惟念得正文注字，要自家暗地以俗語解得方是。如今自家精神都不曾與書相入，念本文注字猶記不得，如何曉得！」卓。〔一一三〕

讀書須立下硬寨，定要通得這一書方看第二書。若此書既曉未得，我寧死也不看那個。如此立志方成工夫。郭德元言記書不得，須是如此做工夫方得。公等每日只是閑用心，問閑事、説閑話底時節多，問緊要事、究竟自己事底時節少。若是真個做工夫底人，他自是無閑工夫説閑話、問閑事，聖人言語有幾多緊要大節目都不曾理會。小者固不可不理會，然大者尤緊要。[一一四]僩。

【校勘記】

[一] 也　朱本、王本作「他」。

[二] 以下訓廣　成化本作「廣」，且此條載於卷十九。按，成化本「訓廣」載於卷一百十三，故以下各條「訓廣」除另注者外，成化本皆載於卷一百十三。

[三] 成化本此下注有「以下訓廣」。

[四] 無　成化本無。

[五] 不　成化本無。

[六] 生　成化本作「坐」。

[七] 好　成化本無。

[八] 人　成化本此下有「之」。

[九] 其　成化本作「耳」，屬上讀。

[一〇] 是 成化本無。

[一一] 及 成化本無。

[一二] 不勝感激 成化本無。

[一三] 理 成化本作「却」。

[一四] 着 成化本此上有「着淺者既已」。

[一五] 有 成化本作「存」。

[一六] 成化本此下注有「廣」，且此條廣録載於卷六十三。

[一七] 只恁地便可到 成化本無。

[一八] 若横渠資禀則有 成化本爲「横渠資禀有」。

[一九] 自 成化本無。

[二〇] 那 成化本無。

[二一] 個 成化本無。

[二二] 其 成化本無。

[二三] 可也 成化本無。

[二四] 以上並廣自録下見諸録 成化本無。

[二五] 八日見文之……書院侍坐 成化本無。

［二六］按，成化本「訓泳」載於卷一百十六，故此下三條皆載於卷一百十六。

［二七］九日……晚過樓下　成化本無。

［二八］以上泳自録　成化本無。

［二九］以下誡士毅　成化本爲「以下訓士毅」。按，成化本「訓士毅」載於卷一百十九，故以下各條「訓士毅」除另注者外，皆載於卷一百十九。

［三〇］士毅　成化本無。

［三一］先生訓以窮理……其當然之則　成化本爲「窮理莫如隨事致察以求其當然之則」。

［三二］士毅　成化本無。

［三三］是二句　成化本無。

［三四］瞌　成化本作「磕」。

［三五］成化本此下注有「士毅」，且此條載於卷十二。

［三六］此條成化本無。

［三七］何　原脱，據上下文及成化本補。

［三八］士毅　成化本無。

［三九］思　成化本無。

［四〇］按輔廣録同而少異今附云　成化本爲「廣録云」。

〔四一〕悦　成化本作「説」。

〔四二〕一　成化本無。

〔四三〕明　成化本作「問」。

〔四四〕以上士毅自録　成化本無。

〔四五〕成化本「訓賜」載於卷一百十八，下條同。

〔四六〕以上賜自録　成化本無。

〔四七〕成化本「訓夔孫」載於卷一百十六，下條同。又，此條成化本於卷九重複載録，注爲義剛録，參成化本該卷「或問而今看道理不出……這個互相發」條。

〔四八〕所　成化本無。

〔四九〕曉　成化本作「説」。

〔五〇〕先生　成化本無。

〔五一〕幾　成化本此上有「這」。

〔五二〕有　成化本此下有「此」。

〔五三〕又　成化本作「義」。

〔五四〕便是實　成化本爲「其實」。

〔五五〕以上夔孫自録録下見諸録　成化本無。

［五六］子武　成化本無。
［五七］劉　成化本無。
［五八］也須是個有　成化本爲「它便是」。
［五九］面　成化本無。
［六〇］長　成化本此下有「後竟不改」。
［六一］此意良厚　成化本無。
［六二］又曰　成化本無。
［六三］許多　成化本爲「多少」。
［六四］對　成化本無。
［六五］祖道對　成化本無。
［六六］對象山　成化本無。
［六七］對　成化本無。
［六八］成化本「訓祖道」載於卷一百十六，此下三條同。
［六九］問　此字原脱，據上下文及成化本補。
［七〇］求　成化本無。
［七一］先生　成化本無。

〔七二〕不是草草者看且歸子細　成化本爲「不是草草看者且歸子細」。

〔七三〕以上並祖道自録　成化本無。

〔七四〕木之　成化本無。

〔七五〕自録　成化本無。

〔七六〕嘗　成化本作「常」。

〔七七〕是　成化本爲「便是」。

〔七八〕意　成化本爲「意味」，且此下又録「思而不讀，縱使曉得，終是歉𣨤不安。一似倩得人來守屋相似，不是自家人終不屬自家使喚。若讀得熟而又思得精，自然心與理一，永遠不忘。某舊苦記文字不得，後來只是讀，今之記得者皆讀之功也。老蘇只取孟子、論語、韓子與諸聖人之書，安坐而讀之者七八年，後來做出許多文字如此好。他資質固不可及，然亦須着如此讀。只是他讀時便只要模寫他言語做文章，若移此心與這樣資質去講究義理，那裏得來！是知書只貴熟讀，别無方法」。

〔七九〕又　成化本無，而另有「『讀書須立下硬寨。定要通得這一書，方看第二書，若此書既曉未得，我寧死也不看那個。如此立志，方成工夫』。郭德元言：『記書不得』」。此部分内容底本另作一條，參本卷僩録「讀書須立下硬寨……然大者尤緊要」條。

〔八〇〕少明　成化本作「少間」，屬下讀。

〔八一〕被　成化本無。

［八二］ 云　成化本此下有「誦數以貫之，思索以通之」。

［八三］ 以下訓僩　成化本作「僩」，且此條僩録分爲兩條，其中「書只貴讀……又不知其意」爲一條，載於卷十，參成化本該卷「書只貴讀……别無方法」條；「又曰公不可欲速……不帖律處也多」爲一條，載於卷一百十六，參成化本該卷「讀書須立下硬寨……不帖律處也多」條。又，此下九條「訓僩」成化本皆載於卷一百十六。

［八四］ 此是　成化本無。

［八五］ 自我也明知得　成化本爲「明知」。

［八六］ 他　成化本無。

［八七］ 循　朱本作「存」。

［八八］ 之　成化本無。

［八九］ 得　成化本無。

［九〇］ 資　朱本爲「資質」。

［九一］ 亦不　成化本爲「不亦」。

［九二］ 工　成化本此上有「做」。

［九三］ 此條卓同　成化本無。

［九四］ 小　朱本作「子」。

〔九五〕四　成化本作「一」。
〔九六〕如兩軍擂起鼓了　成化本爲「如兩軍厮殺兩邊擂起鼓了」。
〔九七〕殺　成化本此下有「了」。
〔九八〕成化本此下注有「以下訓僩」。
〔九九〕味　成化本爲「汁漿」。
〔一〇〇〕譬　成化本無。
〔一〇一〕讀　朱本作「一」。
〔一〇二〕識　成化本此下有「不好處也不識」。
〔一〇三〕不　成化本無。
〔一〇四〕他　成化本無。
〔一〇五〕説　成化本作「道」。
〔一〇六〕他　成化本無。
〔一〇七〕云云　成化本爲「某事」，作大字。
〔一〇八〕以上並僩自録　成化本無。
〔一〇九〕成化本「訓友仁」載於卷一百十六，此下六條同。
〔一一〇〕友仁　成化本無。

〔一一一〕泰伯篇　成化本無。

〔一一二〕以上友仁自録下見諸録　成化本無。

〔一一三〕成化本此下注有「僩同」。

〔一一四〕須是如此做工夫方得……然大者尤緊要　成化本録異，云「曰：『公不可欲速，且讀一小段。若今日讀不得，明日又讀；明日讀不得，後日又讀，須被自家讀得。若只記得字義訓釋，或其中有一兩字漏落，便是那腔子不曾填得滿，如一個物事欠了尖角處相似，少間自家做出文字便也有所欠缺，不成文理。嘗見蕃人及武臣文字常不成文理，便是如此。他心中也知得要如此説，只是字義有所欠缺，下得不是。這個便是「不得於言，勿求於心」之患，是他心有所蔽故如此。司馬遷史記用字也有下得不是處。賈誼亦然，如治安策説教太子處云「太子少長知妃色則入于學」，這下面承接便用解説此義，忽然掉了，却説上學去云「學者所學之官也」。又説「帝入東學，上親而貴仁」一段了，却方説上太子事，云「及太子既冠成人，免於保傅之嚴」云云，都不成文義，更無段落。他只是乘才快，胡亂寫去，這般文字也不可學。董仲舒文字却平正，只是又困善。仲舒、康衡、劉向諸人文字皆善弱無氣燄。司馬遷、賈生文字雄豪可愛，只是逞快，下字時有不穩處，段落不分明。康衡文字却細密，他看得經書極子細，能向裏做工夫，只是做人不好，無氣節。仲舒讀書不如衡子細，疏略甚多，然其人純正開闊，衡不及也。』又曰：『荀子云「誦數以貫之，思索以通之」，誦數即今人讀書記遍數也，古人讀書亦如此。只是荀卿做得那文字不帖律處也多』」。此部分内容底本另置於一條内，參本卷僩録「書只貴讀……不帖律處也多」條。